KB030743

요즘 것들의 사생활

먹고사니즘

900KM

"조직에 기대지 않고 내가
먹고살 수 있는지 지켜보자 했죠,
단 1년만이라도."

"직업에 대한 고정관념보다
중요했던 건, 내가 나를 온전히
책임질 수 있다는 감각이었어요."

"다들 쓸모없다던 걸로
먹고살 수 있게 돼버리니까,
갑자기 쓸모 있는 일이 된 거죠."

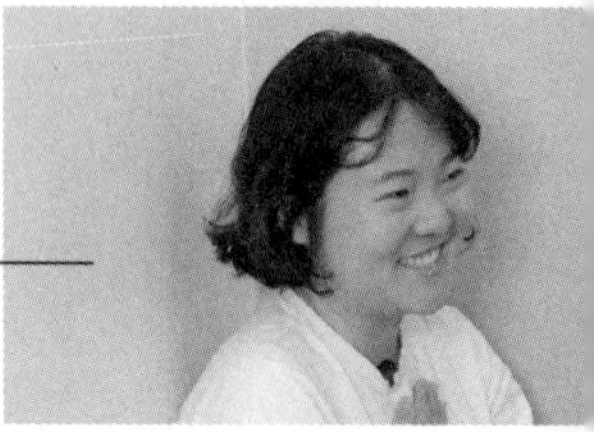

"결과가 예측되지 않는 일이
저는 좋아요. 제가 던진 돌이 만드는
파장을 지켜보는 게 재밌어요."

"디지털 노마드라는 삶의 형태를 선택한 이유는,
내가 내 삶을 주체적으로 선택할 수 있는 기회가
생기기 때문이에요."

"혼자서는 분명 쉽지 않은
일이었을 텐데, 열 명이 모이니
가능한 일이더라고요."

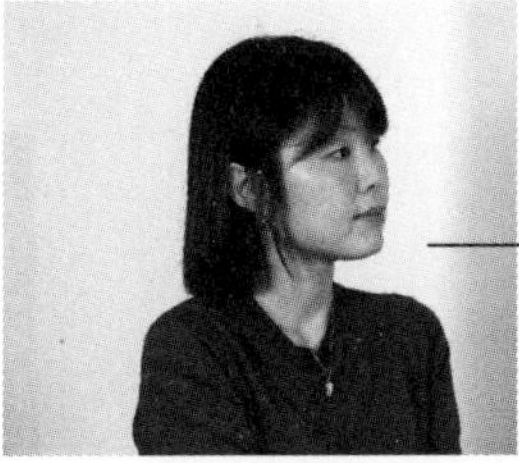

"회사의 이름, 누군가의 인정보다
나와 내 일이 어떤 맥락을
가졌는지가 더 중요해진 거죠."

"회사의 문만 열어두지 말고,
다양한 페르소나의 문을
열어두는 연습이 필요해요."

"불안할 수 있지만, 내 것이 쌓이고
내 속도대로 성장할 수 있는
일이라 선택했어요."

"부동산 투자, 주식 투자 말고,
요즘 시대에 요즘 것들이
잘할 수 있는 방식이 필요해요."

Contents

일러두기

- 본 인터뷰는 2019년 8월부터 2020년 10월 사이에 진행되었으며, 인터뷰이의 나이, 직업, 연차 등은 인터뷰한 당시를 기준으로 했습니다. 인터뷰 이후 근황을 담은 '먹고사니즘 근황 토크'는 2021년 1월에 진행되었습니다.
- 이 책에 실린 인터뷰의 일부는 유튜브 채널 '요즘 것들의 사생활'에 영상으로 먼저 공개되었으며, 영상에 담기지 않은 내용까지 다시 정리하여 실었습니다.
- 인터뷰 본문에는 실제 녹취한 내용을 그대로 사용하지 않았습니다. 인터뷰에서 전달하고자 했던 메시지를 보다 뚜렷이 하고 대화가 글로 표현될 때 오해가 없도록 하기 위해 말의 순서나 일부 표현 등을 편집·윤색했으며, 인터뷰이의 최종 확인을 받았습니다.

prologue

'부모 세대보다 가난한 첫 세대',

'평생 세입자로 살아가야 하는 세대',

'평생직장이 사라질 세대'….

'밀레니얼' 앞에 자꾸 이런 수식어가 붙는 걸 보면, 우리가 먹고살기 녹록지 않은 시대를 살고 있는 게 확실하다. 저성장 시대이자 초저금리 시대. 사상 최악의 취업난이라는 단어는 매년 갱신되고, 임금 인상률은 치솟는 집값을 따라가지 못한다.

한편 '퇴사'라는 키워드도 동시에 우리의 일상에 자리 잡았다. '최악의 취업난 속 퇴사하는 청년들!'이라는 기사가 뉴스 한쪽을 장식하든 말든, 밀레니얼은 하고 싶었던 사이드 프로젝트를 벌이고, 자신의 일을 스스로 만들어서 하거나, 여러 분야에서 다양한 정체성으로 살아가는 데 관심을 쏟는 중이다. 기성의 사회 문법으로 볼 때 이런 행보가 당최 이해되지 않을 수도 있겠다. '요즘 것들은 끈기가 없다', '요즘 것들은 하고 싶은 것만 하려고 한다' 같은 잔소리가 곳곳에서 터져 나올 법도 하다. 하지만 우리는 이제 기존의 정답으로 이 시대를 살아갈 수 없다는 것을 안다. 취업난과 퇴사라는 키워드가 공존한다는 것은 결국, 이전의 세상에서 중요시되던 가치를 우리 스스로 깨뜨리고 있다는 의미이기도 하다. 한 가지 길만 정답이라고 알려주던 세상에 떠밀려 무한 경쟁의 트랙 위를 달리던 우리는, 이제 스스로 정해진 경로를 벗어나 새로운 길을 찾아 헤매고 있다.

하나의 명함으로 설명하기 어려운 우리의 먹고사니즘

이 프로젝트를 진행하고 있는 나와 현우도 N잡러로 먹고사는 요즘 것들이다. 우리는 4년 전 각자의 회사에서 동반 퇴사했다. 산티아고 순례길을 함께 걷는 것으로 결혼식을 대신하고 돌아와 부부가 됐다. 부부이긴 하지만 우리 관계는 함께 일하는 동업자에 가깝다. 대안적인 결혼식 이후 우리는 900KM라는 이름으로 다양한 일들을 함께하고 있기 때문이다. 우리 스스로 느끼는 삶의 문제들을 질문으로 던지는 콘텐츠를 만드는 일을 필두로, 유튜브 채널을 운영하기도 하고, 이렇게 책을 출판하기도 한다. 기관이나 기업과의 협업 프로젝트를 함께 진행하기도 하고, 종종 강연자로 나서거나 방송 출연도 한다. 이것들을 꾸리고 운영하는 업무는 900KM 대표인 내가 도맡아서 하고, 현우는 주중에는 IT 회사에서 디자이너로 근무를 하고, 퇴근 후나 주말에 콘텐츠의 비주얼과 기술적인 부분을 담당해주고 있다. 우리끼리는 이것을 '2-track 전략'이라고 부른다. 한 사람이 공동의 꿈을 키우는 일을 메인으로 맡고, 나머지 한 사람이 굶지 않을 정도의 일정 수입을 만드는 일을 맡는 거다. 우린 지금 이런 구조로 팀워크를 하고 있다.

이렇게 일반적이지 않은 형태로 일을 하며 먹고살다 보니, 누군가를 처음 만나는 자리에서 내 일을 소개하는 게 쉽지 않은 것도 사실이다. 한번은 나이 지긋하신 어떤 대표님을 만나는 자리에서 '저는 이것도 하고 저것도 하는데, 또 이런 것도 한답니다' 하고 소개를 했더니, "그러니까 그중에 본업이 뭐예요? 뭘로 돈 벌어요?"라고 되물어온 적이 있다. 당황스러웠다. 내 마음속 본업은 당연히 콘텐츠를 만드는 일이지만, 당시에 그걸로 돈을 버냐고 하면 확실히 대답하기 어려웠던 것이다. 하지만 이것으로 연결된 다른 일들이 돈이 되기도 하는데, 그럼 우리에겐 뭐가 본업이라고 할 수 있을까? '우리가 이 일로 잘 먹고살았다면 당당하게 대답했을 텐데!' 그날 일을 떠올리며 씩씩거리다가 문득 이런 생각이 들었다. 왜 일의 가치와 경중을 돈으로만 판단할까? 왜 여러 가지 일을 한다는 걸 인정하려 하지 않고 하나의 명함으로 설명해주길 원하는 거지?

요즘 것들은 무엇을 꿈꾸고, 왜 일하고, 어떻게 먹고살까?

이런 고민을 우리만 하고 있진 않을 것 같았다. 멀리 갈 것도 없었다. 잠깐만 생각해봐도 우리처럼 정체 모를 형태로 일하고 먹고사는 또래들이 네다섯은 떠올랐다. 그들도 이런 고민을 하고 있지 않을까? 사회에서 말하는 '정답' 같은 루트에서 조금 비켜나, 새로운 관점으로 업을 바라보고, 주체적으로 일하며 먹고살고 있는 요즘 것들을 찾아보기로 했다. 그 친구들은 지금 무엇을 꿈꾸면서 일을 하고 있을까? 왜 일하고, 어떻게 먹고살고, 또 무엇을 시도하고 있을까? 그렇게 '요즘 것들의 사생활: 먹고사니즘' 프로젝트가 시작되었다.

정석대로 공부하고 스펙 쌓아 대기업에 입사한 모범생이 퇴사를 하고 감행한 1년간의 직업 실험 이야기부터, 청소 일 하는 그림 작가와 나눈 꿈과 직업의 상관관계에 대한 이야기, 다들 쓸모없다던 덕질로 보란 듯이 먹고살고 있는 덕후와 나눈 덕업일치 이야기, 자신만의 일하기 방식으로 먹고살 구조를 실험 중인 디지털 노마드 이야기, 월급도 직업도 다른 10명이 모여 경제 공동체를 꾸리고 와인바를 차린 이야기, 처음 'N잡러'라는 단어를 만들고 여러 가지 일 속에서 전문성의 맥락을 찾아나간 이야기, 자칭 '회사인간'이 존재감을 잃지 않기 위해 했던 기록 이야기, 직장인보다 자유롭고 프리랜서보다 안정적인 미래형 조직에 대한 이야기, 그리고 소셜미디어에 자신을 브랜딩함으로써 먹고사는 온라인 플랫폼 노동자의 이야기까지. 2019년 여름부터 시작된 대화는 해를 넘긴 2020년 10월까지 이어졌다.

나다운 일을 찾아, 나답게 자립하고 싶다면

한 회사에 평생 근속하며 집을 사고, 가정을 꾸리고, 노후를 준비하는 식의 삶의 프로세스는 지금 시대에 유지되기 어렵다. 우리 세대는 평생 근무할 회사도 없을뿐더러, 월급 한 푼 두 푼 모아서 집을 살 수도 없다. 그럴수록 각자가 가진 가치관대로 다양한 삶의 프로세스를 스스로 만들어가야 한다. 우리가 만난 이들은 분명 같은 시대 배경 속에서 살아가고 있는 2030 밀레니얼 세대였지만, 각자가 가진 일과 업, 그리고 돈에 대한 정의와 가치는 저마다 달랐다. 무엇보다 인상적이었던 것은 그들에게 '먹고사니즘'은 '생계의 굴레'만을 의미하지 않았다는 것이다. 각자 스스로 주도권을 갖고 꾸려나가는 일과 업은 그들을 먹고살게 할 뿐만 아니라 각자를 '나답게' 자립하도록 도와주었다. 그것이 바로 요즘 것들의 생존 전략이 아닐까?

대단한 사람의 말보다, 오히려 비슷한 고민을 품고 있는 동년배의 이야기가 힘이 될 때가 있다. 과거의 정답이 힘을 잃은 시대에, 새로운 먹고사니즘 생태계를 만들어내고 있는 밀레니얼의 이야기가 우리에게 유의미한 레퍼런스가 될 수 있다고 믿는다. 프로젝트를 진행하는 기간 동안 코로나 팬데믹이 터졌고, 갑자기 너무 많은 것이 변화했다. 이런 불확실성 속에서 우리에게 필요한 것은, 변화에 휘둘리지 않고 자기 삶의 주도권을 갖는 일일 것이다. 누군가가 어떤 시기를 자신의 힘으로 돌파해 나간 기록은, 우리가 가고 싶은 길을 좀 더 구체적으로 상상해보고 삶의 선택지를 넓히는 데 좋은 힌트가 될 수 있다. 부디 이 이야기들이 또 다른 정답으로서가 아니라, 당신이 이미 갖고 있던 불씨에 불을 지피고, 갇혀 있던 틀을 깨고 나와 나다운 일과 업을 찾는 데 조금이나마 도움이 되길 바란다.

interview

요즘 것들의 먹고사니즘

interviewee

김가현

30세

#모범생이_퇴사러가_된_이유
#할_말은_하는_요즘_막내
#퇴사에도_준비가_필요한_이유
#조직에_기대지_않고_직업_실험
#작지만_밀도_있는_밥벌이

episode 01

서른의 퇴사, 1년간의 직업 실험

몇 년 전부터 '퇴사'라는 키워드가 유행처럼 번졌다. 퇴사 관련 책들이 쏟아지고, 퇴사를 가르쳐주는 학교가 생기고, 다양한 매체에서 퇴사를 이야기했다. 그 열기는 4~5년이 지난 지금도 이어지고 있다. 직장인에게 퇴사는 이제 일상이 됐다. 습관처럼 '퇴사'를 생각하고, 말하고, 실행한다. 최대 실업률이 여전히 현실인 상황에서 우리는 어쩌다 이렇게 된 것일까?

먹고사니즘 프로젝트를 준비하며 퇴사 이야기를 맨 처음으로 다루어야겠다고 생각했지만, 지금까지 매체에서 다뤄온 퇴사 담론처럼 이야기하고 싶지는 않았다. 퇴사가 모든 것을 해결해주는 치트키라는 듯 찬양하고 싶지도 않았다. 다만, 현재의 사회 시스템 속에서 '취준생'은 왜 '퇴준생'이 되어야만 했는지, 그리고 퇴사 후 또다시 '묻지마취업'에 몸을 실을 수밖에 없는 악순환의 고리 바깥에 또 다른 선택지는 없을지 이야기하고 싶었다.

회사를 그만두고 자신의 일와 업에 대해 고민 중인 퇴준생과 퇴사자들은 내 주변에도 이미 넘쳐났다. 그중에서도 한국의 전형적인 입시 경쟁, 입사 경쟁의 과정을 모두 정석대로 겪고 난 뒤 퇴사를 꿈꾸게 된 케이스라면 우리 세대의 공감을 얻을 수 있겠다고 생각했다. 그러나 퇴사 후의 행보는 여느 퇴사자들과는 조금 다르길 바랐다. 새로운 선택지를 제시할 수 있는 인터뷰이가 필요했다. 그때 떠오른 사람이 바로 김가현이었다.

김가현은 모범생이었다. 학창 시절 좋은 성적으로 선생님들에게 예쁨 받는 학생이었고, 모두가 준비하는 스펙도 성실하게 쌓아 국내 100대 기업에 차례로 이력서를 넣었으며, 결국 원하던 대기업에 들어갔다. 정석대로 살아온 만큼 예상되는 결과였고, 모든 것이 순탄했다. 하지만 어쩐 일인지 그는 출근 첫날부터 퇴사를 꿈꾸게 됐다고 한다. 내가 그를 처음 만난 것도 그의 퇴준생 시절이었다. 그가 일반적인 퇴준생과 달랐던 점은, 그 시기를 이직이나 창업 준비가 아닌, 자신이 왜 이렇게 됐는지 알아가는 데 사용했다는 것이다. 아무도 안 쓰던 생리 휴가를 찾아 쓰고, 칼퇴 운동을 일삼는 까칠한 막내로 회사 생활을 이어가면서도, 그저 회사의 불합리한 처사에 대한 불만만을 품고 퇴사를 맹신하지 않고, 이 사회 어디쯤에서 자신이 퇴사를 외치게 되었는지 알기 위해 노력했다. '퇴사학교'를 다닌다거나, 팟캐스트를 만들어 회사 생활과 퇴사 생활에 대해 고민하는 활동을 이어나간 것이다. 그렇게 회사와 자신을 비로소 객관적으로 바라볼 수 있게 됐을 때, 그는 드디어 퇴사를 실행에 옮겼다. 곧바로 연봉을 높여 이직하는 길도 있었겠지만, 그는 자신에게 1년의 시간을 주기로 했다. 지금까지와는 다른 방식으로, 조직에 기대지 않고 자신의 힘으로 온전히 밥벌이를 해보는 직업 실험을 자청한 것이다.

물론 퇴사는 새로운 삶으로 전환하는 기회가 되고, 정석대로만 살아오던 삶에 균열을 만들어준다. 하지만 그것이 인생을 바꾸는 치트키는 아니다. 김가현이 조직에 기대지 않고도 밀도 있는 밥벌이를 할 수 있게 된 것은 퇴사 때문만은 아니다. 퇴사라는 키워드를 둘러싼 허울 좋은 이야기에 현혹되지 않고, 자신의 이야기를 찾아내는 데 집중했기 때문일 것이다. 이것은 자칭 '광화문 사람'이었던 인생 모범생 김가현이, (그가 준비한 자기소개 멘트대로) '퇴사 후 365일간 서울과 강원도, 방과 사무실, 정신노동과 육체노동을 넘나들며 직업 실험을 하는 서른 살 김가현'이 되기까지 어떤 고민과 시도를 했었는지에 대한 이야기다.

#모범생이_퇴사러가_된_이유

"시험지에 답이 정해진 것처럼 인생에도 답이 정해져 있다고 생각했었죠."

소개 멘트를 엄청 열심히 준비해주셨더라고요. 그만큼 지금 하고 있는 일들에 대해서 고민을 많이 하고 있다는 게 느껴지는데, 왜 그렇게 생각이 많아졌는지 일단 좀 거슬러 올라가서 이야기를 해보죠. 가현 님은 어떤 학창 시절을 보냈어요?

제 학창 시절을 한마디로 표현하자면, '제도권 교육의 성실한 시녀였다'라고 얘기하고 싶어요.(웃음) 사실 학생이 자기 마음대로 할 수 있는 게 별로 없잖아요. 머리끝부터 발끝까지 두발 규정이 어떻고 교복은 어떻고, 신발이나 가방은 뭘 들고 다녀야 되고, 항상 관리 감독을 받는 대상이죠. 근데 공부는 유일하게 내가 통제할 수 있는 거잖아요. 잘할 수도 있고 못할 수도 있고. 그래서 약간 공부에 심취했던 것 같고, 이왕이면 잘해보자고 마음을 먹었던 것 같아요. 어른들이 공부 잘하는 애들 말은 잘 들어주거든요. 저는 어렸을 때부터 야심이 큰 어린이였는지, 공부를 잘하고 성적을 잘 받는 게 일종의 권력처럼 느껴졌어요.

아니, 그 나이에 그런 생각을 하다니.

마치 시험지에 답이 정해진 것처럼 '인생에도 그렇게 답이 정해져 있는 게 아닌가?' 하는 건방진 생각을 하면서, 제도권 교육이라는 판 안에서 장단이 잘 맞아서 놀아나지 않았나 싶어요.

그렇게 열심히 해서 원하는 대학에 갔고, 그 이후에는 어떻게 됐나요?

초중고를 비슷비슷한 트랙을 거쳐 온 친구들이 상상할 수 있는 진로는 굉장히 좁아요. 다시 시험을 준비하거나 취업을 준비하거나. 저는 수험 생활은 넌더리 날 정도로 학을 뗐던 덕분에 행정고시 같은 시험류는 제 진로에서 배제를 했고, 일찍부터 취업 준비를 했어요. '이왕 취업 준비를 할 거면 회사가 매력적으로 느낄 만한 카드를 다 손에 쥐고 있자'는 생각으로 되게 촘촘하게 준비했고요. 나는 성실한 시녀니까.(웃음)

그래서 어떤 것들을 했죠?

남들 하는 건 다 했죠. 토익도 980점, 토익 스피킹도 최고 레벨, 중국어 학점도 있었고, 인턴도 왠지 국내에서만 하면 부족할 것 같아서 홍콩에서도 인턴을 했었거든요. 그렇게 해외 인턴, 국내 인턴까지 다 준비해서 모든 카드를 갖고 있었죠.

그 스펙들을 쌓아서 어떤 회사들을 목표로 하고 있었어요?

어떤 회사를 특정하지 않고 그냥 국내 1위부터 100위까지의 기업에 이력서를 다 넣었어요. 이력서를 한 150곳에 넣고, 필기시험을 50번쯤 보니까, 면접은 30번쯤 보게 되더라고요.

완전 한국 취업 준비생의 전형적인 루트대로 갔군요. '나는 어떤 일을 하고 싶다' 같은 건 아예 없었던 건가요?

물론 지원하는 직군이 있긴 했는데, 솔직히 말하면 그냥 그 회사의 타이틀, 그 회사가 나한테 주는 명함 같은 것을 더 염두에 뒀던 것 같아요.

그래서 결국 원하는 회사에 들어갔겠죠?

원하는 회사에 입사를 했고, 그때부터 모든 문제가 시작되었죠.(웃음)

입시도, 취업도 모든 스펙을 쌓아가며 열심히 준비해서 이제 알 만한 기업의 명함이 생겼잖아요. 근데 들어가자마자 퇴사를 결심하고, 자칭 '퇴

사러'라는 닉네임으로 활동을 하기 시작했다면서요? 어떤 계기로 그렇게 된 거예요?

사실은 회사 출근한 첫날 퇴사를 하고 싶었어요.(웃음) 그래서 같이 입사했던 동기랑 탕비실에 모여서 같이 퇴사 디데이 알람을 맞췄거든요. "야, 1년 뒤 우리 여기 없는 거다? 다 탈출하는 거다?" 이렇게 작당을 했고, 결국 그 친구와 입사 동기이자 퇴사 동기가 됐죠.

그래도 꿈꾸던 회사 생활이 있었을 거 아니에요? 그런 기대와 어떤 부분이 달랐길래 퇴사를 꿈꾸게 됐어요?

제가 충격을 받았던 이유가 두 가지가 있는데, 첫 번째는 아침 자습이었어요. 전 직원이 아침 자습을 해야 하는 사내 문화가 있었거든요. 계약서에 명시된 출근 시간은 9시인데, 그보다 1시간 일찍 8시에는 사무실에 와서 공부를 해야 돼요. 근데 보통 신입 사원들은 예의상 30분 정도 일찍 가야 되잖아요. 그러면 나는 7시 반에 사무실에 와서 앉아 있어야 되는데, 그러면 거의 12시간을 회사에 앉아 있는 거잖아요. 그게 너무 답답해서 미칠 것 같은 거예요. 모두의 동의를 받지 않고 회사 오너가 정해놓은 겉치레 같은 문화들이 너무 답답했어요.

두 번째는 직원의 적성을 고려하지 않은 인사 배치였어요. 제가 중어중문학과를 졸업했기 때문에 모든 회사에 영업 세일즈 직군으로 지원을 했어요. 근데 인사 배치를 받아보니, IT 서비스를 운영하는 쪽으로 발령이 난 거죠. 그 직군이 어떻냐면, 컴퓨터 코딩 언어 보면 외계어 같잖아요? 그걸 읽고 해석할 줄 알아야 되고, 개발자랑 커뮤니케이션 핑퐁이 돼야 해요. 근데 개발자랑 전화 통화할 때마다 자괴감이 드는 거예요. '나는 누구, 여긴 어디?' 이런 마음이 절로 들죠.(웃음) 언제 하루는 사장님하고 대화할 기회가 주어져서 직접 물어봤어요. "제가 중어중문학과를 나왔는데 왜 IT

업무를 하고 있을까요?" 했더니, 답변이 이거였어요. "1팀은 인원이 열 명이고, 2팀은 여덟 명인데, 어느 정도 인원수가 비슷비슷하게 맞아야 되지 않겠니? 부장님들이 똑같은 월급을 받는데 누구는 열 명을 관리하고 누구는 여덟 명을 관리하면 업무 로드가 달라지잖아." 결국에는 인원수 맞춰서 그 팀에 배정했다는 거예요. 그 얘기를 듣고 속으로 '익스큐즈 미? 내가 지금 뭘 들은 거지?' 했죠. 나는 거의 20년이 넘는 시간 동안 계속 뭘 쌓고, 준비하고, 갖추기 위한 노력을 해서 이 회사에 들어왔는데, 이 회사는 고작 그따위 이유로 나한테 똥을 줬구나.(웃음) 그런 생각이 들면서 '아 퇴사하고 싶다' 했죠.

배신감을 느꼈군요. 기대했던 것과 다른 사내 문화와 시스템 때문에?

근데 아마 이 회사가 아니었더라도, 제가 지원했던 대기업이라면 사실 다 비슷했을 것 같아요. 비슷한 이유로 인사 배치를 받고, 비슷한 이유로 퇴사를 꿈꿨겠죠.

입사 동기도 똑같이 퇴사를 꿈꿨다고 했잖아요. 다 비슷한 감정을 느낀 걸까요?

그것도 되게 묘한데, 사실은 그 입사 동기가 제 자리에 오는 게 맞았어요. 그 친구의 전공이 IT 쪽이었거든요. 그런데 외근을 가야 하는 포지션이 비어 있었고, 저희 회사는 '남자는 배, 여자는 항구'처럼 '남자는 외근, 여자는 전표' 하는 문화가 있어서 그 친구의 적성과 상관없이 성별이 남자라는 이유만으로 그 자리에 배치한 거고요. 정작 그런 세일즈 업무를 원했던 저는 사무실에 앉아서 전표 치고 사무 봐야 하는 여자니까, 그렇게 엇갈린 운명이 된 거죠.

#할_말은_하는_요즘_막내

"그때부터 제 회사 생활의 모토가 '곧 내일 퇴사할 사람처럼'이었어요."

그래서 입사하자마자 퇴사를 준비했잖아요. 어떤 것들을 하며 퇴사 준비를 했었나요?

이 퇴사라는 키워드가 사실 2017년 초부터 엄청 유행이었던 것 같아요. 그 이슈의 한복판에 언제나 내가 있지 않았을까 하는 생각을 해요.(웃음) 퇴사를 말하는 모든 자리에 가 있었고, 퇴사에 관한 책, 방송, 행사는 다 쫓아다녔었거든요. 내가 왜 이렇게 됐는지 이유를 알고 싶어서. 어떤 구조 안에서 나는 이 지점까지 흘러왔을까, 그게 궁금해서요.

그래서 했던 게 회사 생활과 퇴사 생활에 관한 이야기를 나누는 직장인 팟캐스트 방송이었고요. 〈월간 퇴사〉라는 매거진에 나만의 퇴사론을 정리해서 칼럼으로 기고하는 작업도 했었고, '퇴사학교'라는 교육 기관에서 수업을 들으면서 학생처럼 촘촘히 퇴사 준비를 해보기도 했어요.

퇴준도 취준 때 스펙 쌓듯이 해나갔네요. 그중에서도 팟캐스트 활동이 되게 흥미로웠는데, 사실 우리도 그 덕분에 만났죠? 그건 어떻게 시작하게 된 거예요?

'퇴사학교'에서 같이 수업을 듣다가 만난 분들이랑 조금 다른 일을 해볼까 해서 만들었던 방송이에요. 그때만 해도 '퇴사'라는 단어가 너무 무거웠던 것 같아요. 사실 퇴사를 꿈꾸는 게 내 개인만의 문제는 아닌데 이걸 공론화해서 말을 하기가 너무 어려웠던 거죠. 그래서 우리라도 퇴사라는 말을 가볍게 만들어보자는 기획 의도를 갖고 '내-일은 가볍게'라는 제목으로 방송을 만들기 시작했고요. 세 명의 호스트가 있는데, 회사를 좋아하고 직장 생활을 즐거워하는 '회사러', 항상 회사에 대해서 분노가 차 있고 퇴사를 꿈꾸는 '퇴사러', 회사 생활과 퇴사 생활 양쪽을 다 경험해봐서 균형 잡힌 시각을 갖고 있는 '창직러'가 함께 진행을 했죠. 그 세 명이 '야근', '복지', '휴가', '퇴사' 같은 직장인이라면 할 말 많은 주제를 하나씩 정하고 매회 하나의 키워드에 대해서 각자의 시각에서 이야기를 나눴어요.

거기서 '퇴사러'가 본인이잖아요? 주로 어떤 역할을 맡았나요?

내용적인 면에서는 항상 신입 사원이나 막내의 편에 서서 어느 정도 분노의 상태에서 말을 하는 캐릭터를 맡았어요. 회사에서 있을 법한 더럽고 치사한 일들을 까발려서 지적질하는 그런 역할을 했던 것 같아요.(웃음) 기술적인 부분에서는 굿즈 포장과 청취자의 댓글에 답변을 달아주는 역할을 했고요. 가끔 대본도 쓰고 편집도 하는, 그 안에서도 막내가 할 만한 일들을 맡았었죠.

그게 몇 회까지 발행됐나요?

1년 조금 넘는 시간 동안 했고, 제가 퇴사하면서 방송이 끝났어요.

마치 퇴사러의 퇴사가 목표였던 것처럼 종방이 됐네요.

퇴사러 헌정 방송이 되었죠.(웃음)

방송 들으면서 궁금했었거든요. 퇴사러는 늘 사이다 발언을 하는 이 시대에 흔치 않은 막내였는데, 사실 신입 사원이 그렇게 행동한다는 게 쉽지가 않잖아요. 실제로 가현 님의 회사 생활은 어땠나요?

실제로 제 회사 생활의 모토가 '곧 내일 퇴사할 사람처럼'이었거든요. 그때 회사 안에서도 당당하게 눈치 안 보고 여러 가지 시도를 했는데, 첫 번째가 생리 휴가를 쓰는 거였어요. 한 10년 넘게 아무도 생리 휴가를 안 썼더라고요. 저희 회사 같은 경우는 다행히 구두로 휴가 보고를 하는 게 아니라 컴퓨터로 사내 시스템에 휴가계를 올리는 구조였어요. 휴가 탭에 들어가면 여러 종류의 휴가가 있는데, 그중 보건 휴가라는 옵션을 클릭해서 확인만 누르면 제출이 되는 거예요. 그렇게 처음 제출하고 나니까, 막 사무실이 술렁술렁.(웃음) 이런저런 얘기가 들리기 시작하면서 면담을 일곱 번 정도 했어요.

헉, 그 휴가 하나 때문에요?

'그냥 연차를 먼저 쓰면 안 되겠니?', '회사 분위기가 안 좋아질 수도 있는데…', '생리 휴가를 남용할 수도 있는데…' 같은 말들을 들었죠. 어차피 한 달에 한 번인데 남용할 게 뭐가 있나 하는 생각을 하면서 일곱 번의 퀘스트를 잘 버텼고, 생리 휴가를 쓰기 시작했죠.

아니 그거 한 번 쓰는데 뭐 그렇게 말이 많았을까요?

10년 동안 아무도 안 썼던 거라 너무 놀란 거죠.(웃음)

하긴, 저도 주변에 생리 휴가 써봤다는 사람을 본 적은 없군요. 근데 필요해서 만들어놓은 제도라면 쓸 수 있어야 맞죠. 잘하셨네요. 또 어떤 거 했어요?

또 한 가지는 '0530 운동'이라고 제가 이름을 붙였는데, 저희 팀 과장님이랑 같이 했어요. 저희 계약서에 명시된 퇴근 시간이 5시 반이거든요. 근데 항상 사람들이 눈치를 보면서 6시, 6시 반쯤 퇴근해요. 그것도 되게 조심스럽게. 근데 저는 5시 28분쯤부터 요란하게 짐을 싸기 시작하는 거죠. 서랍도 엄청 쾅 닫고, 텀블러도 쾅 놓고, 지퍼도 세게 열고.(웃음) 그러다 다섯 시 반 '땡' 하면 벌떡 일어나서 엄청 크게 "부장님 들어가보겠습니다." 라고 말하는 거예요. 그거를 과장님이랑 같이 했어요.

과장님은 어쩌다가 합류를 하신 거예요?

뜻이 맞았어요. 그 당시에 그분은 진급이 누락돼서 화가 이만큼 쌓여 있었거든요. 같이 0530 운동의 선두 주자로 있었죠. 실제로 그렇게 하니까 6시 반에 퇴근하던 사람들이 6시에 가고, 6시에 퇴근하던 사람들이 5시 40분쯤 가고, 조금씩 퇴근 시간이 빨라지더라고요.

분위기를 만들었네요. 근데 진짜 막내가 그런 걸 총대 메고 하기가 쉽지 않은데. 대부분은 숨죽이고 분위기 살피느라 바쁘잖아요. 윗분이 퇴근할 때까지 퇴근 못 하는 게 일반적이고. 생각은 해도 대놓고 권리를 얘기하기 힘든데, 어떻게 그렇게 할 수 있었던 거예요?

오래 다닐 회사 아니라고 생각해서 가능했던 거 같아요.

그래도 일단은 다녀야 되는데, 일하면서 계속 볼 누군가와 불편해질 수

있잖아요.

그래서 일을 잘해야 된다고 생각했어요. 회사 눈치 안 보고 할 말을 하면서 다니고 싶고, 나의 그런 태도에 대해서 회사가 할 말이 없게 만들려면 내가 어떤 무기를 손에 쥐어야겠다고 생각했는데, 저는 그 무기가 일이고 성과라고 생각한 거죠. 그래서 일을 잘해야겠다, 1인분 이상의 몫을 해야겠다고 마음먹었어요. 사실 일도 잘 못하는데 시끄럽게 잡음 내는 직원을 누가 좋아하겠어요. 그래서 매달려서 성과를 내기 시작했죠.

근데 생각하지 못했던 부서에, 적성에 안 맞는 직무였잖아요.

일단은 IT에 관해서 아무것도 모르니까 퇴근하고 IT 코딩 강의 들으면서 기본 지식을 쌓았어요. 그리고 개발자랑 통화할 때, 보통 회사에서 유선 전화를 쓰잖아요. 그걸 다 제 핸드폰으로 돌려서 통화 내용을 다 녹음했어요. 회의실에는 항상 녹음기를 가지고 가서 녹음을 하고, 퇴근 후에 집에 와서 녹취를 다 푸는 거예요. 그때 무슨 얘기 했고, 이 단어가 무슨 뜻이고, 무슨 말이었구나. 그걸 한 3개월 정도 반복하니까 굳이 녹취를 안 해도 알아듣겠더라고요.

되게 놀라워요. 불만을 갖고도 그렇게까지 노력하는 사람이 몇이나 되겠어요? 역시 야심 있는 사람이라서 가능한 건가요?(웃음)

야심가라서. 권력 야욕!(웃음)

동료나 선후배들은 괜찮았어요? 회사 생활 힘들게 하는 게 일이나 조직문화도 있지만, 사람이 힘들게 하면 그 고통이 배가되잖아요.

그 부분에도 사실 팟캐스트가 되게 도움이 됐는데, 제가 뭘 하면 조용히 하지 않고 동네방네 떠들면서 하거든요. 팟캐스트도 하다 보니까 자랑하고 싶은 거예요. 회사에서 친해진 과장님, 차장님들한테 '내가 이런 거 하

고 있다, 근데 은근히 반응이 좋다' 그랬더니 그분들이 열심히 들어주시더라고요. 거의 1호 퇴사러 팬이랄까? 그때 느꼈던 것 같아요. 겉으로 봤을 때는 이 사람들이 되게 무뚝뚝하고 똑같은 정장에 똑같은 넥타이 메고 회사 생활 하는 사람들인데, 한꺼풀 벗겨놓고 보니까 사실은 나랑 같은 고민을 하고 있고 나랑 비슷한 지점에서 고통받고 아파하는 인간인 거예요. 일로 묶였을 때는 사실 되게 피곤하고 나를 힘들게 하는 사람이지만, 회사 밖의 다른 이슈로 얘기를 꺼내니까 생각보다 인간적으로 잘 통하는 거죠. 그러면서 갈등이 해소된 경우도 있었던 것 같아요.

그런 사이드 프로젝트 활동을 한다고 하면, 상사들은 회사 입장에서 좋지 않게 보는 경우도 있던데. 게다가 어떻게 보면 회사 욕하는 방송이니까, 인사에 안 좋게 반영이 될까 봐 우려하거나 말리지 않았을까 예상했었거든요. 전혀 반대네요?

그렇게 걱정을 해주는 동료들도 있었는데, 실제로는 걱정할 만한 일은 전혀 없었죠. 오히려 되게 재밌게 봐주시고 '어린 친구가 이렇게 얘기하는구나' 하면서 신기해하고 그랬던 것 같아요. 사실은 그 사람들도 퇴사에 대해서 얘기하고 싶고 회사 생활의 힘든 점 얘기하고 싶은데 그냥 누르고 있었던 게 아닐까 싶더라고요.

#퇴사에도_준비가_필요한_이유

"침 '퉤' 뱉고 하는 퇴사가 아니라, 졸업하는 느낌의 퇴사를 했어요."

퇴사 준비하면서 스펙 쌓듯이 했던 여러 가지 활동 자체가 가현 님 스스로 생각을 정리할 수 있게 하는 계기가 되지 않았을까 싶어요.

사실 처음에 퇴사를 결심했을 때는 분노에 가득 차서 부글부글 끓고 곧 폭발할 것 같은 그런 막내였어요. 근데 팟캐스트 같은 활동을 하면서 직장 생활과 퇴사의 담론 안에 있다 보니까 계속 다른 회사의 사정에 대한 얘기를 듣게 되더라고요. 그러면서 점점 분노가 가라앉고 제 상황이 객관적으로 보이는 거예요. '우리 회사는 이런 점은 참 못났는데, 저런 점은 좋은 거였구나. 사실 나한테 관대하고 잘해주는 거였구나. 어떻게 생각하면 나는 회사라는 울타리 안에서 보호받고 있는 거구나. 그러면 회사가 나를 보호해주는 동안 나는 회사가 주는 꿀을 어떻게 알뜰살뜰 챙겨서 나와야 할까?' 하는 생각을 하게 되면서 분별력과 계획이 바로 서게 됐죠.

내 회사 생활을 조금 더 객관적으로 바라볼 수 있게 된 거군요?

맞아요. 덕분에 첫 회사에서 막내로서 거쳐야 할 기승전결을 차분하게 다 거치고 나올 수 있게 된 것 같아요. 침 '퉤' 뱉고 하는 퇴사가 아니라, 진짜 안전하게 잘 준비해서 회사를 졸업하는 느낌의 퇴사를 가능하게 해준 게 팟캐스트와 기타 활동들이었던 거죠.

그런 일들을 거치고 나서 실제로 사직서를 낸 날, 기억나나요?

네, 기억나죠. 그렇게 회사 생활을 하다 보니 1년을 훌쩍 넘기고 2년 6개월쯤이 됐을 때 이제는 퇴사 해도 괜찮을 거 같다는 느낌이 강하게 왔어요. 근데 저도 막상 하려니 무서운 거죠. 돌이킬 수 없잖아요? 그래서 차일피일 미루고 있었는데, 어느 날 출근을 했더니 부장님한테 메일이 한 통 와 있는 거예요. '출장 통보'라는 제목으로. 어쩌면 그게 약간 불씨가 돼준 것 같아요. 다른 회사는 어떤지 모르겠지만, 저희 회사에서는 출장 자체는 2박 3일, 3박 4일로 짧지만 그 뒤에 이어지는 새끼 업무들이 엄청 많거든요. 출장 보고 쓰는 데 일주일, 교육 자료 만드는 데 한 달, 서비스 테스트 하는 데 몇 개월. 그렇게 파생되는 업무들을 해야 돼요. 그래서 '이거 갔다 오면 또 1~2년 훅 가겠다'는 생각이 들어서, 여기서 배수진을 쳐야겠다 싶었죠. 그래서 그날 오전 9시 20분에 부장님께 면담을 신청해서 말씀드렸고, 9시 40분에 팀원들을 다 소집해서 퇴사한다고 얘기하고 퇴사가 확정됐어요.

사직서 낸 것과 별도로 '이때쯤 퇴사를 해야겠다'는 느낌이 강하게 왔다고 했는데, 그런 확신을 갖게 된 포인트는 뭐였어요?

어쨌든 회사 밖에서 제 일을 만드는 과정을 A부터 Z까지 경험해본 거잖아요. 이런 활동들이 누가 시켜서 한 게 아니고, 내가 정말 자발적으로 벌인 일이고 결과도 나쁘지 않았죠. 그러면서 내가 내 일을 할 수 있는 기초 체력 정도는 다졌다는 느낌이 있었어요. 그걸로 돈을 벌어본 건 아니었지만, 이게 연결고리가 돼서 계속 일감이 들어오고 있었거든요. 이제 사람들이 어떤 회사의 '사원 김가현'이 아니라, 그냥 김가현인 나를 알아봐준다는 느낌이 들었어요. 100% 직장인이었다가, 100% 나로서도 먹고살 수 있을 것 같은, '이제 나 홀로서기 해도 될 거 같아' 하는 감각이 생긴 거죠. 그럼 이제 진짜 회사 밖에 나가서 내가 과연 먹고살 수 있을지, 먹고살 수 있다면 그건 몇 개월짜리의 삶인지 알아보고 싶은 거예요. 그게 비록 지속 가능하지 못해서 다시 회사로 돌아갈지언정, 그런 시기가 내 인생에 한 번쯤은 있어야겠다는 생각이 입사 2년 6개월쯤에 든 거죠.

회사에서 보낸 2년 6개월의 시간이 어쩌면 퇴사 이후를 더 잘 살 수 있게 기반을 만들어준 거네요.

맞아요. 회사 다니는 동안 월급 차곡차곡 모아서 학자금 대출도 다 갚았고, 1년 정도는 수입이 없어도 버틸 수 있는 자금도 마련했으니까요. 물론 아주 적은, 숨만 쉬고 살 수 있는 그런 돈이었지만. 그리고 막상 퇴사를 했는데, 할 일이 없거나 하고 싶은 일이 뭔지 모르면 애매하잖아요. 근데 그동안 이런저런 일들을 벌이면서 회사 밖에서 내가 하고 싶은 일이 뭔지, 만나고 싶은 동료와 확인하고 싶은 질문이 뭔지를 리스트업 할 수 있었어요. 그렇게 회사 생활 동안 내 삶을 재구성할 수 있는 여유, 틈 같은 것을 확보했던 것 같아요.

만나고 싶은 동료라는 건 무슨 얘기예요?

뭔가 배우고 싶은 게 있는 사람들을 적었어요. 이를테면 이 사람은 행동력이 되게 좋다거나, 혹은 이 사람은 자기 주변에 있는 자원을 되게 잘 조합해서 새로운 일을 만든다거나. 그래서 나도 언젠가 같이 호흡을 맞춰

보면서 장점을 배우고 싶은 마음속 동료들을 리스트업 했었어요.(웃음)

그래서 다 만났나요?

네, 다 만났어요. 도장 깨기 하듯이.(웃음)

퇴사하고 가장 먼저 한 일은 뭐예요?

가장 먼저 한 일은 출근하기 위해 사 모았던 정장 치마, 블라우스, 구두 버리기. '나 이런 옷 입는 회사는 이제 안 갈 거야' 하는 의미로요. 사실 버렸다기보다는 친구들한테 나눠줬어요, 좋은 옷들은.

우리 처음 만났을 때도 정장 입고 있었잖아요. 정장 차림으로 팟캐스트 녹음하러 왔죠.

완전 풀 정장이었죠. 그것도 버렸어요.(웃음)

그것도 버렸구나. 뭔가 하나의 선언처럼 느껴지네요. 그걸 하나씩 사 모으는 것도 신입 사원한테 엄청 부담되는 일이었을 텐데.

그렇죠. 나의 자산이었는데.

그래서 그때부터는 어떻게 살아야겠다고 결심한 거예요?

그 전까지지는 어떻게 살아야 될지가 정해져 있었죠. 흔히 '정답사회'라고 얘기하잖아요. 초중고 열심히 공부해서 졸업하면 대학 가고, 대학에서는 취업 준비하고. 취업해서는 돈 모아서 집을 사고, 차를 사고, 결혼을 하고. 항상 정해진 다음 것들을 생각하면서 인생을 살아왔는데, 이번에는 내 가능성이나 한계 같은 것을 최대한 다 열어놓고 어떻게 흘러가는지 지켜보기로 했죠. 단 1년 만이라도. 대신 회사 밖에서, 조직에 기대지 않고 그런 것들을 해내는 게 목표였어요.

#조직에_기대지_않고_직업_실험

"오롯이 내 감각으로 할 수 있는 일을 해보면서 나를 되찾는 듯한 느낌을 받았어요."

나에게 1년 정도 시간을 줬던 거네요. 그 시간 동안 다양한 직업 실험을 했다면서요? 맨 처음 하게 된 일은 어떤 거였어요?

맨 처음 하게 된 일이 프리랜서로 웹 기획하는 거였어요. 내가 회사 안에서 쌓아온 그 기술이 회사 밖에서도 팔릴지 너무 확인하고 싶었거든요.

개발자와 대화하기 위해서 밤을 새우면서 통화 녹취를 풀고 공부하며 쌓은 그 기술이요? 어떻던가요?

한참 잘 먹고 잘 살았죠.(웃음) 시간당 페이가 높더라고요. 되게 쏠쏠한 직업이었죠.

그 시간이 헛되지 않았네요.

정말, 정말 헛되지 않았더라고요.(웃음)

그런 일을 시작으로 어떤 것들을 하며 먹고살았어요?

프리랜서 웹 기획자를 시작으로, 콘텐츠 제작자로 일하기도 하고, 강사로 강연을 하기도 했고요. 바리스타가 돼서 커피를 내리는 일도 했고, 문화 기획자가 돼서 1박 2일짜리 행사를 만들기도 했어요.

되게 다양한 일을 했네요. 회사에서 했던 일과는 무척 다르고 전공과도 상관없는 완전히 새로운 일이 많았던 것 같은데, 이런 실험을 한 이유는 뭐였나요?

내가 어디까지 할 수 있는지, 그걸로 돈이 벌리는지 알고 싶었어요. 그래서 최대한 겹치지 않는 일들을 하려고 했던 것 같아요.

그중에 제일 재미있었던 일은 뭐였어요?

강원도에서 제 또래 청년들을 만나는 일이었어요. 거기서 자기 나름대로 일과 삶의 균형을 맞춰가면서 어떻게 먹고사는 일을 해결하는지 인터뷰하는 프로젝트를 직접 기획해서 진행했었는데요. 저는 평생 서울에서만, 그러니까 굉장히 자원이 집중된 환경에서 살아왔단 말이에요. 근데 강원도만 해도 인적 자원과 물적 자원이 서울과 굉장히 달라요. 그런 환경에서 나랑 비슷한 사람들이 먹고사는 일을 해결하고 있더라고요, 자기 나름대로. 그걸 보는 일이 굉장히 재밌었어요. 신선했고, 영감을 많이 받았고, 그 사람들이 또 나의 동료가 되기도 했고요. 강원도를 왔다 갔다 하면서 내가 그동안 얼마나 좁은 울타리에서 살았나, 얼마나 좁은 가능성만을 생각하면서 살았나, 하는 생각을 했던 것 같아요.

문화 기획자로서 만든 행사는 어떤 거예요?

태백에서 1박 2일 동안 로컬 트립을 하면서 명상을 하는 행사를 만들었어요. 아까 그 프로젝트로 강원도 여러 지역을 다녔잖아요. 평창, 춘천, 고성, 속초, 태백까지 다 다녀왔는데, 유독 태백 생각이 계속 나는 거예요. 왜 이 지역이 계속 내 마음에 남을까, 계속 곱씹게 될까를 생각해봤어요. 태백이 과거에 석탄을 갖고 있어서 경제 발전에 핵심적인 자원이 있다는 이유로 떠밀리듯이 성장을 했단 말이에요. 그러다가 그런 자원의 핵심이 석유나 가스로 이동하면서 거의 내팽개쳐지다시피 버려진 잿빛 도시가 됐죠. 그게 약간 제 자신을 보는 것 같더라고요. 초중고 입시부터 취업까지 확 떠밀리다시피 경주마처럼 준비를 하다가, 이제 뭔가 낙동강 오리알이 된. 그래서 나처럼 이렇게 앞만 보고 달려왔던 사람들이 어딘가에서 머리를 비우고 싶고, 좀 쉬고 싶고, 인생의 방향을 재설정하고 싶을 때 이곳에 오면 좋겠다, 나랑 같이 얘기하면 좋겠다 싶어서 그 행사를 만들게 됐죠.

반응이 어땠어요?

한 열 분 정도가 기꺼이 태백까지 와주셔서, 많이 울고 가셨어요. 그래서 제가 태백을 '오열스팟'이라고 불러요.(웃음)

그런 일들은 그래도 팟캐스트 같은 콘텐츠를 만들면서 쌓인 경험이 있으니까 시도해볼 수도 있겠다 싶은데, 바리스타는 전혀 다른 결의 일이잖아요. 그건 어떻게 하게 된 거예요?

우리가 항상 사무실 컴퓨터 앞에 앉아서 머리 쓰는 일만 하잖아요. 그게 정신노동의 영역에 있다고 치면, 저는 손기술 같은 내 감각을 이용해서 일을 하는 육체노동에 대한 로망이 컸어요. 그래서 원래는 타일 시공을 하고 싶었거든요. 진짜 장인처럼 타일 깔고 줄 넣고 하는. 그게 또 페이가 좋아요.(웃음)

타일 시공까지 알아보다니.(웃음)

네, 원래는 그걸 하고 싶었는데 더 알아보니 그 일은 너무 도제식인 데다, 진짜 공사 현장에서 살지 않으면 배우기 어렵겠더라고요. 실험을 할 수 있는 수준이 아니었어요.(웃음) 그래서 그것보다는 비교적 장벽이 낮은 바리스타의 길로 우연히 들어서게 된 거죠. 바리스타 수업을 듣고 시험을 봐서 자격증을 땄고, 서점 겸 카페에서 일을 하게 됐어요.

해보니까 어땠어요?

해보니까 이게, 일하는 리듬이 사무실 노동이랑 너무 다른 거예요. 그 점이 굉장히 흥미로웠어요. 이를테면 사무실 노동 같은 경우는 무던할수록, 예민함을 줄일수록 일을 잘하는 사람으로 평가를 받잖아요. 옆자리에서 누가 고객사랑 싸우든, 부장님이 뭐라고 갈구든 무덤덤하게 부처처럼 일을 하는 사람이 '일 잘하네', '사람 좋네' 같은 평가를 받잖아요.

자기를 계속 지워야 살아남죠.

맞아요. 나를 표백하는 느낌이죠. 근데 육체노동 같은 경우는 내 감각을 잘 활용할수록, 잘 살릴수록 성과가 좋고, 좋게 평가를 받아요. 커피를 예로 들면, 입자가 굵은지 가는지 내 손으로 만져봐야 되고, 우유가 잘 데워졌는지는 소리를 듣거나 냄새를 맡거나 맛을 봐야 알 수 있죠. 다 내 감각을 이용해서 할 수 있는 작업인 거죠. 그걸 하면서 나를 되찾는 그런 느낌을 받았어요. 사무실에서 내가 하는 일들은 나보다 훨씬 몸집이 큰 일이기 때문에, 이게 사업의 어느 부분에서 어떻게 적용되는지 확인하기가 힘들어요. 즉각적인 반응이 잘 오지 않고요.

보통 큰 프로세스 중에 개인은 일부분만 담당하고 있으니, 그게 어떤 식으로 결과물이 나왔는지는 나중에서야 알 수 있는 경우가 많죠.

정말 부품처럼요. 그리고 항상 사후적인 평가뿐이죠. 근데 커피 같은 경우는 처음부터 끝까지 모든 과정이 내 손을 타야만 가능한 거잖아요. 그리고 그게 고객한테 나갔을 때 바로 피드백이 오는 게 너무 좋더라고요.

일을 노동으로서만 받아들이는 것이 아니라, 그 일이 나한테 어떤 의미가 있는지 계속 고민하는 과정이었던 것 같네요.

맞아요. 그게 제가 직업 실험을 한 이유인 것 같아요.

근데 이쯤 되면 이 인터뷰를 보는 사람들이 궁금할 것 같아요. '누구나 그렇게 할 수는 없지 않나?' 그러니까 그런 기회는 대체 어디서 얻고 어떻게 얻는 건가요?

한마디로 콕 집어서 '이걸 하면 저처럼 됩니다'라고 말하기는 어려운 것 같아요. 저처럼 회사 다닐 때부터 회사 밖에서 내 것이라고 할 만한 것들

을 조금씩이라도 만들어두는 게 중요한 것 같아요. 요즘 블로그든, 브런치든 써보라고 얘기 많이 하잖아요. 인스타를 매일 한 장씩 꾸준하게 올린다든지. 그런 작은 것들부터 시작하는 거 아닌가 싶어요. 그걸 보고 반응하는 사람이 있을 거고, 그 사람이 내 동료가 될 수 있는 거고, 조금씩 더 큰 것을 해나갈 수 있게 되지 않을까. 농부처럼 성실하게 뿌리고 다니면 언젠가는 수확할 것이라고 생각해요.

#작지만_밀도_있는_밥벌이

"더 밀도 있고 단단한 '근육질의 돈'을 벌고 싶어요."

지금 여러 가지 일들을 하고 있는데, 타임라인이 어떻게 돼요?

질문을 받고 되돌아봤는데, 제 타임라인이 계속 바뀌고 있더라고요. 지난주에 살았던 패턴과 지난달에 살았던 패턴이 다르고, 다음 달에 살 패턴도 되게 달라요. 일단은 지금 시점에서 얘기하자면, 평일 오전에는 수영을 배우러 다녀요. 수영을 배우지 않는 날에는 동네 작업실에 나가서 제 브런치 매거진에 연재할 글을 쓰고, 일주일에 한 번은 인터뷰하는 일감을 받아서 취재와 원고 작성을 하고요. 한 달에 한 번은 광화문에 나가서 직장인 모임을 하고, 금요일과 토요일은 서점 겸 카페에서 바리스타로 일하고 있어요. 다음 달에는 다시 강원도를 왔다 갔다 하면서 일을 하게 될 거 같아요.

독립한 지 4년 넘은 저보다 더 촘촘하게 스케줄이 짜여 있네요. 휴식과 운동도 적절히 넣어서.

약간 테트리스 하는 것 같죠.(웃음) 나에게 필요한 휴식도 내가 원하는 때에 넣을 수 있어서 좋아요.

근데 처음 해보는 일은 시작할 때 두렵기도 하잖아요. 내가 감당할 수 있는 일일까 싶고. 그런 두려움은 없었어요?

항상 모든 일이 되게 어렵고 힘든데 그게 잘 마무리됐을 때의 성취감, 자신감이 반복되니까 약간 마약처럼 계속 반복하게 되는 것 같아요. 그리고 이제 제 주변에는 회사 밖에서 만난 동료들이 많아졌잖아요. 그 동료들한테 물어볼 수 있고, 그 사람을 레퍼런스 삼아서 어떻게 했는지 따라갈 수도 있고요. '하우 투'만 알면 일의 종류나 직업의 성격이 바뀌더라도 따라갈 수 있는 것 같아요.

나에게 맞는 일을 좀 찾은 것 같나요?

직업 실험에서 가장 흥미로웠던 것은, 진짜 나답지 않은 일을 했을 때 더 많이 성장하고 가능성이 열리고 더 많은 영감을 얻었다는 거였어요.

지금 말하는 '나답지 않은 일'이라는 것은 지금까지의 가현 님이라면 선택하지 않았을 그런 일을 말하는 거죠?

맞아요. 이를테면 강원도에 간 것도 그래요. 저는 서울 토박이고 친구들도 다 서울에 있으니 사실 다른 지역에 갈 일이 별로 없잖아요. 저는 강원도 하면 감자 말고 없는 줄 알 만큼 잘 몰랐는데, 가보니까 다른 거죠. 내 무대가 너무 좁았다는 걸 깨달았어요. 지금까지 내가 누린 것들은 누군가가 답이라고 내밀었던 것들이고, 내가 내 힘으로 생각했던 적이 없었던 거죠.

그래서 말인데, 그런 것들이 밥벌이가 되던가요?

네, 밥벌이가 되고요. 저는 사실 막 퇴사를 결정했던 시점에는 이 실험 기간으로 1년을 목표로 하긴 했지만 솔직히 반년 정도 하다가 다시 회사

로 돌아갈 줄 알았어요. 근데 내가 목표했던 1년을 결국에는 먹고살았고,
지금은 플러스 알파의 시간이거든요. 내가 지금 이것들로 먹고사는 일을 해결하고 있고 살아서 숨쉬고 있으니까, 이게 증거 아닌가 하는 거죠.

그럼 혹시 한 달 수입이 어떻게 되는지 물어봐도 돼요?

매달 다르고 무슨 일감을 받았느냐에 따라서 다 다르지만, 평균 120만 원에서 150만 원 정도 버는 것 같아요. 큰일이 들어오거나 내가 더 부지런하면 조금 더 벌겠죠? 지금은 그냥 여유롭게 살고 싶어서 내 시간을 더 많이 갖는 중이니까요. 그리고 어떻게 보면 저는 이제 회사 밖에서 일을 한 게 1년 차예요. 1년 차에 이 정도 수익이라면 직장인 1년 차랑 비슷한 거 같고 나쁘지 않은 거 같아요. 이만큼의 수익을 시작으로 더 연차가 쌓이면 프리랜서로서 더 많은 돈을 벌 수도 있지 않을까 생각하고 있어요.

회사 다닐 때보다 꽤 적은 수입일 것 같은데, 그런 부분에서 불안감은 없나요?

회사 때랑 비교하면 수입이 딱 절반 정도인 것 같아요. 근데 스스로 여유를 갖는 것도 필요한 것 같더라고요. 저는 사실 팟캐스트로 돈을 벌고 싶었어요, 다만 얼마라도. 근데 결국 돈을 벌지는 못했고, 오히려 돈을 쓰는 프로젝트였단 말이에요. 그래서 돈이라는 관점에서 보면 그건 사실 실패한 프로젝트인데, 그게 고구마 줄기처럼 일감을 따다 주고 이런저런 프로젝트로 연결됐어요. 모든 일의 핵심적인 연결고리가 됐죠. 그런 의미에서 보면 실패한 게 아닌 거예요. 멀리 생각하는 마음의 여유가 필요한 것 같아요. 내가 지금 심은 이 씨앗이 내가 원하는 시기에 수확되지 않을지라도 해보는 것. 그리고 회사가 나한테 월급을 주는 유효 기간이 어느 정도일까를 생각하면, 회사에 기대지 않고 혼자 벌 수 있는 돈을 만들기 위해서 삽질을 하는 게 오히려 더 안전한 선택이지 않나 싶기도 하고요.

어떤 것에 의존하지 않고 스스로 먹고살 수 있는 힘을 기르는 건 좋지만, 그걸 계속하기 위해서는 지속 가능한 수익 구조도 있어야 된다고 생각하거든요. 혹시 그런 부분에서 구체적인 계획이 있나요?

사실 이 실험을 계획할 때는 지속 가능한 수익이 저의 고려 사항은 아니었어요. 왜냐하면 그때는 회사에서 매달 받는 월급이 저한테는 지속 가능한 수익이었으니, 그게 갖고 싶으면 퇴사하지 말아야 한다고 생각했죠. 그런데 지금 생각해보면 그 월급이라는 것도 사실은 지속 가능하지 않다고 느껴지거든요. 우리는 입사해서 정년퇴임을 하는 그런 시대에 살고 있지 않잖아요. 월급이라는 것도 결국에 회사가 주고 싶을 때까지만 이어지는 그런 돈이라고 생각하거든요. 그러면 지금 단계에서 나는 지속 가능한 수익을 만들 게 아니라 지속 가능한 나, 어떤 변화에도 적응하는 나, 어떤 일 앞에서도 맥락을 갖추는 나, 내가 하는 일을 설명할 수 있고, 왜 하고 있는지 알고 있는 나를 만드는 게 더 중요하고 그게 지금 내 단계에서 해야 할 일이라고 생각했어요. 여하튼 365일을 살아냈잖아요. 그럼 이젠 내가 먹고사는 걸 해결하기 위해서 만든 돈을 조금 더 많이, 조금 더 꾸준히 벌 수 있는 방법을 고민하는 게 이 다음 단계에 저한테 놓인 숙제겠죠.

당장 수입과 관련된 부분 외에도, 제도권 안에서 느끼는 안정감이 분명 있죠. 그걸 벗어났기 때문에 생기는 아쉬움은 없나요?

예를 들어서 전세 대출을 받아야 된다거나, 혜택이 좋은 신용카드가 새로 나와서 발급을 받으려고 할 때 옛날에는 명함 한 장, 전화 한 통이면 됐는데 지금은 서류를 몇십 장을 준비해야 되더라고요. 그럴 때 내가 이제 제도권 안에서 설명이 되지 않는 사람임을 느끼고 조금 아쉽지만, 이 정도는 충분히 포기할 수 있다고 생각해요.

365일 동안 했던 일들이 주는 성취감과 회사에서 느꼈던 성취감이 어떻

게 질적으로 다르게 느껴졌는지도 궁금하네요.

우리는 돈에 얼굴이 없다고 얘기를 하잖아요. 근데 저는 돈에도 얼굴이 있는 것 같아요. 회사에 소속되어 한 달 동안 일하고 번 300만 원과, 내가 회사 밖에서 삽질하고 고군분투해서 번 돈 150만 원. 이 둘을 비교하면 숫자적으로는 당연히 회사에서 번 돈이 많지만, 저는 후자의 방법으로 번 150만 원이라는 돈이 더 밀도 있고, 단단하고, 튼튼한 돈인 것 같아요. '근육질의 돈'이랄까요? 앞으로 저는 그런 돈을 더 많이 벌고 싶어요.

1년간의 직업 실험을 통해서 그동안 갖고 있던 갈증들이 충분히 해소가 된 것 같나요?

제 스스로 회사 생활을 하던 저를 '광화문 사람'이라고 부르거든요. 지하철 5호선 광화문역 반경 2km를 벗어나지 못하는 사람이라고 얘기를 했었어요. 그만큼 회사 다닐 때는 제 인생의 통제권을 회사가 갖고 있다는 느낌을 계속 받았던 거죠. 회사가 오라는 시간에 출근해서 허락해주는 시간에 퇴근하고, 회사가 시키는 일을 하고, 회사가 배정해준 사람과 일을 하고, 회사가 주겠다고 말한 월급만큼만, 딱 그만큼의 삶의 여유를 즐길 수 있는 사람. 그리고 그것도 회사가 허락해주는 날까지만 가능한 거였죠. 짐 싸서 나가라고 하면 나가야 되고요. 이제 그런 통제권을 내가 가져오고 싶다고 생각했어요. 내가 무슨 일을 하고, 누구랑 일을 하고, 어디에서 일할지 내가 정하고 싶다는 갈증이 있었고, 퇴사 후에 직업 실험을 했던 그 365일이 그런 갈증을 해소하는 시간이었던 것 같아요. 내가 먹고사는 일을 오롯이 내가 해결하고, 내 일을 내가 만들고, 내 동료를 내가 찾고, 내 무대를 내가 만드는 삶을 경험해본 거니까요.

삶의 주도권을 가져오는 실험이었던 거네요. 시도해보고 싶은 또 다른 일이 아직 남아 있나요?

지금까지 했던 일이랑 겹치지 않는 일이라면 사실 뭐든지 다 환영이고, 계속 제 가능성과 한계를 넓혀가면서 확장하는 삶을 살고 싶어요. 그리고 또 한번 야심을 품어보자면 지금까지는 되게 푼돈을 벌었는데, 이번에는 큰돈을 버는 일도 해보고 싶어요. 이전까지는 일을 짧게 짧게 끊어서 여러 가지 했다면, 그것보다는 더 긴 호흡으로 장기적으로 일과 목표에 에너지를 쏟아보고 싶어요. 이제 그럴 준비가 됐다는 느낌을 강하게 받고 있어요. 근데 그게 회사라는 형태가 될지, 어떻게 될지는 잘 모르겠어요. 조금 더 상상해보는 중이에요.

1년간 이 실험을 하면서 만약 이 상황에 나에게 이런 지원이나 도움이 있었다면 더 좋았겠다 싶은 것이 혹시 있었나요?

우리에겐 제대로 된 인생을 살기 위해 조금 더 안전하게 실험할 시간이 필요한 것 같아요. 그런데 우리 또래는 결국 시간을 팔아서 돈을 벌고 있

잖아요. 그 시간의 값어치도 되게 낮게 쳐져 있고. 그런 게 아쉬워요. 인생에 한 번쯤은 딴생각을 품어볼 수 있는 그런 틈을 사회가 줬으면 좋겠다는 생각을 했어요. 이런 틈을 가지는 게 두려운 이유가 실패 때문이잖아요. 사실 실험이기 때문에 실패할 수도 성공할 수도 있는 것인데 대부분의 사람들에게 그럴 여유가 없는 거죠. 그럴 걱정 없이 한 번쯤은 실패해볼 권리가 있어야 하지 않나 하는 생각이 드는데, 그때 만약 '기본소득' 같은 게 주어진다면 어떨까 상상해보게 되더라고요. 대한민국 국민이라면 인생에 단 한 번이라도 한 6개월에서 1년 정도 기본소득을 주는 거죠. 그러면 그 사람이 인생을 재구성할 수 있는 기회가 되겠죠.

이 직업 실험은 언제까지 계속할 생각이에요?

제가 지금 브런치에 '퇴사러 365일 생존기록'이라는 매거진을 만들어서 제 일 이야기를 연재하고 있거든요. 이 기록을 해봐야겠다고 생각했던 이유가, 회사에서는 연차가 쌓이면 내가 한 일들이 자동으로 회사 기록으로 남잖아요. 근데 회사 밖에서는 내가 아무 기록도 남기지 않고 일을 하면, 내가 무슨 일을 하는지 아무도 모르겠구나 싶더라고요. 그래서 그 1년을 총정리하는 회고를 하는 중이에요. 그래서 제 기준으로 커리어의 단계를 나눠봤는데, 커리어 1기는 '묻지마취업'이라는 키워드로 대변되는 제가 직장 생활을 했던 2년 6개월이고, 커리어 2기는 '퇴사하고 나서의 365일 자급자족' 시기예요. 그리고 이제 곧 커리어 3기로 넘어가야 하는 시점인 것 같아요. 매거진 마지막 편이 발행되는 날이 실험이 끝나는 날이지 않을까 해요.

가현 님의 또 다른 다음이 무척 기대되네요. 그래서 이번 시즌은 언제가 마지막 발행일인가요?

그걸 미루고 있어요, 차일피일.(웃음) 어떤 글을 언제 마지막 글로 발행할지 아직 결정을 못 했거든요. 마치 퇴사할 때처럼. 언젠가는 넘어가겠죠, 또 다음 이야기로.

*이 인터뷰는 2019년 8월에 진행되었습니다.

interviewee

김예지

31세

#청소_일을_시작하다
#내가_나를_책임질_수_있다는_감각
#직업에_대한_고정관념을_만날_때
#내_이야기를_할_용기
#꿈과_직업의_상관관계

episode 02

돈 버는 일과 하고 싶은 일 사이

인생 최대의 난제가 있다. 하고 싶은 일과 돈을 벌 수 있는 일 중에 무엇을 선택하는 게 맞을까? 당장 돈은 되지 않지만, 정말 내가 해보고 싶은 일이 있다면? 반대로 내가 정말 하고 싶은 일도 아니고 남들 보기에 썩 좋아 보이는 일도 아니지만, 금전적으로 안정을 주고 생계를 책임질 수 있는 일이 있다면? 만약 전자를 선택한다면 "요즘 젊은 애들은 자기 하고 싶은 것만 하려고 한다니까?" 같은 말을 들을지도 모른다. 그렇다고 후자를 선택한다면 "젊은 사람이 왜 이런 일을 해?"라는 말을 들을 수도 있다. 결국 많은 이들이 이 둘 사이에서 궁리하다 '내가 정말 하고 싶던 일은 아니지만, 남들 보기에 썩 나빠 보이지 않고, 적당한 월급도 주는' 일을 하는 것으로 타협하게 된다. 그리고 일터에서는 찾을 수 없는 꿈을 찾아 헤맨다.

나는 이 두 갈래 길에서 조금 다른 선택을 한 요즘 것을 만나고 싶었다. 그래서 찾은 사람이 '청소 일 하는 일러스트레이터' 김예지다. 김예지는 그림을 그리는 사람이 되고 싶었다. 미대를 졸업했지만, 그렇다고 그림 일로 당장 먹고살 수 없으리란 것도 알았다. 좋아하는 일이 먹고사는 일이 될 때까지는 갈고닦을 시간이 필요했고, 부모님께 무작정 기댈 수 있는 형편도 아니었다. 그 중간 어디쯤 위치한 적당한 회사 일도 해봤다. 그러나 곧 자신의 길이 아니란 걸 알았다. 그때 청소 일의 세계를 알게 됐다. 보수가 적지 않았다. 또래 친구들이 정장을 차려입고 면접을 보러 갈 때, 김예지는 엄마와 같이 작업복을 입고 청소 현장으로 나갔다. 모든 게 순탄하지는 않았다. 일에 익숙하지 않았을 때는 몸이 힘들었고, 익숙해진 뒤에는 사람들의 시선과 고정관념 때문에 힘들었다. 나만 다른 길을 가는 것 같아 불안하기도 했다. 그래도 매일 새벽 5시에 눈을 뜨고 10시간을 쉼 없이 몸을 움직이면, 신기하게도 움직인 만큼 돈을 벌었다. 노력한 만큼 돈을 벌 수 있다는 감각은, 내 힘으로 나를 온전히 책임질 수 있다는 믿음을 심어주었다. 그렇게 자신의 힘으로 하루를 살아내고 집에 돌아오면 자신의 이야기를 그림으로 그렸다.

우리는 때때로 '돈이 전부는 아니야. 네가 좋아하는 걸 찾아'라는 말을 또 다른 정답처럼 느끼며 죄책감을 느낀다. 당장 먹고사는 일에 매여 있는 현실을 부정하고 싶다. 꿈에 가까운 일을 하지 못하는 지금이 불완전하게 느껴진다. 좋아하는 일이 아닌 일을 해야 하는 현실이 원망스럽고, 지금 하는 일은 무의미하게 느껴진다. 그러나 김예지에게 먹고사는 일의 의미는 조금 달랐다. 먹고살기 위해 선택한 청소 일과 좋아해서 선택한 그림 일 중 뭐가 메인 잡이냐고 물었을 때, 그는 망설임 없이 "저한테는 먹고사는 일이 먼저예요."라고 말한다. 그것이 결코 그림 일이 덜 중요하다는 뜻은 아닐 것이다. 단지 좋아하는 일의 무게감만큼 먹고사는 일의 무게감도 잘 알고 있을 뿐이다.

재미있는 건, 그가 생계를 위해 선택한 일이 결국 꿈을 이루는 데 중요한 소재가 되었다는 것이다. 먹고사는 문제와 좋아하는 일 사이, 혹은 현실과 꿈 사이. 절대 메울 수 없는 틈이 있을 것만 같은 두 갈래의 길도 사실은 하나로 연결되어 있을지 모른다. 나를 꿈꾸는 방향으로 데려다주는 건 누군가의 시선이나, 현실에 대한 원망이 아니다. 내가 내 인생을 온전히 살아낼 수 있다는 믿음. 어쩌면 이것이 인생 최대의 난제를 풀 열쇠일지도 모르겠다.

#청소_일을_시작하다

"퇴근하고 돌아오면 말끔하게 잊어요. 공과 사 구분이 확실해서 좋고요."

보통 미대를 나왔을 때 어느 정도 예상되는 진로가 있잖아요. 예지 님도 당시 졸업하고 어떤 일을 해봐야겠다고 생각한 게 있었을 것 같은데, 어땠나요?

저는 서양화과를 나왔어요. 그때는 저도 막연하게 디자이너 같은 게 되어 있지 않을까 생각했던 것 같아요. 실제로 졸업 후에 문구 회사의 촬영팀에서 상품 스타일리스트 일을 했었어요, 인턴으로. 회사 일은 재미있었어요. 근데 사실 그 인턴 계약이 2년이었는데, 1년만 하고 나오게 됐죠.

일이 재미있었는데 나오게 된 이유가 있었을까요? 2년을 잘 채웠다면 정직원으로 전환할 수 있는 기회가 생겼을 수도 있고, 다른 회사 들어갈 때 이력이 될 수도 있잖아요.

상품 스타일리스트가 재미는 있었는데 제가 정말 하고 싶은 일은 그것보다는 디자인 일이나 그림 같은 작업이었던 것 같아요. 근데 되게 막막하더라고요. 뭘 어디서부터 어떻게 해야 될지 너무 몰랐던 것 같아요. 학원을 다시 다녀봐야 하나 싶기도 해서, 학원 다니면서 툴 다루는 스킬도 배워보고, 혼자 포트폴리오도 준비해서 다시 구직을 하기도 했어요. 영화 포스터를 만드는 회사나 패키지 디자인 회사 같은 곳에 지원을 했었죠.

그래서 어떻게 됐어요?

다 떨어졌죠.(웃음) 지금 생각해보면 너무 부족했던 것 같아요.

그러다가 갑자기 방향을 틀어서 청소 일을 하게 된 이유는 뭔가요? 일반

적인 경우 같으면, 일단 알바를 병행하면서 좀 더 취업 준비를 해본다거나 그랬을 것 같거든요. 그렇게 하지 않았던 이유가 있었나요?

사실 첫 회사를 중간에 그만두었던 이유 중 또 하나가, 불안증 때문이었어요. 좀 심한 편이라서 심리 상담도 받았었거든요. 근데 엄마한테 그런 말을 하기가 미안하더라고요. 그래서 다시 혼자 마음을 다잡고 다른 회사도 알아보고, 학원도 다녀보고 했던 거죠. 근데 어느 순간, 지금 이걸 제대로 매듭짓고 가지 않으면 평생 후회할 것 같다는 생각이 들더라고요. 그래서 엄마한테 솔직하게 얘기를 했어요. 사실은 내가 이런 일이 있었다고. 그래도 이겨내고 취직을 다시 해보려고 했는데 취직도 잘 안 됐고, 알바 같은 것만으론 나 혼자 생계를 책임지기가 좀 어려울 것 같아서 고민이라고. 그랬더니 엄마가 "그랬구나, 예지야. 그럼 이걸(청소 일) 엄마랑 같이 하면서, 네가 스스로 돈 벌면서 치료도 받고, 남은 시간에 그림도 그려볼래?"라고 하시는 거예요. 그때 마침 저희 아빠가 그 일을 먼저 하고 계셔서 어떤 일인지 알고 있었거든요. 저도 그게 좋겠다 싶어서 그때 청소 일을 시작하게 된 거예요.

이건 약간 실례되는 말일 수도 있지만, 그 불안감은 혹시 어디에서 기인한 것이었을까요?

어떤 특정 원인이 있거나 트라우마가 있거나 한 건 아니에요. 제가 좀 그런 기질을 타고났던 건데, 살아오면서 그 기질 때문에 반복적으로 쌓이는 경험들이 생기잖아요. 그 경험들 때문에 나중에는 지레 겁먹는? 그렇게 됐던 것 같아요. 어떻게 보면 저의 특성이었던 거죠. 그래서 사회 생활을 할 때 평상시 마음이 보편적인 수준으로 유지되지 않고 좀 더 밑으로 자꾸 가 있었던 것 같아요.

그것과는 좀 다른 이야기겠지만, 저도 감정이 좀 들쑥날쑥하는 편인데 회

사 다닐 때 그게 티 나면 표정 관리가 안 된다고 혼났었거든요. 그게 사실 성향인 건데, 그걸 무조건 '이겨내야 된다', '일하려면 극복해라'라는 식으로만 얘길 하는 게 있는 것 같아요. 사람마다 다른 거고, 준비가 필요한 사람도 있는데….

맞아요. 저는 좀 준비가 필요하고, 치료가 필요했던 사람이었던 거죠. 그때 그걸 인정하고 때마침 엄마가 그렇게 손을 내밀어줬을 때 딱 잡아서, 청소 일을 하면서 그 돈으로 치료도 받고, 그림도 그릴 수 있게 됐어요.

그렇게 청소 일을 시작한 게 5년 정도 됐다고요?

네, 5년 좀 넘었죠.

그렇게 해보니까 청소 일이 회사 일과는 다르게 매력적으로 다가왔던 부분도 있었을 것 같아요.

일단 다른 스트레스가 없어요, 진짜. 그냥 퇴근하면 끝이에요. 회사는 내일 아침에 보기 싫은 상사를 봐야 된다든지, 혹은 업무 실수가 있어서 '내일 혼나면 어떡하지' 하는 게 있잖아요. 근데 청소 일은 그냥 현장에 가서 바로 해주고, 만약 '여기 조금 더 치워주세요' 하면 좀 더 해드리면 되거든요. 그래서 퇴근하고 돌아오면 진짜 말끔하게 잊을 수 있어요. 그게 너무 좋아요. 공과 사가 확실히 구분되죠.

회사 다니면 사실 일 자체보다도 사람들이랑 부대껴야 되는 것 때문에 상처받기도 하죠. 같이 일하다 보면 사적인 부분도 공유될 수밖에 없고.

그렇죠. 저는 엄마랑만 하니까 그런 부분에서 스트레스가 적더라고요.

근데 어머니가 유일한 동료이다 보니 편할 것 같기도 하지만, 또 한편으로 일하면서 내 또래의 동료를 만나기 쉽지 않잖아요. 그런 부분에서 느끼는 외로움 같은 건 없었어요?

다른 친구들은 자기 또래의 커뮤니티 안에서 뭔가 경력도 쌓아가고 나아가는 것 같은데, 나 혼자 도태되는 게 아닐까 하는 고민을 되게 많이 했었어요. 근데 다행히도 책을 내고 나서는 또래의 작가분들도 많이 알게 되면서 그분들이 저한테는 동료 역할을 해주는 것 같아요.

#내가_나를_책임질_수_있다는_감각

"내가 나를 온전히 책임질 수 있다는 느낌은 청소 일이 처음이었어요."

지금 청소 일과 그림 그리는 일을 병행하고 계신데, 일주일간의 타임라인이 어떻게 돼요?

원래는 월요일부터 토요일까지 청소 일을 했어요. 월, 수, 금은 오전 5시 반에 출근을 해서 집에 돌아오면 오후 3~4시이고, 화, 목, 토는 오전 10시면 끝나고. 근데 지금은 화, 목, 토는 아예 청소 일을 안 하고요. 그 시간에 거의 제 작업을 많이 하죠.

청소 일을 어떤 식으로 하는 건지 설명해줄 수 있나요?

저희는 건물 여러 개를 돌아다니면서 해요. 빌라, 학원, 공장, 사무실 등등 되게 다양해요. 계속 옮겨 다니면서 퇴근할 때까지 진짜 단 1분도 안 쉬는 것 같아요. 일이 끝나면 사무실에 들러서 정리를 하고 집에 오는데, 근무 시간이 거의 9시간에서 10시간 정도 되는 것 같아요.

몸으로 하는 일이 익숙하지 않으면 처음에 되게 힘들었을 것 같은데, 어땠어요?

이렇게 빗자루질을 많이 해본 건 태어나서 처음이었으니까요. 손목이 아침에 땡땡 붓는 거예요. 손가락도 다 부었었어요. 골반도 비틀어지고. 진짜 고생 많이 했어요. 앉아서 하는 일은 굳어서 골병이 들잖아요. 몸으로 하는 일은 반복되는 행동에 의해서 몸이 틀어지더라고요.

'아 할 만하다, 뭔가 손에 익었다' 했던 게 언제쯤이었어요?

시작한 지 6개월 정도 지나니까 그때부터 '이제 좀 괜찮다' 했던 거 같고, 1년 정도 되니까 '이제 좀 할 만하다' 하는 느낌이었어요.

적응이 된 후에도 익숙해지지 않는 것들은 뭔가요?

사실 아침에 일찍 나가야 되고 그런 건 하다 보면 익숙해지는데, 더러운 것을 보는 건…. 많이 보면 익숙해질 거라고 생각했는데 그건 아직도 익숙해지지 않더라더고요.

그건 누구나 익숙해지기 쉽지 않을 것 같아요. 만화 보니까 되게 재밌게 표현했더라고요. 계절마다 힘듦이 다 다르다고.

정말, 어쩜 이렇게 계절마다 자기주장이 강한지…. 일단 봄은 꽃가루가 너무 심해요. 그래서 송진이 노랗게 껴요. 건물 안에 있어도 바람이 들어오니까 청소하다 보면 호흡기가 안 좋아지는 게 느껴져요. 여름은 그냥 모든 게 다 문제예요. 너무 덥고 습하니까 움직이는 거 자체가 너무 힘들죠. 가을은 낙엽이 말도 못 해요. 마당이 있는 곳을 가면 진짜 마당 쓰는 데 한두 시간 걸릴 때도 있어요. 겨울은 너무 추워서 걸레가 얼어 있기도 하고, 일할 때 옷을 거의 서너 겹 입고 일하니까 무겁고 힘들죠. 사람들이 여름이 힘든지, 겨울이 힘든지 종종 물어보는데, '엄마가 좋아요, 아빠가 좋아요'의 싫어요 버전이랄까? 가지각색으로 다 싫어요.(웃음)

그럼에도 불구하고 5년을 했다는 건 그만큼 그 일이 나에게 준 것도 많다는 거잖아요.

첫 번째로 가장 중요한 경제적인 안정을 줬고요. 일한 만큼 벌 수 있으니까요. 두 번째로 제 책을 쓸 수 있게 해준 고마운 원천이죠. 세 번째는, 그전까지 아르바이트는 많이 해봤지만 내가 나를 책임지면서 돈을 벌어본다는 느낌을 받은 건 청소 일이 처음이었어요. '내가 이제 스스로를 책임질 수 있다'는 감각을 느끼게 해줬다는 게 가장 크죠.

어떤 일이든 하다 보면 부수적으로 얻게 되는 기술도 있잖아요.

운전 실력이죠. 계속 차로 이동하면서 일하니까 좋은 운전 실력을 얻었죠. 그리고 규칙적으로 생활하게 될 수밖에 없어요. 일찍 일어나고 일찍 자고. 주말에도요. 친구들은 되게 싫어하더라고요. 놀러 가면 제가 너무 일찍 일어나니까 제발 좀 더 자라고 해요.(웃음) 그런 부지런한 습관도 이 일 덕분에 얻은 거죠.

청소 일로 비로소 내 생계를 책임질 수 있게 됐다고 하셨잖아요. 그러면 혹시 수입이 어느 정도인지 얘기해줄 수 있어요?

사실 이게 개인차도 크고 일의 양이나 성격에 따라 많이 다르긴 해서 조심스럽긴 한데요. 가장 많이 벌 때를 기준으로 얘기하자면 대략 대기업 월급 정도로 벌 때도 있었고요. 지금은 일을 많이 줄인 상태라 그렇게 큰 수입은 안 되는데, 그래도 제가 적금하면서 생활을 유지할 수 있는 수준이에요.

두 분이서 같이 일하셔서 받는 수익인 거죠?

네, 엄마와 같이 일해서요. 근데 저희 엄마가 저한테 더 많이 주세요. 수입 배분을 할 때 딱 반으로 나누는 게 아니고, 제 지분으로 좀 더 많이 투자를 해주시죠. 돈 관리는 저희 엄마가 하시거든요, 저는 용돈을 받고. 나중에 집이나 작업실을 구한다든지 큰돈이 필요할 때 쓸 수 있도록 모아주

禁煙
No smoking
금연구역
STEEL

고 계세요. 그래서 제가 엄마한테 너무 미안하다고 얘기를 한 적이 있어요. 그랬더니 저희 엄마는 "다른 부모는 집도 척척 사 주는데, 엄마가 능력이 안 돼서 해주는 거야. 몸으로 때우는 거야. 그러니까 미안해하지 말고, 이렇게 해줄 수 있을 때 그냥 엄마 좀 써먹어주면 안 돼?" 이러는 거예요. 참 애잔하면서도 여러 가지 마음이 들더라고요.

그래도 예지 님 몫을 스스로 하고 있는 거잖아요. 결국 청소 일로 예지 님이 자립할 수 있는 기반을 마련하고 있는 거네요.

그래서 제가 책을 내고 이렇게 여러 가지 활동을 하게 되니까 엄마가 되게 좋아하세요. 처음으로 그림 외주 일이 들어왔을 때 진짜 좋아하셨어요. 그림 그리는 일을 해서 적은 돈이라도 벌면 되게 좋아하시더라고요. 엄마가 지금 같이 일해주는 이유도 제가 좋아하는 일 하면서 자립할 수 있게끔 도와주려는 거라고 하시면서, 제가 스스로 좋아하는 일로 생계를 유지할 수 있는 수준까지 올라갈 수 있기를 기다려주고 계시죠.

지지를 많이 해주시고 경험도 함께 해주시는 참 좋은 어머니시네요. 자식이 원하는 것이 무엇인지 물어보기 전에 본인이 원하는 상에 맞춰서 크길 바라시는 부모님도 많잖아요. 그것 때문에 힘들어하는 친구들도 굉장히 많이 봤고요. 근데 이렇게 같이 해나가면서 성장을 함께하고 계시니까….

사실 저희 부모 세대에게 자식이란 어떻게 보면 인생의 결과물이잖아요. 자기가 어떻게 키웠는지 사람들한테 딱 보여줄 수 있는. 근데 저희 엄마는 그런 사람들의 시선보다는 저를, 제가 살아가는 인생을 더 지지해준다는 게 느껴지니까 진짜 고맙죠.

사실 예지 님 어머님이 지금 해주시는 그 역할을, 사회가 해주어야한다고 생각하거든요. 청년들의 꿈을 지지해주고 같이 자립할 수 있게끔 도

와주는 역할이 필요한데, 그런 사회적 기반이 거의 없다 보니까 부모님들이 많이 도와주시는 상황이 되는 것 같아요. 특히 예지 님은 몸으로 하는 일을 같이 하니까 더 많이 와닿을 것 같아요.

직접 같이 하고 있으니까 느껴지는 게 더 크죠.

#직업에_대한_고정관념을_만날_때

"왜 회사 안 다니고 이런 일을 해? 대학은 나왔어?"

청소 일로 인해서 전보다 안정적인 생활을 할 수 있게 되었지만, 이 일에 대해서 떳떳하게 이야기할 수 있게 된 건 책을 낸 후부터였잖아요. 그 사이에 4년이라는 시간이 있는 걸로 아는데, 고민이 많았을 것 같아요. 이를테면 사람들한테 나를 소개할 때라든지요.

진짜 많이 어려웠죠. 그 시기에 제 정체성에 대해서나 직업의 의미에 대해서 생각을 많이 하게 되었던 것 같아요. 예전에 회사 다닐 때는 누군가가 물어보면 직업은 쉽게 얘기할 수 있는 거였거든요. 그런데 뭔가 말하기 어려운 직업군이 되어보니까 '아, 사람들이 나를 볼 때 직업을 많이 보고 나 또한 직업이라는 것에 많이 묶여 있는 사람이었구나'를 알게 됐어요. 제 스스로에 대한 편견도 많았던 거죠. '이 사람이 내 직업을 얘기했을 때 받아들일 수 있을까?' 하면서 겁이 났어요. 저 스스로는 당당하다고, 괜찮다고 말하면서도 마음속으로는 '나만 그렇게 생각하고, 남들은 그렇게 생각 안 하면 어떡해?' 하는 생각에 빠져서 자신감도 없어지고…. 많이 나약했던 것 같아요. 그 4년이 되게 힘들었죠.

주변의 말들 때문에 더 위축되는 경우도 있었을 것 같아요.

청소를 하면서 만나는 어른들의 이야기가 상처가 됐던 적이 많아요. "왜 회사 안 다니고 이런 일을 해? 대학은 나왔어?" 식으로 물어보시는 분들이 있죠. 그런 말을 들을 때, '아, 이 일이 뭔가 젊은이가, 그것도 대학 나온 젊은이가 하기에는 되게 부정적인 의미가 있는 거구나' 하는 생각을 하게 되는 거죠. 어떤 분은 "나는 자식한테는 이런 험한 일 시키고 싶지 않다." 라고 하시더라고요.

그걸 어떻게 면전에 대고 얘기를 해요?

근데 그분이 그렇다고 되게 못된 분은 아니었어요. 평소에 인사도 잘 해주시고 그랬는데 은연중에 그런 진심이 나왔나 봐요. 자기는 자식한테 좋은 것만 해주고 싶다, 뭐 그렇게 얘기를 하시더라고요. 저희 엄마가 들으면 좀 속상해할 말이죠. 그런 일을 시키는 부모가 된 거니까. 당시에는 그냥 웃으면서 넘겼는데 속으론 '조금만 더 생각하고 말씀하시지' 하는 생각은 좀 했어요.

그게 결국 특별히 못된 사람이 그런 말을 한 게 아니라 직업에 대한 고정관념이 그만큼 일반적이고 뿌리 깊다는 뜻인 것 같아요.

또 힘들었던 게, 누군가를 처음 만나는 자리였어요. "저 청소 일 해요."라고 하면 "네?" 이래요. 그럼 또 설명을 해야 돼요. 이 일을 왜 하게 됐는지부터. 그게 너~무 힘들었어요. 사실 누가 처음 만나서 "저 회사 다녀요." 이러면 "어?" 이러지 않잖아요. 저 사람이 왜 멈칫하는지 저는 아니까 기분이 묘하더라고요, 초조해지고. 안 그러고 싶은데, 어쩔 수 없이 그런 부분이 있었어요. 어떻게 보면 딱 정해진, 우리가 흔히 아는 그런 삶이 아니라서 더 설명하기 어려운 것 같기도 하고요.

저희가 지금 만나고 다니는 또래들 대부분 그런 고충이 있는 것 같아요. 나를 한마디로 설명하기는 어려운데 사회에서는 언제나 나를 한마디로

정의 내리기를, 명함 한 장으로 자기를 표현해주기를 바라잖아요. 그런 게 좀 어려운 것 같아요.

맞아요. 딱 제가 하고 싶은 말이었어요.(웃음)

아까 어른들이 '대학 나왔는데 왜 이런 일을 해?' 같은 말을 한다고 했잖아요. 근데 반대로 우리나라 청년 취업률이 낮다고 할 때마다 '요즘 애들은 힘든 일을 안 하려고 한다', '우리 때는 먹고살려고 별일 다 했다' 같은 얘기 하잖아요. 말은 그렇게 하면서 실제로는 젊은 사람이 사람들이 조금 꺼리는 일, 몸으로 하는 일 한다고 하면 좀 낮게 보는 경향이 있고요. 본인 자식은 안 그랬으면 좋겠다고 얘기를 하고. 되게 이중적인 잣대 같아요.

저도 그게 진짜 제일 아이러니해요. '내로남불'인 거죠.(웃음) 지난번에 라디오 방송 나가서 그런 질문을 받았는데, 제가 그랬어요. 자기 자식 그런 일 시킬 수 있는 분 아니면 '요즘 애들 힘든 일 안 한다' 같은 말은 하지 말았으면 한다고요.

#내_이야기를_할_용기

"세상에 나와 비슷한 고민을 가진 사람들이 이렇게 많았구나."

그런 편견 속에서 4년을 견디다가 어느 날 갑자기 자신의 이야기를 만화로 그리기 시작했잖아요. 어떻게 그런 용기가 났어요?

제가 그 4년 동안 사실 청소만 했던 건 아니에요. 그림도 여기저기 올려보고 여러 시도를 하긴 했는데, 잘 안됐어요. 그러다가 쉬는 날 독립 책방에서 책을 보고 있었는데, '내가 나를 알릴 수 있는 방법 중에 이것도 있지 않을까?' 하는 생각을 한 거죠. 근데 일러스트집을 내자니 아직까지 저

만의 색깔이 부족하다고 느꼈고, 만화를 한번 그려볼까 싶더라고요. '무슨 이야기를 쓰면 나 스스로도 솔직하고 재밌게 써나갈 수 있을까? 내 청소 이야기를 한번 써볼까?' 그렇게 해서 4년째가 되어서야 마음을 먹고 책을 만들게 됐어요.

그때까지만 해도 청소 일 하는 걸 어디 가서 소개하는 것도 좀 불편하고, 편견 가득한 시선들을 계속 겪어왔잖아요. 근데 이걸 책으로 내면 더 많은 사람이 알게 될 텐데, 그런 것에 대한 두려움은 없었어요?

그래서 처음에 책 나왔을 때 친구들 주기가 싫은 거예요. 차라리 모르는 사람이면 '그냥 이런 사람이 있구나' 할 것 같은데, 친구들한테는 뭔가 내 속마음을 들키는 느낌이랄까? 사실 친구들이랑 힘들다고 얘기는 하지만, 자세한 속사정까지 얘기하지는 않거든요. 다 각자의 고민이 있을 테니까. 그래서 이 책을 보여주는 게 낯부끄러운 일기를 들킨 느낌이었어요. 근데 막상 보여주고 나니까 속이 좀 시원하더라고요. '나 사실 이래. 이제 조금 이해되니? 너네는 또 어때?' 이런 마음이 됐어요. 두려웠던 시작이 있었지만 한번 말하고 나니까 너무 속시원하고 재밌는 거예요. 하길 잘했다 싶었죠.

독립출판물로 만들었던 책인데, 나중에 출판사와 계약하고 정식 출판물로도 내게 될 만큼 꽤 인기가 좋았잖아요. 결국 많은 사람들에게 관심을 받았다는 건데, 예상은 하셨어요?

아뇨! '진짜 이거 좀 되겠는데?' 하는 마음도 아니었고, 너무 부끄럽기도 했고요. 어떻게 보면 청소를 한다는 게 특수한 일이기 때문에 '이런 걸 공감해줄까?' 하는 마음이 오히려 있었어요. 근데 되게 신기한 게, 사람들이 이 이야기를 자기 상황에 대입해서 해석을 하고 읽어주시더라고요. 취직을 못 해서 힘들었던 부분에 대해서라든지, 자아실현에 대한 부분이나, 혹은 직장을 갖고 있어도 '이 일이 나랑 맞나?' 하는 고민들에 대해서 각자의 방식으로 공감하는 걸 보고, 진짜 신기했어요.

독자들로부터 피드백을 직접 받아본 적도 있어요?

메일도 오고 DM도 오고 그래요. 어떤 분은 공무원 준비하면서 엄마가 일하는 마트 캐셔로 일을 하고 있는데, 친구들은 회사 다니면서 진급하고 그러는데 자기는 아직도 그러고 있는 게 너무 속상하다고, 근데 제 책을 보면서 뭔가 자기 이야기 같고 너무 공감이 됐다고 하시더라고요. 그런 피드백을 받으면서 '아, 진짜 장르가 다르고 환경은 달라도 세상에 나와 비슷한 고민을 가진 분들이 많구나' 하는 생각을 했죠.

책으로 나를 알리고 나니까 그림 일도 종종 들어온다면서요? 주로 어떤

일들이 생겼어요?

책 삽화가 제일 많이 들어오고요. 가끔 잡지에 실리는 그림 위주로 일이 들어와요.

전체 수입에서 그림 일의 비중이 좀 늘어난 거네요?

그렇죠. 예전에는 0이었기 때문에….(웃음) 아무것도 없었다가 지금은 좀 생겼죠.

내가 진짜 하고 싶었던 일로 처음 돈을 벌었을 때 기분이 어땠어요?

진짜 눈물 날 것 같았어요. 누가 나한테 돈 주고 그림을 의뢰한다는 것 자체가 너무 신기했어요. 제가 항상 꿈꿨던 거잖아요. 처음으로 내 스스로 무언가를 내놔서 그걸로 여러 가지를 해낼 수 있게 됐다는 게, 되게 어른이 된 느낌이었어요.

그래서 그렇게 번 돈으로 맨 처음 뭐 하셨어요?

작업실 구하고, 치아 교정 했어요.(웃음) 그리고 가족들한테 맛있는 거 사줬어요.

엄청 뿌듯했겠다. 마음가짐도 좀 바뀌었을 것 같아요.

많이 당당해진 거 같아요. 예전에는 늘 '나를 어떻게 설명해야 되지?' 하는 게 있었다면, 이제는 저를 알고 싶어 하는 분들한테는 더 적극적으로 저에 대해서 설명하게 되었고요. 창작물을 만들 때도 자신감이 생긴 것 같아요. '이번엔 어떤 이야기를 해볼까?' 하고 능동적으로 변한 느낌이 있어요.

근데 그렇게 만들어준 게 결국 또 청소 일인 거잖아요.

저도 그게 아이러니예요. 청소 일이 저를 되게 기죽이는 부분도 있는데, 저를 살려낸 부분도 있고. 되게 애증의 느낌이에요. 어떨 때는 되게 미웠다가 어떨 때는 '세상에서 나를 이렇게 살려준 일이 없지' 싶기도 하고.

처음에는 '생계를 책임지는 건 이걸로, 그림 그리는 일은 따로' 이렇게 생각을 했는데, 결국 둘이 연결되면서 그 청소 일이 소재가 되어서 꿈을 이루는 데 한몫을 하게 된 거잖아요.

인생에 쓸모없는 일은 진짜 없구나 하는 걸 몸소 느꼈어요. 예전에는 어른들이 그런 얘기 하면 '아닌데. 쓸모없는 일도 있던데?' 같은 생각을 했었거든요. 근데 지금은 필요 없는 일을 하는 것 같은 느낌이 들 때도, 예전에는 '내가 이걸 왜 해야 되지?'라고 생각했다면 지금은 '그래, 그래도 일단 뭐라도 해볼까? 이게 당장은 그럴지 몰라도 일단 해보면 뭔가 나오겠지?' 이렇게 좀 변한 것 같아요.

지금은 또 다른 얘기들을 그리고 있다면서요?

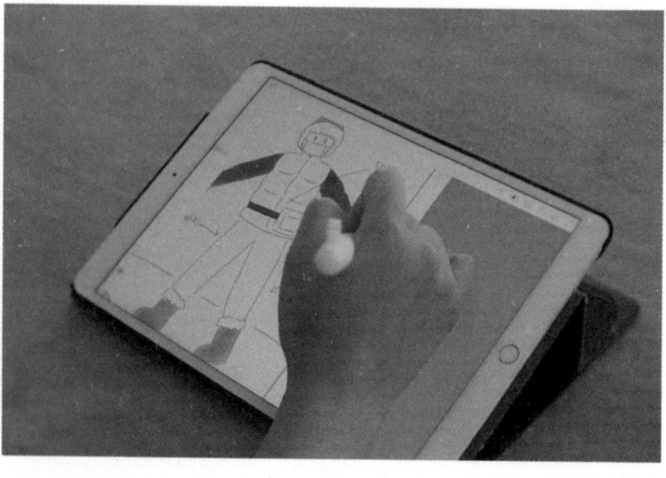

제가 아까 저의 불안증이나 심리 상담에 대해서 말씀드렸잖아요. 지금은 진짜 많이 좋아졌어요. 새 삶을 얻었다고 말하면 조금 오글거리긴 하는데, 그 정도로 많이 좋아졌거든요. 근데 이렇게 되기까지 저도 힘든 시간이 되게 길었던 사람이에요. 그 힘든 시기에 곁에 있는 사람들 중에는 그런 걸 아는 사람이 없으니까 '이 사람들은 어떻게 이겨냈지?' 하면서 책도 많이 찾아 보고, 관련된 건 다 봤었던 것 같아요. 그러면서 점점 좋아졌고, 지금 이렇게 좋은 상태까지 오고 나니까 생각이 나더라고요. 그걸 찾아 헤매던 제 모습이요. 제가 겪은 시행착오들을 저 같은 분들에게 말해주고 싶어요. 제가 전문가는 아니지만, 저처럼 전혀 돌파구를 모르는 사람들한테 나는 이렇게 했고, 이런 치료 받아봤다는 것들을 알려주고 싶어요. 그래서 다음 만화는 아마 그런 내용이 될 것 같아요.

이제 정말 내 얘기를 꺼내는 데 자신감이 생겼군요.

그렇죠. 처음에 책을 내고 여기저기서 인터뷰했을 때는 "다음 책은 뭐 내실 거예요?"라고 물어볼 때 얘기하기가 싫었어요. 제가 어디가 아픈 사람이라고, 특히 정신과 치료를 받았다고 얘기하는 게 너무 힘들더라고요. 이것도 어떻게 보면 청소 일과 비슷하게 이해받기 힘든 일이잖아요. 근데 지금은 내가 내 얘기를 하면서 오히려 위로받는 부분이 많더라고요. "어? 저도 그런데, 먼저 말해줘서 너무 고마워요." 같은 말을 해주는 분들이 생기면서, '내가 그랬던 것처럼 저 사람들한테도 내가 필요하겠구나'라고 생각이 바뀌었고, 좀 더 자신 있게 얘기하게 된 것 같아요.

한번 경험을 해봤으니까 그게 좀 더 수월해진 거겠죠? 삶이 좀 더 건강해지는 경험을 하고 계신 것 같네요.

네, 그런 것 같아요. 예전 같으면 생각도 못 했던 일인데.

#꿈과_직업의_상관관계

"내가 하는 일에 '현타'가 올 때, 이렇게 생각해보세요."

근데 가끔 '아, 이 정도면 먹고 살 만해졌다'라는 게 느껴지면 사람이 안일해지기도 하잖아요. 일단은 먹고살 수 있게 되니까, 정작 내가 진짜 하려던 일을 나중으로 미루게 된다든지.

만약 목적이 '돈'이었다면 그냥 청소만 해서 열심히 돈을 벌었을 것 같아요. 그러면서 그림이랑도 멀어졌겠죠. 그런데 저는 청소를 하는 것이 그림을 그리기 위한 수단이었고, 그림이 목적이었기 때문에 당연했던 것 같아요. 물론 청소 일에 시간 자체는 더 쓰게 됐지만, 저한테는 그림이 비중이 더 큰 일이었기 때문에 청소를 하면서 오히려 더 그림을 그리고 싶은 욕구가 강해지고, 그림으로 인정받고 싶은 마음이 더 커졌던 것 같아요.

메인 잡과 사이드 잡이 있다면, 저는 돈을 많이 벌게 해주는 일이 있더라도 내가 시간과 마음을 더 쏟는 일을 메인 잡이라고 하고 싶더라고요. 예지 님은 메인 잡과 사이드 잡을 어떻게 구분해요?

저는 그래도 먹고살게 해주는 게 메인이고, 그 다음이 사이드 잡이라 생각해요. 업이라는 거 자체가 결국 생계 수단인 거니까요. '아, 내 본업은 청소 일이구나.' 그냥 그렇게 인정을 하게 됐어요. 그래서 저는 어디 가면 청소 일이 본업이고 사이드 잡이 그림이라고 해요. 그림으로 생계를 책임지게 되면 그때 본업이 바뀌겠죠?

그러면 나를 먹고살게 해주는 일과 내가 하고 싶은 일 중에서 어떤 게 더 중요하다고 생각하나요?

순위를 매기자면, 저는 먹고사는 일이 더 중요하긴 해요. 왜냐하면 저는 사회의 구성원으로서 나를 혼자서 책임질 줄 아는 것이 인간으로서 첫 번째로 해야 될 일이라고 생각하거든요. 그게 어느 정도 만족이 됐을 때 제가 하고 싶은 일을 하는 편이 저는 좋더라고요. 그렇게 하면 제가 하고 싶은 일을 할 때도 마음이 편해져요. 근데 먹고사는 일이 안정이 안 된 상태에서 그걸 하게 되면 주변 사람들한테 민폐가 간다는 것도 알고, 저 스스로도 계속 '내가 이러고 있는 게 맞는 걸까?'라고 의문을 가질 것 같아요. 그래서 지금 이렇게 딱 자리 잡아놓고 한 게 저한테는 굉장히 좋은 것 같아요.

지금 계속 그림 일도 들어오고 있고 책도 계속 쓰고 있는데, 청소 일은 계속할 생각인가요?

네, 만약 제가 먹고사는 게 그림 일로 해결된다면 당연히 그림으로 생계를 이어가겠지만, 그게 안 된다면 제가 갑자기 회사를 가지는 않을 것 같아요. 그래서 지금까지 저를 먹고살게 해준 청소 일을 계속할 것 같아요.

가끔 '이렇게 사는 게 맞나' 하는 생각이 들 때가 있잖아요. 지금 하는 일이 내 꿈과는 전혀 상관없는 일 같아서 시간을 허비하는 것 같다고 생각하고 있는 분들이 진짜 많을 것 같거든요. 저도 그럴 때가 있고요. 그런 사람들에게 어떤 말을 해주고 싶어요?

그 일을 왜 하고 있는지 근본적으로 생각해보면 도움이 될 것 같아요. 돈이 됐든, 자아실현이 됐든 일단 자기가 필요해서 선택한 일일 거예요, 그게. 내가 하는 일에 '현타'가 올 때, '아 맞다. 내가 월급을 위해서 일했었지' 혹은 '지금은 이렇지만 나중에 이게 내가 다른 일을 할 때 도움이 될 거라고 생각했기 때문에 했던 거지'처럼, 내가 이 일을 하는 이유와 그 의미를 다시 되새겨보는 게 가장 좋을 것 같아요.

꿈이었던 것을 본업으로 삼지 않을 수도 있고, 그것이 실패가 아니라는 것을 알게 된다면 지금 하는 일에도 더 의욕이 생길 것 같아요.

저도 당장 꿈과 상관없는 일이었는데 청소 일을 택했던 거잖아요. 어쨌든 모든 선택에는 다 이유가 있기 때문에, 그걸 다시 떠올려보면 쓸모없는 일은 없어요.

어릴 때 '꿈이 뭐야?'라고 물어보면, 대부분 의사, 대통령, 선생님 이런 거 얘기하잖아요. 근데 제가 오래전에 어떤 다큐멘터리에서 봤는데, 외국에서는 꿈이 뭐냐고 했을 때 직업을 얘기하지 않는다고 하더라고요. 어떤 삶을 살지를 꿈이라고 얘기한대요. '직업=꿈'으로 얘기하는 게 우리나라나, 우리 사회와 비슷한 곳에서 주로 그렇다더라고요. 예지 님은 지금 다시 '꿈이 뭐야?'라고 물어본다면 뭐라고 답할 거예요?

그런 경우가 되게 많아요. 꿈이 의사였어요. 그래서 의사가 되었어요. 꿈을 이룬 거잖아요. 근데 행복하지 않대요. 나는 이미 꿈을 이룬 사람이고, 남들이 보기에 나는 대단한 사람인데도, 자신 안에는 남은 게 없는 것 같은 거죠. 더 이상 도전할 게 없어져버린 거예요. 그런 꿈 대신 '나는 어떤 삶을 살고 싶다', '어떤 사람이 되고 싶다'라는 꿈을 가지면, 어떤 힘든 상황에서도 '아, 나는 이런 사람이 되고 싶었어'라고 생각하면서 계속 나아갈 수 있는 것 같아요. 이런 꿈이야말로 내가 그런 삶을 잘 살아왔는지, 내가 정말 이루었는지 마지막을 맞이하는 그 순간까지 생각할 수 있는 꿈이라고 생각해요. 그래서 지금은 꿈에 대해서 물어보면 저는 이렇게 얘기해요. "당당하고 밝은 사람이 되는 게 제 꿈입니다."라고.

*이 인터뷰는 2019년 8월에 진행되었습니다.

interviewee

고성배

36세

#덕질이_직업이_될_줄이야
#쓸모없어_보이는_일로_먹고살기
#이런_것도_돈이_된다
#지속_가능한_덕질을_위해

episode 03

덕업일치, 쓸모없다던 일로 먹고삽니다

먹고사니즘 프로젝트를 기획하면서 던지고 싶었던 가장 큰 화두는 '좋아하는 일로 먹고살 수 있을까?'였다. 좋아하는 일이라는 것의 정의는 다양하겠지만, 좋아하는 일의 끝판왕은 역시 덕질이 아닐까? 그래서 이왕이면 정말 마니악한 분야를 덕질해서 결국 그걸로 먹고살게 된 '덕업일치' 사례를 찾고 싶었다. 만약 이게 가능하다면, 그보다 덜한 케이스라도 가능성이 있다는 뜻이 될 테니까. 물론 세상에 널리 알려진 덕업일치의 신화가 없는 것은 아니다. 컴퓨터 덕후였던 마크 저커버그가 페이스북 CEO가 됐다거나, B급 호러 무비 덕후였던 피터 잭슨이 '반지의 제왕'을 만들었다는 일화는 이미 유명하다. 그러나 썩 와닿지는 않는다. 어쩐지 그들에게는 다른 사회 문화적 뒷받침 같은 게 있었을 것만 같다. 내가 궁금한 건, 딱 우리와 비슷한 사회 문화 속에서 살아온 우리 또래도 그게 가능하냐는 거다.

그때 떠오른 게 더쿠문고의 고성배였다. 자칭 '십만 덕후 양성 프로젝트, 본격 덕질 장려 잡지' <The Kooh>를 포함해 6년간 덕질에 관한 스무 권의 책을 만든 장본인. 유명한 덕력으로 끊임없이 책을 만들어온 탓에, 덕질에 관심이 없더라도 독립출판계에서는 그를 모르는 사람이 없다. 나 역시 그에 대한 이야기를 풍문으로 들어온 사람 중 한 명이었다. 종종 창작자로 북마켓에 참가하면 같은 창작자로서 인사를 건네고 그가 가져온 신기하고 기발한 소재의 책과 굿즈를 구경하곤 했지만, 솔직히 말하면 그가 만드는 책의 주제가 도무지 내 취향과는 정반대인 경우가 많아서 책을 직접 구매해본 적은 없었다. 그의 콘텐츠는 호불호가 크게 갈리는 편이었고, 마니아층에게 인기가 있었지만 대중성과는 거리가 멀어 보였다(고 생각했지만 어찌 된 일인지 내 책장에서 그의 책이 세 권이나 발견된 건 아이러니다).

그러던 어느 날 '더쿠가 드디어 일을 냈다'는 소문이 돌았다. 그가 새로 제작 중인 책의 텀블벅 크라우드 펀딩 달성 금액이 목표 금액을 크게 뛰어넘은 것이다. 당시 궁금해서 펀딩 페이지를 찾아 들어갔던 기억이 난다. 달성 금액은 아홉 자리, 후원자 수는 8천 명이 넘었다. 난생 처음 보는 숫자라 이게 맞나 싶어 몇 번을 다시 세어보았다. 독립출판으로 1억을 훌쩍 넘은 금액이 모이다니, 이게 가능한 일이었나? 게다가 조선의 괴물에 관한 책을 갖고 싶어 하는 사람이 세상에 이렇게나 많았다고? 입이 떡 벌어졌다. 몇 달 뒤, 북마켓에서 그를 다시 만났다. 텀블벅 장인 아니냐고 너스레를 떨며, 비법이 대체 뭐냐고 물었다. 그는 쑥스러운 듯 "저는 이게 생업이잖아요."라고 말했다. 그때 그 말이 뇌리에 확 꽂혔다.

물론 그의 덕질의 역사는 6년이나 되었기에, 한때는 방황하는 회사원이기도 했다가, 카페를 창업했다 망한 사장님이도 했다. 그러다 돌연 2년 전부터 본격적인 전업 덕후가 된 것이다. 그는 어쩌다 회사까지 그만두고 덕질에 올인했던 것일까? 그리고 어떻게 그것을 진짜 먹고사는 업으로 만들 수 있었을까? 이제 우리가 덕후를 덕질해볼 차례다.

#덕질이_직업이_될_줄이야

"취미로 시작한 일이었는데, 이게 내 주업이 될 줄은 생각도 못 했죠."

원래는 독립출판이나 덕질과는 전혀 다른 일을 했다고 들었어요.

저는 원래 건축 전공을 했어요. 건축가가 되는 게 꿈이었고, 건축 사무소도 꽤 오래 다녔어요. 3~4년 정도?

어쩌다 독립출판을 시작하게 된 건가요?

사실 저는 제가 독립출판을 할 거라는 생각은 정말 단 한 번도 한 적이 없었어요. 그냥 회사에서 더 열심히 하기 위해서 원동력이 될 만한 취미를 찾고 있었죠. 그러다 독립 잡지 만드는 강의를 듣기 시작했고, 그게 시작이 된 거죠.

근데 독립출판을 하겠다고 굳이 회사를 그만둘 것까지는 없었잖아요.

독립출판과 회사 일을 병행하다 보니까 저한테는 회사 일이 상대적으로 초라하게 느껴지더라고요. 독립출판 일을 할 때는 너무 즐겁고, 사람들 만날 땐 신나고 재미있다가, 회사만 가면 너무 싫은 거예요. 회사에서는 '같이 발전하는 거'라고 얘기하지만 정작 발전하는 건 회사인 것 같고 나와는 상관없는 일 같다는 생각이 들더라고요. 독립출판은 제가 잘하면 피드백을 제가 오롯이 받는데 회사는 제가 열심히 해도 회사가 피드백을 받지, 제가 받진 않거든요. '이게 내 일도 아닌데 이렇게 열심히 해야 되나? 여기 있으면 안 되겠다' 싶어서 얼른 사표 내고 그만뒀죠.(웃음)

두 일의 대비가 너무 크게 느껴졌군요. 그렇다고 당시 독립출판으로 온전히 먹고살 만큼 수익이 나는 상황은 아니었잖아요.

네, 맞아요. 제가 잡지 만들기 수업 들을 때, 마지막 시간에 회식 같은 걸 했는데, 강사 선생님이 제 손을 꼭 잡으시면서 "성배 씨, 절대 독립출판에 올인하지 마. 절대 돈 벌 수 없어."라고 얘기했거든요. 그때 제가 "저는 절대 그러지 않습니다. 절대 회사를 그만둘 일 없습니다."라고 했는데, 그러고 나서 1년 있다가 그만둔 거죠.

그럼 처음 책을 만든 게 언제인가요?

첫 책을 만든 게 2014년 봄이에요. 독립 잡지 수업을 들었다고 했잖아요. 근데 사실 저는 독립 잡지에 대한 이해가 정말 없었어요. 어느 정도였냐면 독립 잡지라는 걸 제 책이 출간되기 전까지도 제대로 본 적이 없었어요. 그냥 단순히 기성 잡지를 생각하고 수업 신청을 했던 거죠. 수업 첫 번째 준비물이 자기가 좋아하는 잡지를 가져오는 거였는데, 다들 이런저런 독립 잡지를 가져왔는데, 저 혼자 군대 선임이 가져가라고 꽂아준 남성지를 가져갔어요. 너무 창피하면서도 신기했죠. '어? 저런 잡지들은 다들 어디서 구했지? 저게 파는 거야? 왜 이렇게 이상하게 생겼지?' 이런 의구심이 들다가 그 수업 마지막에 결과물로 낸 게 제 첫 출판물 〈The Kooh〉라는 잡지의 첫 호였어요.

그때 새로운 세상에 눈을 뜬 거네요.

근데 사실 그때만 해도 이렇게 오래 할 거라고 생각하진 못했어요. 인생의 이벤트 정도? '나도 뭐 이런 잡지 같은 거 만드네? 이 잡지가 창간이 됐으니까 한동안 만들긴 하겠지만 이게 내 주업이 되지는 않을 거다.' 처음에는 그렇게 생각을 했죠.

근데 주업이 됐네요.

그렇죠.(웃음)

시작했던 계기가 무색하게, 그때부터 6년 동안 정말 꾸준히 계속 책을 냈잖아요. 지금까지 어떤 책들을 만들었나요?

그렇죠. 3개월에 한 번씩은 무조건 내는 것 같아요. 일단은 아까 말했던 〈The Kooh〉라는 잡지가 있고요. 이 잡지는 이름처럼 '덕후'의 습성이 하나씩 주제가 되는데요. 예를 들어 '혼자 놀기', '집착', '은폐엄폐' 뭐 이런 식의 주제별로 한 호씩 나오고, 10호가 나오면 폐간이 되는 잡지예요. 현재 8호가 나와 있고, 9호를 준비하고 있어요. 그리고 '더쿠문고'라는 레이블이 있는데, 정말 '덕후' 같은 것들을 주제로 단행본을 만들어요. 이를테면 한국 괴물, 요괴, 마법, 괴초 이런 것들. '아 이런 건 너무 서브컬처다' 싶은 것들 있잖아요. 그 외에도 '닷 텍스트' 레이블도 있는데 앞의 두 카테고리와는 결이 좀 달라요. 좀 더 심플하게 만드는 편이에요. 다른 사람의 꿈을 모으는 〈꿈수집가〉라든가, 누군가의 일기를 모은 〈L로부터〉라는 책처럼 다른 사람들의 기억과 관련된 작업들을 모으고 있어요. 이렇게 세 가지 방향으로 작업하면서 각각의 색깔을 유지하려고 노력하고 있죠.

지금 세 가지 레이블이라고 표현해서 엄청 큰 그룹처럼 느껴지기도 하는데, 사실 이것 모두 성배 님이 혼자 다 하는 거잖아요.(웃음)

네. 사람들도 제가 다 하는 건 줄 몰라요. 뭔가 계속 새로운 것을 하고 싶은데, 결이 계속 다르다 보니까 카테고리가 점점 늘어난 것 같아요. 약간 SM 엔터테인먼트 같은 마인드랄까요? 이렇게 여러 개 만들어놓으면 그중에 하나는 사람들이 좋아하겠지 하는 거죠.(웃음)

그 전략이 먹혔는지, 저도 몰랐는데 성배 님 책을 세 권이나 갖고 있더라고요. 심지어 〈꿈수집가〉는 성배님 책인 줄도 몰랐어요.

아이쿠, 감사합니다. 작전 성공이네요.

#쓸모없어_보이는_일로_먹고살기

"불호불호가 갈린다고 하더라고요. '호불호'가 아니라 '불호불호'요."

'덕후'에 대한 이야기를 하기 시작한 이유는 뭔가요?

제가 회사를 다닐 때 택배로 물건 시킨 걸 보고 사람들이 '되게 덕후 같다'는 얘기를 많이 했어요. '왜 나한테 자꾸 덕후라고 하는 거지?' 기분이 별로 안 좋았죠. 당시만 해도 사회적으로 오타쿠, 덕후라는 것에 대한 인식이 너무 안 좋았어요. 덕후라고 하면 돌아이, 히키코모리, 사회 부적응자 같은 느낌이었고, '어우 덕후 냄새 나~'처럼 쓰일 정도로 비하하는 문화가 있었거든요. 비주류 중에서도 비주류였던 거죠. 근데 그게 저는 이상하다고 생각했어요. 그 사람도 어떻게 보면 뭔가를 그냥 좋아하는 것뿐이잖아요. 애니메이션 좋아하고, 게임 좋아하고. 좋아하는 걸 가지고 왜 그렇게 비난을 할까? 누구나 좋아하는 게 하나씩은 있지 않나? 미드라든가, 맛집이라든가. 자기도 평소 관심 있는 게 있고, 취미가 있을 텐데 그걸 좋아한다고 누가 욕하면 화가 나지 않을까? 그래서 생각한 거죠. '아, 이걸로 잡지를 만들어야겠다.' 사회적으로 비웃는 덕후의 습성들을 각 호의 주제로 하는 잡지를 만들어서, 이걸 다섯 개 사면 덕후의 습성을 다섯 개 가졌으니까 '오덕후', 열 개를 사면 '십덕후'가 되는 거죠. 어떻게 보면 저를 비웃는 사람들을 반대로 비웃기 위한 책인 거예요. "너도 덕후야." 이렇게 얘기를 하려고.(웃음)

아, 너도 그걸 샀으니까 덕후다? 근데 덕후를 그렇게까지 비난하는 이유가 뭐였을까요?

잘 모르겠지만, 제가 아까 말했던 '십덕후' 같은 경우도 사실 욕에서 나온 거거든요. 서브컬처를 좋아하거나 다른 장르를 좋아하는 사람들을, 제가 봤을 때 혐오 정도로 싫어했던 것 같아요. 물론 지금은 많이 순화가 됐죠. 지금은 덕후라는 말이 서브컬처 마니아, 서브컬처 전문가 같은 느낌으로 받아들여지고, 마니악한 사람 정도로 생각을 해주잖아요. 근데 그때는 이 앞에 욕을 붙일 정도로 인식이 너무 안 좋았던 것 같아요.

그럼 그런 것에 대한 인식을 바꾸고자 시작한…?

아니요. 그냥 비웃어주려고.(웃음) 저는 뭔가를 할 때 사회적인 반향까지는 생각하지 않는 편이에요. 오롯이 제가 하고 싶은 방향대로 하는 것뿐인데, 하다 보니까 사람들이 거기다 의미를 붙여주기도 하더라고요. 제가 뭔가 덕후의 의견을 대변하는 것처럼 봐주시기도 하고. 사실 저는 그렇게 덕후에 대해서 조예가 깊진 않습니다.

덕후에 조예가 깊지 않다고요?(웃음) 관심 있는 것들을 수집하고 조사해서 도감 같은 형태로도 제작하시잖아요. 정말 다양한 쪽에 관심이 많으신 거 같던데, 성배 님은 무슨 덕후인가요?

저는 덕후는 아니고요.

덕후는 아니라고요?(웃음)

덕후 책을 만들 뿐, 덕후는 아니죠.(웃음) 저는 관심사의 스펙트럼이 엄청 넓어요. 금방 관심사가 바뀌는 편이고요. 집에 가면 온갖 잡동사니가 많이 있어요. LP도 있고, 예전에는 피규어를 모았는데 그중에서도 악당들 피규어만 모으기도 했고, 좋아하는 영화와 관련된 굿즈들만 따로 모으기도 했고요. 요새는 좀 저주받은 물건들, 뭔가 영기가 있을 것 같은 물건들 있잖아요. 갑자기 고개를 돌릴 것 같은 인형이라든가, 이걸 만지는 순간 기분 나쁜 일이 생길 것 같은 물건들을 모으고 있어요. 그게 진열장 한 코너를 차지하고 있는데, 그 코너를 보면 기분이 굉장히 나빠요.

그런 건 보통 집에 안 두지 않나요? 그런 건 어디서 구하는 거예요?

경매라든가, 여행 가서 플리마켓 같은 곳에서 찾아요. 보자마자 너무 기분이 나쁘다, 이건 진짜 아무도 안 살 것 같다 싶으면 사야 돼요. 그걸 사와서 집에 두면 뿌듯하죠.

중구난방이라고는 하지만 대체적으로 레트로한 것, 오래된 것, 그리고 오컬트적인 것 위주로 좋아하시네요.

맞아요. 옛날 물건들을 좋아해요. 없어지는 게 너무 아쉬워요. 그래서 제가 만든 책들도 대부분 과거에 뿌리를 두고 있는데, 주로 예전에 겪었던 일이나 예전에 제가 깊은 인상을 받았던 것들을 가지고 만들어요. 그러다 보니까 그런 물건을 갖고 있으면 좀 도움이 되는 것 같아요. 소재에 직접적인 영향을 주지 않더라도 마음에 좀 안정을 주죠. 내가 이런 거 좋아하니까, 약간 이런 느낌?

무슨 얘기죠? 잘 모르겠어요.(웃음)

저도 잘 모르겠어요. 그냥 보면서 교감한다는 거죠.

그것들을 소재로 책을 만드는 건데, 사실 이게 대중적으로 사람들이 좋아하는 그런 소재는 아니잖아요.

그렇죠, 엄청 안 좋아하는 소재죠.

처음 했을 때 어떤 반응을 들었을지 궁금해요.

사실 처음 책을 만들었을 때는, 제 자신도 실망했어요.(웃음) '이렇게밖에 못 만들다니. 뭐야, 이걸 돈 받고 파나?' 했죠. 하물며 지인들이 봤을 때는 어떻겠어요. "불호불호가 갈린다"라고 하더라고요. '호불호'가 아니라 '불호불호'. 'Yes or Yes' 처럼요. '나무가 아깝다'는 얘기를 들은 적도 있고요. 회사 다닐 때는 "회사 다니면서 왜 그런 걸 해?"라더니, 나중에는 "왜 회사 안 다니고 그런 걸 해?"라고 하더라고요. "시간이 나면 차라리 좀 쉬어. 게임을 해, 차라리.", "거기에 왜 돈을 낭비해?" 같은 얘기들을 들었죠. 처음에는 그런 말을 듣고 많이 위축이 되고 '아 내가 정말 이걸 왜 하고 있지?' 하는 생각도 들었는데, 세 번째 책 나올 때부터는 아예 지인들한테 안 보여줬어요. 보여주면 어차피 안 좋은 얘기 하니까 '그래, 보지 마라' 하고. 그때 지인들과 많이 멀어졌죠. 그래서 지금 친구가 많이 없어요.

아, 그러면 비슷한 취향의 사람들만 남았겠네요.

아뇨, 비슷한 취향의 사람들도 없어요. 제가 사람들을 잘 안 만나요. 거의 집에 있고….

히키코모리 맞는데요?(웃음) 장난이에요. 어쨌든 그런 말을 하는 이유를

생각해보면, 결국 '그걸로 먹고살 수나 있겠어?'라는 얘기 아니었을까요?

네, 그런 거죠.

실제로 수익이 그렇게 많지 않았는데도 계속 꾸준히 해왔잖아요. 게다가 이제는 전업 독립출판 제작자로 먹고살고 있고요.

처음 시작할 때는 회사 일이랑 병행을 했으니까 월급이 나오고 제작비를 벌 수 있잖아요. 그래서 취미처럼 시작했고, 퇴사하고 나서도 처음엔 퇴직금도 있고 벌어놓은 돈도 있고 하니까 괜찮았어요. 근데 차렸던 커피숍이 제가 커피를 안 좋아해서 한 1년 만에 문을 닫았어요.(웃음) 그러면서 졸지에 이게 생업이 됐는데, 수익이 크게 나지 않았어요. 어느 순간 통장의 잔고가 딱 한 달 치 월세만 남은 시점이 되더라고요. 계속해야 되나 말아야 되나 하다가 크라우드 펀딩을 하게 됐고, 거기서 조금씩 성과가 있어서 이제는 정말 독립출판만으로 먹고살 수 있게 된 거죠.

그렇다고 당시에 그런 게 보장된 것도 아니었는데, 계속할 수 있었던 비결이 뭐예요?

약간 믿음이 있었던 것 같아요. 이거를 계속하면 어느 순간 내가 좋아하는 걸로 먹고살 수 있을 거라는 믿음? 자기 암시를 거는 거죠. '내가 하는 걸로도 돈을 벌 수 있을 거야. 먹고살 수는 있을 거야. 조금 맛이 없는 걸 먹거나, 세 끼 중에 한 끼는 굶을 수도 있겠지만 먹고살 순 있을 거다. 내가 사고 싶은 열 개 중에 다섯 개는 못 살 수도 있겠지만, 그래도 먹고살 수는 있을 거야' 하는 믿음이 있었죠.

독립출판을 하시는 분들 중에도 저한테 그런 걸 물어보는 분들이 있는데 제가 얘기하고 싶은 건, 뭔가를 계속하다 보면 어느 순간 내가 좋아하는 것과 대중이 좋아하는 것을 동시에 해보려고 노력을 하게 되는 시점이 온단 말이에요. 근데 그게 타협이 아니라, 방향을 찾는 과정인 것 같아요. 내가 하고 싶은 거 열 개 중에서 여섯 개 정도는 정말 찐하게 내가 하고 싶은 걸 하면, 나머지 네 개 정도는 내가 하고 싶은데 사람들도 좋아할 것 같다 싶은 것도 분명히 있거든요. 그중에서 소재를 찾아볼 수 있는 거죠. 그런 것들을 번갈아가면서 하면 좀 덜 지치거든요.

그래도 반응이 좀 오니까요?

네, 확실히 반응이 없는 건 조금 슬픈 것 같아요. 차라리 욕이라도 해주는 게 낫지.

악플이 무플보단 낫다, 이런 말이 있죠. 내가 좋아서 했지만 반응이 너무 없으면 힘이 안 나니까요. 그런 거에 대해 일희일비 안 하는 스타일이세요?

하죠. 하는데 티를 안 내는 거죠. 사실 초반에 거의 매일 반응이 안 좋았었기 때문에, 이제 그런 건 좀 내성이 생기지 않았나 하는 생각도 들고요. 속상하기도 하지만 그렇다고 해서 다음 작업을 안 할 수는 없잖아요.

안 할 수도 있죠.

아, 그래요?

어떤 사람은 포기하고 안 하기도 하겠죠.

그건 너무 슬픈데. 뭐라도 계속 만들면 뭐라도 되겠죠. 유명한 영화감독 중에도 모든 영화가 다 성공하는 영화감독은 없거든요. 반응이 안 좋은 건 그것 나름대로 의미가 있다고 생각해요. 그리고 저는 책을 만드는 과정이 게임 하는 거랑 비슷하다고 생각하거든요. 저는 그래서 게임을 잘 안 해요. 게임 할 시간에 책을 만들어요. 그 게임을 끝냈을 때 책이라는 아이템이 주어지는 거죠. 그 아이템이 내구성이 좋을 수도 있고 안 좋을 수도 있고,

유니크할 수도 있고, 평범할 수도 있잖아요. 그렇다고 해서 이미 시작했는데 다음 게임을 진행하지 않을 수는 없잖아요. 그러니까 저는 매일 게임 하는 심정으로 책을 만들고 있고, 이게 취미이기도 한 거죠.

취미이자, 일이자, 생계 수단이 되어버렸네요.

그니까 더 오래 할 수 있는 것 같아요. 그게 직장에서 하는 일이랑 다른 점이에요. 제가 정말 카피라이터 일을 하고 싶어서 광고 회사에 들어갔었거든요? 근데 그게 일이 되니까 못 하겠더라고요. '이걸 왜 하고 있지?' 같은 생각이 들고. 근데 책을 만드는 건 진짜 게임처럼 할 수 있어요. 일이라는 생각이 정말 조금도 들지 않아요. 남들은 쉴 때 어떻게 쉬는지 모르지만, 저는 쉴 때 책을 만들어요. 그러니까 파는 책 말고 안 파는 책들을 만드는 거예요. 옛날 책을 복간해 낸다거나, 아니면 그냥 내가 개인적으로 소장할 책을 만든다거나. 책을 만드는 것 자체가 저한테는 일과 취미의 중간 지점에 있는 것 같아요. 성격이 좀 이상하죠?

제대로 덕업일치네요.

그렇죠, 맞아요.

#이런_것도_돈이_된다

"쓸모없다던 일로 먹고살 수 있게 돼버리니까, 쓸모 있는 일이 된 거예요."

그런데, 그렇게들 걱정하고 '먹고살기 힘들 거다'라고 얘기했던 그 일로 얼마 전에 대박을 내셨죠. 그게 작년(2018년)이었나요?

작년 7월쯤이었던 것 같아요.

〈동이귀괴물집〉이라는 책이 엄청 이슈가 되었잖아요. 텀블벅 펀딩으로 1억이 넘게 달성한 건 최초 아닌가요?

아, 〈프리즘오브〉라는 잡지가 먼저 1억을 넘겼고, 제가 그다음이 됐죠. 재밌는 게 당시에 〈프리즘오브〉를 보면서, '독립출판이 1억을 넘기다니 대단하다' 하는 생각을 하면서 되게 부러워했었는데 그다음이 제가 된 거죠.

그렇게 잘될 거라고 예상을 하셨어요?

아뇨, 전혀 예상을 못 했어요. 제가 한국 괴물을 모아서 책을 낸다고 했을 때, 진짜 주변 지인들 중 한 명도 좋다는 사람이 없었고, 보면서 "야, 이걸 왜 만들어?", "뭘 이런 걸 해?", "이걸 살 사람이 있어?" 그랬어요.

늘 그랬는데, 이번에도 역시나였군요.

늘 그랬는데 더 그랬죠. 그 얘길 들으니까 '아, 그럼 많이 안 모이겠다. 목표 금액을 150만 원, 200만 원 정도만 잡자 했죠. 웬만한 프로젝트는 사실 제작비 차원에서 300만 원에서 400만 원은 목표 금액으로 잡는데, 그건 되게 낮게 잡은 편이었어요. 내가 좋아서 하는 거니까 이 정도만 모이면 그냥 하자는 마음이었죠.

그냥 내가 가져야지 하는 마음으로 시작한 거였군요.

제가 만드는 책들은 주로 제가 갖고 싶은 책들이기도 하거든요. 남들이 안 만들어주는 책들. 이것도 그냥 내 개인 소장용이라고 생각을 했었는데, 생각보다 많이 모였죠. 그래서 좀 놀랐죠. 매일매일 놀랐어요.

계속 돈의 단위가 바뀌었잖아요.

네, 비트코인처럼.

그때 기분이 어땠어요?

기분이 좋았죠. 좋으면서도 불안하기도 했어요. 정말 잘 만들어야겠단 생각도 들고 부담이 되기도 하고. 이게 제대로 되는 건가, 현실감이 없기도 하고. 80% 정도는 부담감, 20% 정도는 약간의 설렘이었던 것 같아요. 〈The Kooh〉 잡지는 정말 제가 코를 '흥!' 풀어서 던지듯이 만들거든요.

'좋으면 사고, 싫음 말아' 이런 거예요. 그건 보고 나서 맘에 드는 사람만 사는 거니까. 크라우드 펀딩으로 제작하는 책 같은 경우에는 사람들이 샘플만 보고 사는 거니까 그 기대에 부응하는 것을 만들어야 하고, 그만큼 조금만 부족해도 피드백이 바로 오니까 훨씬 스트레스와 몰입도가 심한 편이긴 하죠.

그 펀딩 이후에 주변에서 나를 다르게 본다든지, 어깨에 뽕이 들어간다든지 그러진 않았어요?

일단은 책을 제작하느라 그런 마음을 가질 여유가 없었어요. 1호 만들었을 때랑 비슷한 마음가짐이었고, 그건 지금도 항상 똑같아요. 그 정도의 수익이 났다고 해서 다른 제작자분들보다 잘났다고 생각하지도 않고요. 운이 좋게 타이밍이 맞았던 거죠. 근데 그런 건 있죠. 먹고살 만해졌다.(웃음) 이런 인터뷰 할 때도 여유가 생겼죠. 예전에는 막 전투적으로, 먹고살아야 된다는 생각으로 홍보 얘기를 많이 했다면, 이제 그런 것에 대해서는 좀 여유로워지긴 한 것 같아요. 이게 어깨에 뽕이 들어간 건지는 잘 모르겠지만 그렇게 볼 수도 있을 것 같네요. 제가 요즘 책방을 자주 못 가니까, 몇몇 책방 사장님들이 좀 서운해하시는 게 있더라고요. 전에는 목요일마다 갔거든요. 일 없어도 갔었는데, 이제 책을 만드는 텀이 더 짧아지고 잘 만들어야 한다는 욕심이 생기다 보니 들어가는 품도 더 많아져서 시간이 없긴 해요. 그리고 또 제가 원래 말을 잘 안 해요. 사람들을 안 만나니까 사회성이 없어져서.(웃음) 근데 그걸 보는 시각에 따라서 '아, 성배 씨 성공하니까 말도 잘 안 하고, 변했네' 하는 분도 있더라고요. 성공도 안 했는데.(웃음)

혹시 왜 잘된 건지에 대해서 분석은 해봤나요? 그전과 비슷한 패턴으로 만들었다고 생각했고 심지어 더 기대를 하지 않았는데 이렇게 잘됐다면, 분석이 좀 필요하지 않을까요?

아, 분석을 제가 잘 안 하는 편인데. 다만 제가 그냥 찍어보면, 타이밍이 좀 맞았던 것 같기도 해요. 오컬트나 서브컬처에 대한 관심도가 확 올라갔을 때, 그것도 한국 전통적인 것에 대한 관심도가 같이 올라갔을 때 제가 그런 내용의 책을 제작해서 운이 좋게 타이밍이 맞았던 게 있는 것 같고요. 두 번째로는 그동안 꾸준히 제가 하는 일에 관심을 갖고 있던 분들이 도와주셨던 것 같아요. 사실은 제가 잘했다기보단 운이 좀 따르지 않았나. 좀 겸손해 보이죠? 그렇게 보였음 좋겠는데.(웃음)

꼭 잘된 사람들이 운이 좋았다고 얘기하더라고요.(웃음)

근데 확실히 운이 좀 컸던 것 같아요. 독립출판을 지금처럼 많이들 하지 않던 시절에 하기 시작해서 브랜드의 입지를 어느 정도 다져놓은 것도 큰 역할을 했던 거 같고, 타이밍이 좋게 그런 시점이 온 것도 역할을 했던

것 같고. 그리고 좋은 기획력도 한몫하지 않았을까. 삼박자가 잘 맞아떨어지지 않았나.(웃음)

운이라고만 할 수 없는 게 그다음 책인 〈검은 사전〉도 1억을 넘겼죠. 기획력 얘기도 하셨으니까, '이런 요소를 넣었더니 사람들한테 먹힌 것 같다' 할 만한 게 뭐라고 생각하시나요?

그러게, 왜 먹혔지? 사실 저는 이런 걸 잘 모르겠어요. 대중의 마음은 대중이 없는 것 같아요. 어? 저 방금 약간 래퍼 같지 않았나요?(웃음) 근데 정말 사람들이 뭘 좋아하는지 잘 모르겠어요. 그걸 모르니까 계속 만드는 거죠. 어떤 건 반응이 좋겠다 싶었는데 반응이 없기도 하고, 어떤 건 반응이 별로일 것 같았는데 반응이 좋기도 하고. 그러니까 결국에는 어쩔 수 없이 뭐든 만들어야 되겠구나 싶어요. '뭐든 만들다 보면 반응이 없는 것도 있겠지만, 반응이 있는 것도 있을 거다' 하는 마음이 중요한 것 같아요. 저랑 같은 시기에 독립출판을 시작했던 사람들 중에는 아직까지도 수익에 대해서 고민을 하고 힘드신 분들이 많거든요. 그래서 제가 항상 얘기해드려요. 지금은 타이밍이 맞지 않은 거다. 당신이 만드는 콘텐츠를 사람들이 좋아하는 타이밍이 반드시 온다. 그게 짧든 길든 반드시 한 번은 오기 때문에 그때까지만 참으면 된다.

꾸준히 하면 된다는 건 역시 진리군요.

물론 그게 나이 60에 올 수도 있지만, 어쨌든 오긴 온다는 거잖아요.(웃음) 저도 통장에 딱 40만 원이 남아서 그걸로 다음 달 월세를 내면 끝인 시절도 있었고, 또 남들 회사 다니는 것만큼 벌었을 때도 있었지만, 이렇게 폭발적으로 반응이 있었던 적은 거의 없었거든요. 그래도 꾸준히 하다 보니까 피드백이 좋든 나쁘든 오긴 오는구나. '하다 보면 뭐라도 되겠지' 하는 마음으로 했더니 뭐라도 되긴 되는구나 싶더라고요. 뭔가 더 해볼 수도

있겠다 싶은? 주변의 제작자들도 제 사례를 보면서 '어? 독립출판도 이렇게 될 수가 있구나?' 하는 생각을 하시는 거 같고요.

독립출판계에 엄청난 기록을 남겼죠. 금액도 금액이지만 이런 사례를 만들었다는 것이 의미하는 바가 있다고 생각하거든요. '팔리지 않는 콘텐츠다', '돈이 안 되는 일이다', '직업이 될 수 없다'라고 생각했던 사람들에게 어떤 메시지를 줬을 수도 있겠고요.

사회에서 말하는 쓸모 있음의 정의가 있죠. '돈을 벌 수 있는 건 쓸모 있는 것', '돈을 못 버는 건 쓸모없는 일'이라고 생각하잖아요. 근데 저는 이런 생각을 한 거죠. '누군가 똑같이 힘들게 일을 하는데도, 단지 돈을 벌고 못 벌고의 차이가 쓸모 있음과 없음의 기준일까? 그러면 내가 정말 남들이 쓸모없다고 생각하는 일을 가지고 돈을 벌면, 그건 쓸모 있는 일이 되는 걸까?' 그래서 일부러 책 주제를 잡을 때도, '저게 뭐야? 왜 저런 걸 해?' 할 만한 것을 일부러 잡았던 것 같아요. 그러니까 만들 때마다 "진짜 쓸모없는 거 하네. 이걸로 뭐 할래?" 같은 얘기들을 많이 들었던 거죠. 근데 어느 순간 그걸로 해서 수익이 나고 지금처럼 먹고살 수 있게 돼버리니까, 이게 쓸모 있는 일이 돼버린 거예요.(웃음) 이렇게 되니까 저처럼 '지금 내가 쓸모없는 걸 계속하는 게 아닐까' 생각하고 있는 사람들한테 얘기를 해주고 싶더라고요. 누군가가 이것에 관심을 가질 때까지 하다 보면 그 일도 쓸모 있는 일이 될 수 있다고.

'이게 돈이 되겠어?'라고 생각했던 사람들의 반응은 어땠을지 궁금하네요.

사실은 저도 물어보고 싶긴 한데, 아까도 말했던 것처럼 제가 이 일을 하기 시작하면서 연락이 많이 끊겼어요.(웃음) 제가 듣기로는 뒤에서 좀 수군덕거린다는 얘기도 있고, 심지어 제가 커피숍을 만들었을 때 "거기 무슨 쓰레기 버리는 곳인가요?"라는 댓글을 남긴 사람도 있었어요. 자기 딴에는 웃긴다고 한 말인데, 저는 전혀 웃기지 않았거든요. 근데 제가 어느 정도 성과를 얻고 돈을 번다 싶으니까 연락이 오더라고요. 뜬금없이 안부를 묻는다거나, 전화를 해서 "야, 내가 하는 거 있는데 책 만들 때 너 부를게." 라고 한다거나. 저는 속으로 '만들어줄 생각도 없는데 왜?' 하죠. 제가 이제 쓸모가 있다고 생각하니 연락을 하는 걸 텐데, 확실히 이게 자본주의

사회에서는 어떤 척도가 되는 거구나 싶더라고요. 물론 저는 그럴수록 연락을 더 안 받습니다.(웃음)

#지속_가능한_덕질을_위해

"남들이 좋아하는 걸 찾기보다, 그냥 내가 하고 싶은 걸 하고 그걸 좋아하는 사람을 모으세요."

근데 계속 그렇게 잘되리란 보장은 없잖아요. 근데 이게 생업이고요. 생업으로서 꾸준히 하기 위해서는 시장 논리에 따라서 대량 생산을 한다든지 하는 전략이 필요할 것 같은데, 이걸 좀 더 사업적으로 풀어봐야겠다는 생각은 안 해보셨나요?

저는 지금 굉장히 사업적인 마인드로 하고 있다고 생각하는데요?(웃음)

아, 그래요? 근데 '더쿠문고'도 그렇고 판매에 한계를 짓는 규칙들이 있잖아요. 모든 책은 1쇄 이후 더 이상 중쇄를 안 한다든지.

사실 그것도 딱 정해진 건 아니지만 웬만하면 초판을 내고 다 팔려도 같은 책은 더 이상 안 내려고 하고 있어요. 같은 책을 계속 내면 제가 좀 지루해져서 피로도가 커지더라고요. 또 집에 재고를 놓을 자리가 없어요. 여러 종의 책을 모두 중쇄하기에는 저희 집이 좀 작은 편이에요. 언제부턴가 이런 게 습관이 됐어요. 물론 예외적인 사례도 몇 번 있었지만요.

스스로 리미티드 에디션을 만드는 거네요. 더쿠 매거진도 10호가 나오면 폐간한다고 했잖아요.

그렇죠. 그런 것들이 어떻게 보면 저만의 규칙인 거죠. 가격을 올리는 것에 대해서도 좀 조심스러운 게 있고요.

폐간하는 이유는 뭐예요?

그건 당시에 덕후를 욕할 때 '십-'을 붙이는 게 있다고 했잖아요. 상징적으로 10개를 채우면 끝난다는 의미로 그렇게 정했었죠.

그런 규칙들을 보면 이게 과연 정말 수익을 생각하고 하는 게 맞나 싶은 거죠. 만약 잘되는 책이 있으면 계속 중쇄를 해서 팔아야 되잖아요. 더 많은 사람이 사야 계속 수익이 생기니까. 그런 생각은 안 해보셨어요?

그런 생각은 또 안 해봤네요.(웃음) 저는 '다음 책을 또 만들어서 많이 팔면 되지' 하는 생각이에요. 그리고 아무래도 1인 출판이다 보니까 거의 제 중심으로 돌아갈 수밖에 없는데, 그래서 제가 혼자 하기 어려운 일들은 많이 쳐내는 편이거든요. 관리가 어렵기 때문에 아무래도 중쇄가 힘든 거고, 또 펀딩을 한 책은 책방 입고도 많이 줄이는 편이에요. 물론 예외적으로 중쇄를 하는 경우도 있지만, 오히려 저희 독자들은 중쇄를 했을 때에 반응이 좋지 않은 경우도 있더라고요.

지속하기 위해서 만든 규칙이라고 볼 수도 있겠네요. 스스로 지치지 않기 위해서.

그렇죠. 그 애기가 맞는 것 같아요. 저는 계속 새로운 걸 해야 지치지 않는 것 같아요. 그게 좀 더 오래 할 수 있는 방법인 것 같고요. 회사도 그렇잖아요. 맨날 같은 일 반복하면 오래 못 하잖아요.

한국 사회가 고도 경쟁의 사회잖아요. 그래서 좋아하는 것들로 먹고사는 건 힘들다는 게 정론처럼 되어 있고요. 그런 환경에서 '덕업일치'까진 아니어도 좋아하는 걸로 먹고살고 싶은 사람들이 있죠. 그렇게 하려면 무엇이 필요할까요?

꾸준히 내가 하고 싶은 걸 하다 보면 먹고살 수 있게 될 거라는 믿음이 가장 중요한 것 같아요. 자신의 콘텐츠에 대한 확신이 필요하죠.

그 확신을 어떻게 얻죠?

내 콘텐츠를 사랑해주는 사람을 많이 만나는 게 중요한 것 같아요. 나를 응원해주고 격려해주는? 그리고 저는 오히려 이럴 때일수록 내가 하고 싶은 대로 하는 게 가장 좋은 거 같아요. 일반적으로 사람들은 학교나 회사에서 배운 대로 다른 사람이 요구하는 걸 만들어주는 것에 익숙하잖아요. 그러니까 남들이 원하는 걸 해야 성과가 있을 거라고 생각을 하는데, 오히려 내가 원하는 걸 만들어서 던져놓고 '살 거면 사고, 말 거면 말아'라고 외치는 것이 되게 중요한 거 같아요. 지금 좀 잘되고 있는 사람들이나, 성과를 내는 콘텐츠를 만드는 사람들을 보면 대부분 그렇더라고요. 일단 던져놓고 보고 싶어 하는 사람들만 챙기는 것이 오히려 더 가능성이 있다고 생각해요. 요새는 콘텐츠가 너무 많고 상품도 많으니까요. 일일이 사람들이 뭘 좋아하는지 체크하는 건 오히려 불가능하죠. 사람마다 생각이 다르고 취향이 다른데 그걸 어떻게 통합해서 하나로 보여줄 수가 있겠어요. 그러니까 일단 내가 하고 싶은 걸 하고, 그걸 좋아하는 사람을 찾는 게 더 빠르다고 생각해요. 그렇게 하다 보면 그래도 죽을 때까지 먹고살 수는 있지 않을까요?

근데 그건 성배 님이 특출난 거고, 그에 비해 나는 부족하다고 생각하는 분도 계실 것 같거든요?

제가 이렇게 얘기하면 그건 네가 성공한 사례이기 때문에 그렇게 얘기할 수 있는 거라고 생각들을 하세요. 네가 재능이 있고, 기획력이 있기 때문에 한 거라고. 하지만 사실 전 독립출판을 하기 전까지만 해도 모든 걸 다 실패한 사람이었거든요. 입시, 회사 생활, 자영업. 뭘 해도 항상 실패하는 징크스가 있었어요. 사실 독립출판물도 저는 성공할 거라고 생각하지 않고 했던 일이고요. 어쩌면 보통 사람들보다도 더 많이 실패를 경험했고, 실패에 대한 두려움이 더 많았던 사람인 거죠. 그렇기 때문에 더 단호하게 얘기를 할 수 있는 것 같아요. 나도 했으니까. 제가 먹고살 수 있을 정도면 이걸 듣는 사람 누구든 저보다는 더 잘할 수 있을 거예요.

좋아하는 일로 먹고살려면 버티는 게 중요하다고 했는데, 그게 언제까지인가도 궁금해요. 대체 언제까지 버텨야 하는가.

저는 확실하게 얘기할 수 있는데, 내가 정말 좋아하고 내가 꼭 하고 싶은 걸 한 건데 잘 안된다면, 그건 아마도 아직 좀 덜 해본 거라는 거예요. 진짜 돈이 없어서 하루 한 끼만 먹을 정도로 바닥까지 치는 시점까지는 솔직히 안 하잖아요. 다들 그 시점이 오기 전에 그만두잖아요. 한 달, 두 달. 길게는 1년, 2년 정도까지 해보는데, 그러다 '안 될 거 같아. 이건 내가 좋아하는 거였지만 돈벌이가 안 되나 봐' 하면서 정말 깊게 가보지 않은 시점에서 그만두고 말잖아요. 끝까지 가보는 대담함이 좀 필요한 것 같아요. 우물을 파는데, 조금만 더 가면 바로 그 앞이 물인데 중간까지만 와서 내가 그만두는 건 아닐까? 그런 마인드로 계속하는 거죠. 물론 내가 하고 있는 것을 객관적으로 바라보면서 냉철하게 판단하는 것도 좀 필요한 것 같고요.

기성세대가 볼 때 '요즘 사람들은 끈기가 없다'고 하잖아요. 성배 님처럼 끈기 있는 덕후들은 반박할 만한 말인 것 같아요.

저는 요즘 것들이 끈기가 없다고 생각하지 않아요. 사회가 끈기가 없게 만드는 거죠. 기성세대 입장에서 '노오력을 안 한다'거나 끈기 없다고 하는 게, 금방금방 회사를 그만두는 걸 가지고 얘기하는 것 같은데, 아마 옛날에는 사장님이 재떨이 같은 거 던지면 맞으면서도 다녀야 한다는 믿음 같은 게 있었을 거예요. 그렇게 다니다 보면 집을 살 수 있고 가족들 먹여 살릴 수 있을 거라는 믿음이 있었죠. 근데 지금은 열심히 회사를 다녀서는 그런 희망이 없는 거죠. 내가 만약 6년 전에 회사를 그만두지 않고 계속 다녀서 지금 이 시점이 됐으면, 과연 나는 지금 내가 살고 있는 곳에서 살 수 있었을까? 내가 지금 가진 것만큼, 먹는 것만큼 누릴 수 있었을까? 생각해보면 확신이 들지 않아요.

끈기에 대한 관점도 바뀔 필요가 있을 것 같아요. 회사에서 그런 식으로 발휘하는 끈기가 아니라, 자기 주도적으로 본인이 사라지지 않는다고 느끼는 곳에서 끈기를 발휘하는 게 요즘 것들의 특징이지 않을까 싶어요.

내가 하고 싶은 일에서 끈기를 발휘하는 거죠. 사실은 제가 강의 같은 걸 나가보면, 말씀하신 것처럼 청중으로 온 분들 중에 내가 없어지고 있는 느낌을 받는다는 분들이 굉장히 많아요. 내가 없는 상황에서 어떻게 끈기를 발휘하고, 어떻게 버티기가 되겠어요. 정말 나다운 일이라고 느낄 수 있는 부분에서 끈기라는 것도 생기는 거 같아요.

그렇다고 이게 예전에 얘기하던 '열정 열정!' 이런 거랑은 또 다른 얘기잖아요?

뭔가를 끈기 있게 오래 하려면, 일을 할 때 너무 힘들다는 생각이 안 들게끔 일하는 것도 중요한 것 같아요. 저 같은 경우는 일할 때 60%만 에너지를 쏟아요. 절대 온 힘을 다해서 하지 않고 60% 정도만. 그렇게 하면 일을 좀 더 오래 할 수 있고 충분히 여유 있게 할 수 있는 것 같아요. 회사에서 일할 때는 거의 한 150% 정도 하잖아요? 그래서 일주일만 일해도 지쳐서 휴일에 쉬어야 하고 그러는데, 전 굳이 그렇게 일을 하지 않아도 성과가 있을 수 있다고 생각하거든요. 그리고 50~60% 정도만 하면 좋은 게, 이게 약간 위안이 돼요. '아, 내가 50~60% 해서 이 정도면, 100% 하면 끝나지' 이러면서 실제로 100%를 하지 않아도 위안이 되는 거죠.(웃음) 그런 마음으로 하는 게 제일 좋은 거 같고, 그렇게 좋아하는 걸 해나가다 보면 내가 하고 있는 것과 대중이 원하는 것이 딱 만나는 시점이 시기적으로나 장소적으로나 한 번은 오게 돼 있거든요. 그 시점이 왔을 때 그 기회를 놓치지 않는 것이 제일 중요한 것 같아요.

성배 님을 이끄는 힘은 언제나 '내가 좋아하는 일'인 것 같아요. 근데 만약 이제 더 이상 하고 싶은 게 없어지거나, 하던 게 재미가 없어진다면요? 그럴 경우 다음 스텝으로 생각하고 있는 게 있을까요?

글쎄요. 저는 딱히 먼 미래를 생각하지 않는 편이라. 제가 20대 때 학교 사람들을 만나면 항상 하는 얘기가 '서른몇 살쯤에는 건축사를 딸 것이고, 몇 살쯤에는 결혼을 할 거고, 몇 살쯤에는 아이가 있을 거고' 같은 거였어요. 그러니까 서른이 되었을 때는 내가 말한 것 중에 몇 개는 되어 있을 줄 알았는데 되어 있는 게 하나도 없더라고요. '미래를 설계하는 게 의미가 없다. 어차피 인생이 내 계획대로 되지 않는다. 그럴 바에는 그냥 지금 내가 할 수 있는 것에 최선을 다하자'라고 생각하기로 했어요. 그래서 저는 먼 미래를 바라보면서 '이 시점에는 집을 사야 되고, 이 시점에는 출판사를 차리고' 하는 생각을 딱히 하지 않아요. 물론 하다 보면 그런 생각은 들어요. 내가 마흔이 되고, 쉰이 되고, 할아버지가 되고서도 인디자인을 열어서 책을 만들고 책방에 들고 가서 "입고하러 왔는데요."를 할 수 있을까? 그래도 저는 제가 하는 데까지는 해보려고요. 그러다 보면 정말 "더쿠 옹이 만든 300번째 책이 나왔습니다. 이번 책은 노인의 치아에 관한 책인데요…" 이럴 수도 있겠죠.

방망이 깎는 노인처럼. 그래서 말인데, 집은 사셨어요?

아뇨, 못 샀죠.(웃음) 근데 잘하면 살 수도 있지 않을까? 저는 이런 것도 되게 중요한 것 같아요. 독립출판 하시는 분들이나 저처럼 남들이 하찮다고 말하는 걸 하시는 분들도 돈 많이 벌어서 집도 사고 비싼 차도 막 몰고 다녔으면 좋겠어요. 맨날 사람들이 "너네 돈도 안 되는데 이걸 왜 해?" 이런 얘기 좀 그만 하게. 돈도 많이 벌고, '플렉스'도 좀 하고 그랬으면 좋겠어요.

*이 인터뷰는 2019년 9월에 진행되었습니다.

interviewee

이예지

32세

#예측_불가능함의_매력
#인생이_노잼이라_잼을_팔아요
#멀티플레이어의_생태계

episode 04

인생이 노잼이라 잼을 팔아봤는데요

우리는 한 우물을 깊게 파지 못하면 '뭐 하나 진득하게 못 한다'거나 '대체 뭐가 되려고 그러냐'는 핀잔을 쉽게 듣는 사회 분위기 속에서 자라왔다. 그렇기에 무슨 일을 시작하면 전문가가 되어야만 할 것 같은 초조함에 사로잡힌다. 우리의 일이란 결국 하나의 종착점에 귀결되어야만 하기에 '그냥 재밌으니까'라는 이유로 무언가 시작하는 건 아무래도 적절치 않아 보이고, 커리어에 직결되지 않는 일은 쓸데없는 일이자 시간 낭비라고 치부되어 왔다. 그런데 정말 그럴까?

한 분야에 집중하기보다 매 순간 자신이 재미있다고 느끼는 것을 좇으며 자신의 세계관을 만들어가는 멀티플레이어들이 있다. 우리 주변에도 있고, 혹은 이 글을 읽는 당신 이야기일 수도 있다. 커리어 코치 에밀리 와프닉은 2015년 테드 강연에서 이런 사람들을 다능인(multipotentialite)이라는 개념으로 설명한다. 그는 이들에게는 몇 가지 능력이 있다고 말한다. 첫 번째, 늘 아이디어가 넘쳐나며 두 개 이상의 분야를 결합해서 새로운 걸 만들어낼 줄 아는 능력. 두 번째, 새로운 분야의 초보자가 되는 것을 두려워하지 않고, 뭐든 새로 시작하면 잘 몰두하고 빠르게 습득하는 능력. 세 번째, 어떤 상황에서도 잘 적응하고 체화하는 능력이다. 그러나 안타깝게도 이 '슈퍼파워'들을 제대로 발휘하지 못하게 하는 장애물이 있으니, 바로 시야를 좁게 만드는 규격화된 환경이다. 한 가지를 택해야만 한다는 압박 속에서 당신 또는 당신 주변의 수많은 다능인들이 이 능력을 제대로 발휘하지도 못한 채 살아온 것은 아닐까?

내 또래의 다능인을 찾아보기로 했다. 생계형 N잡이 아닌, 정말 재미를 좇아 무엇이든 하는 사람이 있을까? 우리 사회에서 모난 돌로 치부되지만, 꿋꿋이 자신만의 기준으로 다양한 경험을 쌓아가고 있는 사람. 그때 생각난 사람이 이예지다. 그의 친구의 표현을 빌리자면 이예지는 직업이 8개 정도는 되는 사람이다. '잼있는인생'이라는 잼 브랜드를 운영하면서, 동시에 카페를 운영하고, 프로젝트 단위로 브랜딩과 축제 기획을 하기도 하며, 잡지를 만들기도 한다. 중구난방처럼 보이는 이 일들의 공통점이라면 오로지 '재미'로부터 시작된 일이라는 것. 친구들과 대학생 축제를 기획하는 게 재미있어서 취업의 기회도 마다한 사연부터, 식품 제조에 대해 전혀 알지 못했지만 '현대인들의 팍팍한 노잼

인생에 잼(재미)을 처방한다'는 콘셉트가 떠올라 '잼있는인생'이라는 잼 브랜드를 창업한 에피소드까지. 그의 이러한 일 경험은 언뜻 어디로 튈지 모르는 흩뿌려진 파편들처럼 보인다. 실제로 그런 그의 인생을 불안정하게 바라보며 어서 그중 하나를 선택하라고 조언하는 사람도 많았다고 한다. 하지만 이예지는 그 예측 불가능함이 주는 쫄깃함이 바로 인생의 재미라고 말한다.

이예지와의 인터뷰를 통해 깨달은 게 있다면, 꼭 '무엇'을 위한 일이어야만 의미 있는 것은 아니라는 것이다. 일의 과정 속에 즐거움이 있다면 그 자체로 의미가 있다. 흩뿌려진 파편들처럼 보이던 일들도 결국 서로 이어지며 새로운 세계관을 만들어낼 것이므로. 지금 이 일을 하는 게 맞는지 아닌지 걱정하느라 다능인의 슈퍼파워를 썩히고 있을지 모를 당신에게, 이예지의 말을 빌려 말하고 싶다. "모든 인생은 잼이 있다. 다만 아직 뚜껑을 따지 않았을 뿐."

#예측_불가능함의_매력

"어떻게 될지 모르는 쫄깃함, 예측되지 않는 것에서 재미를 느끼죠."

많은 일을 한다고 들었어요. 주로 어떤 일을 하면서 먹고살고 계신가요?

하는 일이 많아서 소개가 늘 어려운데, 저는 주로 "인생이 노잼이라서 잼을 파는 '잼있는인생' 이예지입니다."라고 소개하는 편이에요. 실제로 잼을 파는 브랜드를 운영하고 있거든요. 지금 인터뷰하고 있는 이 카페 운영도 하고 있고요. 근데 저를 실질적으로 먹고살게 해주는 일은 '획기획'이라는 이름으로 하는 일들이에요. 브랜딩 의뢰가 다양하게 들어와요. 학원 구내식당 브랜딩부터, 매장 리뉴얼 브랜딩이라든지, 자치구에서 하는 축제 기획도 하고요. 그냥 기획서만 써달라고 하는 의뢰도 있고. 최근에는 동물의약품 회사에서 SNS 운영을 해달라는 의뢰를 받고 그쪽 분야를 공부하면서 하고 있어요. 또 인연이 있는 일러스트레이터 친구가 매장을 오픈했는데, 거기서 회계 정산이나 세금 신고 같은 업무를 봐주기도 하고요. 저는 이걸 '재무 있는 인생'이라고 불러요.(웃음) 이거 말고도 사이드 프로젝트로 계절별로 농부 한 분을 취재해서 농산물과 함께 보내주는 〈촌〉이라는 잡지를 만들기도 하고, '시식회'라는 이름으로 시를 접시나 도시락 통에 담아서 먹는 콘셉트의 전시를 열기도 했어요. 아, 최근에는 작곡도 배우고 있네요.

발을 들여놓은 분야가 정말 다양하네요. 돈이 벌리는 일이 '획기획' 일이라면 거기에 집중할 수도 있었을 텐데, 잼 브랜드 운영과 사이드 프로젝트까지 계속 이어가는 이유가 궁금해요.

획기획이 먹고살게 해주지만, 그렇다고 '잼있는인생'과 다른 사이드 프로젝트들이 나를 먹여살리지 못하느냐 하면, 그건 또 아니에요. '잼있는인생'을 통해서 많은 기회가 생기고 있고, 사이드 프로젝트도 마찬가지고요. 그래서 저는 이게 약간 낚시 같다고 생각해요. 일단 제가 재밌어서 던져놓으면, 누군가 물어버리니까요.(웃음)

혼자서 이 모든 걸 다 할 수는 없을 것 같은데, 팀원이 있나요?

지금 이 공간을 디자인하는 친구랑 같이 쓰는데, 제가 일을 갖고 오면 이 친구가 디자인을 해주는 구조로 일하고 있어요. 이게 프로젝트 단위의 일들이잖아요. 그래서 가능한 것 같아요. 프로젝트가 시작되면 저는 큰 그림을 그려요. 기획과 콘셉트 잡는 일을 제가 주로 하고, 팀을 꾸려서 사람들한테 역할 배분을 하죠. 그 외에 잡다한 일들을 제가 처리하고요.

이런 삶을 살게 된 사연을 알고 싶은데, 잠시 예전으로 돌아가볼게요. 예지 님은 어떤 학생이었나요?

사실 저는 고3 때 자퇴하려고 했어요. 지각도 많이 했고, 하고 싶은 게 없었어요. 엄마랑 선생님이 겨우 말려서 그냥 점수 맞춰 학교 간 흔한 케이스예요. 그렇게 대학교 가서 첫 학기에는 학사 경고를 받았어요. 학교 생활에 관심이 없었죠. 그러다 2학년이 돼서 들은 전공 수업 중 '마케팅 원론'이라는 게 있었는데, 제가 학교에서 들어본 수업 중에 가장 재미있는 거예요. 그때부터 빠져들어서, 마침 학교에 마케팅 공모전 동아리 모집 글이 올라온 걸 보고 들어간 거죠. 그렇게 대학생 때는 밥 먹고 공모전만 한 것 같아요. 학점은 계속 안 나와서 무려 10학기를 다녔는데, 공모전만 엄청 했죠. 정확히 기억은 안 나는데, 한 30~40개 정도는 했을 거예요.

공모전을 그렇게 열심히 한 이유가 뭐예요?

당시에 다른 대학생 대외 활동들도 많았는데, 제가 유독 공모전을 좋아

했던 이유를 생각해보니까, 공모전은 미션 같은 게 없고 큰 주제만 주잖아요. 그 안에서 제가 자유롭게 시도해볼 수 있다는 점이 좋았던 것 같아요. 그리고 다양한 사람들과 의견을 나눠서 문제를 해결하는 과정이 너무 재밌더라고요. 공모전마다 팀도 새로워지고, 문제도 새로워지잖아요.

대학생들이 보통 스펙 쌓을 목적으로 공모전을 많이 하잖아요. 그런 이유는 없었나요?

처음에는 상도 타고 하면 스펙도 되겠지 하는 생각이 없진 않았는데, 이게 계속 떨어지니까 그런 기대보다는 그 과정을 즐기게 된 것 같아요. 그리고 '아, 인풋을 이만큼 넣는다고 아웃풋이 그대로 나오지는 않는 거구나' 하는 인생의 큰 교훈을 저는 공모전을 하면서 깨달았어요. 그게 지금 일하는 데에도 도움이 많이 돼요. 인풋을 넣어도 뭔가 안 될 수도 있다는 생각을 갖고, 가벼운 마음으로 임할 수 있게 됐죠.

실패하는 법을 배운 거네요. 스펙엔 관심이 없다고 했는데, 아이러니하게도 공모전 덕분에 대기업 인턴 생활을 하게 됐다면서요.

저는 어떤 회사에 가야겠다는 목표가 없었어요. 막연하게 광고 대행사 같은 곳에 가지 않을까 생각만 하고 있었는데, 공모전을 너무 파다 보니까 뜻밖에 제일기획 광고 공모전에서 대상을 타버린 거예요. 그 공모전 수상자 특혜가 회사 인턴 기회를 주는 거였고요. 그래서 우연히 들어가게 된 거죠. 그때 뭔가 너무 빨리 이루어진 것 같다는 느낌이 들긴 했어요.

우연히 경험하게 된 회사 생활은 어땠어요? 그때부터는 공모전이 아니라 실전의 세계잖아요.

제가 사회화가 아직 안 됐다는 걸 깨달은 시간이었어요.(웃음) 그리고 그때서야 '앞으로 뭘 해야 될까? 난 왜 지금껏 이런 생각을 안 하고 살았을까?' 같은 고민이 시작됐죠. 근데 다들 저의 이런 고민을 이해 못 했어요. 무려 제일기획 인턴인데 뭐가 걱정이냐고, 배부른 소리 하고 있다는 거였죠. 그때가 2011년이었는데, 당시 트렌드는 '열정락서', '알파걸' 같은 거였거든요. 뭔지 아시죠? 8시간 자면 열정 없다는 소리 듣는 시절이었고, '취업 안 하면 뭐 할 건데? 창업을 할 거야?' 이런 이분법적인 사고가 팽배한 분위기였던 것 같아요.

고민이 많았겠네요. 그 이후에 어떤 방황의 시절을 보냈나요?

딱히 계획이 없었기 때문에, 계속 인턴만 여러 번 하면서 방황을 했던 것 같아요. 그럼에도 채워지지 않는 무언가가 느껴졌는데, 저는 취업 준비보다는 다른 데서 그런 결핍들을 채웠던 것 같아요. '여대생 페스티벌'이라는 축제를 직접 기획해서 개최하기도 했고요. 친구들과 사회적 경제 공모전에서 쓰레기통 리디자인하는 프로젝트를 하기도 하고, 동아리 애들과 교육 프로그램 같은 거 만들어서 책 출판을 해보겠다고 출판사에 연락해보기도 하고. 누군가는 취업 적령기라고 할 만한 시기에 저는 이런 잡다구리한 일들을 했던 거죠.

그 와중에 어떤 회사에서 스카우트 제의도 받았었다면서요.

제가 '여대생 페스티벌'을 했다고 했잖아요. 2년째 개최를 하려고 하는데 후원이 필요했어요. 그래서 어느 게임 회사에 찾아가게 됐어요. 대표님이 여성분이셨는데, 여대생 페스티벌에 관심을 갖지 않을까 했거든요. 게임 캐시라도 후원을 좀 해주십사 해서 기획서를 들고 찾아갔는데, 제 기획서를 보시더니 "너 뭐야? 우리 회사 면접 한번 볼래?"라고 하시는 거예요. 그래서 얼떨결에 면접을 봤는데, 당장 인력이 급하니 바로 들어와서 일을 하라고 하더라고요. 근데 제가 준비하던 행사가 한 달이 남아 있었던 터라, 이걸 마무리하고 가겠다고 했더니 '지금 그런 대학생 축제를 할 때냐, 취업이 더 중요하지 않겠냐'고 하더라고요. 그래서 결국 안 가게 됐죠.

당시 취업을 포기하는 건 주변에서 말릴 만한 결정이었을 것 같은데요?

제가 친구들을 모아서 축제를 하기로 했는데 '나 취업했어, 갈게' 하는 건 무책임하다고 생각했어요. 물론 주변 사람들에게 저의 이런 결정을 이해받진 못했죠. 지금이야 개인의 가치관이 조금씩 존중되는 문화가 생기고 있지만, 그때는 '그게 너한테 돈을 벌게 해주는 것도 아니고 커리어가 되는 것도 아닌데 왜 그걸 취업과 맞바꾸냐'는 질문이 당연했으니까요.

취업할 수 있는 기회들이 분명 있었던 것 같고 어떻게 보면 그 흐름을 타는 게 당연한 일이었을 텐데, 그렇게 하지 않았던 이유는 뭐였나요?

사실 그때는 저도 왜 그랬는지 몰랐는데, 지금 생각해보면 그냥 재미가 없었던 것 같아요. 저에게 재미라는 건 뭔가 뻔하지 않은 것에서 느낄 수 있는 것 같거든요. 공모전을 하는 게 재밌다고 느꼈던 이유도, 결과가 잘될지 안 될지 모르는 쫄깃함 때문이었어요. 저는 예측되지 않는 것에서 재미를 느끼는 사람이었던 거죠. 근데 회사라는 건 그 루트와 결말이 다 보이는 거예요. 내가 여기서 쭉 버티면 임원을 달거나 못 달거나 둘 중 하나일 테고, 임원 못 달면 부장으로 있다가 결혼하고 애 낳고, 우리 애가 잘돼서 나 크루즈 태워주고… 뭐 이런 스토리 있잖아요.(웃음) 그런 삶이 너무 뻔하게 느껴졌던 것 같아요. 예측이 안 되는 삶을 살고 싶은데, 그런 부분에서 충족되지 않는 것들이 있었던 거죠. 물론 거기 계신 분들의 삶이 잘못되었다는 건 절대 아니지만, 그냥 저한테는 그것보다 더 중요하다고 여기는 가치가 있었고 '그럼 난 뭘 할 수 있을까'를 고민했던 것 같아요.

#인생이_노잼이라_잼을_팔아요

"가벼운 말장난처럼 시작한 일이 이렇게 큰 파장을 만들 줄 몰랐어요."

그런 '재미'에 대한 고민 속에서 '잼있는인생'이 탄생한 거군요. 잼있는인생이라는 잼 브랜드의 창업 스토리가 궁금해요.

제가 마지막 인턴을 할 때, 저를 괴롭히는 상사가 한 명 있었어요. 그것 때문에 스트레스가 심했는데, 야근하다가 문득 영감이 떠올라서 페이스북에 시 하나를 적은 거죠. '내 인생은 잼처럼 처 발리지만/퍽퍽한 식빵 같은 인생에 달달함을 더해주는 거겠지/역시 재밌는 인생이 잼이지지/이런 잼장'이라는 시였어요. 지금은 힘들지만 그래도 그 끝은 달콤할 거라는 거죠. 그래서 그때부터 누군가 "너 인턴 끝나면 뭐 할 거야?" 물어보면 괜히 허세 부리고 싶어서 이 잼 시를 들려주면서 "잼이나 팔려고요."라고 했어요. 근데 그게 현실이 된 거죠.

아무리 그래도 갑자기 잼이라니, 그게 어떻게 현실이 된 거예요?

제가 자꾸 이걸 읊고 다니니까 거기에 꽂힌 사람이 나타난 거예요. 한 친구가 '나 그거 너무 해보고 싶다' 하면서 저를 한 달 동안 쫓아다녔어요. 그때 제가 코워킹 스페이스를 한 달권 끊어서 다니고 있었는데, 그 친구가 거기에 매일 아침 일곱 시마다 와서 앉아 있는 거예요. 당시에 저는 진지하게 한 말이 아니었기 때문에, '그러면 사이드 프로젝트처럼 해보자' 했죠. 그냥 재밌게 놀면서 기획서를 써서 페이스북 페이지를 열었는데, 생각보다 반응이 너무 폭발적인 거예요. 투자를 해주겠다는 사람도 나타나고.

어떤 재밌는 말장난으로 잼을 판 거예요?

친구는 잼부터 만들어야 되지 않냐고 했는데, 저는 잼 만드는 건 뒷전이었고 브랜드 콘셉트부터 잡자고 했어요. 처음엔 뾰족하게 뭐가 떠오르지 않았는데, 제가 병원에 링거를 맞으러 갔다가 '처방'이라는 콘셉트가 생각난 거예요. 팍팍한 인생을 사는 현대인들에게 잼(재미)이라는 처방을 내린다는 거죠. 그때부터 술술 풀리기 시작했어요. '맘고생 고망 망고잼', '피치 못할 복숭아잼', '나도 살구 봐야지 살구잼', '내가 오디가 오때서 오디잼' 이런 식으로 원재료명을 가지고 잼 이름에 말장난을 하기도 하고, 약사 가운을 입고 처방전을 써주는 퍼포먼스를 한다거나, 약 봉투 콘셉트로 패키지 디자인을 했어요.

아이디어 너무 재밌어요. 근데 진짜 실물 잼을 만들어본 적이 없었잖아요. 어떻게 운영을 한 거예요?

맞아요. 일단 저질렀는데 그때 저희 둘 다 식품제조 관련법에 대해서는 하나도 몰랐어요. 그때서야 친구가 알아봤더니 제조장이 필요하다는 거예요. 다행히 누가 투자금이랑 공간을 빌려주겠다고 하더라고요. 일단 들어가서 샘플 생산을 해가지고 블로그와 페이스북 페이지에 홍보를 했는데, 주문이 미친 듯이 들어오는 거죠. 근데 그 투자해주겠다는 곳이랑 본격적으로 얘기를 해보니 천만 원 줄 테니까 지분의 70%를 달라는 거예요. 완전 사기였죠. 그래서 샘플 생산까지만 하고 정리하고 나오게 됐어요.

그럼 그 다음부터는 직접 공간을 만들어야 했겠네요?

정말 맨땅에 헤딩을 했죠. 제조장을 만드는 데 비용이 최소 2천만 원은 들거든요. 법이 정말 까다로워요. '방충망이 있어야 하고, 배수로는 어떠해야 하고, 최소 평수가 2평은 돼야 한다' 같은 규정들이 있었어요. 딱 최소 평수에 맞는 어떤 술집 주방 한편에 딸려 있는 조그만 보조 부엌을 구해서 개조하고 허가를 받아냈죠. 거기서 제조를 시작했어요. 그 친구와 두 명이서.

둘이서요? 그 좁은 공간에서 어떻게 일을 한 거예요?

거기가 얼마나 좁았냐면 제가 가스레인지 앞에 서면 바로 등 뒤에 냉장고가 있을 정도로 딱 맞았어요. 거기서 계속 잼을 젓는 거예요, 기계처럼. 유리병도 소독을 다 해야 하거든요. 끓는 물에 병을 삶고, 처음엔 밖에 자연 건조를 하다가 안 되겠다 싶어서 나중에는 건조기도 사다 놓고.

주문이 얼마나 들어온 거예요?

그때 당시에는 밥 먹고 잼 만들고 포장만 했으니까요. 그러다 갑자기 가수 옥택연 팬클럽에서 조공하겠다고 500개씩 주문을 하는 일이 일어나기도 하고.

완전 일이 커졌네요? 이걸 어떻게 해요?

그 공간에서 쪽잠 자면서 하루에 열 시간씩 잼을 젓고, 넣고, 밀봉하고, 스티커 붙이고, 포장하고, 박스에 넣어서 택배 보내고. 이 작업을 가내수공업으로 6개월을 했어요. 결국 안 되겠다 싶어서 멤버들을 추가로 데려왔죠. 총 네 명이서 했어요. 잼을 가지고 말장난처럼 시작했을 뿐인데, 그게 이렇게 큰 파장을 일으킬 줄은 몰랐던 거죠.

팀원이 생겼다 해도 잼을 직접 만드는 과정이 쉽지 않았는데, 4년을 했다는 게 사실인가요? 그만큼 계속 인기가 있었다는 뜻이기도 할 텐데.

저희 잼은 개인이 먹으려고 사는 경우보다는 선물용이 많았어요. 그래서 한 번 나갈 때 단체 주문이 많았고, 선물을 받은 개인이 '재밌네? 나도 선물해야지' 하는 식으로 판매가 연속해서 이루어진 거죠. 만약 중간에 주문이 끊겼다면 슬프면서도 기뻤을 텐데, 불행히도 많은 관심과 사랑을 주셔서 계속 제조를 할 수밖에 없었어요. 멤버도 늘어나고 먹고살아야 하니까 아이디어를 하나 냈는데, 본품보다 작은 미니 잼을 뽑기 캡슐에 넣어 뽑기잼을 만들어서 마켓에 들고 나갔거든요. 이게 또 대박이 난 거예요. 진짜 많이 팔리면 천 개 넘게 팔리는 거죠. 근데 잘되면 잘될수록 결국 그걸 하나씩 만들어야 하는 건 저희니까 너무 힘들었죠. 안 되겠다 싶어서 공장도 알아봤어요. 근데 공장에 맡기면 한 종당 1톤씩은 만들어야 한다는 거예요. 한 병에 100g인데 1톤이라니, 상상도 안 되잖아요? 그래서 계속 직접 만들 수밖에 없었어요. 제조의 굴레에 빠진 거죠.

아무리 인기가 많아도, 인건비는 나와야 하잖아요.

좀 들쑥날쑥하긴 했지만 1년에 1억 정도 매출이 났어요. 어떻게 보면 많은 돈이지만, 인건비 따져보면 남는 게 없는 수준인 거예요. 다 같이 회의를 했죠. 결론은 이거였어요. '이대로 하면 내년에는 2억을 벌 수 있을 것이다. 대신 누구 한 명은 죽을 것이다.'(웃음) 결국 멤버들도 '이건 정말 아닌 것 같다' 하면서 하나둘씩 떠나는데, 그동안에도 주문이 계속 들어오니까 굴레를 딱 끊기가 어렵더라고요. 마지막 3~4개월은 혼자 남아서 그걸 쳐냈어요.

혼자서요? 하긴, 계속 잘되는 상황에서 그만두는 것도 큰 결심이었겠어요.

사실 혼자가 됐을 때 그냥 그만두었어야 했는데, 이미 잡혀 있던 일정과 예약된 주문이 있었던지라 혼자라도 쳐내려고 했던 거죠. 그때 고막도 나가고 몸이 많이 망가졌어요. 말 그대로 저를 갈아 넣은 거죠. 그때서야 그만해야겠다 싶더라고요. 재미를 말하는 '잼있는인생'인데, 내가 재미가 없으면 말이 안 되는 거예요. 홈페이지에 판매 중단 공지를 올렸어요. 당시로서는 큰 결정이었죠.

결국 재미를 위해 한 일이 노잼이 된 거네요. 그때가 어땠는지 기억해요?

사실 몸은 힘들어도 친구들과 같이 할 때는 즐거웠어요. 같이 수다 떨면서 만드는 게 재밌었는데, 다 같이 있던 공간에 혼자 남겨지니까 그 공허함이 크더라고요. 혼자 잼을 젓고 있는데 막 눈물이 나요. 제가 원래 감성적인 성격이 아닌데. '같이 했기 때문에 버틸 수 있었구나. 혼자서는 너무 노잼인 것 같다.' 이런 생각이 든 거죠.

그러고 나서 최근 다시 판매를 재개했잖아요. 대안을 찾은 건가요?

알아보니까 요즘에는 국가에서 지원을 해서 농가에서 직접 가공식품을 만들 수 있는 공장을 운영할 수 있게 하더라고요. 수소문을 해서 전남 보성에서 가공 공장을 하는 농부분들과 연결이 됐죠. 직접 농사지은 농산물로 잼을 소량으로도 만들어줄 수 있다고 하더라고요. 그래서 지금은 농가와 계약해서 거기서 가공을 해주시고 저희가 브랜딩을 해서 판매하고 있어요. 물론 수익은 직접 할 때보다는 훨씬 적어졌지만, 행복해요.(웃음)

와, 진작 그렇게 할 것을.(웃음) 그때 했던 고생을 생각하면 엄청난 발전이네요.

근데 저는 그 고생을 해본 게 헛되지는 않은 것 같아요. 최근에는 농부분들의 제품 컨설팅을 하게 됐는데, 일반 기업에 계셨던 다른 분들은 '이거 공장에 맡기면 되잖아요' 하는 식으로 쉽게 말을 한대요. 근데 저는 알잖아요. 그러니까 더 현실적인 해결법을 디테일하게 줄 수 있게 된 거죠. 그리고 그 경험들이 지금처럼 이렇게 다양한 일로 다시 연결되고 있고요.

2평 부엌에서 시작한 일이 그런 일로 이어지고 있군요. 지금은 잼을 만드는 것을 넘어서 브랜드로서 다양한 확장을 하고 있다고 들었어요.

그동안은 잼 자체에 너무 매몰되어 있었다면, 이제는 '잼있는인생'이 사람들에게 주고 싶었던 그 재미라는 가치를 다시 재정립해 보려고 하고 있어요. 그러니까 할 수 있는 게 오히려 확장되더라고요. 인생이 재미없어지는 이유가 되게 다양하잖아요. 최근에는 그걸 진단해볼 수 있는 '종합 노잼 검진' 프로그램을 개발하고 있어요. 또 '잼있는인생'이 선물용으로 많이 팔렸다고 했잖아요. 그러면서 선물 시장에 관심을 갖게 됐는데, 예를 들어 회사에서 선물을 검색하는 건 막내고 받는 사람은 나이가 많은 경우가 대부분이죠. 젊은 세대인 막내가 '잼있는인생'이 재밌으니까 추천을 하면, 어른들은 잼은 설탕이 많아서 건강에 안 좋다고 컷을 한대요. 그걸 보고 좀 다양한 타깃을 공략할 수 있는 선물이 뭐가 있을까 찾아보다가 생각한 게 '즙'이에요. 이름도 정했어요. '내즙마련'.(웃음) 우리가 내 집 마련하느라 건강을 잃었잖아요. 내 건강을 위해 즙을 마련하라는 메시지로 '즙담보 건강 대출' 해서 하나의 브랜드로 만들 수 있지 않을까 하고 있어요.

진짜 재밌네요. 아이디어 뱅크. 근데 그러다 본인이 또 즙 짜고 있는 거 아니죠?(웃음)

이번엔 제가 즙이 되면 안 되는데.(웃음) 근데 알아보니까 즙 시장이 또 되게 재밌더라고요. 대기업 브랜드가 거의 없고 작은 농가에서 나오는 게 많아서, 커뮤니티 같은 데 가보면 '즙 어디가 좋아요?' 이러면서 즙을 추천받더라고요. 여기서 착안해서 농부들의 즙을 소개해주는 플랫폼을 구상 중이에요. 즙을 매물처럼 보여주는 '공인즙개사'인 거죠. 어때요? 잘될 것 같지 않아요?

#멀티플레이어의_생태계

“왜 꼭 하나만 골라야 할까요? 법에 걸리는 것도 아닌데.”

근데 그렇게 내 브랜드를 키우는 것도 중요하지만, 당장 돈을 벌게 해주는 일은 외주 일이라고 했잖아요. 내 브랜드를 키워가는 것과 돈 버는 일 사이에서 고민해본 적은 없나요?

저 정말 고민 많이 해요. 그래서 최근에 직업병처럼 제가 앞으로 어떻게 살아야 할지에 대해서 PPT로도 정리를 해봤는데요.(웃음) 내 브랜드 일을 너무 하고 싶은데, 또 외주 일도 너무 적성에 맞는 거예요. 외주 일도 만족감이 크고 재밌고 돈도 벌게 해주니까, 마음만 먹으면 이걸 사업으로 확장할 수 있을 것 같거든요. 근데 저는 외주만 하면서는 살 수 없는 사람이에요. 제 브랜드는 계속 유지하고 싶은데, 문제는 시간이 없죠. 그래서 고민이에요.

이런 고민에 대해서 누군가에게 털어놓은 적 있나요? 어떤 얘기들을 해

주던가요?

'네가 중요하게 생각하는 하나에 올인 해'라고 하는 경우가 99%예요. 이걸 과정 중 하나로만 생각하는 거죠. 근데 저는 이런 생각을 해요. '왜 꼭 둘 중 하나만 골라야 할까?' 내가 만약 남편을 고른다면 하나만 골라야겠지만, 이건 법에 걸리는 것도 아니잖아요.(웃음)

사회가 말하는 커리어를 쌓아가야 할 시기에 이렇게 여러 가지 일을 하는 건 불안한 선택이고, 완성형이 아니라고 인식하는 분위기가 있죠.

"그거 해서 돈은 되냐?"라고 물어보거나, "너는 너무 준비 없이 뭘 무턱대고 하는 것 같다. 전문가도 아니면서." 식으로 얘기하는 걸 들어본 적이 있어요. 그러면 그냥 '당신이 사는 세상은 참 좁군요'라고 생각하면서 애도를 표하죠.(웃음) 자기가 아는 그 세계가 전부라고 생각하니까 그런 얘길하는 거잖아요. 근데 저는 우리 안에 되게 다양한 생태계가 존재한다는 걸 알게 됐거든요. 사람들은 하나의 가치가 아닌 저마다 다양한 가치를 가지고 살아가고 있는데, 그걸 하나의 잣대로 이해하려고 하는 건 굉장한 오만이 아닌가 싶어요.

요즘은 N잡러, 다능인이라는 단어도 있잖아요. 여러 가지 일을 하는 멀티플레이어가 당연한 세상이 오고 있는 것 같아요.

세상에는 분명 저 같은 사람이 존재한다고 생각하거든요. 이런 사람들은 아마 앞으로 계속 나타날 거고요. 지금이 어떤 과도기가 아닐까 생각해요. 그렇기 때문에 이 문제에 대해서 어떤 선택을 내려야 한다면, '그냥 하나를 골라'가 아니라 더 깊게 고민할 필요가 있다고 봐요. 근데 기성세대들은 이런 걸 정의 내려본 적도 없고, 방법적으로 고민해본 적이 없으니까 결국 이 고민이 지금 내 몫이자 우리 세대 몫이 된 거겠죠. 그래도 요즘은 '얘는 직업이 한 8개쯤 돼' 하는 식으로 저를 소개해주는 친구도 있어요. 인식이 많이 바뀌고 있다는 생각을 하죠.

어쨌든 지금 다 하고 싶은데 시간이 없는 게 고민인 거잖아요. 하루 타임라인이 어떻게 돼요?

이것도 제가 분석을 해봤는데요.(웃음) 변동 시간과 고정 시간을 분리해봤더니, 제가 오전 9시 반에 여기로 출근을 해서 12시까지 잡일을 해요. 이게 고정 시간이에요. 사업하면 잡일이 많잖아요. 이체해주고, 세금 내고, 엑셀 정리하고 그런 일들이요. 12시부터 밤 10시까지는 변동 시간이더라고요. 예를 들어 클라이언트가 갑자기 뭘 해달라고 한다든지, 회의가 잡힌다든지 하는 일이 많으니까요. 그리고 온전히 제 시간은 10시 반부터 2시까지예요. 그중 1시간은 운동을 하고, 2시까지 제 콘텐츠와 사이드 프로젝트 같은 걸 하죠. 문제는 무려 8시간이 변동 시간이라는 거예요. 하루 동안 내가 쓸 수 있는 시간은 고작 3시간 반이고요. 절대적으로 차이가 많이 나는데, 이 갭을 줄이기가 지금은 너무 어려워요. 잉여롭게 사시는 분들이 시간 좀 대출해줬으면 좋겠어요.(웃음)

쉴 때는 뭐 해요?

'ㅇ, ㅇ, ㅇ'(이응, 이응, 이응) 한다고 하는데, 일, 운동, 아이콘(iKON). 제가 아이콘 덕질을 좀 하거든요.(웃음)

근데 외주 일만 놓고 봐도 분야가 엄청 다양하잖아요. 일을 선택하는 기준이 궁금해요.

처음 그 일에 대해 들었을 때 재미가 있는지 없는지가 제일 중요한 것 같고요. 그 다음으로 같이 일하는 사람이 중요한 것 같아요. 사실 저는 그 두 가지가 충족되면 돈은 좀 안 돼도 하려고 하는 편이에요. 이렇게 하는 게 무모하다고 생각할 수 있지만, 지금까지 제가 이 기준으로 일을 했을 때 예상치 못한 기회가 찾아오거나, 예상치 못한 좋은 인연을 만나게 되는 경우가 많았거든요. 잼을 팔았을 뿐인데 이렇게 900KM를 만나게 된 것처럼요.(웃음) 이런 우연들을 만들어가는 게 좋아요. 내가 던진 돌이 일으키는 파장을 지켜보는 게 재밌고, 그것으로부터 내 세상이 계속 커질 거라는 확신이 있어요.

그 재미있는 일이라는 게 사람마다 기준이 다르잖아요. 예지 님이 생각하는 재미있는 일의 기준은 뭐예요?

저는 뭔가 문제가 주어지면 그걸 해결하는 과정에서 첫 번째 재미를 느끼고, 또 좋은 사람들과 시너지를 내면서 결과물을 만드는 것에서 두 번째 재미를 느끼는 것 같아요. 그리고 그런 경험들이 쌓여서 원동력이 되고 또 그런 일들을 찾아서 하게 되는 거죠. 선순환이에요.

이 일이 재밌을 것 같다는 확신은 어디서 받나요?

얘기를 듣자마자 아이디어가 번뜩 떠오른다거나, 내가 기존에 했던 것들과 전혀 다른 방향으로 접근할 수 있을 것 같다는 생각이 들면 '이 일은 재밌겠다'는 생각이 들죠.

반면, 이런 일은 안 하고 싶다 하는 것도 있나요?

이미 규격화되어 있어서 시키는 대로 해야 하는 일요. 명확한 제약이 있는 일들. 근데 대부분 저를 찾아오시는 분들은 겁이 없는 분들이에요. 리스크가 있잖아요. 큰 회사도 아니고, 정해진 대로 하지 않을 걸 알면서 찾아온 거니까. 그런 분들은 거의 저를 믿고 맡기는 경우가 많은 것 같아요.

아까 누군가 '돈은 버냐'고 물어봤다고 했는데, 그런 의미는 아니고 정말 얼마 정도 버는지 궁금해요.

물론 초창기에는 정말 힘들었던 게 사실이에요. 겨우 입에 풀칠할 정도였죠. 근데 지금은 1분기(3개월)에 5천만 원 정도 벌어요. 앞으론 더 늘어날 거라고 생각해요.

'내 일'을 찾기 어려운 이유가 뭘까 생각해보면, 내가 재미있어하는 일은 세상이 말하는 일다운 일이나 직업이 될 수 없을 것만 같아서가 아닐까 싶더라고요. 먼저 경험해본 사람으로서, 눈치 보지 않고 자기가 좋아하는 것을 일로 만들 수 있는 방법이 있을까요?

사이드 프로젝트가 좋은 방법인 것 같아요. 사람들은 자기는 아니라고 생각하지만, 교육 과정 속에서 자신도 모르게 생긴 고정관념들이 있어요. 예를 들어 '그래도 내가 이만큼 고생했는데 결과가 이 정도는 나와야지'라든가, '남들이 내가 이거 했을 때 어떻게 생각할까?' 같은 생각들이 아마 큰 자리를 차지하고 있을 거예요. 근데 그걸 사이드 프로젝트로 하면, 그런 고민에서 살짝 벗어나서 재밌게 시도해볼 수 있거든요. 결국 자기 적성이라는 것도 탁상공론으로는 찾을 수가 없는 거잖아요. MBTI 검사 그거 백날 해도 나에 대해서 잘 모르거든요. 결국은 자기가 직접 몸으로 부딪쳐봐야 '난 이런 걸 잘하는구나'를 알 수 있는 거죠. 그래서 저는 사이드 프로젝트를 몇 번이고 해보는 걸 적극 추천해요. 제가 예전에 그렇게 공모전을 했던 것처럼요.

예지 님이 그리는 앞으로 인생의 방향은 뭐예요?

저는 '꿈이 뭐냐'라고 물으면 늘 답하기 어렵더라고요. 근데 확실한 건, 이번 생에 아마도 내가 하고 싶다고 생각하는 걸 다 못 하고 죽을 거라는 거예요. 그만큼 하고 싶은 건 계속 생각이 나는데, 나의 몸과 자원은 한정적이니까요. 그래도 최대한 기회가 닿는 데까지 내가 생각한 것들을 실행하고 싶다는 게 목표라면 목표죠. 그리고 이왕 하는 거 좋은 사람들이랑 재밌게 하고 싶어요. 좋은 결과가 나오든 안 나오든 저는 그 자체로 즐거우면 의미가 있다고 생각하거든요. 그런 기회들이 더 많아졌으면 좋겠어요.

*이 인터뷰는 2019년 8월에 진행되었습니다.

interviewee

애나

36세

#한_달에_한_도시
#디지털_노마드로_먹고살_수_있을까?
#디지털_노마드를_선택한_이유
#디지털_노마드로_살기_위해_필요한_것들

episode 05

자유롭게 일하는 디지털 노마드가 되고 싶다면

처음 디지털 노마드라는 삶의 방식을 알게 된 건 2016년 겨울, 한 비영리 콘퍼런스에서 다큐멘터리 'One-way Ticket'의 도유진 감독이 진행하는 세션을 듣게 되면서였다. 그 자리에서 처음으로 한국보다 먼저 원격근무 환경을 만들어온 해외 여러 국가들에서 디지털 노마드들이 어떻게 일하고, 어떤 문화를 만들어 가고 있는지 들을 수 있었다. 나와 백구 군도 퇴사 후 3개월간 결혼식을 대신한 여행을 다녀온 뒤라 여행하며 사는 삶에 대한 관심이 컸지만, 그때까지만 해도 일과 여행을 같은 선상에 놓고 생각하기는 어려웠다. 매일 출퇴근하는 굴레 속에서 단 며칠의 휴가를 손꼽아 기다리거나, 혹은 퇴사하고 훌쩍 떠날 날을 기대하며 돈을 모으는 것만이 선택지에 있던 시기였다. 그랬기에 디지털 노마드라는 선택지가 있다는 사실은 굉장한 충격이었다. 내가 원할 때, 원하는 곳으로 이동하며 일하고 먹고살 수 있다니! 이게 정말 가능하다면 당장 실현하고 싶었다.

그때부터 디지털 노마드에 대해 관심을 갖고 찾아보기 시작했지만, 구글 검색 정보는 한정적이었고 국내 사례는 더욱 찾아보기 힘들었다. 그러다 우연히 페이스북에서 '우리는 디지털 노마드다'라는 그룹을 발견했다. 올라오는 정보들이 많지는 않았지만, 한국인들이 만든 커뮤니티가 분명했다. '어? 있긴 있네?' 그 커뮤니티 운영자가 바로 '노마드씨'라는 팀명으로 활동하는 애나와 루시다.

애나와 노마드씨 멤버들이 2016년부터 자신들이 디지털 노마드로 일하는 과정을 기록해놓은 글을 설레는 마음으로 정독하기 시작했다. 각자 어디에서 일하고 있고, 어떻게 온라인 미팅을 하는지, 지금 하는 프로젝트는 무엇이고, 어떤 것을 꿈꾸고 있는지에 대한 기록을 통해 디지털 노마드로서의 삶을 어렴풋이 짐작할 수 있었다. 무엇보다 어떤 시스템에 의존하지 않고 자신만의 구조를 만들려는 노력이 인상적이었다. 4년째 해외와 국내를 오가며 독립적인 서비스를 개발하되, 자신들이 할 수 있는 규모의 작은 실험들을 계속 이어나가고 있는 애나와 노마드씨 이야기는 디지털 노마드라는 선택지를 조금 더 현실적으로 받아들일 수 있게 해줬다.

여행에 대한 갈망으로 시작된 관심이었지만, 디지털 노마드에 대해 알아가며 그 핵심은 여행에 있지 않다는 것도 알았다. 중요한 것은 사실 '여행' 자체라기보다 제한된 환경에서 벗어나고 싶은 의지다. 그렇기에 주체적으로 일하고 싶은 밀레니얼에게 디지털 노마드라는 선택지는 자신의 일 환경과 방식을 스스로 결정할 수 있다는 가능성이기도 하다.

인터뷰를 한 지 1년 6개월이 지나 이 책을 쓰고 있는 지금, 코로나19 팬데믹으로 인해 당장의 여행은 어려워졌지만 사람들의 디지털 노마드에 대한 관심은 더 커지고 있다. 모든 게 비대면화되면서 예상했던 것보다 빠르게 리모트 워크와 재택근무가 자연스러운 일의 형태 중 하나로 인식되어 가고 있기 때문이다. 이런 변화에 앞서 그것을 먼저 시도해본 이들의 실험과 시행착오에 대한 기록은 그렇기에 더 의미 있다.

#한_달에_한_도시

"아무도 모르는 낯선 곳에서 내 일만을 제대로 해보고 싶었어요."

한곳에 머무르지 않고, 여러 도시를 이동해가며 일을 하는 방식을 택하고 있잖아요. 구체적으로 어떤 방식으로 하고 있는지 궁금해요.

6개월은 해외에서, 6개월은 한국에서 생활하는 '반반생활살이'를 했었는데 지금은 3개월마다 이동을 하고 있어요. 해외에서는 한 도시에서 최소한 1개월 정도씩 머물다가 옮겨 다니는 편이에요.

그렇게 왔다 갔다 하며 지내게 된 이유가 있을까요?

저는 해외에서 생활하는 시간을 업무 집중 시기라고 얘기하고 있어요. 해외 나가면 거의 일에 집중하는 편이고, 한국에 돌아오는 건 쉬러 오는 것이기도 하지만 가족들이랑 만나러 오는 게 큰 것 같아요.

'업무 집중 시기'인 해외에 있을 때의 타임라인은 어떻게 되나요? 보통 디지털 노마드 하면 여행지에서 여유롭게 즐기는 이미지가 있잖아요.

주기마다 이동하는 규칙은 있는데, 일주일마다 몇 시간 일을 해야 한다는 규칙은 딱히 없어요. 오히려 안정적 수익 구조를 만들기 전까지는 해외에서는 거의 풀 업무라고 보면 될 것 같아요. 아침에 일어나서 업무 파악하는 것을 시작으로 자기 직전까지도 일을 해요. 이렇게 말하면 해외까지 가서 너무 아까운 거 아니냐고 할 수도 있는데, 해외에서 일할 때 좋은 점 중의 하나가 모든 게 다 낯설다는 거예요. 우리에게 너무 익숙한 것들 있잖아요. 시장을 본다든지, 동네를 걷는다든지, 아이스크림을 사 먹는다든지 하는 익숙한 일상이 해외에서는 모두 낯설어요. 그게 좀 즐겁고, 그

즐거움이 여행 같은 느낌이라서 일부러 여행지 스폿을 가야겠다는 생각을 딱히 하지는 않아요.

여행지를 굳이 찾지 않아도 그냥 일상이 여행처럼 느껴지는군요. 많은 도시는 아니지만 몇 도시들을 거쳤더라고요. 지금까지 어떤 곳들에 머물다 왔나요?

치앙마이, 발리, 페낭, 멜버른, 트빌리시, 프랑크푸르트 정도인 것 같아요. 진짜 여행만 하는 분들에 비하면 초짜죠. 여행 초짜.(웃음)

'한 달 살기'라는 제목으로 영상도 올리시잖아요. 왜 도시를 한 달 정도의 텀을 두고 계속 이동하는 방식을 택한 건가요?

한 달 살기를 처음부터 마음먹고 시작했던 건 아니에요. 근데 디지털 노마드의 특성상 며칠에 한 번, 혹은 일주일에 한 번 식으로 자주 옮길 수는 없거든요. 옮길 때마다 새로운 환경에 계속 적응을 해야 하는데, 그러면 앞뒤가 바뀌게 되죠. 여행을 하는 건지 일을 하는 건지 알 수가 없거든요. 저는 일을 해야 하니까 어쩔 수 없이 장기로 머물 수밖에 없었는데, 최소 한 달에서 최대 3개월까지 머무는 게 괜찮더라고요. 제가 생각하기에는 일을 하러 가는 거라면 최소 그 도시에 한 달은 머물러야 여행도 즐기면서 내가 하고 싶은 일도 좀 할 수 있지 않나 싶어요.

머무를 도시를 고르는 기준이 있나요?

제일 중요한 건 아무래도 와이파이 환경이죠. 그 도시의 평균 와이파이 속도가 좀 느리더라도 숙소에서만큼은 굉장히 빨라야 하는데요. 그래서 에어비앤비 호스트랑 얘기할 때 정확한 스피드 수치를 요구해요. 호스트 입장에서는 귀찮을 수 있겠지만 업무 환경과 관련된 디테일한 부분들을 질문하는 게 중요해요. 왜냐면 사진을 봤을 때는 일을 할 수 있을 것 같았는데, 막상 가보면 책상이 너무 작은 곳도 있거든요. 그래서 와이파이 환경 다음으로 책상의 크기, 다음은 의자의 편한 정도를 봐요. 지금 이런 의자 안 돼요.(웃음) 등받이가 꼭 있어야 하고, 사무용 의자면 더 좋고요. 이번에 트빌리시 숙소가 사무용 의자였는데 진짜 좋더라고요. 그런 식으로 업무적 환경이 잘 갖춰져 있는 도시거나 집이어야 돼요. 그리고 물가도 굉장히 중요하죠. 그 도시가 아무리 좋더라도 생활비가 제 심리적 마지노선을 뛰어넘으면 부담스럽더라고요. 웬만하면 내 상황에 맞는 물가의 도시를 찾아가는 것 같아요.

도시를 이동하면서 일할 공간과 생활 공간을 찾아야할 때 디지털 노마드들에게 유용한 서비스나 앱을 추천해줄 수 있나요?

도시 이동할 때 두 가지 정도 참고하고 있어요. 첫 번째는 '노마드 리스트(nomadlist.com)' 웹사이트예요. 도시별 생활비, 치안 수준, 언어 등 장기 생활을 할 때 필요한 정보를 제공하는 사이트예요. 물론 실질적인 팁은 여행을 자주 하는 지인들에게 얻는 편이에요. '거기는 한 달 살이 하기에 어때요?', '와이파이 속도는 괜찮아요?', '치안은 좋아요?' 정도 물어보고 괜찮다 싶으면 직접 알아보는 거죠. 두 번째로 자주 사용하는 서비스는 '구글 지도'예요. 도시 분위기, 숙소 주변의 상권, 갈 만한 코워킹 스페이스를 찾는 데 도움을 많이 받아요. 특히 정보를 얻기 힘든 도시는 구글 지도의 스트리트 뷰로 동네 분위기를 살펴볼 수 있거든요. 그 외에 커뮤니티 그룹을 찾고 있다면, 예를 들어 발리에 간다고 했을 때 '발리 여행 커뮤니티'라고 찾기보다는 '발리+디지털 노마드'라는 키워드로 검색을 하면 비슷한 패턴의 사람들이 모여 있어서 좋고요. 만약 에어비앤비에 마음에 드는 집이 없을 때는, '발리 하우스 렌트' 같은 키워드로 검색해서 참고하기도 하고요.

어느 정도 선이 애나 님의 생활비 마지노선이에요?

한 달에 120만 원에서 150만 원까지는 괜찮은데 그 이상을 넘어가면 씁쓸해지죠. 근데 이번 달은 100만 원을 썼다 하면 기분이 괜찮아지는?(웃음) 그래서인지 치앙마이가 저한테는 최적의 환경이었어요. 물가도 괜찮고, 업무 환경도 좋고, 익숙하면서 낯선 그 느낌도 좋고, 좋아하는 분위기이기도 하고 가깝기도 하니까. 이번에 가면 다섯 번째 방문이에요.

비용도 비용인데, 한 달 단위로 이동을 한다고 했을 때 삶을 구성하는 짐 같은 것들이 많이 간소해져야 할 것 같은데 어떤가요?

짐은 기내용 캐리어, 맥북용 백팩 조합으로 다니고 있어요. 근데 만약에 저한테 맥북이 없었으면 백팩 하나로도 해결할 수 있었을 거 같아요. 원래도 미니멀 라이프를 지향하고 있었는데 디지털 노마드로 살면서 자연스럽게 더 원하던 방향으로 흘렀죠. 가끔 그런 생각 해요. '내가 살아가는 데 있어서 필요한 것이 그렇게 많지 않구나.' 물론 숙소에 모든 게 갖춰져 있기 때문에 가능한 일이지만요.

저희도 늘 언젠가는 그렇게 여행 다니면서 일하는 걸 꿈꾸거든요. 근데 가장 걸리는 게, 물건에 대한 집착이에요. 내가 항상 쓰는 물건, 내가 좋아하는 책들을 포기해야 되는 거잖아요.

저도 방 꾸미는 것도 좋아하고, 책이나 피규어를 수집하기도 했는데요. 지금은 많이 포기했어요. 이런 과정이 디지털 노마드 생활을 하는 데 필수적이기라기보다는, 미니멀 라이프를 지향하다 보니 이게 하나의 계기가 된 거죠. 그래도 어쩔 수 없는 짐들이 있긴 해요. 추억의 물품이라든지. 그런 건 부모님 댁이나 동생네 집에 두는데, 그렇다고 거기에 저의 영역이 따로 있는 건 아니에요. 그냥 거기 어딘가에 널브러져 있을 뿐. 그니까 내 공간, 한국에서의 내 삶은 약간 포기하는 거죠. 그걸 안 놓으려면 돈이 필요하더라고요. 창고를 빌린다든가.(웃음)

듣다 보니 궁금해지네요. 그런 불편을 감수하면서까지 일하는 장소를 국내가 아닌 해외로 옮겨서 좋은 점은 뭔가요?

혼자 일을 하다 보니 일과 생활을 분리해서 집중한다는 게 쉽지 않았어요. 그리고 한국에 있을 때는 웬만하면 가족의 일을 우선시했고요. 지인이나 업무상 연결되어 있는 인맥으로 인한 피로도가 높아진 것도 한몫했어요. 답답함이 쌓일 때쯤 '아무도 모르는 낯선 곳에서 내 일만 제대로 하고 싶다'는 생각이 들더라고요. 2015년 여행했을 때가 그걸 좀 확인하는 과정이었던 것 같아요. '어? 나를 아무도 안 건드네? 24시간을 내가 다 컨트롤할 수가 있구나.' 그러고 나서 3개월 후 한국에 돌아왔더니 한국도 신선한 거예요. 한국의 모든 게 편안하게 느껴지고, '여기 이런 게 있었네? 저런 게 있었네?' 하면서 평소에 보지 못한 것들을 보게 되고. 또 한국이 지겨울 때쯤 해외에 가면 다시 어떤 생각의 전환이 되는 거죠. 지쳤던 심신의 피로가 좀 풀린다거나, 새로운 자극을 받고 도전하게 된다거나. 그 패턴이 저에겐 좋은 변화의 장치인 것 같아요.

환경적인 외부 요인을 스스로 바꾸면서 계속 환기를 하는 거군요.

저도 스스로 굉장히 열정적인 인간이라고 생각을 했지만 그 열정이 오랫동안 유지되기는 힘들더라고요. 누구든 이런 장치는 필요한 거 같아요. '내가 나를 계속 변화하게 하고 도전하게 할 수 있는 요인이 뭘까?' 했을 때, 제게는 이런 생활이 그런 장치 중 하나인 거죠.

#디지털_노마드로_먹고살_수_있을까?

"내가 지금 좋아하는 일을 가지고 수익이 나는 구조를 만들고 싶어요."

요즘에는 주로 어떤 일들을 하고 있나요?

'노마드씨'라는 팀을 꾸려서 모바일 서비스 만드는 작업을 메인으로 하고 있어요. 루시와 함께 iOS 앱 서비스를 만드는 데 주력을 하고 있고, 거기서 매출을 내보려고 노력하고 있죠. 그 외에 개인적인 프로젝트와 유튜브 운영을 하고 있어요.

팀명 노마드씨는 무슨 뜻인가요?

노마드씨는 디지털 노마드의 삶을 지향하는 이들이 모여 함께 프로젝트를 진행하는 팀이에요. 만들고(Creation), 함께하며(Collaboration), 도전하는 공동체(Community), 노마드 크루를 의미해요.

스타트업이라고 해야 할까요?

예전에는 '스타트업이다', '사업이다'라고 얘기를 했었는데, 그 단어 자체에서 오는 부담감이 있어서 지금은 그냥 프로젝트라고 얘기하고 있어요.

처음 노마드씨 팀을 만들게 된 스토리가 궁금해요.

예전 회사 동료였던 제시가 같이 사업을 해보자고 제안해서 초창기에는 두 명이서 사업을 시작했어요. 그러다 그 업계에서 스카우트 제의도 받고, 뭔가 시작이 잘 되려던 때에 몇 가지 이유로 첫 실패를 했죠. 그 시기에 만났던 동료가 루시예요. 잠시 짬 나는 시간에 iOS 개발 공부를 시작했는데, 그때 같은 스터디 멤버였던 루시를 보고 제가 같이 일해보자고 했어요. 3개월 동안 같이 프로젝트를 해보고 서로 잘 맞으면 계속하자고 했죠. 3년이 흐른 지금 노마드씨에는 루시와 저 둘이 남아 있어요. 그 사이 스쳐 간 수많은 멤버들이 있고요.

거기서 애나 님의 역할은 무엇인가요?

제가 디자인 베이스니까 보통은 디자인 업무를 주로 맡지만, 제 포지션을 딱 정해놓지는 않아요. 상황마다 달라져요. 아이디어가 만들어져서 그 프로젝트를 실행하자고 마음을 먹으면 같이 할 멤버를 모집하고, 그 멤버들이 각자에게 맞는 포지션을 가져가면 나머지 포지션을 제가 가져가는 식이에요. 대다수의 프로젝트에서 잡일을 많이 했었죠. 모든 프로젝트에는 보이지 않는 잡일이 너무 많잖아요.

당시 팀을 만들고 이루고자 했던 목표는 뭐였나요?

하고 싶은 프로젝트를 계속 실행하면서 안정적인 구조를 만들고, 그 구조 속에서 또 하고 싶은 일을 계속 반복할 수 있는 환경을 만드는 거죠. 그런 환경이 주어지면 제가 제 삶을 좀 더 주체적으로 선택할 수 있는 기회가 생기는 거니까요. 우리가 일하지 않을 때도 안정적인 수익을 창출하면서 자기가 좋아하는 일을 계속 만들 수 있는 팀을 만드는 게 목표였죠.

지금까지 어떤 프로젝트를 했는지 사전에 리스트를 요청드렸었는데, 엄청 많아서 깜짝 놀랐어요.

실패한 게 대다수죠.(웃음) 첫 프로젝트는 '머릿빨'이라고, 내 주변의 헤어 디자이너를 추천해주는 서비스였어요. 가로수길을 중심으로 영업을 해서 디자이너 콘텐츠도 탄탄했고, 반포 쪽으로 확장을 하려던 때에 안 좋은 소식이 들렸어요. 카카오에서 미용업 사업에 뛰어들었고 곧 서비스 오픈을 한다고요. 당시 경쟁사에서 스카우트 제의도 들어와서 서비스를 계속 운영을 해야 할지 말아야 할지 갈팡질팡하다 결국 포기를 했어요. 대기업의 인프라와 자본을 이기긴 힘들다는 생각이었거든요. 그 이후에 적당한 사업 아이템이 떠오르지 않아서 쉬는 동안 iOS 개발을 공부했고, 그때 실습으로 만들었던 게 '이밍'이라는 기술 이민 점수표 서비스예요. 수업이 끝난 후 디벨롭을 했는데 법과 연관된 문제가 있어서 포기를 했죠. 이때 영업을 해서 따온 첫 광고비가 50만 원이었나? 그걸로 제시랑 루시랑 제주도 여행을 다녀왔는데 그게 처음이자 마지막 광고비였어요.(웃음) 그다음에 만들었던 게 '아날로그 스케치'라는 앱이에요. 얼굴 사진을 보내주면 캐리커처로 그려주는 거죠. 가볍게 만들어서 실험을 해보려고 했던 건데 생각지 못한 동남아에서 인기가 되게 많은 거예요. 플랫폼으로 확장했어야 하는데 당시 내부 역량으로는 만들 수가 없어서 잠정적 중단을 했죠. 그다음에 만든 서비스가 'Spark Quote'예요. 루시가 명언을 모아서 보여주는 앱을 만들고 싶다고 해서 해봤는데 시장 반응이 전혀 없었어요. 당시에는 가볍게 만들었던 거라 대수롭게 생각하진 않았어요. 이렇게 시도하고 엎어진 게 정말 많아요.

그렇게 실패의 연속이었다가, 실마리를 찾은 건 언제였어요?

아마 2017년 발리에 있을 때였을 거예요. 다음 아이템을 구상하다

'Spark Quote'를 피벗(pivot) 할 수 있겠다는 생각이 들더라고요. 인스타그램에 글을 사진으로 기록하는 사람들을 보고 영감을 받은 거죠. 초기에는 잘되는가 싶다가 개발 이슈가 해결되지 않아서 2~3개월 멈춰 있는 시기가 있었는데, 어느 날 데이터를 확인했더니 앱이 혼자 성장을 하고 있더라고요. '이거 어떻게 살아 있는 거지? 왜 매일 들어오는 거지?' 지금 생각하면 큰 수치는 아니었는데, 왠지 더 성장할 수 있겠다는 생각이 들더라고요.

신경 쓰지 못했는데도 매일 조금씩 누가 다운을 받고 있었군요.

네. 그래서 루시에게 "이거 다시 만들어보죠. 얘 진짜 될 것 같아."라고 하면서 실행 방안, 성장 포인트, 차별화 전략 등을 제시한 끝에 다시 해보기로 한 거죠. 서비스 디벨롭 후에 홍보를 했는데 그때부터 수익이 조금씩 나기 시작했고요. 그게 지금의 '끄적글적'이에요. DAU(하루 사용자 수)와 매출이 꾸준히 성장하면서 지금은 저희 팀의 메인 서비스가 됐어요.

계속 실패하다가 첫 성과였잖아요. 그게 애나 님과 노마드씨 팀에게 어떤 의미였을지 궁금해요.

중요했던 포인트 중의 하나가 뭐였냐면, 끄적글적이 성과가 나기 전에 이런 얘길했었어요. '우리 팀은 어차피 작은 팀이다. 몇천만 원짜리, 1억짜리 앱을 만들 수가 없다. 현실적으로 그게 안 된다. 그럴 돈도, 역량도 안 되면, 100만 원짜리 앱 100개를 만들자. 그게 모이면 어떻게 되겠어? 엄청 커지는 거다'라고 했었는데, 안 받아들여졌었죠.(웃음) '그래서 그게 된다는 거야, 만다는 거야?'라는 반응이었는데, 끄적글적으로 인해서 그게 조금씩 공감되기 시작한 거죠. '아, 이걸 백 번 실행하면 되는 거구나. 지금 매출을 열 번이라도 만들면, 우리 충분히 먹고살 만하겠는데?' 제일 중요한 거는 우리가 일하지 않을 때도 돈이 들어올 수 있는 구조를 만들어야 한다는 거고, 그래야 우리의 선택권이 훨씬 넓어질 수 있다고 생각하는데, 그런 기회가 조금씩 엿보이니까 제 말이 먹히기 시작하더라고요.

이제 드디어 조금 증명이 된 거군요?

살짝 증명된?(웃음) 그 이후부터는 실행이 좀 더 빨라지기 시작했어요.

그런데 사실 디지털 노마드라고 해도 다양한 직업 형태가 있을 수 있잖아요. 흔히 프리랜서로서 외주 일을 받아서 하는 형식도 있고, 애나 님처럼 스스로 일을 만들어서 사업의 형태로 할 수도 있고요. 충분히 경력이 있으니 첫 번째 유형을 선택했다면 지금보다는 더 잘 먹고살 수 있을 것 같은데, 그렇게 하지 않은 이유가 있나요?

요즘에는 꼭 자기 사업을 하지 않아도 안정적인 직장에 다니면서 디지털 노마드로 활동할 수도 있어요. 국내에도 이제 점점 그런 회사들이 조금씩 나타나기 시작하더라고요. 그래서 가끔 저도 어떤 회사에 리모트 워크 형태의 일자리 공고가 올라오면 약간 고민을 하긴 해요. '여기 잠깐 머물렀다가 다시 갈 길 가볼까?' 싶을 때도 있긴 한데, 제가 프리랜서라든지 직장 소속으로 일을 안 하는 주된 이유는 그 안에서는 내가 하고 싶은 걸 마음껏 할 수는 없다는 거예요. 몇 번 어쩔 수 없이 외주를 받긴 했었는데, 하면 할수록 저랑 맞지 않는다는 생각이 들더라고요. 사장님 한 명도 맞추기가 힘든데, 사장님이 여러 명이면 더 피곤한 거죠.(웃음) 그럴 바에는 차라리 직장 생활 하는 게 낫겠다 싶은데, '직장 생활 할 거면 내가 좋아하는 일 하고 싶은데?' 이렇게 되는 거죠. 그 자체가 싫다기보다는, 지금은 저한테 시간의 자유가 필요한 거 같아요. 하고 싶은 건 많은데 그런 구조 안에서 하려면 내가 20대 때 하려고 마음먹은 것들을 포기해야 되잖아요. 그렇게까지 선택해야 할 이유가 없더라고요. 버틸 수 있을 때까지는 내가 하고 싶은 것들을 해보고, 그걸 할 수 없는 순간이 오면 그때 다시 직장 생활을 해도 늦지 않겠다고 생각해요.

최후의 보루로 남겨둔 거군요.

네, 보루예요. 그 보루를 최대한 뒤로 미루기 위해서 버티고 있는 거죠.

이쯤 되니 궁금해지는데, 그런 선택을 하기 위해서 중요한 건 결국 돈이 잖아요. 그렇게 할 이유가 없다는 건 돈이 그렇게까지 급하지 않다거나, 다른 이유가 있을 거 같은데.

마음은 항상 급한데….(웃음) 사실 지금 노마드씨 매출로는 제 생활을 충당할 수가 없어요. 제가 20대 때 열심히 일했잖아요. 그때 모은 돈으로 지금 거의 연명하고 있다고 보시면 돼요. 30대 제 인생에 투자를 하고 있는 거죠. 그 돈으로 좋아하는 일을 가지고 어떤 구조를 만들고 싶다고 했잖아요. 그 구조를 만들기 위해서 저는 버티고 있는데, 어떤 사람은 버틸 수가 없는 거죠. 그 구조가 만들어질 때까지 시간이 좀 오래 걸릴 테니까요.

그 구조가 언제 될지도 모르는데, 모은 돈을 쓰면서 도전한다는 게 불안하진 않으세요?

그래서 심리적 마지노선이라는 게 있는 거죠. 한 달에 이 정도는 필요한데, 통장의 돈이 계속 줄어드는 게 보이니까 저도 가끔은 되게 불안해요. 그래도 어떻게든 메꿔요. 20대 때 모아둔 돈이 있으니까 걔를 어떻게든 막 끌어오는 거예요. 제가 작년에 뭘 하나 깨고 루시한테 '이제 1단계 위험에 돌입했다'고 얘기했었죠.(웃음)

아, 적금 같은 거요?

네. 적금 같은 거 뭘 하나 깨서 지금 1단계에 들어섰죠. 이게 3단계에 들어가면 진짜 위험해지는 거고. 다행히 아직 2단계는 안 왔어요. 근데 이런 상황이 어찌 보면 팀 동료들한테 미안한 거죠. 나는 그래도 버틸 수 있는 환경이 있지만 그렇지 못한 동료는 좀 더 힘든 상황에 놓이게 되니까요.

루시는 이번에 다시 직장에 들어갔죠. 회사 일을 하면서 저랑 팀 프로젝트를 병행하고 있는 상태예요. 함께한 지 3년이 지나면서 우리 일을 메인으로 하되 안정적인 수익은 다른 일로 채우기로 한 거죠.

지금 설명을 듣다 보니까, 노마드씨가 스타트업은 아니라고 했는데 '랩(lab)' 같은 느낌이 있는 것 같아요. 계속 실험하면서 이런 방식이 통하는지 안 통하는지 만들어보는 연구소요.

랩 괜찮은데요? 맞는 것 같아요. 몇 년째 계속 실험만 하고 있는 느낌이긴 하죠.

어차피 연구소는 수익을 목표로 하지 않잖아요.(웃음)

수익이 목표가 되어야 하는데.(웃음) 어찌 보면 지금도 실험 과정 속에 있는 것 같아요. 계속 실험만 하면 안 되긴 할 텐데….

그동안 실패도 많았고, 수익이 나지 않는 상황에서 3년을 버텼잖아요. 지금까지 어떤 마음으로 포기하지 않을 수 있었는지, 그 원동력이 뭐예요?

실패가 많을 거라고 예상을 하고 시작을 했어요. 실패 때문에 '아, 이건 아니구나' 하기보다는, 첫 번째 실패, 두 번째 실패, 세 번째 실패… 이렇게 계속 받아들였던 것 같아요. 실패가 많은 게 너무 당연한 거 아닌가? 내가 하고 싶은 걸 한다는 것도 어려운데, 업무 환경 자체도 굉장히 색다르고. 이건 절대 짧은 시간에 될 수 없는 일이라는 걸 알고 시작을 한 거죠. 그리고 회사를 나올 때, '내가 하고 싶은 걸 10년 동안 하겠다'는 자기와의 약속이 있었어요. 그리고 이걸 계속 여기저기 내뱉었거든요. "나 10년은 할 거야, 10년은 할 거야." 이러니까 안 지킬 수가 없더라고요. 돈을 얼마 벌겠다는 목표도 없었고, 딱 그거 하나 있었거든요. 10년은 버텨보자, 어떻게 해서든. 근데 그게 저한테 굉장히 좋은 장치예요. 예전에 같이 일했던 동료들도 물어보더라고요. 대체 어떻게 그렇게 버틸 수가 있는 거냐고. 그러면 저는 숫자를 만들라고 얘기해줘요. 그냥 '나 열심히 할 거야' 같은 추상적인 목표만 있으면, 변명과 이유가 계속 달라붙어요. 이걸 하지 말아야 할 이유는 너무 많거든요. 근데 이걸 '10년'이라고 정해두니까, 실패한 뒤에도 할 수밖에 없는 거예요. 그게 힘들었을 때 많이 도움이 됐어요. '그래, 10년 하기로 했는데, 아직 3년밖에 안 왔다' 이런 느낌으로.

#디지털_노마드를_선택한_이유

"제가 꿈꾸던 이상적인 모습을 조금씩 현실로 만들어가는 과정이죠."

이런 생활을 하기 전에는 회사를 꽤 오래 다녔다면서요?

웹 에이전시랑 스타트업에서 10년 정도 일을 했었어요. 거기서 웹 디자인이라든지 UI/UX 디자인, 그래픽 디자인 작업을 주로 하다가 마지막 회사에서는 기획팀과 디자인팀을 같이 리드하는 업무를 했었죠. 꽤 오래 회사 생활을 한 편이고, 당시만 해도 저는 계속 그렇게 일할 줄 알았어요.

회사 다닐 때만 해도 일반적인 패턴으로 출퇴근을 하셨겠네요?

네, 거의 왕복 4시간 거리를 출퇴근했었죠. 당시 노원에 살았는데 회사가 강남에 있다 보니까 출퇴근에 시간을 많이 썼고, 도저히 못 버티겠어서 마지막 2년 정도는 회사 근처로 이사를 해서 다녔어요. 돌아보면 그때는 출퇴근하면서 회사에서 일하는 게 제 일상의 전부였던 것 같아요. 일을 좋아하기도 했고요.

일을 좋아했는데 회사를 그만두게 된 계기가 궁금해요.

원래 처음에 회사에 다닌 주된 목적이 돈을 벌기 위해서였고, 저한테는 디자인이라는 것도 되게 좋아한다기보다는 돈을 벌기 위한 수단 같은 거였어요. 근데 한 3, 4년 차가 되면서 디자인이 굉장히 재미있어지더라고요. 그래서 좀 더 다양한 지식을 얻으려고 노력했어요. 당시가 제 일생에서 가장 열심히 공부했던 때인 것 같아요. 콘퍼런스에도 참석하고 다양한 사람을 만나면서 세상에 다양한 경험을 할 수 있는 기회가 많다는 걸 그때쯤 생각하게 됐던 거 같아요. '나도 언젠가 세계를 돌아다니면서 다른 경험을 해보고 싶다'는 꿈을 가지게 된 거죠.

그 꿈을 가지고 계속 직장 생활을 하다가, 언제 나오게 된 거예요?

회사 일도 재미있었지만, 계속 이런 생각을 하고 있었던 것 같아요. 회사에서 언제까지 나를 필요로 할까? 회사가 성장하기 위해 큰 변화가 있을 때는 분명 그때 회사에 필요한 인물들로 교체되겠지? 그 순간을 위해서라도 저한테 조금 다른 경험이 필요하다고 생각했어요. 그 결심이 선 게 딱 10년째 되던 날이었고, 그때 회사를 나오게 됐죠.

그 다양한 경험이라는 게, 왜 하필이면 세계를 다니면서 일을 하는 형태로 발현된 걸까요?

제가 사실 20대 때는 여행을 좋아하는 스타일이 아니었어요. 근데 20대 후반에 해외여행을 딱 한 번 갔는데, 전혀 다른 나라에 가서 숲을 걷기도 하고 누워서 쉬다 보니까 '왜 나는 지금껏 이렇게 여유를 갖고 생각을 할 시간조차 없었던 걸까' 하는 생각이 문득 들더라고요. 옛날에 우스갯소리로 이런 얘기를 한 적이 있거든요. 사계절을 알 수가 없다고. 왜냐면 사무실은 여름에는 시원하고 겨울에는 따뜻하니까. 바깥세상이 어떤지 모르고, 이 건물 안이 제 세상의 전부인 거예요. 내가 일을 좋아하는 것과는 별개로, 그동안 천천히 나를 돌아볼 시간이 너무 없었다는 생각도 들었죠.

그리고 제가 20대 중반일 때만 해도 업계는 굉장히 분업화가 되어 있었거든요. 예를 들어 디자이너가 코딩하고 있으면 약간 이상하게 받아들였어요. 전문적이지 않다고 생각했죠. 디자인 업무에 집중해야지 왜 개발 업무까지 네가 하려고 하냐는 거죠. '밥그릇 뺏기'라고 생각하는 거예요. 그 일을 정말 같이 하고 싶은데, 나의 이런 활동들이 긍정적으로 보일 수 없던 거죠. 그러다 콘퍼런스나 스터디 활동을 하다 보니까 해외에는 그런 사람이 되게 많은 거예요. 일러스트레이터인데 개발자이고, 그래픽 디자이너인데 뭔가 전혀 다른 일을 하고 있는. 그런 의문점과 일에 대한 열정들이 모이면서, 나와 다른 문화를 가진 사람들과 만나다 보면 나한테도 내재되어 있는 어떤 편견들을 깰 수 있고, 새로운 도전을 할 수 있지 않을까 하고 생각하게 된 것 같아요.

그래서 마지막 회사를 그만두고 독립된 프로젝트를 시작한 거군요?

당시 계획은 사업이 아니라 해외 취업이었어요. 봐두고 있었던 회사도 몇 있었고요. 그러다 같이 회사를 그만둔 동료 제시가, 자기가 20대 초반에 사업을 한 적이 있는데 다시 해보고 싶다면서 저보고 같이 일해보자는 거예요. 일할 때 재밌었던 친구니까 같이 해봐도 나쁘지 않을 것 같았죠. 어차피 좋아하는 일이기도 했고요. 그래서 시작을 했는데, 아까 말했던 것처럼 실패가 많았잖아요. 그래서 제시가 첫 1년 정도는 계속 죄지은 느낌이었대요. 저를 붙잡은 것 같아서. 근데 저는 그때 그 시도가 아니었으면 지금 하고 있는 도전을 할 수 없었을 거라고 얘기해요. 꼭 해외 취업이나 워킹 홀리데이 같은 걸 통하지 않아도, 지금과 같은 방식으로 해외를 다니면서 다양한 사람들이랑 일을 할 수 있는 길이 있다는 걸 알았잖아요.

그럼 그때부터 해외를 다니며 일하는 리모트 워크를 했던 건가요?

그건 아니고요. 아무래도 회사 프로세스에 굉장히 익숙해진 사람들이

다 보니까, 처음에는 그 프로세스대로 일하더라고요. 그때 진짜 열심히 일했거든요. 거의 밤낮없이 일하다 보니까 나중에는 이게 도대체 회사 생활하는 거랑 뭐가 다른 건가 싶더라고요.(웃음) 나를 돌아보면서 좋아하는 일을 하겠다고 그만뒀는데 뭘 위해서 일을 하는 건지 헷갈리기 시작했죠. '이건 아니다, 다시 전환의 시간을 갖자' 했고, 직장 생활로 인해서 익숙해진 습관들에서 벗어나는 데 굉장히 오래 걸렸어요.

그걸 벗어나려는 방법으로 디지털 노마드를 선택한 거군요.

경제적인 이유가 컸죠. 당시에 투자금을 각자 500만 원씩 해서 작게 시작을 했었기 때문에, 인력비 외에는 돈을 쓰지 말자는 게 원칙이었어요. 사무실을 구하지 않는 쪽으로 얘기를 했었죠. 집에서 일하면 되는데 굳이 사무실 구할 필요가 있겠냐 하면서, 자연스럽게 어떤 패턴들이 생긴 거죠. 당시에는 디지털 노마드라는 단어를 알고 있었을 수도 있고 몰랐을 수도 있는데, 관심이 크게 없었어요. 그게 우리랑 무슨 관련이 있는지도 몰랐었고, 그저 우리는 우리만의 방식을 찾아서 일하는 게 좋겠다 싶어서 리모트 워크가 만들어졌고, 그게 저희끼리는 효율적이었던 거죠.

근데 그것을 각자의 집이 아닌 해외로 옮기게 된 계기가 있었나요?

그게 2016년도 10월이었던 것 같아요. 두 번째 사업이 잘 안되면서 정체기가 있었어요. '지금 어차피 우리는 온라인으로 업무를 하고 있고 아직 새로운 프로젝트를 실행하지 않았으니까, 이참에 나 예전에 하려고 했던 세계 여행 하면서 프로젝트 하는 걸 한번 해볼게' 하고 나갔던 게 시작이었죠. 근데 해보니까 저는 막 돌아다니는 세계 여행 체질은 아니었고, 한 곳에 오래 머무르는 스타일이더라고요.(웃음)

그래서 반반살이라고 소개했던 그런 방식이 된 거군요.

네. 한국에 보고 싶은 사람들이 있는데 굳이 해외에 아예 나가 살면서까지 그 관계를 끊을 필요는 없겠다 싶었고, 지금처럼 계속 왔다 갔다 하는 패턴을 만든 것 같아요. 어쨌든 3년 동안 이런저런 과정들을 거치면서, 제가 만들려고 했던 이상적인 모습들이 조금씩 현실에 가까워지고 있는 거죠. 지금도 그 과정 속에 있는 거고요.

애나 님이 디지털 노마드라는 방식을 통해서 만들고자 하는 그 이상적인 모습이라는 게 어떤 건지 궁금해요.

디지털 노마드라는 키워드도 제 모습의 아주 일부분이거든요. 바꿔 말하면 '디지털 노마드로 살고 싶다'가 아니라, '나는 이런 삶을 살고 싶었는데, 그중 하나가 디지털 노마드라는 방식과 연관되어 있더라'가 맞는 표현인 것 같아요. 저는 제가 가진 역량으로 내 이름으로 된 나만의 브랜드를 만들어서, 누구나 같이 일해보고 싶은 사람이 되고 싶고, 이걸 아주 오랫동안 하고 싶어요.

그리고 그걸 만들어가는 과정에서 생각하지 못했던 포인트가 하나 더 생겼는데, 내가 좋아하는 일을 하면서도 소중한 사람들과의 시간을 놓치지 않으며 살고 싶다는 거예요. 회사 생활을 하는 10년 동안 가족을 만났던 건 1년에 서너 번밖에 안 돼요. 회사 다닐 당시에는 우리 가족들이 어떻게 살고 있는지조차 몰랐는데, 지금 3개월에 한 번씩 그들 옆에서 같이 살면서 알게 됐어요. 부모님과 동생은 이런 생각과 가치관을 갖고 있고, 힘들 때는 이렇게 버텼다는 것을요. 그리고 조카들이랑 같이 살다 보니까 재밌더라고요. 이 사람들을 오랫동안 보며 살고 싶은데, 그러려면 어떻게 해야 하는 거지? 내가 하고 싶은 걸 하면서도 그들을 보고 싶을 때 언제든 볼 수 있는 환경, 내가 선택할 수 있는 여지를 만들고 싶다. 그걸 지금 시도하고 있는 디지털 노마드라는 방식으로 가능하게 할 수 있을 것 같다

는 결론이 난 거죠.

처음에는 좋아하는 일들을 자유롭게 계속하기 위해서 디지털 노마드를 선택했다면, 지금은 바뀐 상황 속에서 자기 선택권을 갖기 위한 목적으로 바뀌었네요.

맞아요, 지금 말하는 내가 살고 싶은 삶 자체가 목표이기 때문에, 그 밑에 다양한 실행들이 있을 거예요. 그중 하나가 지금은 디지털 노마드인 거고, 시간이 흐르면서 저의 선택과 상황은 계속 달라질 거라고 봐요. 다만, 일에서도 사람과의 관계에서도 내가 적극적으로 선택할 수 있는 상황이 많아졌으면 좋겠어요.

#디지털_노마드로_살기_위해_필요한_것들

"역으로 질문해보세요. 왜 디지털 노마드가 되고 싶은지."

조금 먼저 경험해본 입장에서 디지털 노마드로 일하려고 했을 때 가장 어려웠던 부분은 어떤 거였어요?

노마드씨를 운영해보면서 느낀 건 생각보다 온라인 협업이 잘 안되더라는 거예요. IT 계열에서 일했다면 어렵지 않을 거라고 생각하지만, 회사 생활을 오래 한 사람일수록 상대방의 평가를 굉장히 두려워하는 게 있는 것 같아요. 그래서 소통을 잘 하지 않게 되죠. 온라인 협업을 하면서 소통을 안 하면 어떻게 되냐면, 그 사람이 사라져요. 존재하는 건지 알 수가 없는 거예요. 그래서 만약 디지털 노마드로 혼자서든, 누군가와 협업으로든 일하려고 한다면 오히려 커뮤니케이션을 오프라인에서보다 더 적극적으로 해야 할 것 같아요. 조금 소모적이라고 느낄지라도 나의 상황을 잘 전달할 수 있어야 하는 거죠. 그런 의미에서 기록도 굉장히 중요한 것 같아요. 그게 증거가 돼서 각자가 어디서부터 어디까지 갔는지를 알 수 있고, 의사 결정을 할 수 있게 되는 거죠.

주체적으로 일하겠다고 나와도 일단 뭔가에 압박을 느껴서 하는 것에 익숙해져 있다 보니까 진짜 자율이 주어졌을 때 스스로 지속할 수 있느냐도 어려운 문제인 것 같아요.

그게 제일 어려운 거 같아요. 내가 굉장히 주체적인 인간이라고 생각을 하지만, 주어진 업무가 명확하지 않을 때 비로소 나를 알게 되는 것 같아요. 내가 주어진 일만 잘하는 사람인지 아니면 내가 주체적으로 일을 하고 싶어 하는 사람인지. 저는 노마드씨를 거쳐 간 분 중에 자기 자신의 이면을 확인하고 가신 분이 꽤 있었을 거라고 생각하거든요. 내가 생각하는 나의 모습은 이거였는데 알고 보니까 다른 모습이었던 거죠. 특히 처음에는 저희 팀처럼 안정적인 수익 구조가 없을 수 있잖아요. 그때는 스스로 자기 독려를 하면서 해야 할 일도 스스로 찾아야 해요. 누가 일을 주지 않거든요. 이런 상황에서는 그 열정을 오래 지속하기가 쉽지 않죠.

만약 디지털 노마드를 시도해보고 싶다면, 어떤 것들을 준비해보면 좋을까요?

디지털 노마드라는 게 직업이 아니거든요. 하나의 라이프 스타일이기 때문에, 여기에 뛰어들려면 '이런 삶을 살려면 내가 어떤 직업을 가지고 일을 해야 할까?'라는 질문이 따라올 거예요. 어쨌든 자기 분야에서 차별화할 수 있는 포인트는 꼭 찾아야 하는 것 같아요. 경력으로 밀어붙이든, 내 브랜드로 밀어붙이든 뭔가 나만이 가지고 있는 역량을 무기로 도전을 해야 처음 시작이 조금 쉽다는 거죠. 그리고 두 번째로 리모트 워크 협업 방식을 미리 연습하면 좋을 것 같아요. 디지털 노마드가 되고 싶다고 당장 회사를 때려치우지 않아도 되거든요. 회사에 다니면서 혹은 내가 지금 하고 있는 일을 하면서 병행을 해보는 거죠. 일주일에 한 번은 카페에 가든지, 코워킹 스페이스에 가서 일해본다든지, 집에서 하셔도 괜찮고요. 그랬을 때 내가 얼만큼 효율을 내고 있는지 보는 거죠. 사이드 프로젝트를 하나 만들어서, 누구랑 함께 시도를 해보는 것도 좋을 것 같아요. 아마 리모트 워크를 시행하고 있는 회사에 들어간다면 이미 프로세스가 만들어져 있으니 크게 어렵지는 않을 거 같은데, 만약 저와 같이 사업이나 프로젝트를 시작하는 팀이라면 프로세스를 자체적으로 만들어야 하기 때문에 미리 익혀보는 게 도움이 될 것 같아요.

그리고 세 번째로 필요한게 자기 관리인데요, 누군가로부터 주어진 일을 하든 내가 일을 창출해서 하든, 소속되지 않고 일할 때 자기 관리를 하지 않으면 절대 이 일을 주체적으로 하기가 힘들거든요. 건강 관리라든지, 시간 관리, 업무 관리, 그리고 마지막으로 마인드를 관리하는 게 중요한 것 같아요. 누가 저한테 디지털 노마드에 관해서 물어보시면 저는 늘 역으로 질문을 해요. 왜 디지털 노마드가 되고 싶냐고. 그리고 저 스스로도 계속 물어보는 편이죠. 누군가를 동경해서, 그냥 좋아 보여서, 편해 보여서…. 어떤 이유든 상관없어요. 만약 디지털 노마드를 생각하신다면 유치해도 좋으니까 자기만의 Why를 정의해놓으면 본인한테 도움이 많이 될 거예요. 이 Why가 없으면, 혼자 일하는 환경이 많이 주어지기 때문에 그때마다 흔들릴 수 있는데, Why가 있으면 그것으로 인해서 다시 초심으로 돌아갈 수가 있거든요.

근데 디지털 노마드라고 하면 대부분 IT 계열의 디자이너 혹은 개발자 같은 전문 직종이 아니면 어려울 거라는 생각이 있잖아요. 혹시 그렇지 않은 사례를 본 적이 있으신가요?

최근에 트빌리시에서 유튜버 버드모이 님을 만난 적이 있거든요. 그분이 한 의사분의 사례를 얘기해주셨는데, 새로운 케이스였어요. 의사도 원래 정해진 장소에서 일하는 직업이잖아요. 근데 디지털 노마드가 되고 싶었던 거죠. 어떻게 할까 고민하다, 디지털 노마드와 여행가들이 현지에서 언어적 한계나 국가마다 다른 의학 수준의 신뢰도에 대한 고민이 있다는 것을 알고는 중간 다리 역할을 하기로 한 거예요. 그 과정에서 다수의 의사들을 연계하면서 의학적 상담을 해주는 플랫폼이 만들어졌어요. 직업은 의사였지만 자기가 할 수 있는 일을 찾아서 그걸로 온라인 사업을 만든 거죠.

창직을 하셨네요.

꼭 그런 경우가 아니더라도, 다른 분야의 분들도 각자 시도를 해볼 수 있지 않을까 생각이 들어요. 물론 디지털 노마드가 되고 싶다면 같은 분야 안에서도 다른 사람과 다른 길을 가야 한다는 건 맞는 거 같아요. 좀 실험적인 시도가 필요하니까.

'우리는 디지털 노마드다'라는 커뮤니티도 운영하고 있잖아요. 이걸 운영하게 된 계기는 뭐였어요?

처음에 그걸 만들었던 게 2016년도 초반이었어요. 디지털 노마드라는 게 대체 무슨 일을 하는 건지, 어떻게 시작하는 건지 저도 너무 궁금하더라고요. 좀 깊게 물어보고 싶은데, 그때 당시에 국내에서 활동하는 디지털 노마드가 몇 없었어요. 해외 디지털 노마드들은 구글 검색에 많이 나오는데, 언어적인 한계가 있으니까 깊게 물어보기도 쉽지 않고. 그나마 찾은 한국의 디지털 노마드분들은 만나기가 쉽지 않더라고요. 메일을 보내도 답장이 오지 않는 경우가 많았어요. 누구한테 물어봐야 할지 진짜 답답한 거예요. '해외에는 계속 이렇게 많아지고 있는데, 왜 한국에서는 잘 안 보이는 거지?' 저는 분명히 어딘가 있을 것 같았거든요. 나처럼 궁금해하는 사람이라도 분명히 있을 거 같은데, 그런 사람들이 모이면 조금씩 궁금증이 해소되지 않을까? 그래서 무작정 모아봐야겠다 했어요. 페이지를 만들고, 매주 제가 보는 콘텐츠들을 공유하는 차원에서 운영을 시작한 거죠.

오프라인 모임도 했더라고요. 나만 이러고 있는 줄 알았다가 그 사람들의 얼굴을 확인했을 때 기분이 어땠어요?

반갑고 좋았어요. '아, 좀 외롭지 않네. 나와 같은 삶을 꿈꾸는 사람들이 있었구나. 이 삶을 꿈꾸면서도 어떻게 해야 할지 몰라 이것저것 알아보는 사람들도 있고, 앞서서 먼저 실행을 하고 있는 사람들도 있구나.' 혼자 뭔가를 한다는 외로움이 사람을 지치게 하기도 하니까요. 처음에 포부는 있어도, 도대체 내가 무슨 부귀영화를 누리려고 이렇게 혼자 가고 있는 걸까 하는 생각이 들 수밖에 없는데, 그 시작을 조금 외롭지 않게 할 수 있는 공간이 되었으면 좋겠다 싶더라고요. 지금은 그래도 블로그나 브런치 같은 데 보면 많은 분이 디지털 노마드 관련해서 글을 쓰고 계시고, 해외에서 활동하는 분들도 많아지고 있어요. 저는 이 모든 활동들이 다음을 이어가기 위한 중요한 끈인 것 같아요. 나는 비록 시작이 조금 어려웠지만, 이런 정보들을 통해서 다음 사람은 조금 허들이 낮았으면 좋겠다는 마음인 거죠.

기록해놓지 않고 모여 있지 않으면 사람들이 선택하려고 할 때 접근조차 어려울 수 있을 텐데, 이런 기록들이 있으면 삶의 선택지 중의 하나로서 상상해볼 수 있으니까요.

물론 디지털 노마드가 모두에게 맞진 않아요. 맞는 사람도 있고 맞지 않는 사람도 있을 텐데, 중요한 건 선택할 수 있는 기회가 있느냐 없느냐인 것 같아요. 저는 그 기회라도 좀 있었으면 좋겠는데, 그러려면 많은 사람들의 응원과 실험이 필요한 거죠.

저도 디지털 노마드에 관심을 갖고 책을 찾아보면 전부 외국 사례뿐이라 '아 진짜 한국에서는 아직 그럴 때가 아닌가 보다' 생각했는데, 그 페이지를 딱 발견하고 되게 반갑더라고요. '아, 있긴 있네' 하면서.

그 정도 심리면 괜찮은 것 같아요. '있긴 있네.' 딱 좋은데요?

그러면 다음 달에는 어디로 가시나요?

다음 달에는 달랏에서 1개월, 치앙마이에서 2개월 정도 있다가 돌아올 거 같아요.

거기서는 어떤 것들을 할 계획이에요?

'끄적글적'을 계속 디벨롭하는 작업을 할 것 같고요. 그리고 얼마 전에 새로운 프로젝트를 시작했어요. 모바일 서비스를 새로 하나 더 만들기로 했거든요. 그게 또 잘되면 아마도 두 번째 밥벌이가 생기지 않을까요? 일단 해봐야죠.

*이 인터뷰는 2019년 9월에 진행되었습니다.

interviewee

이현우

33세

#우리만의_경제_공동체_아로파
#달라서_평등해지는_규칙
#드라마PD가_와인바_사장이_되다
#인쇄골목에_와인바를_차린_이유
#낮에는_회사원_밤에는_사장님

episode 06

월급 10%로 와인바 차리는 법

'나도 회사 그만두고 이런 바(bar) 하나 차리고 싶다….'

직장인이라면 한 번쯤 비슷한 꿈을 꿔봤을 것이다. 아늑한 나만의 아지트에서 잔잔한 음악을 안주 삼아 손님들과 술 한잔 기울이면서 돈도 버는 그런 꿈. 하지만 꿈은 꿈일 뿐, 실행으로 이어지기는 쉽지 않다. 일단 돈이 없고, 경험도 없고, 회사를 그만둘 자신은 더욱 없으니까. 하지만 이런 상황에서도 조금 다른 상상을 해본 요즘 것들이 있다. 을지로 와인바 '십분의일' 이야기다.

십분의일은 사장이 10명이다. 월급도 직업도 다른 이들이 각자 월급의 10%씩을 모아 운영한다. 그리고 이곳에서 나오는 수익은 똑같이 나눠 갖는다. 이런 참신한 아이디어는 대체 어떻게 나온 걸까? 그 이야기를 하기 위해 이현우를 만났다. 이현우는 여기서 자칭 '바지사장'을 맡고 있다. 열 명의 사장 중 십분의일을 도맡아 운영하고 있으며, 낮에는 직장인으로 일한다. 아, 물론 가게가 잘 안돼서 그러는 건 아니다. 오히려 가게는 너무 잘돼서 걱정이라고. 을지로 인쇄소 골목이 일명 '힙지로'가 되기 직전 오픈한 십분의일은, 주말이면 손님들이 줄을 서는 을지로의 명소가 됐다. 덕분에 꿈꾸던 것처럼 여유 있는 일상은 아니지만, 멤버들의 배당금은 물론 복리 후생까지 챙겨 줄 정도로 성장했다.

물론 이 모든 과정이 순탄치는 않았다. 열 명 중 가게 비슷한 걸 해본 사람이라곤 단 한 명도 없었기 때문이다. 없는 돈에 적당한 가게 자리를 알아보는 것부터, 어렵사리 찾은 구옥을 분위기 좋은 와인바로 탈바꿈시키기 위해 직접 시멘트를 나르고 페인트칠을 감행하기까지 쉬운 건 하나도 없었다. 무엇보다 친구 두 명이서 동업을 해도 철천지원수가 되지 않으면 다행이라는 게 정설인데, 돈이 엮인 열 명의 의견을 조율해서 하나의 가게를 차리는 일이 순단했을 리 없다.

그럼에도 불구하고 이들은 어떻게 3년이 넘는 시간 동안 관계를 유지하며 함께 와인바를 성공시켰을까? 이현우는 그것이 역설적이게도 자신들이 꿈꾸던 것이 단순히 '와인바 창업'이 아니었기 때문이라고 말한다. 각자 취향도, 하고 싶은 것도 모두 달랐던 이들이 정말 꿈꿨던 것은 돈에 구애받지 않고 각자 이루고 싶은 꿈을 이룰 수 있게 해줄 자신들만의 경제 공동체였다. 이름하여 '청년아로파'. 그 큰 그림의 첫 번째 시도가 바로 십분의일이었던 것이다. 지금은 청년아로파의 이름으로 세 개의 사업장이 더 생겼으니 이들의 큰 그림은 꽤 성공적으로 실현된 셈이다. 물론 멤버들은 여전히 각자 수입의 10%를 내고 있다. 그러니까 다시 말하자면, 이것은 와인바 창업기가 아니다. 꽤 참신한 방법으로 '함께' 잘 먹고살 방법을 찾은 요즘 것들의 이야기다.

#우리만의_경제_공동체_아로파

“돈에 구애받지 않고 꿈꾸는 것들을 이뤄나가는 우리만의 섬을 만들자.”

지금 두 가지 일을 하면서 먹고살고 있죠? 이런 생활은 언제부터 한 건가요?

제가 딱 서른 살에 드라마 PD 일을 그만두고 멤버 10명이서 바를 만들었어요. 2016년 12월 3일에 오픈을 했으니 이제 4년 차죠. 그러다 올해(2019년) 6월부터 경력직으로 회사에 입사하게 되어서, 낮과 밤이 다른 양다리 생활을 하고 있어요.

나머지 멤버들도 모두 각자 본업이 있는 거죠? 그분들은 어떻게 만난 분들인가요?

전에 언론고시 스터디를 했어요. 다들 PD나 기자를 준비하는 친구들이었죠. 그중에서도 좀 더 마음이 맞는 네 명 정도가 있었어요. 스터디가 끝나고 각자 입사를 하고 일을 하면서도 자주 만나곤 했는데, 어느 날 누군가 ‘우리도 이런 공간이 있으면 어떨까’ 하는 얘기를 술자리 농담 식으로 던진 거죠. 그게 여기까지 왔네요.

언뜻 들으면 ‘젊은 친구들이 돈 모아서 장사하는구나’ 정도로 보일 수도 있지만, 그것과는 조금 다른 것 같아요. 스스로 경제 공동체라고 부른다고 들었어요.

우리만의 공간, 더 나아가서 경제적인 공동체를 만들어서 우리끼리 뭔가 해보면 재밌지 않겠냐는 말이 농담 반, 진담 반으로 나오다가, 어느 날 저희가 다 같이 〈최후의 제국〉이라는 다큐멘터리를 보게 됐어요. 거기에

'아로파'라는 개념이 나와요. 남태평양에 있는 이누타라는 섬에서 부족들이 한정된 자원을 갖고 싸우면서 살아가고 있었는데, 너무 작은 섬이다 보니까 결국 그들끼리 화합할 수 있는 룰을 만들었대요. 그게 아로파인 거죠. 서로 공생하고 연대한다는 의미의 단어이고, 그 단어가 하와이로 건너와서 '알로하'라는 인사말이 됐다고 하더라고요. 우리는 물론 자본주의 체제 속에서 살고 있지만, 그런 개념을 가져와서 우리만의 어떤 섬을 만들어서 살아보고자 만든 게 '청년아로파'라는 그룹이었어요.

아로파가 그런 의미였군요. 청년아로파 운영 방식이 궁금해요.

저희 정관 1조에 '자본주의를 대체할 수 있는 경제생활 공동체 건설을 목표로 한다' 뭐 이런 거창한 구호 같은 게 있어요. 물론 저희도 먹고살아야 되기 때문에 수익을 내는 게 필요하지만, 너무 돈에 구애받지는 말자는 의미이기도 해요. 자기 월급의 10%를 내는 것도, 친구들끼리 모이면 각자 소득이 다르니까, 잘 못 벌고 있는 친구는 그런 자리에 안 나올 수도 있잖아요. 이 안에서는 최대한 소득 격차를 줄여보자는 취지였어요. 아로파 안에서는 그런 것보다 자기가 하고 싶은 것들을 좀 더 자유롭게 얘기할 수 있고, 각자 꾸는 꿈들을 이룰 수 있게끔 하자는 게 목표였죠.

정관까지 만들어두셨다는 건, 지금 아로파가 협동조합이라는 말일까요?

아니요. 저희는 조합으로 등록을 하지는 않았고요. 제가 개인적으로 관심이 있어서 협동조합이라는 것에 대해서 공부를 하긴 했어요. 근데 절차적인 게 굉장히 복잡하고 많더라고요. 당시에 저희는 어떤 새로운 사업을 준비하는 입장이어서, 없는 아이디어를 짜내기도 바쁜 와중에 협동조합을 더 깊이 있게 파기가 쉽지 않더라고요. 그래서 거기서 몇 가지 기본적인 룰 같은 것만 차용을 하고 '유사 협동조합' 형태로 운영을 하고 있어요.

근데 사실 이런 이상적인 공동체를 만들기 위해서도 돈이 필요하잖아요.

그렇죠. 그래서 일단 첫 번째 프로젝트로 우리가 비교적 쉽게 자리를 잡을 수 있는 주류업, 바(bar)라는 걸 차리게 된 거예요. 저희도 원래 하고 싶은 건 되게 많았어요. 다 여행을 좋아하니까 게스트 하우스를 하자는 사람도 있었고, 영상 쪽에서 일하는 사람들이 많아서 스튜디오 같은 걸 얘기하는 사람도 있었어요. 근데 그런 건 다 초기 비용이 많이 들어가고 진입이 쉽지 않은 것이다 보니, 큰 기술 없이도 할 수 있는 걸 찾았고, 결국 커피나 맥주, 와인 같은 업종이 남게 되더라고요.

바 이름이 '십분의일'인 이유는 멤버가 열 명이기 때문인가요?

열 명 정도가 모여서 하다 보니까 거기서 이름이 왔다고 생각하는 분들도 많은데, 그런 의미도 있지만 제일 핵심적인 것은 각자 월급의 10분의 1을 낸다는 거예요.

#달라서_평등해지는_규칙

"회비는 우리만의 정체성을 드러내는 일종의 상징적인 장치예요."

그러니까 회비를 각출하는데, 똑같이 10만 원이면 10만 원씩 내는 게 아니라 300만 원 버는 사람은 30만 원 내고 100만 원을 버는 사람은 10만 원을 낸다는 말이죠? 그리고 수익이 났을 때 배분은 많이 내든 적게 내든 똑같이 가져가고요? 상식적으로는 많이 투자한 사람이 더 많이 가져가거나 애초에 똑같이 낸 다음 똑같이 가져가야 할 것 같은데, 그렇게 하지 않은 이유는 뭔가요?

저는 이게 일종의 세금 같은 거라고 생각했어요. 세금도 많이 버는 사람이 더 많이 내지만 국가에서 제공받는 혜택은 똑같으니까요. 물론 순수익을 그대로 다 N분의 일을 하는 건 아니고요. 그동안 저희끼리 합리적인 룰을 계속 찾다가 만든 규칙이 있는데요. 예를 들면 매출에서 일하는 사람 페이나 경비를 다 빼고 남은 순수익이 있다면, 거기서 절반은 나중에 또 새로운 것을 벌이기 위해서 사내유보금으로 저장을 하고 있고요. 나머지 50% 중에서 10%는 사업장 인센티브라고 해서 사업장에서 직접 일하는 사람들을 위한 인센티브로 나가고요. 그리고 나머지 금액을 똑같이 배분하는 거죠. 사실 사업장 인센티브는 제가 하면서 만들게 된 규칙이에요. 처음에는 기본급이 높게 책정되지 않다 보니까 너무 힘들더라고요.

처음에 사장 월급으로 얼마를 받으셨어요?

처음 시작할 때 150만 원이었어요. 근데 거기서 또 10%를 떼니까….

그렇겠군요. 그 10%를 떼서 10분의 1을 해야 되니까.(웃음)

떼더라고요, 그거를 또. 다만 그 당시는 저희가 가게를 만들던 시기라서 수익이 아예 없는 상태였는데 멤버들이 내는 월 회비로 제 월급을 받았던 거거든요. 그렇게 생각하면 정말 감사한 일이죠. 그때는 정말 어떻게 될지도 모르는 상황이었는데, 멤버들이 한 푼 두 푼 모아 내는 걸로 제가 작지만 안정적인 수입을 가져가게 됐으니까요. 당시에는 가게 운영을 맡은 저만 그렇게 수익을 가져갔던 것이고요. 근데 가게가 잘되면서 여러 가지 제도들이 생겨났고, 인센티브도 받게 되었고, 멤버 배당이란 게 따로 생겨난 거죠. 그래서 지금은 영업 이익의 몇 퍼센트를 저를 포함한 모든 멤버들이 똑같이 나눠 갖고 있고, 수익을 동등하게 배분한다는 얘기를 할 수 있게 됐어요.

그러네요. 듣고 보니 이런 장치 없이 그냥 똑같이 내고 나누는 게 오히려 불공평할 수 있겠네요.

그렇죠. 그건 있을 수 없어요.(웃음)

그럼 지금은 얼마 정도의 수익을 배분하고 있나요?

정확한 금액을 공개할 수는 없지만, 처음에는 배당이란 금액이 되게 작았죠. 자기가 내는 월 회비보다도 작고 귀여운 금액을 가져갔었는데, 지금은 월 회비를 가장 많이 내는 멤버의 회비보다 더 많은 배당금을 가져가게 됐어요. 좀 왔다 갔다 하지만요. 그래도 예전보다는 풍족하다고 할 수 있는 그런 금액이죠. 물론 저희끼리 의견을 조율하고 맞추는 과정은 다들 피곤해하고 힘들어해요. 하지만 배당이 지급되는 날만큼은 카톡방에 '감사하다', '행복하다' 같은 얘기가 나오죠.(웃음)

체계가 하나도 없는 상태에서 조율하고 규칙을 만드는 과정도 쉽지 않았을 것 같아요.

되게 어려웠어요. 아무것도 없는 무에서 유를 만들어간다는 게. 그냥 일반 회사였으면 다른 회사의 룰을 가져와서 적용하는 게 가능했을 텐데, 저희는 좀 특수한 조직이고, 거기에 가게를 운영하는 것이다 보니 되게 부침이 많았죠. 그래도 지금은 여러 가지로 다양한 복지 제도까지 자리가 잡혀서 식대 카드도 만들고, 복리 후생비 같은 것도 만들어놨고요. 심지어 명절 상여금까지 만들어놨어요. 굉장히 윤택해진 거죠. 리드를 하는 사람한테는 가능한 한 많은 혜택을 주려고 저희끼리 노력을 하고 있어요.

아로파 안에서는 소득 격차를 최대한 느끼지 않게 하고 싶다고 했는데, 멤버 중에 누가 당장 돈을 못 벌게 된 경우에는 어떻게 하나요?

백수 같은 경우는 '기본 회비 10만 원' 이런 식으로 낼 수 있게끔 정해져 있고, 프리랜서들은 3개월 치 소득을 더해서 평균을 내는 식으로 하고 있어요. 생각보다 굉장히 쫀쫀합니다. 거의 뭐 그룹이에요.

사람이 많으니까 의견을 조율하기 위해서는 정확한 규칙을 세우는 게 필요했을 것 같아요. 근데 그런 것에 대해 불만을 표출하는 사람은 없나요?

시간이 흐르면서 이슈가 터질 때마다 제도적인 걸 보완하고 만들다 보니까 이렇게 됐는데, 늘 말은 엄청 많죠. 불만을 표출하는 사람도 늘 몇 명 있습니다.(웃음) 특히 저희가 가게에서 어느 정도 안정적인 수익을 내기 시작하면서부터는 회비를 꼭 내야 하냐는 얘기도 나왔어요. 처음에는 우리가 자본이 없었으니까 이거라도 모아야 했던 건데, 지금은 이걸 내는 게 무슨 의미가 있냐는 거죠.

현우 님은 회비 내는 것에 대해서 어떤 입장이에요?

그냥 대외적으로는 낸다고 하고 내지 말자는 사람도 있었고, 낼 거면 똑같이 내자고 하는 사람도 있었어요. 이 문제로 싸우기도 많이 싸웠는데, 지금은 다시 정리가 된 상태예요. 저는 이 회비가 일종의 상징적인 장치라고 생각을 해요. '우리는 이런 식으로 우리만의 문화를 갖고 있다'라고 할 수 있는 어떤 정체성이라고 생각을 해서 저는 필요하다고 생각합니다.

회비가 주는 구체적인 이점도 있을 것 같아요. 책임감을 조금씩이라도 나눈다든지 하는. 내 돈이 들어가던 게 없어지면 사실 지분이라는 느낌도 사라질 것 같고요.

근데 책임감이라는 게 사실 회비 때문에 드는 건지는 잘 모르겠어요. 너무 오랫동안 자동 이체로 해놓다 보니까 이제는 습관이 된 거 같아요. 그리고 이게 개인 수익을 기준으로 하다 보니, 지금은 제가 비교적 많이 내고 있는 편이거든요. 이렇게 되고 보니 '어? 내가 이렇게까지 많이 내도 되나?' 하는 생각도 들고요. 돈 앞에서는 되게 사람 마음이 간사해져서, 취지 같은 걸 생각하면 '내가 많이 버니까 쿨하게 낼게' 하면 좋은데, 솔직히 그렇게는 잘 안 되더라고요.(웃음)

내가 조금 내는 상황에서 수익을 똑같이 가져갈 수 있을 때와, 많이 내는 입장에서 똑같이 가져갈 때는 다른 마음이 들 수밖에 없을 것 같아요. 그래서 저는 더 신기한 거예요. 그렇게 사람의 상황은 계속해서 바뀌는데 어떻게 지금까지 계속 이 그룹을 유지할 수 있었을까. 아까 말한 것처럼 의견 조율도 그 비결 중 하나였을 것 같은데, 어떤 방식으로 의견 조율을 하고 있나요?

저희는 매월 둘째 주 일요일에 모여서 총회를 하고 있어요. 단체 채팅방에서 얘기를 할 때도 있는데, 중요한 사항은 모아놨다가 회의 날 한꺼번에 발표를 하는 거죠. 아까 말씀드렸던 돈을 배분하는 방식에 대한 것부터, 한 달에 얼마까지 법인카드를 쓸 수 있는지에 대한 사항들까지 크고 작은 일들을 모두 이 회의를 통해 결정해요.

처음에는 이렇게 잘될 거라고 생각하진 않았을 거잖아요. 다들 본업이 있음에도 여기에 참여하고 싶어 했던 이유가 뭐라고 생각하세요?

아마 각자 이유가 조금씩은 달랐을 것 같아요. 한 가지 공통점이라면 대부분 회사에서 팔로우를 하는 입장의 초년생이었기 때문에 스트레스가 있었을 거예요. 근데 여기서는 뭔가 우리가 스스로 기획해서 만들 수 있고, 그걸로 수익까지 낼 가능성이 있었으니까요. 물론 그때 그런 게 보장된 건 아니었지만 그런 걸 기대하면서 거기서 다들 재미를 찾았던 것 같아요. 어떻게 보면 좀 사이즈가 큰 취미 생활이었던 거죠. 물론 저한테는 먹고사는 생업이었고요.(웃음)

#드라마PD가_와인바_사장이_되다

"30대가 되기 전에 일하다가 죽을 수도 있겠다는 생각이 든 거죠."

근데 바 차릴 때 현우님 개인 돈도 투자했다면서요. 그땐 백수이기도 했고, 잘될지 안될지 모르는 사업에 내 사비를 투자하는 게 쉽지 않았을 것 같은데 어떤 마음으로 그런 결정을 한 거예요?

엄청 쉽지 않았죠.(웃음) 그때 제가 천만 원을 들고 와서 가게 보증금을 냈어요. 물론 절대 누가 강요를 한 건 아니고 '내가 보증금 정도는 내야겠구나' 하는 마음이 자연스럽게 들었던 거 같아요. 제가 당시 서른이었는데 그때까지만 해도 자취를 해본 적도 없었고, 그렇게 큰 액수를 주고받아본 적이 별로 없었거든요. 그래서 천만 원을 공용 계좌로 입금한 순간 되게 허전하더라고요. 근데 한편으로는 어쨌든 내 돈 천만 원이 여기 들어가 있으니까 망하면 안 되겠다는 생각이 들었죠. 제가 만약 10만 원, 50만 원 정도 투자를 했으면, 그냥 취미 삼아서 하다가 다른 거 알아보자고 했을 수도 있는데, 천만 원이라는 저한테는 엄청 큰 액수의 돈이 들어가 있다 보니까 이 가게를 어떻게든 잘 해봐야겠다는 마음을 갖게 됐던 거 같아요. 그리고 더 중요한 건, 사실 가게를 만들 때 천만 원을 갖고 할 수는 없잖아요. 다른 사람들도 돈을 출자했기 때문에 어느 정도 목돈을 모아서 시작할 수 있었던 거죠. 힘들 때마다 '아, 내가 혼자서 천만 원을 갖고 어떻게 가게를 했겠냐' 하는 생각을 하면서 일했던 것 같아요.

그런 이유로 열 분 중에서 현우님이 '바지사장'을 맡게 된 건가요?

제가 사장을 맡게 된 건 여러 가지 이유가 있었는데요. 일단 이 프로젝트가 처음부터 순조로웠던 게 아니고, 장소를 찾는 단계에서만 계속 엎어지면서 5~6개월 정도가 흘렀어요. 전체적으로 좀 사기가 떨어졌었죠. 그때 갑자기 불안해지더라고요. 결국 이것도 지금까지 스쳐 갔던 수많은 모임 중에 하나가 될 수도 있겠다 싶고. '그때 잠깐 재밌었지. 자리도 알아보러 다니고, 무슨 카페를 한다고 했던 거 같은데…' 하는 술자리 안주 정도의 추억으로 남을 것 같다는 위기감이 갑자기 엄습하더라고요. 제가 퇴사하고 야심 차게 시작한 프로젝트인데, 이것만큼은 그렇게 되지 않게 죽이 되든 밥이 되든 좀 만들어봐야겠다는 생각이 들었어요. '뭐, 설마 망해도 멤버들 있으니까 쟤들이 나를 먹여 살리지 않을까?' 이러면서. 진짜 당시에 절 먹여 살릴 테니까 걱정하지 말라고 호언장담을 하는 멤버가 있었거든요. 지금 생각하면 왜 그렇게 말했는지 모르겠지만.(웃음) 어쨌든 그래서 '제가 오늘부터 사장 하겠습니다' 이러진 않았는데 제대로 해봐야겠다는 마음을 먹고 자연스럽게 키를 잡고 끌어가다 보니 제 이름으로 가게 계약도 하고 앞장서서 진행을 하게 된 거죠. 이게 다 궁지에 몰려서 생긴 일이에요. 먹고살아야 되니까.(웃음)

근데 드라마 PD도 언론고시까지 준비해서 어렵게 들어간 곳인데, 왜 퇴사하게 된 거예요?

드라마랑 영화를 워낙 좋아하고, 그래서 어떻게 보면 순진한 마음으로 PD가 되고 싶었죠. 어렵게 됐는데 막상 들어가보니까 그걸 만드는 사람들의 삶은 되게 팍팍하더라고요. 정말 일을 많이 할 때는 오전 6시에 집합을 해서 다음 날 오전 7시에 촬영이 종료될 때도 있었어요. 25시간 동안 일을 한 거죠. '아, 사람이 이렇게 일을 할 수도 있는 거구나. 그래도 죽지는 않네? 와 신기하다' 하는 마음이 들 정도로 '현타'가 오더라고요. 그래도 입사한 지 얼마 안 됐을 때라 현장을 뛰어다니면서 또 시키는 대로 열심히 일을 하긴 했어요. 한번은 연출부 사무실에 잠깐 들어갔는데, 감독님이 잠깐 소파에 누워서 쪽잠을 자고 계시더라고요. 그때 감독님의 까만 발이 눈에 들어왔어요. 누군가는 그걸 보고 '진짜 멋있다. 저렇게까지 자신의 몸을 아끼지 않고 하시는구나' 하고 생각할 수도 있었을 텐데, 저는 그게 멋있다고 생각이 되기보다는 '하… 저렇게까지 하셔야 되나? 좀 자신을 돌보면서 할 수도 있을 텐데' 하는 마음이 들더라고요. 각자의 스타일이 있을 수 있는데, 저는 그렇게까지 제 몸을 버려가면서 일하는 스타일은 아니었던 거예요. 그걸 학생 때는 몰랐는데 일을 하면서 '나는 이렇게까지 하는 사람은 아니구나. 나는 나를 돌보는 게 중요한 사람이구나'를 알게 되었죠. 저는 밥도 삼시 세끼 잘 챙겨 먹어야 되고 잠도 이왕이면 가능한 한 많이 자는 걸 좋아하는 사람이란 걸 그때 가서야 다시 알게 됐어요. 그래서 그때부터 자꾸 퇴사에 대한 생각을 했던 것 같아요.

열정 하나에 기대서 많은 것을 희생하고 감수해야 하는 일들이 많은 것 같아요. 어쨌든 그렇게 퇴사를 고민하게 됐는데, 그게 마음먹는다고 바로 실행에 옮기긴 어려운 문제잖아요.

맞아요. 퇴사 고민을 계속 해도 막상 나오는 게 쉽지가 않잖아요. 저도 엄청 고민이 됐어요. 어쨌든 월급이 따박따박 잘 들어오고, 또 저희 회사는 대기업 계열사라고 브랜드 할인 혜택 같은 것들이 있었는데 제가 그걸 굉장히 좋아했거든요.(웃음)

사실 퇴사하고 나면 그런 소소한 복지 혜택이 아쉽긴 하죠. 근데 그걸 뒤로하고 퇴사를 결심하게 된 결정적인 사건이 있었군요?

그때가 회사 다닌 지 2년 정도 됐을 때였어요. 2015년 여름이었는데, 유독 더웠고 밤샘 촬영이 많은 작품에 투입돼서 연이어서 현장에 나가야 했죠. 너무 지치더라고요. 한번은 제가 외장하드를 다 들고 조금 먼저 들어가게 되었는데, 다음 날도 4시간 정도만 자고 새벽에 나가야 된다는 게 너무 힘든 거예요. 차 안에서 자려고 눈을 감으면서 '아, 차라리 사고나 나서 병원에 한 달쯤 드러누웠으면 좋겠다' 하는 생각을 했거든요.

누구나 한 번쯤 그런 생각을 하죠.

'정말 다, 다 망했으면 좋겠다!' 하면서 저도 모르게 스르르 잠이 들었다가 눈을 떴는데, 진짜 교통사고가 난 거예요. 처음에는 꿈인 줄 알았어요. 알고 보니 운전기사분도 너무 피곤해서 졸음 운전을 하셨던 거고, 3중 추돌로 저희 차는 거의 반파가 됐더라고요. 다행인 건 저만 좀 다치고 다른 분들은 하나도 안 다쳤다는 거였죠. 마치 저한테 어떤 수호천사가 있어서 제 얘기를 들어준 것처럼 다른 인명 피해 없이 저만 약간 상하게 된 건가 싶을 정도로.

헉, 아니, 지금은 괜찮아요?

그렇죠. 크게 안 다치고 그때 얼굴뼈가 약간 부러져서 수술을 받았어요. 허리가 부러졌다든가 못 걷게 됐다든가 하는 건 아니니까 다행이죠. 그 사고 이후로 병원에 한 달 동안 누워 있는데, 사람이 병원에 있으니까 머릿속이 단순해지더라고요. '이러다간 30대가 되기 전에 죽을 수도 있겠구나' 그런 생존의 문제를 생각하게 되면서 병원에서 퇴사를 결심하게 됐고 결국 그해 말에 퇴사를 하게 됐어요. 아마 그게 아니었으면, 그때가 2년 차밖에 안 됐었기 때문에 아마 지금도 다니고 있었을 수도 있겠죠, 계속 저울질하면서.

그때가 딱 서른 됐을 때잖아요? 부모님이나 주변에서는 좀 쉬다가 다시 취업을 할 거라고 생각했을 텐데, 갑자기 바를 한다고 하고, 거기다 지분을 1/10로 갖는다고 했을 때 주변 반응이 어땠을지 궁금해요.

다 안 좋아했어요.(웃음) 주변 친구들 중에도 "재밌겠다, 그런데 잘 생각

해봐." 이렇게 말하는 친구도 있었고요. 이 근처에 큰 기업이 많잖아요. 바로 앞에 있는 회사를 다니는 친구 한 명은 "여기다가 무슨 와인바를 여냐. 거기는 진짜 노땅들이 노가리나 골뱅이 먹으러 가는 데인데. 아무도 안 갈 거다."라고 하기도 하고요. 부모님도 썩 좋아하진 않으셨죠. 아마 좀 놀다 다시 회사에 들어갈 거라고 기대하셨을 거예요. 근데 갑자기 이걸 한다고 하니까 "너 술집 하려고 퇴사한 거냐?" 하시더라고요. "단순히 술집을 운영하는 게 아니라, 우리는 아로파라는 걸…" 하면서 설명을 드렸는데, 아직도 어머니는 제가 무슨 일을 하는지 정확히 모르세요.(웃음)

분명 처음에는 잘 안될 수도 있다는 불안감도 있었을 거고, 거기에 주변의 악담 아닌 악담까지 들으면서 어떤 생각을 했어요? 그럼에도 뛰어들 수 있었던 이유는 뭔가요?

실제로 퇴사를 하고 나서 금방 불안감이 찾아왔어요. 그런 걸 해소하기 위한 어떤 울타리 같은 게 필요했고, 그게 저한테는 아로파 모임이었던 것 같아요. 그리고 저는 단순히 가게가 아니라 공동체를 운영한다고 스스로 생각을 했던 거 같아요. 저희끼리 계속 규칙을 만들어가고 있고, 혼자 하는 게 아니라 매달 모여서 회의를 하면서 하나의 그룹을 만들어가고 있다고 생각했어요. 제가 만약 정말 와인바 창업에 대한 욕심이 있었으면 혼자

했으면 됐을 텐데, 막상 너무 겁이 나잖아요. 창업을 한다는 것 자체가 돈도 많이 들어가고, 망했을 때 어떻게 될지도 모르는 거고. 근데 이런 그룹이 생겼고 우리끼리 돈을 조금씩 내서 리스크를 감수하는 룰이 만들어졌기 때문에 제가 뛰어들 수 있었던 것 같아요.

#인쇄골목에_와인바를_차린_이유

"근데 정말 여기 왜 오는 거야? 짜파게티는 집에서 먹어도 되는데."

주변의 만류에도 불구하고 결국 을지로에 와인바를 차렸죠. 근데 여러 지역 중에서 하필 왜 을지로에 바를 열 생각을 했어요? 당시만 해도 여기는 철공소나 인쇄소만 많은 동네였잖아요.

사실 이것도 돈 때문인데요. 여기 말고도 되게 다양한 동네를 찾아다니고 알아봤는데, 대부분 권리금이라는 게 껴 있기 때문에 저희가 가진 액수로는 도저히 들어갈 수 없는 곳이 많더라고요. 저희는 대출이나 투자 같은 걸 끼지 않고 우리끼리 해결하자는 기준을 세웠고, 돈이 많지 않은 상황에서 저희가 들어갈 수 있는 만만한 동네가 당시로서는 을지로 3가라는 곳이었어요.

여기가 굉장히 특이한 장소잖아요. 바 같은 게 어울릴 것 같지 않은 동네에서 이 공간을 어떻게 찾은 거예요?

저 앞에 분식집이 하나 있어요. 거기서 저희가 밥도 자주 먹었는데, 그 건물 2층이 비었다고 해서 원래는 거길 계약할까 말까 하고 있었어요. 근데 건물이 너무 부실했고, 결정적으로 그 분식점 아저씨가 저희를 별로 안 좋아하셨어요. 저희가 위층 계약을 하네 마네 얘기를 하니까 '어디 유학 갔다 와서 새로운 일 해보려는 거 같은데 여기 별로야. 여기 수도도 안 돼 있는데, 뭐 우리 쪽으로 뚫을 거예요?' 식으로 물어보시고 되게 부정적이셨어요. 심지어 저희 중에 유학 갔다 온 사람 한 명도 없는데.(웃음) 저는 저런 아저씨랑 이웃으로 지내야 된다는 게 답답했죠. 다른 멤버들은 지금까지 너무 미적미적 끌어왔으니까 빨리 계약하자는 분위기였어요. 그러다 밥 먹고 나오면서 이 골목이 궁금해서 한번 들어와봤는데, 여기 1층에 딱 '임대 문의'라는 문구랑 전화번호가 적혀 있더라고요. 가격과 함께. 그래서 바로 전화를 했고 그다음 주에 계약을 하게 됐어요.

여기가 원래 엄청난 구옥이잖아요. 이런 곳을 분위기 있는 바로 만드는 게 쉽지 않은 작업이었을 것 같은데, 심지어 직접 했다면서요?

이 건물이 일제 강점기부터 있었던 걸로 알고 있는데, 옛날에는 여관이었대요. 명동에 오는 일본 사람들이 묵고 가는 곳이어서 이 라인 전체가 다 같은 구조로 되어 있는 거라고 하더라고요. 저희가 들어올 때는 인쇄기획 사무실이었어요. 이걸 바로 만들어야 하는데, 인테리어를 잘 아는 게 아니었기 때문에 처음에는 저희도 인테리어를 하시는 분들한테 견적도 받아봤어요. 근데 기본 5천만 원씩 부르는 거예요. 저희는 보증금까지 다 합쳐도 3천만 원 갖고 있었는데.(웃음) 할 수가 없는 금액이었고, 그래서 블로그에서 셀프 인테리어 정보 찾아보면서 직접 만들게 됐죠.

직접 페인트칠도 하고, 멤버들과 함께 만들어간 아름다운 스토리가 있는 건가요?

아름답죠.(웃음) 사실 다른 멤버들은 다 회사에서 일을 하니까 평일에 늘 같이 있지는 못해서 제가 주로 맡아서 하긴 했지만요. 예를 들어 전기 같은 건 기술자가 있어야 되는데, 두 분 부를 거 한 분만 부르고 제가 보조를 해가면서 공사를 진행했어요. 주말에 멤버들이 오면 청소라든가 페인트칠

같이 우리가 직접 할 수 있는 건 다 같이 했고요. 이런 식으로 느리게 하니까, 저희가 계약을 한 게 16년 8월이었는데 공사만 3개월이 걸렸고요. 가구나 주방 세팅하는 데 또 몇 주가 소요돼서 결국 정식 오픈은 12월에 했죠. 거의 4개월 들여서 공간을 만들었네요.

그런 우여곡절 끝에 걱정 반 설렘 반으로 오픈을 했을 텐데, 어땠어요? 손님이 좀 있었어요?

정식 오픈 전에 지인들을 초대하는 오픈 파티를 했고, 많은 사람들과 엄청 즐겁게 파티를 끝냈어요. 그리고 그다음 주에 정식 오픈을 했는데, 정확히 월요일부터 목요일까지 단 한 명의 손님도 안 왔어요.(웃음)

망하는 거 아닐까 생각했겠네요.

불안했죠. 어떤 멤버는 "아직도 사람이 한 명도 없어? 우리 이번 달 안에 300만 원 정도 안 나오면 진지하게 다시 생각해봐야겠다." 같은 말을 하기도 하고. 근데 그 주 금요일에 거짓말처럼 지인이 아니라 진짜 손님이 왔어요. 검색창에 '을지로 와인' 하는 식으로 검색했는데 저희가 떴나 봐요. 포털에 등록해두면 무료로 새로 오픈한 가게를 표시해주는 서비스가 있었는데, 그걸 보고 와주신 거죠. 신기하게도 그분들이 온 이후로 한두 팀씩 오시더니, 사람들이 계속 오기 시작했어요. 그래서 첫 달부터 엄청 작긴 했지만 적자 아닌 흑자를 낼 수 있었고, 저도 월급을 정상적으로 받을 수 있었어요.

시작부터 잘되기가 쉽지 않잖아요. 이유가 뭐였을까요?

저희가 연말에 오픈을 했다 보니까 와인을 먹는 모임 자리가 많았고, 또 을지로라는 동네가 뜨기 직전에 저희가 운 좋게 자리를 잡으면서 잘된 것도 있는 것 같고요. 여러 가지가 복합적으로 작용하지 않았나 싶어요.

지금은 '을지로의 터줏대감'이 됐잖아요. 저희가 저번에 왔을 때도 줄이 엄청 길더라고요. 멤버들이랑 가게가 왜 잘되는지 얘기해본 적 있나요?

"근데 여기를 왜 오는 거야? 진짜 여기 왜 오지? 짜파게티는 집에서 먹으면 되는데 여기 왜 오지?" 식으로 저희끼리 얘기하기도 했죠.(웃음) 저희가 내린 결론은, 여기가 되게 생뚱맞은 곳에 있잖아요. 골목을 접어들어 왔는데 전혀 와인바가 없을 거 같은 곳에 갑자기 이런 공간이 나오니까, 그런 반전 요소를 사람들이 많이 좋아해주신 것 같고요. 그러다 보니까 다른 친구한테도 "내가 진짜 되게 이상한 데를 발견했는데 같이 가보자." 하는 식으로 알려주고 싶고, 그게 재방문으로 이어진 게 아닐까 싶어요.

처음에 아로파가 십분의일을 낸 이유가 있었잖아요. 꿈꾸던 큰 그림이 있었는데, 그건 어떻게 돼가고 있나요?

다행히 여기가 일종의 캐시카우 매장 같은 게 돼서, 저희가 이제 결성한 지 4년이 되어가는데 벌써 세 번째 사업장이 나왔어요. 저희가 기대했던 것보다는 훨씬 더 빠르고 안정적으로 나가고 있는 것 같긴 해요. 우리가 원래 꿈꾸던 취지에 맞게 이런 구조가 마련돼서 뿌듯하고 너무 좋죠.

새로운 사업장이라는 게 결국 청년아로파만의 자본을 모아서 각자 하고 싶은 것들을 하겠다는 꿈이었잖아요. 각자 어떤 꿈을 실현하고 있나요?

한 멤버는 바로 옆에 '빈집'이라는 2호점을 냈어요. 와인과 맥주를 파는 곳을 하나 더 냈고요. 이번에 멤버 한 명이 퇴사를 하고 제주도에 내려가서 '아무렴 제주'라는 게스트 하우스를 열었어요. 혼자 오는 사람들을 위한 콘셉트의 작은 게스트 하우스인데, 그래서 수익적으로 좋지는 않아서 이쪽에서 번 수익이 거기서 지출이 되고 있죠. 사실 저는 처음에 막 길에서 의자 주워 오고 벽돌 주워 오면서 만들었는데, 그 친구는 손님들 픽업한다고 법인 차를 뽑았더라고요. 그런 걸 보고 있으면 정말… 격세지감이랄까요?

이상향을 실현했네요, 크게 보면.

네, 그 멤버가.(웃음)

앞으로 청년아로파로 이루고 싶은 또 다른 목표가 있나요?

음… 앞으로는 좀 더 수익을 낼 수 있는 모델이 나왔으면 좋겠어요. 그렇게 제주에 내려가서 아침에 요가 하고 서핑 하면서 깨작깨작 버는 일 말고 좀 더 큰 꿈을 가진 사람이 도심 한가운데서 정말 십분의일을 능가하는 수익을 낼 수 있는 커다란 업장을 만들어서 열심히 일을 했으면 좋겠네요. 이게 제가 바라는 바입니다. 응원합니다, 우리 멤버들! 퇴사하세요!(웃음)

#낮에는_회사원_밤에는_사장님

"제가 이렇게 일하고 있으면 하나둘 제 옆에 와 있을 줄 알았는데…"

장사가 잘돼서 좋긴 한데, 처음에 스터디 모임으로 시작했을 땐 이렇게까지 바빠질 거라고는 생각 안 했을 거 아니에요.

옛날에 소설가 무라카미 하루키도 바에서 일하면서 글을 썼다고 하더라고요. 멋있잖아요. 저도 처음엔 그런 로망이 있었죠. 바에서 혼자 조용히 앉아서 글 쓰다가 친구들 놀러 오면 말동무나 좀 해주고. 그럴 줄 알았는데, 절대 그렇게 되지 않았죠. 갑자기 손님들이 많아지면서 기본적으로 해야 될 것들이 너무 막 몰아닥치니까요. 돈을 번다는 것 자체는 참 좋은 일이긴 한데, 그 타이밍이나 속도가 제가 생각했던 것보다 너무 빨랐던 거예요. 좀 정신이 없었죠.

그래서 어떤 식으로 극복을 했나요?

극복하지 못했어요.(웃음) 다만 저희 멤버들 중에 저보다 그런 것에 대해서 더 잘 알고 요리에 관심이 많은 멤버나, 정리를 잘하는 멤버들이 저한테 잔소리도 해주고 같이 논의하면서 체계를 마련해나갔죠. 사람도 더 뽑고요. 그래도 지금은 직원이 되게 많이 늘었어요. 얼마 전까지만 해도 제가 붙박이로 계속 가게를 봤는데, 지금 저도 다시 회사를 다니게 되어서 물리적으로 그렇게 할 수 없으니까 오래 일을 하던 친구가 매니저 역할을 해주고 있고요. 저는 일주일에 두 번 정도 나와서 관리하는 식으로 운영을 하고 있어요.

진짜 사장님이 됐네요.

네, 이제 진짜 사장이 된 것 같아요.

근데 수익이 적지 않은데도 다시 회사에 입사하게 된 이유가 있을까요?

처음에는 바쁘긴 했지만 제가 직접 돈을 벌게 되면서 되게 재밌었어요. 여기를 아지트 삼아 친구들이랑 놀기도 하고. 그렇게 2년 정도가 지나고 3년 차가 되니까 새로운 불안이 생기더라고요. 물론 여기서 안정적으로 수익을 벌어가고 있지만, 마흔이 됐는 데도 똑같이 와인을 따르고 있는 모습이 그려지는데, 그게 제가 원하는 모습은 아니었어요. 저는 여기서 와인을 팔고 가게를 확장하는 것보다는, 이 가게가 아니어도 내가 스스로 할 수 있는 뭔가를 만들어야겠다는 생각이 들었던 것 같아요.

근데 지금 다니는 회사는 그전에 일하던 방송 업계와는 전혀 다른 쪽이라면서요.

네, 맞아요. 지금 회사는 '협동조합지원센터'라고 해서, 협동조합 형태로 창업을 하려는 분들을 지원하고 컨설팅을 하는 곳이에요. 제가 아로파의 정관을 다듬어가며 십분의일을 운영했던 3년 동안의 경험을 살려서 경력직으로 들어가게 됐어요. 저는 결국 이런 식으로 조직을 만든 것도 하나의 스토리를 만드는 일과 다르지 않다고 생각하거든요. 제가 사업을 확장하는 것보다는 이런 이야기를 다른 사람들과 공유하고 도움이 될 만한 것들을 알려드리는 것에서 의미를 찾는 사람이라는 걸 깨닫고 지금은 새로운 일을 하게 됐습니다.

그러면 낮에는 조직에 속해 일하고, 밤에는 사장님으로 생활하고 있는 건데, 그 둘 사이의 괴리감은 없으세요?

전혀 없어요. 오히려 3년 동안 계속 저녁에 일을 했을 때 괴리감이 더 컸던 것 같아요. 저는 그전까지 회사 생활을 하기도 했고, 더 거슬러 올라가면 학교 다닐 때도 주로 낮 시간에 공부하고 밤에는 좀 쉬는 라이프 패턴으로 살아왔었는데, 바를 하면서 계속 낮 시간에는 혼자 있거나 쉬다가 밤에 일을 하는 게 언젠가부터는 좀 맞지 않는다는 생각을 하기도 했거든요. 그리고 그런 게 필요하기도 했어요. 점심을 같이 먹을 수 있는 동료들. 저는 제가 이렇게 나와서 일하고 있으면 멤버들이 하나둘 퇴사를 하고 제 옆에 있을 줄 알았어요. 근데 안 오더라고요. 오히려 더 좋은 회사로 이직을 하더라고요.(웃음) 직장 동료와 점심을 먹는 일이 누군가에게는 피로감이 있는 일일 수 있는데, 저는 그래도 점심 한 끼 정도는 날씨 얘기도 좀 하고 일상을 공유할 수 있는 동료들과 함께 하고 싶더라고요. 지금은 그렇게 하고 있는 상태고요. 그래서 오히려 괴리감보다는 이 생활 패턴에 만족감을 느끼는 것 같아요.

컨설팅 일을 한다고 하시니까 물어보고 싶은데, 회사 일 외에 이런 바라든가 공간을 운영해보고 싶다는 분들이 꽤 있잖아요. 그런 분들에게 조언해주고 싶은 게 있을까요?

일단은 하지 않으셨으면 좋겠어요.(웃음) 저희는 정말 여러 가지가 잘 맞아떨어졌고 운이 따랐기 때문에 그나마 이 정도로 말씀드릴 수 있게 된 거라고 생각하거든요. 분명 시간과 돈이 투자되는 일이고 어떤 방향으로 튈지 모르는 일이기 때문에, 만약 어떤 창업의 형태로 생각하신다면 '이렇게 하면 될 거다' 같은 말은 하고 싶지 않고요. 대신 좀 더 가벼운 개념으로 생각하면 좋을 것 같아요. 저희도 처음에 스터디 모임에서 출발했다가 여기까지 온 거잖아요. 처음부터 '우리는 돈을 벌어야 되는 창업 팀이다, 스타트업을 하자!' 같은 식보다는 '우리끼리 공간을 하나 만들고 싶은데'라든가 '회사 다니는 거 말고는 너무 심심하니까 모여서 뭐 할 거 없을지 얘기해보자' 같은 수준으로 시작하시는 게 재밌을 것 같아요. 그러다가 준비가 잘 되면 그때 정말 공간을 계약한다든가 할 수 있는 거고요.

주의해야 할 것으로는 어떤 게 있을까요?

사실 저도 지금 주의해야 할 게 너무 많아서.(웃음) 만약에 돈이 엮이는 일을 같이 하게 된다면 친한 사이여도 어느 정도 문서화된 것들이 필요할 것 같아요. 저희는 협동조합 방식에서 빌려온 정관이라는 걸 따로 만들었다고 했잖아요. 그런 식으로 권위 있는 문서는 필요할 것 같아요. 저희는 사실 이걸 공증하는 단계까지 거치지는 않았어요. '우리 서로가 서로에게 공증인이 된다' 같은 어떻게 보면 낭만적이고 귀여운 문장들이 문서화되어 있는 건데, 어떤 방식이 되더라도 명문화해서 처음부터 룰을 잘 세우는 게 좋지 않을까 싶어요.

그러고 보니 아로파는 엄청난 신뢰와 애정으로 뭉쳐 있는 거였네요. 돈이 얽혀 있는데도 불구하고 아직까지 별일이 없는 걸 보면요.

물론 저희도 싸울 때도 많고, 신뢰 관계가 깨지는 것처럼 보일 때도 되게 많아요. 그게 저로 인해서 비롯될 때도 많고요. 그래도 '우리가 그렇게까지 쓰레기는 아니잖아' 정도의 합의는 되어 있는 것 같아요. 돈을 서로 빌려준다고 해도 '재가 좀 늦어질 순 있어도 먹고 달아날 놈은 아니잖아' 정도의 마음이 어쩌면 말씀하신 신뢰라면 신뢰일 것 같고요.(웃음)

갑자기 궁금해졌는데, 만약에 십분의일이 잘 안됐다면 어땠을 거 같아요?

만약에 이게 안됐다면…. 사실 한 번도 생각 안 해본 건데 이건. 지금 처음 듣는 질문인데요. 솔직히 말씀드리면 저는 십분의일이 안될 거라고 생각해본 적은 없어요. 어떻게든지 사람을 동원해서라도 되게 만들 그런 각오와 마음을 갖고 있었던 것 같아요. 물론 이게 잘 안됐으면 이탈하는 사람도 생기고, 다 뿔뿔이 흩어져서 영원히 안 봤을 수도 있겠죠. 근데 그런 건 가능성이 낮다고 생각해요. (웃음)

근데 일반적으로 처음부터 잘되는 경우는 오히려 확률적으로 더 적잖아요.

맞아요. 그래도 일단 저희 멤버들이 있었기 때문에, 다른 데서 다시 열어보자고 한다든가 다른 형태의 새로운 모델을 또 제안했을 것 같아요. 그런 식으로 하나 터질 때까지는 계속 시간과 돈을 더 투자했겠죠? 현실적으로 생각해보니까 무섭네요. 돈을 다시 넣는다고?(웃음)

아마 이게 그냥 창업이 목적이 아니라 공동체를 꿈꿨기 때문에 가능한 일이 아니었을까 싶기도 하네요.

맞아요. 단순히 돈 벌자고 모인 게 아니라 저희에게는 공동체를 만들자는 초심이 있었기 때문에, 뭐 어떤 식으로든지, 저는 좀 더 늙어가고 마음이 어려워졌겠지만, 그래도 뭔가를 또 하지 않았을까요?

*이 인터뷰는 2019년 10월에 진행되었습니다.

interviewee
홍진아
37세
#N잡러의_탄생
#프로N잡러의_일정관리법
#N잡러의_전문성에_대하여
#서로가_서로의_선배가_되어준다면
#일터_밖_동료가_필요해

episode 07

N잡러의 시대, 우리는 전문가가 될 수 있을까?

바야흐로 N잡러의 시대다. 본업을 두고 여러 가지 부업을 하면서 부수익을 올리는 사람이 있는가 하면, 다양한 분야에서 작은 단위의 일들을 여러 개 동시에 하는 사람도 있다. 나도 책 만드는 일과 유튜브 운영, 외주 업무까지 하고 있으니 N잡러라고 할 수 있으려나? 어찌 됐든 스스로를 N잡러라고 표현하는 사람이 부쩍 늘었다는 것이 피부로 느껴질 정도다. 그만큼 새로운 방식으로 일하고 먹고사는 사람들이 늘어나고 있고, 그것을 새로운 단어로 표현하고 싶어 한다는 뜻일 것이다. 이 'N잡러'라는 말, 누가 어쩌다 처음 쓰기 시작했는지 몰라도 참 잘 만들었다 싶었는데, 그 주인공은 생각보다 가까이 있었다.

홍진아는 2017년 두 회사에서 동시에 일해보는 실험을 하며 'N잡러'라는 단어를 처음 사용했다. 그는 늘 기존의 단어로 자신을 설명하는 것이 어려웠다고 한다. 한 회사를 다닐 때도 저녁과 주말에는 각종 사이드 프로젝트들을 하고 있었으며, 돈이 벌리는 일이 아니더라도 관심 있는 모임이나 현장이 있으면 나서서 자신의 역할을 찾아 해왔다. 그만큼 자신에게는 여러 가지 정체성이 있다고 생각했지만, 사회에서는 언제나 '어디에 소속된 누구입니다'라고밖에 소개할 수 없다는 것에서 아쉬움을 느꼈다. 소속으로 설명하지 않더라도, 그 외에 이미 세상에 있던 단어들 역시 명쾌하지 않은 건 마찬가지였다. 그가 하는 일의 형태는 '프리랜서'의 개념과는 달랐고, 그렇다고 부수입을 목적으로 부업을 하는 건 아니었기 때문에 '투잡족'도 아니었다. 그래서 그는 자신의 일을 스스로 정의하기 위해 스스로를 'N잡러'라고 이름 붙이기로 했다. 덕분에 그동안 정의되지 않는 형태로 일하던 수많은 사람들에게도 N잡러라는 이름이 생겼고, 그 의미는 계속 확장되어 가고 있다.

한편, 이렇게 다양한 방식으로 일하는 사람들이 늘어나면서 새로운 고민도 생겼다. 지금까지는 한 가지 직장과 한 가지 분야에 몰입하는 것으로 전문성을 인정받았다면, 이제 우리는 어떤 방식으로 자신의 커리어를 쌓고 전문가로 성장해야 하느냐는 것이다. 이에 대해 홍진아는 자신의 일의 맥락을 스스로 찾는 것이 중요하다고 말한다. 홍진아가 자신의 일에 N잡이라는 이름을 스스로 붙였듯, 밀레니얼 세대는 누군가 붙여주는 이름표가 아닌 자신이 스스로 만든 이름표를 자신의 일에 붙이고 그 안에서 일의 맥락을 찾는 자세가 필요하다는 것이다. 홍진아는 이런 경험을 바탕으로 밀레니얼 여성들이 서로가 서로의 자원이 되어주는 커뮤니티 서비스 '빌라선샤인'을 만들었다. 그가 N잡 실험을 할 때 도움이 되었던 것이 몇 세대 위의 선배가 아닌 주변의 또래 동료들이었다는 사실에서 힌트를 얻었다고 한다. 이전에는 경험해보지 못한 새로운 환경 속에서 일하고 살아갈 우리 세대에게 필요한 건, 위인의 잠언이 아니라 비슷한 경험을 공유하는 동년배들의 경험이라는 것이다.

결국 N잡의 시대에 우리가 어떻게 일하고, 어떤 이름을 붙이며, 일의 맥락을 어떻게 찾아 전문성을 만들어갈 것인지에 대한 고민도 비슷한 경험을 하고 있는 동년배들의 이야기가 힌트가 될지 모른다. 그래서 나도 이 고민을 홍진아와의 대화를 통해 풀어보기로 했다. 그는 나보다 한 발짝 정도 먼저 걸은 나의 N잡러 선배이자 동년배니까.

#N잡러의_탄생

"N잡러는 내 일을 스스로 정의하고 일의 기준을 스스로 만드는 사람."

요즘에는 N잡러라는 표현을 많이 쓰잖아요. 그 단어를 처음 사용한 게 진아 님이라고 하던데, 맞나요?

네, 맞습니다.(웃음) 2017년 3월에 시작해서 2018년 3월까지 13개월간 N잡 실험을 하면서 처음 쓰게 됐어요.

어떻게 N잡 실험을 처음 시작하게 됐는지 궁금해요.

2017년 초까지는 한 개의 직장에서 일하고 저녁에는 여러 개의 사이드 프로젝트를 했었는데, 사이드 프로젝트를 하는 과정에서 '왜 좋아하는 일을 꼭 저녁에 하는 일에서만 발휘해야 할까' 하는 생각을 하게 된 거예요. 그래서 기존에 다니던 직장을 그만두게 됐고, 일을 찾다가 아주 우연한 기회에 두 개의 직장에서 일할 수 있게 됐죠. 두 개의 직장에 소속되어 일하는 게 일상적인 경험은 아니잖아요. 그래서 저는 이걸 실험이라고 부르고 있어요.

당시에 프리랜서나 투잡, 쓰리잡 같은 단어들은 있었던 것 같은데, 'N잡러'라는 이름을 따로 붙이게 된 이유가 있을까요?

저는 기존의 언어들이 제가 하는 일을 잘 설명하지 못한다는 생각을 했어요. 제가 사이드 프로젝트로 하는 일도 여러 개 있었거든요. 여성들을 위한 굿즈를 만드는 프로젝트에서는 포장을 담당하는 '포장 이사'이기도 하고, 소셜 투자 모임에서는 '계원'이기도 하고. 저한테는 여러 가지 정체성이 있는데 항상 소개할 때는 '어디에서 일하는 누구입니다'라고만 이야기하는 게 나를 잘 설명하지 못하는 것 같더라고요. 그 외 용어들도 마찬가지였는데, '너 프리랜서 아니야?', '두 개 직장에서 일하니까 투잡족 아니야?' 이렇게 얘길 하는데 사실 저는 프리랜서처럼 개인이 어떤 조직이랑 붙어서 일하는 구조가 아니라, 조직 안에 들어간 팀 플레이어로서 일하는 사람이었기 때문에 프리랜서라는 말로는 좀 부족하다고 생각했고요. 투잡족, 쓰리잡족은 기본적으로 '수입원을 여러 가지로 만든다'는 개념이 크게 느껴지는데, 저는 수입원을 여러 개로 만들려고 일을 여러 개 한 게 아니었거든요. 하나의 연봉 바구니를 여러 곳에서 나눠 담는다는 개념이 더 커서 '아, 나는 그건 아닌데…' 하는 생각이 들었고 새로운 언어를 만들어야겠다고 생각한 거죠.

진아 님이 이 단어를 쓸 때, N이라는 알파벳에는 어떤 게 담겨 있다고 생각했나요?

N은 '거기에 무슨 수든 들어갈 수 있다'는 뜻이잖아요. 그게 두 개가 될 수도 있고 세 개가 될 수도 있고 또 언젠가 하나가 될 수도 있고요. 결국 그 'N을 결정하는 것은 나'라는 의미가 조금 더 강하게 담겨 있는 것 같아요.

요즘은 N잡러를 단순히 여러 가지 일을 한다는 의미로 많이 쓰는 것 같은데, 진아 님이 처음 그 단어를 쓸 때는 의미가 좀 달랐네요.

제가 처음 사용한 개념은 'N개의 조직에 속해서 일하는 팀 플레이어'에 가까웠던 것 같은데요. 팀 플레이어라는 점에서는 프리랜서와 다른 부분이 있고, 'N개의 조직'에서 N을 내가 스스로 정할 수 있다는 부분에서는 기존에 직업을 설명하던 단어들과는 다른 거죠. 가장 중요한 건 N잡러는 내 일을 스스로 정의하고 일의 기준을 스스로 만드는 사람이라는 거예요. 그래서 크게 보면 프리랜서도 N잡러가 될 수 있겠죠. 그리고 실험으로 시작한 것이니 이걸 내가 영원히 할 순 없겠지만, 실험하는 동안 이 직업의 형태가 가진 의미를 이름에 담아서 잘 전달하고 싶다는 생각도 있었어요. 우리는 앞으로 변화하는 일의 세상에서 일의 기준을 어떤 회사나 전통적인 가치관이 세워주는 게 아니고 우리가 스스로 일의 기준을 세울 수 있고, 그걸 해석하는 것도 내가 할 수 있다는 의미를 담아서 'N잡러'라는 이름을 붙이게 되었어요.

이제는 그 단어를 많은 사람이 쓰고 심지어 지식백과에도 나와 있던데, 그걸 보면 기분이 어때요?

좀 뿌듯해요, 그 단어를 창제한 사람으로서. 이거 내가 만든 단어라는 걸 사람들이 알고 있나 싶고, ™을 붙이든지 해야 될 것 같은….(웃음) 어쨌든 그만큼 사람들이 일의 변화에 대해 관심이 많아졌다는 생각도 들고요. N잡러라는 단어 말고도 또 새로운 일에 대한 개념과 단어를 누군가 발명했으면 좋겠어요.

N잡러로 일하게 됐던 당시 이야기를 좀 해볼게요. 두 개의 회사에 출근을 하게 되었다고 했잖아요. 이런 형태를 진아 님이 먼저 제안한 건가요? 아니면 그런 형태로 근무가 가능한 회사를 찾으신 건가요?

아주 우연하게 제가 사이드 프로젝트를 하면서 만난 분의 회사와, 제가 파트너로 일했던 회사에서 저한테 동시에 일자리 제안을 주셨어요. 근데 저는 그 두 개의 일을 다 해보고 싶은 거예요. 밑져야 본전이니까 한번 제안해볼까 하는 상상이 더해져서 제가 역제안을 한 거죠. 물론 두 회사 모두 처음부터 흔쾌히 수락한 건 아니었고, 우리가 일을 같이 할 수 있는 구조가 있을지 한번 생각해보자고 해서 한 달 정도 조정 기간을 거친 다음 일을 시작하게 됐죠.

각 회사에서 맡았던 두 가지의 업무가 있었을 텐데, 어떤 일이었는지 궁

금해요.

두 곳에서 비슷한 성격의 일을 각각 맡아서 했고요. 한 회사는 IT 기술을 통해서 민주주의를 확산시키는 플랫폼을 만드는 회사였는데 그곳에서는 미디어 커뮤니케이션과 캠페인 기획 일을 같이 했고, 나머지 회사는 교육과 조직 문화에 대해서 연구하는 회사였는데 거기에서도 미디어 커뮤니케이션 매니저로 일했어요.

계약서를 쓰기 전에 시간 분배며 급여며 얘기할 거리가 많았을 것 같은데, 실제로 어떤 식의 조율이 있었나요?

일단 가장 중요한 게 일하는 날짜를 정하는 거였어요. 한 회사에서 3일, 한 회사에서 이틀을 일하기로 했는데 사실 A 회사에서 '월, 화, 수' 하고, B 회사에서 '목, 금' 일하면 가장 심플하고 덜 헷갈리는 방식일 텐데, 저는 A 회사에서 '월, 목' 그리고 B회사에서 '화, 수, 금' 이렇게 출근을 했거든요.(웃음) 너무 헷갈렸고, 이것 때문에 나의 N잡은 망했다 싶었죠.(웃음) 근데 사실 이렇게 한 이유가 있었어요. 이틀 출근하는 곳에서 조금 더 효율적으로 일하기 위한 거였죠. 월요일에 가서 지난주에 일이 어떻게 돌아갔는지 확인한 다음 새로운 일을 시작해놓고, 다시 목요일에 출근해서 화, 수 동안 진행된 일들을 잘 추수해서 밖으로 발신하고, 그다음 주 계획 세우고 퇴근. 이렇게 일을 할 필요가 있겠더라고요. 날짜를 연속해서 붙여 일하게 되면 그 일이 되도록 만들 시간이 확보가 안 되니까. 이런 날짜 조정이 어려웠고요. 그다음 조율한 게 휴가. 휴가는 기존 직원들이랑 비슷한 일수에서 3/5, 2/5로 나눠서 쓸 수 있도록 정했고, 월급도 제가 원하는 만큼의 월급을 정해놓고 그것의 3/5를 3일 일하는 곳에서, 2/5를 이틀 일하는 곳에서 받는 것으로 조정을 했죠.

그 회사들에서도 기존에 이런 선례가 없었을 테니 조율이 쉽지 않았겠

어요.

그렇죠. 그래서 작은 이야기들도 다 기록으로 남겨두는 게 중요하겠다는 생각을 했어요. 일하는 날짜부터 근무 환경, 복지, 정확한 일의 범위까지 굉장히 세세하게 조정을 했고요. 거의 30~40통 정도의 메일을 주고받았더라고요. 다행인 건 제가 3일 일하던 곳은 IT 기반의 스타트업이라 원래 재택근무가 어느 정도 정착된 곳이었어요. 그래서 협업 툴을 굉장히 잘 사용하고 있었기 때문에 제가 3일만 출근해도 협업할 방법을 빠르게 캐치하고 조율하는 게 가능했던 것 같고요. 나머지 한 조직은 경력 단절 여성분들이 만든 회사여서 그런지 유연한 근무 형태에 대한 이해도가 높은 조직이었어요. 덕분에 제가 엄청난 에너지를 들여서 회사의 조직 문화를 바꿔야 한다든가 하는 일은 없어서 다행이었죠.

그렇게 꼼꼼히 조정했지만, 실제로 일을 하면서 생각지 못한 어려움은 없었나요?

부족한 게 많았죠. 휴가 같은 것도 '이쪽 회사에서는 15일을 가고 이쪽 회

사에서는 8일을 가면 되겠지' 정도로 생각을 했는데, 실제로는 이틀 출근하는 회사에서 하루 연차를 써야 될 때 너무 난감해지는 거예요. 제가 만약 목요일에 연차를 쓰면 그다음 주 월요일이 돼서야 출근을 하게 되는 거잖아요. 큰 조직이 아니기 때문에 그 일을 할 사람이 저밖에 없는데, 괜히 눈치가 보이고 마음이 불편하더라고요. 이 일이 잘 완수되지 않을 것 같다는 부담, 내가 다른 사람들한테 내 일의 부담을 지워도 될까 하는 고민 때문에 휴가를 안 쓰게 되는 거죠. 근데 결론은, 그렇게까지 고민할 필요는 없었다는 거예요.(웃음) 대신 그 일들을 잘 나눠서 하거나 조금 더 일찍 계획을 세워서 연차를 쓸 필요는 있겠다는 걸 알게 됐죠. 그리고 가장 크게 깨달은 건, 그렇게 주고받은 이야기를 최대한 세세하게 명문화하는 게 중요하다는 거예요. 메일은 많이 주고받았지만 정작 계약서 쓸 때는 '세상에 계약서 조항을 이렇게 다 봐가면서 하는 사람이 어딨어' 했던 거죠. 나를 위해서, 그리고 조직을 위해서는 마지막까지 더 꼼꼼하게 봤어야 했다는 걸 지나고 나서 알았어요.

일반적인 근로계약서는 대부분 조항이 다 똑같으니까 그걸 꼼꼼히 보는 사람은 별로 없잖아요. 주로 연봉 부분만 보죠. 그런데 다른 형태로 일하게 됐을 때는, 조금 더 세심히 챙기는 게 필요하겠군요.

네, 맞아요. 어쨌든 N잡을 하면 두 개의 회사랑 똑같이 계약을 하진 못해요. 왜냐면 우리나라는 법적으로 겸업을 할 수가 없게 돼있거든요. 그래서 4대 보험을 두 군데에서 모두 들 수 없고 한 회사에서만 가능한 거죠. 저 같은 경우도 나머지 한 회사와는 기타 소득으로 잡아서 계약을 했고요. 그렇다 하더라도, 이것 또한 노동법 안에 들어가는 계약이기 때문에 가능하다면 노무사 선생님과 계약서를 한번 훑어보는 것도 좀 더 안전하게 일하는 방법인 거 같아요. 저는 그걸 N잡이 다 끝나고 최근에 알게

됐지만요.(웃음)

그래도 이런 경험이 선례가 되어서 나중에 그 조직에서 진아 님처럼 일하고 싶은 사람이 생겼을 때 도움이 될 것 같아요.

실제로 제가 일하고 있을 때도 3일만 일하시는 분이 한 분 더 들어오시기도 했고, 그 이후에 계속 이런 식의 형태로 일을 하고 있다고 알고 있어요. 그리고 그 조직에서도 일과 관련된 콘퍼런스나 인터뷰 같은 거 하실 때 유연하게 일을 하는 사례로 제 경우를 소개하시기도 하더라고요.(웃음)

#프로N잡러의_일정관리법

“일과 삶을 분리하기보다는 일과 삶을 잘 통합하는 게 필요해요.”

근데 형식적인 부분들을 정해두어도 실제로 일할 때 바로바로 다른 일로 스위치 전환을 한다는 게 쉽지 않을 것 같은데, 어땠나요?

잘 안됐어요. 실제로는 상상했던 것보다 너무 어려운 일이었죠.(웃음) 저는 그전까지 제가 자유로운 영혼인 줄 알았거든요. 그래도 회사 다니면서 사이드 프로젝트를 한 경력만 7~8년 정도이니까, 내가 마음만 먹으면 내 시간을 자유자재로 쓸 수 있을 거라고 생각했어요. 근데 막상 해보니까 지금까지는 한 회사에서 10시부터 7시까지 일하는 큰 맥락 안에서 내가 조금씩 변형하면서 사용했던 것이지, 내 시간 자체를 스스로 잘 사용할 줄 아는 사람은 아니었더라고요. 그걸 또 뒤늦게 깨닫고, ‘아, 나는 망했다’ 했죠.(웃음) 그러니까 제가 그때 어땠냐면, 하루 종일 회사 생각이 머리에서 떠나지 않는 거예요. 자기 전에도 회사 생각 하고 일어나면서도 회사 생각하고. 제가 사장님도 아닌데.

심지어 그 회사가 두 개잖아요.(웃음)

네, 그러니까 그런 불안이 있었던 거예요. 제가 하나의 회사에 출근하면 다른 회사에 남겨두고 온 일이 어떻게 진행이 되고 있을지를 생각하게 되는 거예요. 실제로는 그 일을 하고 있지 않은데 머리로는 계속 신경을 쓰면서 스위치를 못 끄니까 너무 피곤한 상태가 되는 거죠. 근데 이 실험을 계속하려면 어쨌든 문제 해결을 해야 되잖아요. 그래서 썼던 방법이 두 가지가 있는데, 그중 하나가 '크롬 계정과 뇌 연결하기'였어요.

크롬과 뇌를 연결한다니, 그건 무슨 얘기죠?

구글 크롬 브라우저를 계정별로 세팅을 다르게 할 수가 있잖아요. 이를테면 제가 A 회사의 계정으로 로그인을 하면 B 회사에서 온 메일은 알람은 오지만 바로 볼 수가 없는 거죠. 그리고 저희가 '슬랙'이라는 업무용 메신저를 썼는데, 파일이 올라왔을 때 다른 회사 계정으로 로그인 되어 있는 상태에서 클릭하면 '계정을 바꿔야 한다'는 알림이 뜨는 거죠. 그걸 제가 일종의 경고 신호로 인지를 하는 거예요. '아, 오늘은 이거 안 열어도 돼.' 이렇게요. 그러니까 아침에 출근을 해서 책상에 딱 앉으면, 출근하는 회사 계정으로 크롬 로그인을 하고 '나는 오늘 이 회사 일만 생각해도 돼' 하는 것을 스스로한테 의식처럼 만들었어요. 그렇게 했더니 신기하게 정리가 되는 부분이 있더라고요.

두 번째는 뭐였어요?

각 회사 구성원들에게 내 상황을 부드럽게 잘 이해시키는 거였어요. 혹시 나에게 연락을 해야 될 일이 있으면, 급하지 않은 일은 메일로 연락을 주면 이 회사를 퇴근한 다음에 확인하겠다는 것. 그리고 출근하는 날 내 몫을 다하겠다는 것을 이야기했는데, 그게 저한테 많이 도움이 됐어요. 사실 그것 때문에 불안한 거잖아요. 제가 A 회사에 와 있는데 B 회사에서 무슨 일이 터질까 봐. 혹시나 B 회사의 동료들이 내 생각을 하고 있지는 않을까, 내 빈자리를 느끼고 있진 않을까? 뭐 이런 불안이 있었던 거죠. 근데 회사 대표님이 그러는 거예요. "우리는 진아 님이 생각하는 것만큼 진아 님을 생각하지 않아요."(웃음) 그게 저한테는 일에 있어서 약간 더 자유로워지는 순간이었어요.

부담이 좀 줄었군요?

네, 다 자기중심적으로 생각하니까, '나 없으면 안 될 거 같아' 하는 게 있는데 '어? 맞아. 나는 내 역할을 잘 하고 있고, 팀플레이어이기 때문에 좀 부족하면 누군가가 백업해줄 수도 있어. 나 역시도 누군가 안되는 부분이 있으면 백업해주듯이. 우린 지금 그런 관계 안에서 일하고 있었지?' 하는 걸 좀 더 인지하게 된 계기가 됐죠.

근데 두 가지 조직에서 일을 하면서도 또 그 사이에 사이드 프로젝트도 했던 걸로 알고 있거든요. 시간 관리를 어떻게 했는지 궁금하더라고요. 좋아하는 일이라도 물리적으로 일이 많아지면 일과 삶의 경계가 없어지면서 워라밸이 오히려 나빠지는 결과를 초래하게 되지 않나요? 실은 제가 요즘 그게 고민이라서요.

저는 그 워라밸이라는 것에 대해서 생각이 좀 다른데요. 그러니까 '워크 라이프 밸런스(work-life balance)'에서 '워크'는 뭐고 '라이프'는 뭘까 하는 거죠. 보통은 회사에서 퇴근하고 난 이후의 삶을 '라이프'라고 부르는 것 같고, '워크'는 회사 생활을 이야기하는 것 같은데, 사실 좀 의아한 부분이 저에게 일은 낮에 하는 회사 일만 포함되는 게 아닌 거죠. 저는 일이라는 게 세상과 관계를 맺는 방식 중의 하나라고 생각해요. 그러니까 사이드 프로젝트도 다 저의 일이고 삶과 완전히 분리될 수가 없는 거죠. 맨날 '다음에 뭘 하면 재밌을까? 이걸 해보면 좋겠다' 같은 생각들을 하고 있는데 어떻게 분리가 되겠어요.(웃음) 그래서 저는 오히려 제 안에서 일과 쉼을 잘 통합하는 게 필요하다고 생각을 했어요. 대신에 '내가 어떻게 쉬는 사람인가'에 대해서 집중을 많이 했어요. 내가 정말 에너지가 회복되었다고 느끼는 게 어떤 때인지를 아는 게 중요하더라고요.

진아 님은 어떻게 쉬는 사람이던가요? 그걸 일과 어떻게 통합해서 관리했는지 궁금해요.

저는 그냥 아무 생각도 안 하고 침대에 가만히 누워서 넷플릭스 같은 거 보다 보면 회복이 되거든요. 근데 또 하루 종일 집에만 있으면 에너지가 오히려 떨어져요. 그러니까 저에게는 일주일에 한나절 정도 집에 누워 있는 시간이 필요한 거죠. 또 내가 나를 돌보기 위한 집안일에 한나절이 필요하고, 주말에 누군가 만나서 이야기 나누는 걸 통해서도 에너지가 회복되더라고요. 그렇게 정리된 나에 대한 데이터들을 시간표에 넣는 작업들을 했죠. 이를테면 저는 하루에 세 개의 블록이 있다고 생각한 거예요. 오전, 오후, 여섯 시 이후. 이렇게 세 개씩 일주일이면 총 스물한 개의 블록이 있는 거죠. 이 스물한 개의 블록 중에, 열 개 블럭은 일하는 데 쓰잖아요. 오전, 오후 2개씩 주 5일을 일하니까요. 그러면 나머지 11개를 어디에 쓸 것인가를 정하는 거죠. '블록 한두 개 정도는 꼭 쉬는 데 쓰고 싶고, 세 개 정도는 운동하는 데 쓰고 싶고, 남는 블록 몇 개를 사이드 프로젝트 하는 데 써야겠다' 같은 걸 정하는 작업을 일주일을 시작하기 전에 했어요. 매주 일요일 저녁에 2시간 정도 책상에 앉아서 스물한 개의 블록을 그리는 거예요. 회사에 가서 할 일들도 한번 정리해보고, '나 이날 이 약속 있었지? 그러면 운동을 이날로 옮겨야겠다'라든지. 물론 변수가 되게 많거든요. 몸이 안 좋아질 수도 있고요. 근데 이렇게 미리 정리해두면 그런 돌발 상황에서도 어떤 선택을 할지에 대해 내가 주도권을 갖게 되니까 좋더라고요.

그걸 10개월 정도 했더니 지금은 직접 그리는 시간은 좀 줄어들었고, 머릿속에서 대강 그림을 그릴 수 있게 됐어요.

#n잡러의_전문성에_대하여

"회사의 이름, 누군가의 인정이 아닌 내가 가진 맥락이 더 중요한 시대죠."

보통 기성의 관점으로 봤을 때 한곳에서 오래 일하지 않고, 한 우물을 파지 않으면 안정적인 커리어를 쌓을 수 없다는 말을 하잖아요. 그런 얘기에 대해서 어떻게 생각하세요?

누군가는 저한테 "돈 진짜 많이 버시겠네요."라고 해요, 여러 가지 일을 하니까. 근데 누군가는 "돈은 버나?"라고 하는 거죠. 아주 다른 질문을 비슷한 시기에 많이 들었던 것 같아요. 누군가의 일이나 경험을 자기가 보고 싶은 대로 보고 자기가 경험한 대로 해석하는구나 싶더라고요. 전문성에 있어서도, 하나의 직장이 전문성을 만들어준다고 생각하는 사람들에게는 이게 되게 불안한 세팅으로 보이겠죠. '한 직장에서 길게 일해야 전문성이 착착 쌓이는데 두 개를 왔다 갔다 하면서 일을 한다고? 1년을 버리는 거 아니야?' 이렇게 생각하는 거죠. 근데 저는 미디어 커뮤니케이션과 관련된 일을 두 개의 직장에서 하면서 오히려 클라이언트를 두 배로 만났어요. 월요일, 목요일에 만나는 클라이언트가 따로 있고, 화수금에 만나는 클라이언트가 따로 있었는데, 이 두 클라이언트는 심지어 다른 업계 분들이었죠. 그래서 저는 여러 업계를 넘나들면서 다양한 경험을 할 수가 있었어요. 저도 이렇게 일을 해보면서 꼭 하나의 직장에서만 전문성이 쌓이는 것은 아니라는 걸 좀 깨달았던 것 같아요. 초반에는 그런 질문들을 받았을 때 되게 불안했거든요. 근데 일을 하면서 이런 답을 제 안에 가지게 된 다음부터는, 이제 그런 말들이 저한테 크게 타격이나 불안을 주지 않는 것 같아요. 결국 두 개의 일이 서로 어떤 영향을 미치면서 내 일 이야기를 만들어내고 있고 나를 성장시키고 있는지 그 맥락을 내가 찾는 게 중요한 것 같아요. 옛날에는 그걸 어떤 회사의 이름, 누군가의 인정 같은 것으로 설명했다면 이제는 '내가 어떤 맥락을 가진 사람인가'가 더 중요한 시대라고 생각하거든요.

무슨 일이든 내가 선택권을 가질 때 불안이 없어지는 것 같아요. 특히 평생직장이 사라진 요즘 시대에는 주체적으로 일의 맥락을 스스로 만들어 가는 능력이 더 중요해질 것 같고요.

어느 날은 콘퍼런스에 나가서 '저는 이렇게 해서 맥락을 이렇게 쌓아가고 있고, 전문성을 이렇게 다른 방식으로 만들고 있다' 하는 얘기를 했는데, 어떤 분이 이런 질문을 하시더라고요. "만 시간을 쌓은 사람과 경쟁해서 어떻게 이기실 건가요?" 솔직한 마음으로는 "제가 이깁니다."라고 말씀드리고 싶었죠.(웃음) 근데 저는 누구한테나 똑같은 만 시간이 필요할까 하는 생각도 들더라고요. 만약 정말 만 시간이 필요하다고 해도 그걸 쌓아나가는 방식은 모두가 다를 것이고요. 하루에 8시간씩 쌓는 사람도 있고, 삶을 통틀어서 그걸 개발하는 데 쓰는 사람도 있고요. 공장처럼 정해진 시간만큼 일하던 때를 벗어나서 이제는 좀 더 다양한 방식으로 전문성을 쌓는 시대가 온 게 아닐까 생각해요.

그런데 아직까지 사회에서 유지하고 있는 정책들은 전통적인 고용 방식에 머물러 있는 것 같아요. 그러니 소속이 여러 개이거나 아예 없는 경우 불안을 가질 수밖에 없잖아요. 진아 님이 생각했을 때 일의 변화 속에서 어떤 대책이 필요하다고 생각하세요?

이제는 어떤 일을 평생 할 수 없는 시대잖아요. 내가 원한다고 해서 평생 할 수도 없을뿐더러, 평생 누군가를 고용할 수 있는 능력이 회사에도 거의 없고요. 그래서 이 일에서 저 일로 넘어가는 경우가 더 많이 생길 수밖에 없는데, 그때 공백이 생기잖아요. 저는 이 공백을 잘 살아나갈 수 있도록 하는 정책들이 필요하다는 생각이 들어요. 물론 실업 급여 같은 게 있기는 하지만, 이것도 기존에 어딘가에 소속돼서 고용 보험을 들지 못했던 사람들은 받을 수가 없게 돼있더라고요. 우리는 분명히 각자의 자리에서 일하고 있고, 일을 통해서 사회에 영향을 미치고 있는 건 똑같을 텐데, 왜 누군가는 실업 급여를 받을 수 있고 누군가는 일과 일 사이에 공백이 생겼을 때 불안해하면서 자기가 그 공백을 직접 메꿔야 할까. 그런 부분들을 사회가 같이 책임지는 게 필요하다고 생각해요. 그러면 더 다양한 방식의 일을 통해서 사회가 긍정적인 방향으로 굴러갈 수 있을 것 같아요. 우리가 '도전해라', '창업해라', '자유롭게 하고 싶은 일을 해라'라는 메시지는 계속 들으면서 자라온 세대인데, 그 메시지만큼 정책이나 사회적 준비는 잘 되어있지 않은 것 같거든요. 그 괴리에서 오는 불안, 요즘 것들의 고민을 사회가 해결해야 되지 않나 하는 생각이 들어요.

아직까지 제도적 뒷받침은 부족하지만, 변화의 흐름 속에서 N잡 실험에 도전하고 싶은 분들이 있을 것 같아요. 그런 분들에게 해주고 싶은 얘기가 있을까요?

N잡은 일과 일 사이를 왔다 갔다 할 때 크든 작든 반드시 에너지가 들어가더라고요. 자신이 그 전환에 쓸 수 있을 만큼의 에너지를 충분히 가진 사람인가를 잘 생각해보면 좋을 것 같아요. 그 전환의 에너지가 내 고유의 에너지를 잠식하면 안 된다고 생각하거든요. 그렇게 되면 전환된 다음에 쓸 에너지가 없게 되죠. 그리고 또 하나는, N잡러는 팀 플레이어라

고 말씀드렸잖아요. 동료들과 효율적으로 함께 일할 수 있는 방법을 찾는 게 중요한 것 같아요. 그러려면 내가 어떻게 일하는 사람인지부터 알아야 해요. 나는 어떻게 커뮤니케이션 하는 사람이고 동료들이랑 일할 때 어떤 스타일로 일하는 사람인지, 뭘 빨리 하고, 뭘 느리게 하는 사람인지 같은 것까지도 알아야 내 옆에 있는 동료와 일하는 환경을 같이 세팅할 수 있어요. 그래서 저는 조금이라도 일 경험이 있으신 분이 더 유리할 것 같은데, 그게 꼭 직장인으로 일해본 게 아니더라도 협업의 경험을 통해서 '내가 이렇게 일하는 사람이다' 하는 게 정리된 분이라면 조금 더 수월하게 적응할 수 있을 것 같아요.

#서로가_서로의_선배가_되어준다면

"새로운 생애 주기를 돌파 중인 세대에게는 내 삶이 곧 누군가의 레퍼런스죠."

지금은 이런 말을 해줄 수 있을 만큼 경험이 쌓였지만, 그동안 선례가 없는 N잡 실험을 하는 동안 혼자 모든 걸 다 챙겨야 하는 상황이었잖아요. 그럴 때 진아 님에게 조언이나 도움을 줬던 선배가 혹시 있었나요?

맛있는 걸 사주면서 응원해주시는 선배나 어른들은 있었는데, 그게 제가 실제로 일을 제대로 굴리는 데에는 도움이 많이 되진 않았어요. 근데 당연한 거겠죠. 그분들은 경험을 해보지 않았으니까요. 조언을 해주고 싶어도 저희와는 다른 경험으로 커리어를 쌓아가고 계시기 때문에. 실제로 제가 N잡을 튼튼하게 잘 꾸려나가는 데에는 오히려 저랑 비슷하게 일을 하고 있는, 일 경험이 많진 않지만 새로운 도전을 하고 있는 그런 동료들과 친구들의 도움이 더 컸어요.

그 친구들은 진아 님과 같은 형태의 N잡을 경험해보진 않았을 텐데, 같은 세대라서 그랬을까요? 동년배라서?(웃음)

네, 동년배들 다 이해했다.(웃음) 일단 프리랜서로 일하는 친구들은 일과 쉼이 잘 끊기지 않는 삶을 이미 살고 있는 사람들이어서 '네가 일하는 날이 아닌 날 연락 오지 않도록 세팅 잘 해야 된다'는 얘기를 해준다거나 '우리는 스스로에게 시간을 잘 쓰지 못하도록 훈련되어 왔기 때문에 쉬는 시간 따로 잡아놓는 것 너무 중요하다' 같은 얘기도 해줬고요. 그리고 저희 세대가 생산성 툴 같은 것에 관심이 많잖아요. 기술도 그만큼 발달하기도 했고, 어떻게 하면 그것들을 활용해서 효율적으로 일을 빨리 할 수 있을까에 관심이 많은데, 실제로 협업하는 데 사용해보니까 이런 효과가 있더라 하는 걸 알려주기도 했고요. 좀 더 주도적으로 또는 조금 더 효율적으로, 그리고 자신한테 도움이 되는 방식으로 일을 하고 있는 동료들이 주변에 이미 많이 있었기 때문에 그들이 어떻게 일하는지가 N잡에 도움이 많이 됐어요.

N잡 실험 이후 새로운 일을 시작했는데, 그게 바로 그런 여성 동료들을 모으는 커뮤니티였잖아요. 그런 경험들이 영향을 미친 걸까요?

사실 N잡을 하기 전에도 '상상이 잘 안 된다, 선배가 없는 거 같아' 하는 생각을 했었어요. 그때 제가 생각했던 선배는 '내가 겪은 일을 이미 경험한 뒤에 뭔가를 이룬 사람'이었던 거예요. 그렇게 생각하니까 저한테는 선배가 없고, 뭔가 참조점이나 디딤돌이 없다고 느껴지고 내가 커리어를 계속 개발해나갈 때 어디까지 갈 수 있을지, 무엇을 할 수 있을지 불안하게 느껴지는 부분이 있었어요. 근데 그렇다고 없는 선배를 내가 만들 수는 없잖아요. 띠를 두르고 '승진시켜라, 승진시켜라' 이런 걸 할 수도 없고. 지금 우리나라가 여성 임원 비율이 3%라고 하는데 올해 3%가 된 거지, 그 전에는 더 적었거든요. 사회도 해결하지 못한 건데, 내가 선배를 어디 가서 어떻게 찾을까에 대한 고민 안에 있다가, 어느 날 문제를 풀어볼 수 있는 실마리를 발견한 거죠. 그 시기에 제가 여자 동료들의 커뮤니티에서 동기 부여가 많이 됐거든요. 지금 자기 자리에서 일 열심히 하고 있는 친구들의 조언이 도움이 되기도 하고, 그걸 보는 것만으로도 '아 나도 조금 더 해봐야겠다' 하는 생각이 들고. 그런 생각을 하게 하는 동료들이 서로한테 생겼으면 좋겠다고 생각하게 된 거죠. 내가 N잡을 하면서 나와 같은 세대의 친구들의 이야기가 나한테 도움이 많이 된 것처럼, 서로가 서로에게 자원이 되어줄 수 있는 비즈니스를 만들어보자는 생각을 해서 커뮤니티가 만들어졌어요.

그것을 사업적으로 풀어낸 게 지금의 빌라선샤인이잖아요. 어떤 서비스

인지 소개해주실 수 있을까요?

빌라선샤인은 일하는 밀레니얼 여성들을 위한 커뮤니티 서비스예요. '내 일과 내 삶의 문제를 내 옆에 있는 동료들과 같이 해결하고 싶다'고 생각하는 여성들이 모인 커뮤니티라고 보시면 되고요. 오프라인 만남과 더불어 온라인에서 서로 정보를 주고받을 수도 있고, 서로의 일터 밖 동료가 되어 주는 커뮤니티 활동이 계속 이루어지고 있어요.

이 서비스가 사실 유료잖아요. 이런 걸 한다고 했을 때 주변 반응은 어땠을지도 궁금해요.

일단은 '사람들이 서로 만나는 데 돈을 낼 것인가' 하는 우려가 첫 번째였고, '더군다나 여자들끼리 만나는데 여자들이 돈을 쓸 것 같으냐. 그건 돈이 되지 않을 거다, 사업이 될 수 없다'라고 얘기하시는 분들도 계셨어요. 근데 저는 그렇지 않다는 생각과 경험에 의한 데이터가 있었고, 그런 자리나 기회가 없어서 그렇지 여성들은 서로를 적으로 생각하거나 질투

하거나 이기적으로 행동하는 존재가 아니고, 서로가 서로를 격려하고 용기를 가질 수 있도록 해주는 존재가 될 수 있다는 걸 보여주고 싶은 마음이 있었죠.

근데 진짜 보란 듯이 잘 성장하고 있잖아요. 얼마 전에 투자도 받으셨고, 시즌이 더해가면서 멤버들도 계속 늘어나고 있고요. 언론에서도 관심을 많이 갖더라고요.

일단은 되게 새롭다고 많이들 느끼는 것 같고요. 일하는 밀레니얼들만 모여 있다는 것에도 흥미를 많이 가지는 거 같아요. 저희 멤버 연령대가 25세에서 39세까지가 거의 96% 정도 되거든요. 밀레니얼에 대한 관심이 높아지면서 '요즘 것들은 어떻게 일을 하나' 같은 것에 대한 관심도 반영된 것 같아요.

투자를 받았다는 건, 돈이 되거나 혹은 사회적으로 의미가 있다고 평가받았기 때문이라고 생각하거든요. 이걸 어떤 비즈니스적 관점으로 접근했는지 궁금해요.

저희는 사회 문제를 비즈니스로 해결하는 소셜벤처에 투자하는 회사에서 약간의 창업 자금을 받았어요. 거기서 저희 서비스에 공감해주셨던 지점이 밀레니얼 여성들이 가진 문제를 풀어보고 싶어 한다는 부분이었던 것 같아요. 저희 밀레니얼 세대 여성들은 전에 살던 여성들이 경험하지 못한 새로운 생애 주기를 돌파하고 있다고 생각해요. 옛날에는 학교 졸업하면 회사 취직했다가 결혼하고, 회사 좀 다니다가 아이 낳고 아이 키우고 노년을 맞이하는 식의 전통적인 생애 주기가 유효했었죠. 근데 요즘에는 일단 결혼을 선택이라고 생각하고, 결혼을 해도 출산 역시 내가 아이를 낳을 것인가 말 것인가에 대해서 한 번 더 생각해보는 사람들이 나타나고 있죠. 비혼이라든지 새로운 가족의 형태가 출현한다든지 새로운 현상들은 나타나는데, 이런 삶에 대한 레퍼런스가 우리 세대에는 없는 거죠. 이랬던 세대가 없었으니까, 결국 내가 사는 삶이 누군가의 레퍼런스가 되는 거고요. 그렇기 때문에 여성들한테 일이란 것이 더더욱 중요해지는 거죠. 이제는 내가 나의 사장님이자 나의 가장으로서 나 스스로를 책임져야 되는 여성들이 더 많이 늘어날 텐데, 사회적으로는 이것에 대한 준비가 안 된 상태인 거예요. 정보가 부족해서, 또는 '이런 삶이 가능해' 하는 것이 공유되지 않은 상태로 여성들이 좀 기울어진 운동장에서 일을 하고 있는 것 같거든요. 아마 10년 뒤에는 우리 세대가 이 사회를 이끌어나가는 주축이 될 텐데, 그때 우리가 덜 불안하게 제대로 이 사회를 견인하면서 일할 수 있으려면 지금 우리가 새로운 생애 주기를 제대로 돌파하면서 그때를 대비해야 한다고 생각해요. 저희가 밀레니얼 여성들에 대해 가진 이런 문제의식에 공감을 해주셔서 투자가 된 게 아닌가 싶어요.

#일터_밖_동료가_필요해

"어떤 위인의 잠언보다, 서로의 경험에서 더 큰 영향을 받아요."

제가 빌라선샤인 멤버십에 가입하고 싶었던 이유는, 제가 1인 사업자로 일하고 있어서 사람들과의 연결에 대한 갈증이 있었기 때문이었거든요. 다른 분들은 어떻게 빌라선샤인을 찾아왔을지도 궁금해지더라고요.

작은 조직에서 일하시는 분들이랑, 프리랜서분들이 많이 계시더라고요. 회사가 30명 이하 혹은 10명 이하 사업장이어서 이 일의 책임자가 나 한 명이라거나, 우리 팀에 나 혼자라거나 하는 분들도 많이 계시고요. 그리고 회사 안에 동료들이 있어도, 내가 내 커리어 패스를 어떻게 설계하면 좋을지에 대해서 아주 안전하게 말할 수 있는 환경은 아니라고 생각하거든요. 이직을 얘기해야 될 수도 있는 문제고, 퇴사를 얘기해야 되는 경우가 있을 수도 있는데 이것에 대해서 회사 안에서 안전하게 얘기한다는 것이 좀 어렵고, 그런 부분을 빌라선샤인 안에서 해결하고 싶은 분들이 찾아오는 것 같아요. 또, 후기를 들어보니까 '내가 하는 고민들을 다 비슷하게 하고 있는 또래이다 보니, 얘기했을 때 빨리 본론으로 들어갈 수 있는 환경이라 좋은 것 같다'고 얘기를 하더라고요.

빌라선샤인 안에서 워크숍을 들을 수도 있지만, 모임을 직접 기획해볼 수도 있게 만들어놓았는데, 이게 저는 좀 더 안전하게 회사 바깥에서 주도적으로 뭔가 해볼 수 있는 기회가 될 수 있을 것 같다는 생각이 들었어요.

저희는 멤버분들을 '뉴먼'이라고 하는데, 뉴먼들을 만나고 보니까 각자 하고 싶은 일들이 있는 거예요. 근데 그게 아이디어가 조금 부족해서, 혹은 같이 할 사람이 없어서 시작하지 못했거나, 아니면 내가 이걸 잘 운영할 수 있는 사람인지 확신이 부족해서 시작하지 못한 경우가 많더라고요. 그런데 빌라선샤인에는 이미 멤버들도 있고, 아이디어가 부족하면 그걸 같이 채워줄 수 있는 팀도 있고, 이걸 잘 운영하는 데 필요한 매뉴얼 같은 것도 갖추어져 있으니까 이 안에서 스스로 만들어보도록 하면 어떨까 하는 아이디어가 나왔고, 시즌 2부터 본격적으로 시작을 해봤어요. 그랬더니 예상만큼 되게 활발하게 진행되고 있어요. 예를 들면 팟캐스트를 시작하셨다거나, 〈하버드 비즈니스 리뷰〉 같은 원서를 같이 읽으면서 일에 필요한 정보를 스터디하는 모임을 해본다든가, 사회 초년생 모임이라든지, 쓸데없는 공부를 하는 모임이라든지 해보고 싶었던 걸 해보는 기회로 활용하시는 것 같아요. 또, 서로가 첫 독자가 되어준다거나 하는 상호 작용 같은 게 일어나고 있고요.

어떻게 보면 나의 첫 번째 사이드 프로젝트를 여기서 시작하는 개념일 수도 있을 것 같고, 조금 더 발전시켜서 나의 새로운 커리어를 시작하는 데 활용할 수도 있겠다는 생각도 들어요.

어떻게 하면 커뮤니티 안에서 이걸 통해서 돈을 벌 수 있게 된다든지, 더 많은 영향력을 가질 수 있게 되거나, 완전히 자기 브랜드가 될 수 있게 하는 것까지 가능하게 만들 수 있을까 하는 게 저의 요즘 가장 큰 고민이에요.

지금 시즌 2를 진행 중이지만, 앞으로 시즌 3, 4, 5까지 계속 갈 거잖아요? 빌라선샤인을 어떤 식으로 성장시키고 싶은지 궁금해요.

일단은 더 많은 밀레니얼 여성들이 모이는 게 목표이고요. 지금은 뉴먼이 150명 정도 있는데, 이게 천 명이 되면 어떤 그림일까 상상해보고 있어요. 나랑 비슷한 고민을 하면서 치열하게 일하고 있는, 그리고 내 삶도 주도적으로 꾸려가고 있는 여성 천 명이 여기에 존재할 때는 50명이 존재할 때와는 또 다른 감각과 새로운 힘이 생길 거라고 생각하거든요. 또 하나는 저희 프로그램 중에 '경험 공유회'라는 게 있거든요. 일을 하면서 자신이 겪었던 경험들을 정리해서 다른 멤버들과 나눠보는 건데, 이 시간이 굉장히 파워풀하더라고요. 이걸 발표하는 사람은 처음으로 자기 일의 맥락을 정리해보면서 '어? 나 잘했네' 하는 생각을 할 수 있고, 그걸 들은 사람들은 지금 막 일선에서 진행되고 있는 일에 대한 스킬이나 정보들을 바로 내 일에 갖다 쓸 수 있는 거예요. 예를 들면, 어떤 분은 되게 작은 회사에서 3~4천만 원짜리 프로젝트만 쳐내던 회사원이었는데, '나 큰일을 하고 싶다' 해가지고 5억이 넘는 사업을 어떻게 따 와서 이걸 회사 동료들을 설득해가면서 굴려나간 과정에 대해 경험 공유를 해주셨는데, 질문도 많이 나왔고 집중도도 굉장히 높았어요. 이런 모습을 지켜보면서 누군가가 잠언처럼 해놓은 이야기나 경제경영서에 쓰인 이야기보다, 이렇게 동료들의 이야기에서 더 큰 영향을 받고 더 좋은 정보를 찾을 수 있겠다는 생각이 들었어요.

저는 계속 일하는 여성들이 없는 것처럼 느껴지는 게, 20~30대 여성들의 일 이야기가 주목받지 못했기 때문이라고 생각하거든요. 그래서 결국에는 기존의 문법이 인정하는 이야기를 가진 사람만 남게 되고 그들만 선배가 되는 구조인 거죠. 그래서 저희는 서로를 연결하는 것과 더불어, 각자가 가진 일 이야기를 발굴하고 주목받게 할 수 있는 방법은 무엇인지 고민을 해보려고 해요.

요즘 빌라선샤인뿐만 아니라 밀레니얼 세대가 주축이 되어 회사 밖에서 동료를 찾는 커뮤니티가 많아지고 있는데요. 이런 커뮤니티가 활성화되는 것에 대해 어떻게 생각하세요?

오프라인 모임이 뉴 럭셔리가 됐다는 얘기를 봤어요. 옛날에는 온라인이 뭔가 조금 더 돈이 많고 특권층인 사람들이 접근할 수 있었다면, 요즘에는 온라인으로 전환되는 비용이 더 싸졌기 때문에 오히려 오프라인에 모임을 만들고 오도록 하려면 더 비용이 많이 드는 거예요. 그래서 이게 우리 세대한테는 '뉴 럭셔리'라고 하더라고요. 사실 온라인에도 커뮤니티가 많이 있는데 오프라인으로 만나는 커뮤니티가 생긴다는 게 좀 흥미롭거든요. 그만큼 그 비용을 감수하면서까지 모이려고 한다는 거잖아요. 저는 이게 시간이든 자원이든 비용을 치러야만 우리가 연결될 수 있고, 그 연결 안에서 문제가 해결될 수 있다고 자각하는 사람들이 많아지기 때문인 것 같아요. 한편으로는 '그렇게 비슷한 커뮤니티가 많아지면 너희가 살아남기에 위험한 거 아니냐'는 얘기도 있는데요. 저는 이런 작은 단위의 모임들이 더 많아져야 된다고 생각해요. 엄청 큰 시장은 우리 세대에 더 이상 없지 않을까 생각하거든요. 작은 단위의 시장들이 많이 생기고, 그 각각의 시장 안에서 사람들의 욕구와 문제를 잘 해결해가면서 더 깊게 발전할 수 있다고 생각해요. 그리고 결국 그 단위들끼리 서로 연결될 수 있다고 생각해요. 저희는 천 명이지만, 그것들을 다 연결했을 때는 만 명이 될 수도 있고, 200만 명이 될 수도 있으니까요. 저희가 해결해줄 수 없는 문제들도 분명 있을 것이고, 그 문제를 찾고 해결하는 또 다른 단위가 생겨나면 좋겠어요. 그리고 그 단위와 저희가 연결되면 더 좋겠어요. 그러면 더 힘차게 문제 해결을 해나갈 수 있지 않을까 하는 생각을 해요.

그렇게 되면 너무 좋을 것 같지만, 방금 살아남는 것에 대해 얘기하셨듯 이건 사업이잖아요. 잠깐 진아 님 개인의 이야기로 다시 돌아와서 여쭤 보면, 이걸로 사업을 하고 있는 입장에서 어떤가요? 먹고살기 괜찮나요?

안 괜찮죠.(웃음) 지금까지 사업적으로 많은 목표들을 얘기했지만, 사실 가장 큰 목표는 제가 저를 잘 먹여 살리는 것이니까요. 일단 지금은 멤버십비라는 큰 비즈니스 모델이 하나 있지만, 여기서 이제 파생될 수 있는 것들을 더 많이 찾아보려고 하고 있어요.

그동안 N잡 실험을 하면서 다양한 동료들을 만났지만, 이번에는 또 다른 형태로 일하고 있잖아요. 직접 팀원을 꾸려 대표로서 일하는 건 어떤 것 같아요?

너무 쉽지 않은 일이에요. 가끔 '내가 왜 창업한다고 했지?' 하는 생각이 들 때도 있는데, 재밌는 건 제가 하면 그게 곧 우리 사업이 된다는 거예요. 예전에는 내가 생각하고 내가 고민을 해도 그게 회사라는 틀 안에서 반영되는 건 아주 작은 부분이었다면, 지금은 저와 저희 팀원들이 시도하는 게 곧 사업이 되는 게 좀 재미있어요. 그런데 어렵죠. 왜냐면 대표도 처음이고 경영도 처음이고, 조직 문화를 제로부터 세팅하는 것도 처음이고, 지금 있는 팀원들이랑 일하는 것도 처음이니까. 그래서 처음 해보는 것을 어떻게 잘 해나갈 수 있을지 고민이 많아요. 모르는 부분이 많은데, 내가 몰랐다는 걸 나중에서야 깨닫게 될까 봐서요. 어떻게 하면 그 갭을 좀 줄일 수 있을까, 그리고 실패했을 때 어떻게 하면 빨리 실패를 인정하고 그 다음으로 전환할 수 있을까에 대해 고민을 많이 해요, 요즘.

N잡러로서 살기도 했고, 지금은 사업에 집중하는 생활을 하고 있는데, 앞으로 이 다음의 홍진아는 어떤 방식으로 일하고 먹고사는 사람이 되고 싶나요?

계속 판을 만드는 사람이 되고 싶어요. 잘하는 플레이어들을 판에 초대해서 그 판이 다양한 변화를 만들어갈 수 있는 좋은 토양으로서 역할을 할 수 있게 하는, 이를테면 개그우먼 송은이 같은 사람이 되고 싶고요. 앞으로 또 뭘 하게 될지, 이 변화의 파도가 어느 방향으로 어떻게 치게 될지는 모르겠지만, 그때 내가 스스로 내 커리어의 키를 잡을 수 있는 사람이라는 걸 잊지 않고 싶어요. 다시 하나의 회사에 들어가서 일을 하게 될 수도 있고, 프로젝트 단위로 일을 하는 사람이 될 수도 있고, 혹은 지금의 내가 상상할 수 없는 어떤 형태가 또 찾아오게 될 수도 있다고 생각하거든요. 우연하게 N잡이 내게 찾아온 것처럼요. 그럴 때 한 가지 계속 고수하고 싶은 것은, 내가 내 일의 맥락을 가지고 갈 수 있는 사람이고 싶다는 거예요. 나는 늘 나를 위해서 좋은 선택을 하는 사람이니까, 나를 믿고 좋은 선택을 해나가는 사람으로서 계속 일을 하고 싶어요.

*이 인터뷰는 2019년 10월에 진행되었습니다.

interviewee

이승희

32세

#마케터_꿈나무의_성장기
#일못러에서_일잘러가_되기까지
#나를_찾아준_기록
#백수듀오_두낫띵클럽
#퇴사보다_중요한_것

episode 08

존재감 있는 회사인간 되는 법

나답게 먹고사는 요즘 것들의 이야기를 한창 모아가던 중, 누군가 말했다. "다 퇴사하신 분들이네요? 회사원 이야기도 좀 해주세요." 우리가 만난 사람들은 먹고사니즘의 굴레 안에서 자신의 일을 스스로 만들어가는 사람들이었고, 그 과정에서 다 한 번씩은 퇴사를 경험했다. 하지만 그것이 곧 '퇴사해야만 나답게 살 수 있어'라고 이야기하려는 의도는 아니었다. 시대가 바뀌고 있다지만 아직까지 독립 워커보다 직장인 비율이 더 많은 세상이라면, 그 안에서 자립할 수 있는 방법도 이야기할 필요가 있겠다고 생각했다. 회사원으로 살아가면서도 자신의 이야기를 놓치지 않고 잘 찾아나간 우리 또래가 분명 어딘가 있을 테니까.

그런 고민을 갖고 있을 무렵, 이승희가 우리에게 찾아왔다. (전)배달의민족 마케터이자, 온라인 세상에서 '숭'이라는 이름으로 알려져 있는 인플루언서. 그가 우리 채널에 출연하고 싶다는 연락을 해온 것이다. 그때까지만 해도 우리 채널에 출연한 인물 중 그보다 팔로워가 많은 사람이 없었다. 나도 그 팔로워 중 한 명이었지만, 그 지점이 오히려 고민스러웠다. '유명인의 위인전' 같은 채널 말고 우리 또래의 솔직한 이야기 속에서 영감을 얻어 가는 채널이 되고 싶다는 나름의 포부를 갖고 있었기 때문이다. 그러다가 그의 책 <기록의 쓸모>를 살펴보고 생각이 바뀌었다. 책 에필로그에는 '일을 잘하고 싶어서 시작한 직장인의 기록이 일에 대한 재미로, 영감의 수집으로, 나에 대한 이야기로 진화해왔다'고 쓰여 있었다. 그러고 보니 이승희만큼 회사원이면서 자신의 존재감을 잘 알린 사람이 또 있던가? 회사원으로 살아가면서도 자신의 이야기를 잘 찾은 사람. 우리가 찾던 바로 그 사람이었다.

그는 마케팅과는 상관없는 치기공과를 나와 대전의 한 치과에서 사회생활을 시작했다고 한다. 센스 없다는 소리를 밥 먹듯 듣던 마케터 꿈나무는 홀로 고군분투해 배달의민족의 마케터가 되었지만, 고난은 그때부터였다. 독학으로 익힌 것들은 좀처럼 쓸모를 찾지 못했고, 대학생 인턴까지 자신보다 잘나 보여 주눅이 들었다. 그때부터 그는 처음부터 공부하는 마음으로 틈만 나면 부지런히 보고 듣고 경험했다. 그리고 그것들을 블로그를 비롯한 자신의 SNS에 빼곡히 기록했다. 그만큼 일을 잘하고 싶었고, 마케터라는 직업을 사랑했다. 여행을 가고, 맛집에 가서도 그의 모든 관심사는 회사와 연관되어 있을 정도였다고. 그랬던 자신을 그는 '회사인간'이었다고 표현한다.

하지만 그러는 동안 그에게는 자신을 표현하는 또다른 이름들이 생겼다. 작가이자, 인스타그래머, 블로거, 유튜버. 이 이름들도 회사인간 이승희가 만들어낸 것이다. 일터와 일상에서 남긴 기록들은 4권의 책이 되었고, 영감이 되는 콘텐츠들을 모으고 기록한 '영감노트' 인스타그램 계정에는 5만 명이 넘는 팔로워가 생겼으며, 사람들이 자신만의 영감 계정을 만드는 문화까지 만들어냈다. 회사에서 살아남기 위해 시작한 기록이 결국 자신의 이야기를 쓰게 해주었고, 그 기록을 담은 SNS 계정들은 그가 '회사인간'을 넘어 다양한 페르소나로 존재할 수 있게 해준 것이다. 그리고 그는 이제 백수듀오 '두낫띵클럽'이라는 소속을 스스로 만들고 온전히 자신으로 더 단단해지기 위해 재미난 실험들을 해나가는 중이다.

#마케터_꿈나무의_성장기

"갑자기 무쓸모 인간에서 쓸모 있는 인간이 되기 시작했죠."

지금 마케터로 알려져 있는 승희 님이 원래는 마케팅 전공이 아니라고 들었어요.

네, 저는 원래 치아 보철물 만드는 치기공과를 나왔거든요. 근데 치기공사가 되지 않고 병원 쪽에서 마케팅 일을 시작하게 되면서 마케팅에 입문을 하게 됐어요.

근데 처음 치기공과에 가게 된 이유는 뭐예요?

어느 날 아빠가 미국에 있는 삼촌이 치기공소를 엄청 크게 해서 돈을 많이 버는 걸 보고 오신 거예요. 제가 수능을 망치고 등록금 아까우니까 대학교를 안 가려고 하고 있었는데, "치기공사라는 게 있는데 돈 많이 번단다. 그 과 졸업해서 삼촌한테 가라."라고 하시더라고요. 그래서 네이버에 '치기공과' 검색해서, 파워링크 광고에 뜬 학교로 지원을 했어요.(웃음)

파워링크 검색광고를 통해서 대학교를 갔군요.(웃음) 근데 마케팅과 상관없는 걸 공부하던 사람이 지금은 누구나 아는 마케터가 됐잖아요. 그 과정이 궁금해요.

그렇게 치기공과에 갔는데 정작 손으로 뭘 만드는 일이 저랑 잘 맞지 않더라고요. '이 일 말고 다른 일을 알아봐야겠다' 하고 찾는데, 그때 한창 치과 코디네이터라는 직업이 열풍이었거든요. 전공과 관련되어서 들어갈 수 있는 분야가 병원밖에 없겠다 싶어서 그쪽으로 틀게 된 거죠.

근데 거기서 '센스가 없다'는 얘길 많이 들었다면서요. '배달의민족' 하면

센스 있는 카피와 마케팅 기획으로 유명한데, 배민 마케터였던 승희 님이 그런 얘기를 들었다니 되게 의외였어요.

저 진짜 너무 많이 혼나가지고…. 지금이야 센스라고 하면 시간이 지나면서 생기는 '일머리'라는 걸 알게 됐는데, 당시에는 원장님이 너무 혼내니까 그 센스라는 말이 막 진절머리가 나는 거예요. "재 센스 없으니까 일 시키지 마.", "재 센스 없으니까 전화 받게 하지 마." 이러시는데, 그게 너무 무서워서 맨날 울었어요. 근데 당장 갈 데가 없으니까 그만둬야겠다는 생각은 못 했던 거죠. 그러던 어느 날 또 울면서 퇴근하다가 서점을 들렀는데, 매대에 〈센스가 없다면 벤츠를 꿈꾸지 마라〉라는 책이 딱 있는 거예요. 그 순간 진짜 그 책밖에 안 보였어요. '센스의 정의'나, '센스를 기르는 방법' 같은 것을 알려줄 거라는 기대를 하고 사서 읽었죠. 근데 알고 보니 그 책은 작가의 센스 있었던 일상의 에피소드 50가지를 모은 책이었던 거예요. 거기서 너무 화가 나서 작가님한테 다짜고짜 메일을 썼죠. '작가님, 제가 회사에서 센스 없다는 소리를 너무 많이 들어서 이 책을 샀는데, 이 책에 센스 있는 사람이 되는 방법이 나와 있지 않은 것 같다' 하면서 무례하게 자기소개도 없이 막 보냈어요. 당연히 작가님이 너무 당황스러워하시면서 누군지 소개는 해야 되지 않겠냐 하시더라고요. 그때서야 정신 차리고 제 소개도 하고 상황을 설명드렸더니 그분이 한번 만나주겠다는 거예요. 어린 친구가 맨날 회사에서 혼나고 있다고 하니까 안타까우셨나봐요. 자기가 원래 강의를 하는 사람이니까 그 강의를 들려주겠다고 하시더라고요. 그래서 무작정 서울로 갔죠, 대전에서.

모르는 사람을 만나러 서울까지 갔군요. 어떤 강의를 들려주시던가요?

그분은 정확하게 말하면 광고 대행사를 다니던 분이셨는데, 마케팅에 대한 이야기를 하시더라고요. 근데 그 순간 센스에 대한 건 다 잊고 그냥 그분 뒤에서 후광이 막 비치면서 '와, 마케팅이라는 게 저렇게 멋있는 일이구나' 하면서 '뿅'을 맞은 거죠. 그게 지금까지 이어져 온 거 같아요. 돌아가서는 원장이 무어라 하든 신경 안 쓰고, 혼나든 말든 마케팅 책 사서 읽고 혼자 블로그를 하기 시작했죠.

어떻게 보면 센스 없다는 얘기 하나 때문에 마케팅이라는 세계에 눈을 뜨게 된 거네요. 그 후로 마케터가 되기 위해 어떤 것들을 했어요?

맞아요. 제가 학교 다닐 때는 그런 과도 없었던 것 같고, 저는 못 들어본 직업이었거든요. 그때부터는 제가 '마케터'로 불리고 싶어서 블로그에 거창하게 계속 썼어요. '덴탈 브랜드 컨설턴트', '치과 마케터' 식으로 저를 소개하면서, 병원 마케팅이란 무엇인가에 대해서 괜히 자료 조사해서 쓴다든지, 책 읽은 것을 포스팅하고 그랬었죠.

당시에는 블로그 마케팅이란 것도 흔하지 않았고, 다니던 병원에서의 직책은 코디네이터였잖아요. 어떤 계기로 본격적으로 치과 마케터로 일하게 된 거예요?

2007년 당시에는 블로그를 하는 사람이 많이 없어서 제가 뭐만 쓰면 네이버 상위 노출이 되는 거예요. 그때 제가 병원에서의 일상도 포스팅하고 있었거든요. 그러니까 저희 치과를 검색창에 치면 제 블로그가 가장 먼저 보인 거죠. 그게 원장님 눈에도 들어갔고, '쟤를 저 일을 시키면 되겠다. 병원 일은 잘 못하는데, 저 일은 잘할 것 같다' 하시면서 해보라고 하시더라고요. 어떻게 보면 원장님도 되게 빠르게 소셜미디어에 눈을 뜨신 거죠. 그 당시에는 강남에 있는 성형외과 정도만 소셜 마케팅을 적극적으로 하고 있었고, 대전에는 전혀 없었거든요. 그때부터 블로그를 보고 치과에 오는 사람이 많아지기 시작했어요.(웃음)

어쨌든 병원에 많이 보탬이 된 거네요.

갑자기 무쓸모 인간에서 쓸모 있는 인간이 되기 시작했죠.(웃음)

그 정도였으면 다른 병원에서 스카우트 제의가 올 법도 한데요?

당시 대전 치과 원장님들한테 연락이 진짜 왔었어요. 왜냐면 '대전 치과'를 검색하면 몇 개 없는데 저희 치과만 나오니까, 그 동네 치과 원장님들은 짜증이 나셨겠죠.(웃음)

그렇게 대전 병원에서 마케터로서의 입지를 만들어가다가, 어떻게 배달의민족의 마케터로 가게 됐는지 궁금해요.

제가 좋아하던 병원 쪽과 IT 사업을 같이 하시는 대표님이 계셨어요. 그 대표님이 어느 날 되게 멋있는 사람이 있다면서 기사 링크를 하나 공유해주셨는데, 그게 우아한 형제들 김봉진 대표님에 대한 기사였고 거기서 배달의민족에 대한 이야기를 처음 보게 된 거죠. '아, 이런 회사가 있구나' 하면서, 자취생이었으니까 배민 앱을 깔아서 써봤는데 너무 재밌는 거예요. 제가 또 웃긴 걸 되게 좋아하거든요. 그때부터 배달의민족(이하 '배민')이 좋다고 블로그에도 쓰고, 배민 페이스북에 가서 맨날 댓글 달고. 이벤트 하면 제가 많이 당첨됐어요. 당시 참여자가 별로 없었는데 늘 제가 적극적으로 참여하니까요.(웃음) 아마 직원들이 저를 다 알고 있었을 거예요. 근데 사실 그게 스카우트를 염두에 두고 했던 행동은 아니었어요. 저한테 배민은 되게 큰 회사였거든요. 근데 연락이 먼저 온 거예요. 당시 배민 마케팅 팀장님이었던, 지금은 책 〈마케터의 일〉을 쓴 작가이기도 한 장인성 상무님한테서.

어떻게 상무님한테서 직접 연락이 온 거예요?

제가 그때 배민 구성원들의 일상이 궁금해서 그분들한테 전부 페이스북 친구 신청을 보냈었어요. 당시 배민 페이스북 게시물을 보면 '좋아요'가 몇 개 안 되더라고요. '이 게시물에 좋아요를 누른 사람들은 다 직원들일 것이다'라고 추측한 거죠.(웃음) 그때 배민 직원이 30명 정도밖에 안 됐을 때였거든요. 그 사람들이 다 친구 신청을 받아줬고 이제 그들의 피드에 제가 뜨기 시작한 거예요. 그때가 배민이 창업한 지 3, 4년 차였을 거예요. 구성원들을 세팅하고 마케팅팀을 꾸릴 때쯤에 SNS 할 사람을 뽑아야 하는데, 아예 모르는 사람들을 뽑느니 대전에 있는 저 열정적인 팬한테 연락을 해봐야겠다는 생각으로 보자고 하셨대요.

SNS로 맺어진 인연이 취업까지 이어졌군요.

네, 제가 입사했던 첫날 이미 사람들이 저를 다 알고 있었어요. "일본 다녀오셨던데…." 이러면서 인사하더라고요.(웃음) 그리고 아직도 기억에 많이 남는 게, 첫 만남 때 상무님이 돼지갈비를 사주셨거든요. 그 자리에서 배민에 들어올 생각 없냐고 하시는데, "제가 가기엔 너무 큰 회사여서요." 라고 했어요. 그랬더니 상무님이 저 갈비 먹고 있는 분들한테 가서 배민 아는지 물어보라는 거예요. '아무도 모른다. 너 혼자만 지금 크다고 생각하는 거다' 하시길래 그때 '아, 가야겠다' 하는 생각이 들었죠.

#일못러에서_일잘러가_되기까지

"좀 더 나은 사람이 되고 싶게 하고, 마음껏 좋아한다고 소리칠 수 있는 직업"

대전의 치과 마케터로 혼자 일하다가 서울에 있는 스타트업으로 이직을 했는데, 갭이 좀 있었을것 같아요. 어땠어요?

이직한다고 했을 때 병원장님한테 들었던 "날고 기는 애들 사이에서 기죽지 말아라."라는 한마디가 되게 인상적이었거든요. 근데 정말 잘난 사람들이 너무 많은 거예요. 계속 기가 죽은 채로 살았던 거 같아요. 처음 병원장님이 센스 없다고 뭐라고 했을 때의 그 기분으로 다시 돌아간 것 같았어요. 회의 시간에 한마디도 못 하고, 메일 쓰는 것도 잘 몰랐어요. 4개월 만에 대학생 인턴들이 들어왔는데 그 인턴들마저 토론도 너무 멋있게 잘하더라고요. 저는 대학생보다 더 모르는 것 같았고요. 저 데려온 상무님이 4년 정도 지났을 때 저를 불러서 처음으로 얘기를 하시더라고요. 데려왔더니 너무 일을 못해서 좀 당황스러웠는데, 자기가 불렀기 때문에 표현을 할 수가 없었다고. 경력직으로 입사했는데 완전히 중고 신입이었던 거죠.

마음 고생이 심했겠어요. 그걸 극복하기 위해서 어떻게 했는지 궁금해요.

처음 회의 들어가서 말 한마디도 못 했던 일이 아직도 기억나는데, 그때 페스티벌에 부스로 들어가려고 아이디어를 내고 있었어요. "의자를 만들까?" 뭐 이런 얘기를 하는데, 저는 페스티벌을 안 가봐서 '의자를 왜 만들고 잔디밭에 왜 앉아 있지?' 하면서, 상상이 안 되는 거예요. 그러다 갑자기 "슬램덩크 만화에 그런 거 나오잖아." 이러면서 팀원들끼리 얘기를 하는데 전 〈슬램덩크〉도 안 봤거든요. 또 이번엔 "개그콘서트 유행어를 카피로 써볼까?" 이러는데 제가 개콘도 안 봤거든요.(웃음) 그때 정말 경험이 부족한 건 마케터한테 치명적이라는 걸 엄청 느꼈어요. 그때부터는 주말에 세미나나 책을 보는 공부를 하러 다니는 게 아니라, 서울에 있는 모든 놀러 갈 만한 곳은 다 다녔어요. 그게 그때 제가 했던 노력이었던 것 같아요. 그해에 열리는 각종 페스티벌은 다 갔었으니까요.

결국 놀 줄 아는 인간이 일도 잘한다는 거네요.

네, 저는 그때까지 마케팅이란 게 공부로 되는 거라고 생각했는데, 그것보다 경험이 중요하다는 걸 깨달은 거죠. 그 대학생 인턴분들과 저는 경험이 다른 거예요. 저는 전문대 나와서 조 과제도 안 해봤고, 동아리 같은 것도 없었거든요. 근데 당시 인턴 친구들은 해외 봉사 활동이나 유럽 여행도 갔다 와서 이야기를 해보면 경험에서 차이가 많이 느껴졌어요. 나이는 진짜 하나도 중요하지 않구나 싶었죠. 제가 병원에서 4년 반을 일하고 이직을 한 것이어서 주임이라는 타이틀을 달고 들어왔는데, 너무 창피하더라고요. 아예 신입으로 들어왔으면 회사에서 알려줬을 텐데, 스타트업이라서 경력직을 뽑았는데 실제로는 신입보다 못하니까. 회사도 당황스러웠을 거예요. 결국 회사가 저를 많이 키워줬죠.

그 후로 회사에서 어떤 것들을 경험하면서 마케터로서 성장했다고 생각해요?

배민에 와서 너무 신기했던 게, 월요일부터 금요일까지 강연을 듣는 느낌이었어요. 대전에서는 저 혼자 마케팅 하는 사람이라고 하고 다니면서 주말마다 강연 들으러 다니고 했는데도 뭔가 채워지지 않는 게 있었거든요. 근데 내가 들었던 어떤 강연보다도 평일에 동료들한테 배우는 말이나 가르침이 되게 값지다는 생각을 했던 것 같아요.

그렇게 배우면서 했던 프로젝트, 어떤 게 있나요?

제가 메인으로 했던 건 배민 SNS 운영 업무였어요. 근데 배민 마케팅팀은 무슨 일이든 혼자 하게 내버려두지 않고, 모든 프로젝트를 같이 참여할 수 있게 했어요. 물론 각자 좀 더 메인으로 맡는 업무들이 있지만, 다 함께 참여를 하니까 진짜 같이 경험한 것들이 많았죠. TV CF도 참여했었고, '치믈리에'나 '배민신춘문예', 'ㅋㅋ페스티벌' 같은 캠페인도 했었죠. 그 중에서 저는 치믈리에 캠페인이 가장 기억에 남는데, 그게 원래 회사 내부에서 하던 이벤트였거든요. 신규 입사자들이 오면 '진짜 배민의 일원이 되려면 치킨 맛을 알아봐야지' 하면서 재미로 치킨 블라인드 테스트를 했었어요. 근데 그걸 하고 온 신규 입사자들이 맨날 그 얘기만 하는 거예요. 그거 너무 재밌었다고. 저희 팀이 그 얘길 듣다가, '우리 구성원들이 이 얘기만 할 정도면 외부로 이걸 꺼내도 재밌겠는데?' 하면서 시작된 거죠. 물론 이런 캠페인이란 게 성과를 바로 지표로 보여줄 수 없는 일들이라 설득하는 과정에서 처음에 약간 힘들었어요. 게다가 그때까지 회사에서도 500명 이상이 모이는 오프라인 행사를 해본 적이 없으니까 되게 무서웠죠. 당시 제 위의 팀장님이 출산 휴가로 쉬고 계셨는데, 실례인 줄 알지만 전화해서 물어보기도 하면서 동료들과 덜덜 떨면서 했던 기억이 나요. 덕분에 무사히 첫 회를 잘 끝냈었죠.

그렇게 고군분투하면서 배민에서 무려 6년을 일했잖아요. 그동안 그래도 내가 이거 하나는 잘한 거 같다 싶은 거 혹시 있으세요?

기록 하나는 잘 해놓고 나온 것 같아요. 제가 처음 입사해서 들었던 얘기 중 하나가 왜 회의록을 적지 않느냐는 거였어요. 그때 알았어요. '아, 적어야 되는구나.' 그때부터는 회의록 작성을 다른 사람이 해도 개인적으로 계속 했어요. 그리고 회사에서의 일들을 모두 기록했어요. 그게 몸에 붙다 보니까 6년 동안 회사 안에서 있던 모든 역사를 제가 다 가지고 있더라고요. 그래서 누가 팀에 새로 들어왔을 때 업무 히스토리를 넘겨주고 설명해주는 게 늘 제 역할이었죠. 퇴사할 때도 그 기록들 이관하는 게 시간이 가장 오래 걸렸고요.

그게 진짜 엄청 중요하잖아요. 특히 회사 입장에선 굉장히 좋은 자산인 거니까요.

제가 회사에서 일하면서 진짜 많이 느낀 건, 내가 없으면 일이 안 돌아가서 '저 사람이 대단하다' 느끼게 하는 것보다는, 제가 없어도 전혀 티 안 나게 잘 돌아가게 하는 게 더 중요하다는 거예요. 저는 그게 진짜 일을 잘하는 거라고 생각하거든요. 함께 일하는 조직에서는 모든 팀원들이 다 알고 있어야 좋은 거잖아요. 그래서 그 역할들을 도맡아서 했던 것. 그건 정말 잘한 거 같아요.

마음고생을 하면서도 굴하지 않고 열심히 배우고 기록하면서 일했던 게 결국 '나는 마케터가 될 거야'라는 꿈 하나 때문이었잖아요. 실제로 마케터가 되어보니 어때요?

일해보니까 저는 누군가의 문제를 해결해주고, 그로 인해 누군가 행복해할 때 제가 행복한 사람이라는 걸 알게 됐어요. 마케팅이 그런 거 같아요. 이 브랜드가 어떤 일을 함으로써 사람들이 좋아하면서 문제도 해결이 되고, 더 나은 방향으로 가고. 이런 것들이 행복감을 주더라고요. 그리고 제가 한 가지를 깊게 못 해요. 근데 다양한 것에 관심이 많거든요. 마케팅이 다양한 분야를 경험할수록 도움이 되는 직업이다 보니까 더 재미있게 할 수 있었던 것 같아요. 결국 마케터란 내가 좀 더 나은 사람이 되고 싶게 하고, 좋아하는 것을 마음껏 좋아한다고 소리칠 수 있게 해주는 직업이지 않을까요?

#나를_찾아준_기록

"일을 잘하고 싶어서 시작한 기록이 내 언어를 찾는 일이 되었어요."

근데 승희 님은 회사 일과 별도로 개인적인 활동도 많이 하는 걸로 유명했잖아요. '숭'이라는 닉네임으로 알려진 것도 그 때문인데, 하고 있는 활동들을 소개해줄 수 있을까요?

그동안 독립출판으로 책을 두 권 냈고, 바코드가 붙은 일반 출판 도서 두 권까지 해서 총 네 권의 책을 냈어요. 인스타그램 하는 걸 너무 좋아해서 영감노트 계정(@ins.note), 아날로그 물품을 올리는 유즈드 프로젝트 계정(@used.project), 이번에 시작한 두낫띵클럽 계정(@donothingclub.seoul), 그리고 제 개인 계정(@2tnnd)까지 여러 개를 운영하고 있어요. 친구들과 '목요일의 글쓰기'라고 매주 글 쓰는 모임을 하고 있고요. 블로그, 브런치에 글을 꾸준히 올리고 있어요. 페이스북, 유튜브도 하고요.

모든 플랫폼에 숭이 있네요.(웃음) 그러고 보니 처음 취업부터 모든 게 다 SNS로 귀결되는데, 이렇게 다양한 플랫폼에서 개인적인 활동을 하게 된 이유가 궁금해요.

개인적인 활동이긴 하지만, 사실 첫 시작이 늘 '마케팅을 잘하고 싶다'는 마음이었던 것 같아요. 독립출판을 하게 된 것도, 회사에서 <치슐랭가이드>라는 책을 만들어야 했는데 그때 출판에 대해 하나도 아는 게 없었어요. 직접 책을 만들어봐야 업무 의뢰도 할 수 있겠다 싶어서 독립 책방에서 하는 책 만들기 수업을 마케팅 팀원들과 다 같이 들었어요. 그러면서 각자 만들고 싶었던 책을 만들기도 했고요. 제가 이렇게 책도 만들어보고, 인스타도 계속 하고, 브런치도 해보고 그러는 것이 결국은 계속 생산자의 뷰에서 보고 싶기 때문인 것 같아요. 유튜브도 시청자 입장에서만 보면 잘 모르는 부분도, 직접 만들어보면 이게 어느 지점에서 얼마나 어려운 것인지 알게 되고, 사람들이 뭘 좋아하는지도 알게 되잖아요. 결국 마케팅을 잘하고 싶으니까 소비자 뷰와 생산자 뷰 두 가지를 다 갖고 싶어서 했던 일인 거죠.

숭 하면 떠오르는 게 '영감'이잖아요. 영감노트를 직접 쓰기도 하지만, 인

스타그램 계정도 만들어서 영감 받았던 콘텐츠나 글, 브랜드들을 정말 많이 공유하잖아요. 이 정도면 영감에 대한 집착이 있는 것 아닌가 싶을 정도인데,(웃음) '영감의 대명사'가 된 이유가 있을까요?

영감노트는 원래 실제 노트에 제가 일상에서 받았던 영감들을 적어놓는 거였어요. 근데 사진이나 영상 같은 건 노트에 적을 수가 없잖아요. 그래서 그것들을 바로 찍어서 올리고 싶어서 만든 게 영감노트 인스타그램 계정이에요. 마케터도 결국 창작을 해야 되는 사람들이잖아요. 어떤 영감을 받아야 작업을 할 수 있다 보니 자꾸 영감에 집착하게 되는 것 같아요. 그리고 '영감'이라는 단어를 쓰게 된 이유가 있는데요. 신기하게도 사람들이 영감이라는 단어를 말로 하는 건 괜찮은데 글로 썼을 때 오글거려 하더라고요. 왜 영감이란 단어는 오글거릴까 싶어서 대놓고 써보자 해서 '영감노

트'라는 걸 만들었어요. 그 단어를 대놓고 꺼내버렸더니 '영감 하면 이승희 잖아'가 된 게 아닌가 싶어요. 이렇게 제가 받은 영감을 공유하는 이유는, 사람들이 잘 몰랐던 소수의 이야기나, 나만 알고 있지만 잘하는 브랜드들을 알리고 싶은 마음이 크기 때문이에요. 이런 질문을 많이 하더라고요. 나만 알고 싶은데 알려주면 아깝지 않냐고. 근데 저는 나만 알고 싶은 것보다 이걸 더 많은 사람들이 알았으면 좋겠다는 마음이 더 큰 거죠. 공유를 하면서 제가 얻는 게 더 많거든요. 한마디로 제가 좋아하는 것에 대한 호들갑을 잘 떠는 것 같아요.(웃음)

공유하는 것에서 기쁨을 느끼는 건 우리 세대가 가진 특징인 것 같기도 해요. 실제로 승희 님의 그 계정을 보고 비슷하게 영감을 모으는 계정들이 많이 생겼다면서요?

어느 날 어떤 분이 '저도 승희 님 따라서 영감노트 계정을 만들었어요'라고 '샤라웃(Shout Out)'을 한 거예요. 그랬더니 갑자기 그날 하루에 150명이 영감 계정을 만들어서 올린 거예요. 그때 되게 놀라웠고 이렇게 본인이 느끼는 영감을 인스타그램에 수집하려는 사람이 많다는 것에 든든한 동료를 얻은 기분이었죠. 아마 어떤 걸 보고 '좋았어' 하는 감정을 기록하지 못하고 흘려버렸던 경험이 모두 한 번씩은 있었을 텐데, 제가 이렇게 모으는 것을 보고 '나도 그럼 흘려버리지 않고 모아봐야겠다'라고 생각한 게 아닐까, 그 욕망을 제가 건드렸던 게 아닐까 싶어요.

그게 다른 사람들에게도 영향을 미쳤지만, 결국 승희 님 스스로를 찾아가는 과정이기도 했을 것 같아요.

제가 배민을 너무 좋아하다 보니까 약간 '회사인간'이 돼 있었던 것 같아요. 거의 제 SNS가 배민 공식 계정 같았으니까요. 회사의 CS가 저한테 들어오고 그랬거든요. 그러다 보니까 한편으로는 나를 점점 잃어가는 느낌을 받게 되더라고요. 이를테면 회사에 공격이 들어오면 제가 픽픽 쓰러지는 거죠. 오히려 대표님보다 제가 더 회사를 좋아했던 것 같아요. 누가 보면 내가 창업한 줄 알 정도로.(웃음) 그래서 그때부터 나에 대한 이야기를 써봐야겠다는 생각이 들면서 본격적으로 글을 쓰기 시작한 것 같아요. 나라는 사람을 잃어버리지 않고, 내 언어를 찾기 위해서. 당시에 브런치에 회사에서 배웠던 것들을 쓰고 있었는데, 그때부터는 회사 얘기를 쓰지만 그것에 대한 내 생각들을 꼭 썼던 것 같아요.

기록이라는 게 내 메모장에 혼자 하는 기록도 있을 텐데, 많은 사람들이 보는 블로그나 SNS에 계속 공유하잖아요. 공개된 곳에 썼을 때의 장점은 뭐라고 생각하세요?

글을 공개적인 곳에 오픈을 하면, 어떤 분은 다른 의견을 주시기도 하고, 또 어떤 분은 '근데 이것도 보셨어요?'라고 새로운 정보를 알려주기도 하거든요. 그러니까 저도 계속 수정과 퇴고를 하게 되고요. 결국 더 나아지기 위해서 공개적인 글쓰기를 하는 것 같아요.

얼마 전에는 〈기록의 쓸모〉라는 기록에 대한 책까지 냈잖아요. 승희 님에게 기록은 어떤 의미였나요?

회사 이름을 뗀, 그냥 이승희로서 했던 기록들을 모아서 한번 써보고 싶어진 거죠. 그래서 사실 기록에 대한 이야기라기보다는, 기록을 통해서 이승희의 진짜 쓸모를 찾아가는 이야기예요. '왜 얘는 이렇게까지 썼어?'라고 묻는다면, 저는 경험도 없고 가진 게 없었으니까 집착적으로 나의 아카이빙을 계속 했던 것 같아요. 쓸모없다고 느끼는 나를 쓸모 있는 인간으로 만들어준 게 기록이었으니까요. 그게 결국 회사인간이었던 나를 회사와 분리하는 과정이 아니었을까 싶어요.

#백수듀오_두낫띵클럽

“가만히 있는다는 게 가장 어려워요. 갑자기 옆에서 뛰면 나도 뛰어야 될 것 같으니까.”

얼마 전에 퇴사를 했잖아요. 퇴사를 결심하게 된 이유가 있을까요?

어느 순간 일에서 매너리즘이 오더라고요. 배민은 다양한 종류의 일을 하는 회사였는데도, ‘아이데이션-기획-실행-홍보’의 단계가 반복되는 게 조금 갑갑하게 느껴지는 순간이 퇴사하기 몇 년 전부터 왔어요. 그리고 이런 생각이 들더라고요. 60대가 돼서 서른 살의 나를 돌아보면서 ‘그때 뭐 하고 있었어?’ 하면 뭐 했었는지 잘 기억이 안 날 것 같은 거예요. 그냥 ‘배민 다니고 있었어’ 할 텐데, ‘서른둘에는 뭐 했어?’ 하면 또 ‘배민 다니고 있었어’, ‘서른셋에는?’, ‘그때도 배민…’ 이렇게 되는 게 약간 무섭더라고요.

근데 바로 퇴사하지 않은 이유는 뭐예요?

솔직히 나가면 여기보다 좋은 곳이 있을까 싶기도 했고요. 다음에 뭘 할지 계획도 없어서 1년 반을 고민했어요. 제가 피드에 맨날 회사 좋다고 쓰다가 갑자기 “퇴사합니다.” 하니까 이직하는 줄 아는 사람들이 되게 많았는데, 사실 그건 아니었거든요. 딱히 이직하고 싶은 회사도 없었고, 하고 싶은 일도, 돈도 없었죠. 퇴직금으로 내가 얼마나 버틸 수 있나 계산기 두드려보다가, 제 마음속에 기준이 하나 생기더라고요. 내가 퇴사를 했을 때 동료들의 모습을 보고 질투가 나고 부러워하는 마음이 들 것 같은지 아닌지. 나가고 싶은 마음 들 때마다 상상해본 거죠. 지금 내가 회사 밖에서 회사 콘텐츠를 봤는데 질투가 날 것 같고 ‘나도 저기 있었어야 했는데’ 하는 감정이 들 것 같으면 아직 때가 아니다.(웃음) 그러다가 ‘ㅋㅋ페스티벌’

이라는 캠페인을 하고 나서 마음이 바뀌더라고요. 지금쯤이라면 내가 나가서도 회사와 동료들을 진심으로 응원해줄 수 있을 것 같고, 회사가 친정처럼 느껴질 것 같더라고요. '아, 나 이제 나갈 때가 됐구나' 싶어서 혼자 하산했죠.(웃음)

10년 넘게 계속 어딘가에 소속돼 있던 삶이었잖아요. 그러다 갑자기 소속이 없어졌을 때, 어떤 기분이었어요?

솔직히 퇴사하고 나서 가장 먼저 느꼈던 감정은, 제 삶의 방향을 잃어버린 느낌이었어요. 제가 너무 회사인간이었던지라, 배민의 비전이 내 인생의 비전이었던 거예요. 저의 모든 일상도 회사 직무로서의 마케팅에 포커싱 되어 있었거든요. 음식점에 가도 '이런 거 배민에서 써먹으면 되겠다', 여행 가서도 '이건 페스티벌 팝업 스토어에 써먹으면 되겠다' 하면서 다녔고요. 그러다 이제 딱 그 배에서 내리니까, '그러면 난 이제 뭘 위해서 뭘 해야 되지?' 하는 생각이 들면서 일상이 재미가 확 없어지더라고요. 그때 한두 달 동안은 사람들 만나서 계속 삶의 비전이 뭐냐고 물어보고 다녔던 것 같아요.(웃음) 사람들이 되게 부담스러워 했는데도 계속 질문을 했는데, 사람마다 다 대답이 다른 거예요. 그중에 가장 기억에 남았던 대답이, '그냥 지금 내가 좋아하는 것과 내가 맞다고 생각하는 옳은 일들을 결정하면서 살다 보면, 크게 봤을 때 내 삶의 방향이 결정되더라'라는 거였어요. 그때부터는 지금 비전을 세워야 된다고 스트레스 받지 말고, 그냥 내가 옳은 일이라고 생각하는 방향으로 계속 가야겠다는 생각을 하면서 다양한 분야에 더 관심이 생긴 거 같아요.

근데 퇴사를 하자마자 또 뭔가를 시작했잖아요. 두낫띵클럽. 이름은 '두낫띵(do nothing)'인데 활동하시는 것들이 전혀 두낫띵하지 않던데요?

제가 따져보니까 학생 때부터 지금까지 살면서 처음 쉬어보는 거더라고요. 수능 보고 알바하다가 바로 대학교 들어갔고, 학교 다니면서도 계속 알바를 했고, 졸업하고 바로 취업했으니까요. 저한테는 이유 없는 여백의 시간이 한 번도 없었던 거예요. 근데 퇴사하고 나서 처음으로 아무 계획 없이 쉬니까, 계속 불안하더라고요. 그때 비슷한 시기에 퇴사했던 규림이라는 친구가, 아무것도 하지 않아도 괜찮다고 말해주면서 '그러면 우리 아무것도 안 하는 클럽을 만들면 어떠냐'고 하더라고요. 그렇게 가벼운 마음으로 두낫띵클럽을 결성했던 거예요. 물론 아무것도 하지 말자면서 인스타 계정을 만든 게 아이러니긴 하죠.(웃음)

그러니까요. 결국에는 그걸로 엄청난 콜라보 프로젝트를 했잖아요. 온라인 프로젝트가 아니라 오프라인에서 행사도 엄청 크게 열었잖아요.

일에 대한 유쾌한 농담을 던지는 것을 모토로 삼는 모베러웍스라는 브랜드가 있어요. 제가 우연히 그분들이 운영하는 유튜브 영상을 보고 너무 재밌어서 엄청 공유를 했었거든요. 그랬더니 브랜드에서 고맙다고 연락이 와서 만났는데, 두낫띵클럽의 메시지가 재밌다면서 한 시즌을 같이 해보지 않겠냐고 하더라고요. 그래서 NOT TO-DO 리스트 메모지, NO-WIFI 노트, DO NOTHING 의자 같은 라이프 스타일 굿즈를 함께 기획하고 만들었고요. 이 물건들을 그냥 파는 게 아니라, 5월 1일 노동절에 전시 겸 판매하는 팝업스토어를 열게 된거죠.

너무 재밌었어요. 두낫띵클럽이 말하고자 하는 메시지가 브랜드가 가진 메시지와도 잘 맞아떨어진 것 같아요.

진짜 이 바쁜 세상에 가만히 있는다는 게 되게 어려운 일이잖아요. 갑자기 옆에서 뛰면 나도 뛰어야 될 것 같으니까. 그래서 사람들이 '아무것도 안 해도 돼'라는 메시지를 더 좋아했던 것 같아요. 사실 저희끼리 위로를 하려고 만든 말이었는데, 거기에서 많은 사람이 위로를 받은 거죠. 실제로 프로젝트 마지막에 했던 전시 때 방명록을 쓰고 간 분들이 많았는데, '아무것도 안 해도 된다고 말하는 데가 처음이었다'는 분도 있었고, '아무것도 안 할 수 있는 용기' 같은 말도 적어놓고 가시고. 취준생뿐만 아니라 집순이, 집돌이들도 많이 공감해주신 것 같아요.

실제로는 너무 많은 걸 하고 있지만 마음 한편에는 늘 아무것도 안 하는 순간을 꿈꾸거든요. 근데 이 두낫띵클럽 멤버십 카드를 가지면 내가 아무것도 안 하는 것 같은 기분을 느낄 수 있다는 콘셉트가 너무 재밌는 거죠.(웃음) 실제로 이 실체 없는 멤버십을 그렇게나 많이 가입했다면서요.

헬스장 회원 카드 같은 거죠. 가지 않아도 운동한 것 같은 기분.(웃음) 일주일 동안 한 8천 명은 가입한 것 같아요. 한편으로는 저희가 아무것도 안 한다고 하면서 너무 많은 걸 하는 게 웃겨서 재미있어 하시는 분들도 있었고요.

그러니까요. 올해 가장 바쁜 백수이셨더라고요. 두낫띵클럽 활동 외에도 책이 나와서 전국으로 북토크도 하러 다니고 있고요. 결국 두낫띵은 체질이 아니었던 걸까요?

체력은 안 되는데 에너지는 많은 스타일인 것 같아요. 지금 퇴사한 지 8개월 됐거든요. 24시간의 시간 관리가 나한테 온전히 주어진 게 처음 있는 일이잖아요. 회사나 학교의 울타리 없이 내가 내 루틴을 짜야 되는데 어렵더라고요. 이를테면 내가 이렇게 일정을 짜면 어떨지를 조금은 파악을 해보고 계획을 했어야 했는데, 미래에 내가 어떨지 모르고 북토크라든가 재밌어 보이는 게 있으면 무조건 '다 해볼까?' 하다 보니 일이 너무 몰려서 요즘엔 조금 타이트하다고 느끼고 있어요. 속도 조절을 잘 해야겠다 싶어요.

#퇴사보다_중요한_것

"나는 이미 다음 여정을 시작했는데 사람들은 자꾸 저의 다음이 궁금하대요."

퇴사를 하고 나면 내 직업이나 먹고사는 일에 대해서 조금 객관적으로 생각할 수 있게 되는 것 같아요. 승희 님은 어때요? 앞으로 어떤 일을 하고 싶어요?

일단 저의 1차적인 목표는 내 삶의 건강한 밸런스를 찾는 거예요. 회사 다닐 때는 언제 출퇴근할지, 점심은 몇 시에 먹고, 몇 시에 자야 될지 같은 게 정해져 있던 삶이었잖아요. 그러다 거기서 나왔을 때 제 일상이 다 무너졌던 거죠. 근데 이걸 내가 스스로 찾지 못한 채로 또 어딘가에 맞추면, 저는 또 회사인간이 될 것 같더라고요. 돈 관리도 그래요. 회사 다닐 때는 재무팀에서 다 해주잖아요. 매달 정해진 월급이 들어오고, 연말정산 내라고 하면 서류 제출하고. 그러던 삶이었는데, 올해는 제가 직접 연말정산도 알아보고 찾아서 해야 됐어요. 그걸 하면서 마치 제가 어린애가 된 기분이더라고요. 인생을 다시 공부하는 느낌이랄까요. 그래서 일단은 누가 떠먹여주지 않아도 내가 주체적으로 내 시간 관리를 할 수 있게 되고 내 삶의 루틴을 잡은 다음에 무슨 일이든 해야겠다는 생각을 하고 있어요.

저도 개인 사업자가 되고 보니까 세금 신고 같은 알아야 할 행정 업무가 엄청 많더라고요. 왜 학교에서는 이런 걸 안 알려줬을까, 이거야말로 진짜 자립형 인간에게 필요한 것이 아닐까 싶더라고요.

맞아요, 자립이라는 단어가 딱 맞는 것 같아요. 진짜 자립할 줄 알게 되면 그때는 어디에 또 소속되어도 상관없을 것 같아요. 회사 이름이나 명성보다 내가 무슨 일을 할 것인가가 중요하게 되는 거죠. 제가 퇴사 전까지는 이보다 좋은 데가 없는 것 같고 가고 싶은 데도 없다고 느꼈는데, 퇴사하고 나니 정말 다양한 회사와 조직들이 눈에 들어오더라고요. 이제는 조금 더 주체적으로 내가 어떤 이야기를 하고 싶은지에 따라서 다음 스텝을 결정해야겠다는 생각이 들었어요.

우리도 지금 퇴사 이야기를 하고 있지만, 요즘 퇴사 콘텐츠가 정말 많아졌죠. 사실 퇴사 이야기가 주목받게 된 이유도 결국 지금껏 하나의 선택지만 있었다면 그게 다가 아니라는 메시지에 있다고 생각하거든요. 중요한 건 실제로 회사를 다니거나 안 다니는 게 아니라, 그 안에서 얼마나 휩쓸리지 않고 자기다운 것을 찾을 수 있느냐인 것 같아요. 그런 점에서 저는 승희 님의 경험이 힌트가 될 수 있을 것 같아요. 회사를 다니면서도 '숭'이라는 이름을 알리고 내가 좋아하는 것들을 찾아나갔잖아요. 나를 잃고 싶지 않은 사람들에게 경험자로서 해주고 싶은 이야기가 있을까요?

우선 먼저 얘기하고 싶은 건, 결코 퇴사하지 않았다고 해서 용기가 없거나 도전적이지 않은 게 아니라는 거예요. 오히려 제가 퇴사를 하고 보니까 매일 하루하루 열심히 출근하는 삶을 사는 직장인들이 더 대단하게 느껴지더라고요. 나는 어떻게 그걸 10년이나 했을까 싶을 정도로. 저는 사실 병원에서 4년 반 일했고, 배민에서도 6년을 일했어요. 이것만 봐도, 이직하지 않고 한곳에서 오래 있었잖아요. 어쩌면 도전적이지 않은 사람처럼 보이죠. 근데 저는 그 안에서 꾸준히 그냥 제가 할 수 있는 것들을 했던 것 같아요. 회사를 다니면서도 나를 잃지 않는 방법이 저마다 있을 텐데, 저한테는 그게 글쓰기였어요. 기록하면서 자신의 감정과 생각을 계속 들여다보는 일을 하면 도움이 되더라고요. 그게 누군가에겐 그림이 될 수도 있고 사진이 될 수도 있고 유튜브 영상이 될 수도 있겠죠. 그렇게 스스로 내 이야기를 해보는 연습을 하다 보면 직장에만 답이 있는 게 아니라 나의 다양한 면면과 진로를 찾을 수 있는 가능성이 생기는 것 같아요. 그러니까 회사의 문만 열어두지 말고, 진짜 다양한 페르소나의 문을 열어두라는 거죠. 다양한 삶의 길목에서 그 문을 여는 연습을 스스로 하다 보면, 보이는 뷰가 달라지는 것 같아요. '이 회사가 아니어도 난 다른 걸 할 수 있어' 하는 마인드가 있으면 회사에 집착할 필요가 없죠. 회사를 다니면서도 여유가 생길 거예요. 저는 오히려 회사 다닐 때 너무 집착을 했잖아요. 그걸 제가 찐하게 경험하고 나니까 그러면 안 되는 거였다는 걸 깨달은 거고, 이제서야 떨어지는 연습을 하는 거거든요. 저처럼 하지 마시고 회사를 다니면서도 나에게 집중하는 경험을 많이 하는 걸 추천드리고 싶어요.

OOO의 이승희 말고, 이승희의 OOO을 만들고 싶다는 말이 인상적이었어요. 앞으로 이름 옆에 회사가 아닌 어떤 수식어를 만들고 싶으세요?

퇴사하고 나서 저는 여러 가지 활동을 하고 있는데도 사람들은 계속 '너의 다음이 궁금해'라고 하는 거예요. 그건 결국 삶을 회사 단위로 생각한다는 거잖아요. 지금 내가 하는 모든 것은 그들에게 다음이 아닌 거예요. 나는 이미 다음 여정을 시작했는데 그걸 삭제하는 느낌이 들더라고요. 사람들이 생각하는 그 다음, 어딘가에 소속되는 나 말고 '이게 이승희가 하는 일이구나, 그래서 재밌어 보인다'가 될 수 있도록 저라는 사람이 더 단단해져야겠다는 생각이 들어요. 저는 이제 어디 소속의 이승희가 아니라, '이승희가 뭐 하네', '이승희가 이런 일을 한다' 이렇게 제 이름이 먼저 앞으로 나왔으면 좋겠어요. 그리고 내가 정말 자립해서, 내가 내 삶을 리드할 줄 아는 사람이 되면 그렇게 될 수 있겠다는 생각이 들어요.

*이 인터뷰는 2020년 7월에 진행되었습니다.

interviewee
미스페니
28세
#미래형_조직은_이렇게_일한다
#90년대생_경제_상담가
#내_나이에는_얼마_모아야_돼요
#오늘_나답게_사는_돈_관리법

episode 09

직장인보다 자유롭고, 프리랜서보다 안정적인

평생직장은 이제 다 옛날 이야기라고 하지만, 그렇다고 당장 소속 없이 먹고살기엔 불안정하고 외로운 게 현실. 독립적이고 자유롭게 일하는 사람들이 늘어날 앞으로의 시대에는 그 중간 어디쯤 위치한 형태도 필요하지 않을까? 직장인보다는 자유롭지만, 프리랜서보다는 안정감을 느끼며 외롭지 않게 일할 수 있는 그런 형태 말이다.

얼마 전 읽은 <도쿄R부동산 이렇게 일 합니다>라는 책에는 '프리 에이전트(free agent)'라는 개념이 나온다. 직장인과 프리랜서의 중간 형태로 양쪽의 단점을 보완하고 좋은 점만 취한 방식이다. 개인은 각자 사업자로서 회사와 계약을 하고, 월급이 아닌 성과에 따른 보수를 받는다. 일하는 시간과 방식은 스스로 정하면 된다. 프로젝트 단위로 모였다 흩어지는 게 아니라 회사에 소속되어 있으면서 따로 또 같이 일한다. 그러면서 조직의 성장이라는 공동의 목표를 공유한다. 마치 프로야구 구단처럼 말이다. 이렇게 하면 막상 프리랜서가 됐을 때 개인으로서 규모 있는 일을 하기 어려워 결국 하고 싶지 않은 일을 하면서 먹고살게 될 수도 있는 맹점을 보완할 수 있다고 본 것이다.

이런 형태가 국내에서도 실제로 가능할까? 신기하게도 나는 이 책을 읽기 몇 개월 전에 그것과 아주 유사한 방식으로 일하는 사람을 만났다. 재테크 경제 상담가로 일하는 90년대생 미스페니(이하 '페니')다. 모 경제교육 협동조합에 속해 있지만, 회사에서 월급을 받는 형태는 아니다. 오히려 구성원 각자가 자신이 번 수익에서 일정 금액을 출자금 형태로 내고 회사를 운영한다. 출퇴근이 자유롭고, 격주에 한 번 하는 회의에만 참석하면 된다. 구성원 각자는 회사가 가진 인프라와 시스템을 활용해 각자 자신만의 커리큘럼을 만들어 일할 수 있다. 만약 혼자라면 교육에 대한 정보도, 고객에 대한 인프라도 마련되어 있지 않은 상태에서 독립하기는 쉽지 않은 일이지만, 이렇게 모여 있으면 함께 가진 정보가 힘을 발휘한다. 회사가 자유로운 안전망이 되어주는 것이다. 페니는 이런 형태가 당장 안정적인 연봉을 보장받을 수는 없지만 자신만의 속도로 성장할 수 있어서 좋다고 말한다. 떠밀리듯 주변의 속도를 따라가기 위해 무한 경쟁을 해야 한다는 압박감에서 벗어나 자신의 속도로 일을 꾸리고 삶을 설계할 수 있다는 것이다. 자신이 움직인 만큼 돈을 벌 수 있고, 상상하는 만큼 키워나갈 수 있다. 그가 이런 낯선 형태를 선택한 이유는 또 있다. 바로 회사와 개인 간의 거리감이다. 회사는 개인에게 크게 간섭하지 않고, 개인도 회사에 대한 기대가 없다. 직급이나 나이에 따른 위계질서 속에서 일방적인 지시를 받아야 한다거나, 원치 않는 조직문화에 따라야 하는 괴로움도 없다. 이런 방식은 스스로 일을 리드할 키를 개인에게 쥐여준다.

한편, 미스페니는 이런 조직 형태를 발판 삼아 '90년대생 경제 상담가'로 성장 중이다. 그가 상담하는 대상도 같은 또래의 밀레니얼 세대. 그는 '욜로' 아니면 '짠내'로 나뉘는 극단적인 재테크가 아닌, 오늘을 희생하지 않으면서도 나다움을 유지할 수 있는 재테크를 연구하고 전파하고 있다. 모두가 빠르게 성장하는 분위기 속에서 우리는 언제나 조급하고 불안하다. 쏟아지는 정보에 현혹되기도 쉽다. 이런 주변의 소리에 흔들리지 않기 위해서는 내 삶의 키를 스스로 쥐는 것이 중요하다. 그런 의미에서 미스페니와 나눈 일과 돈에 대한 이야기는 내 삶을 주도적으로 살아가고 싶은 당신이 새로운 선택지를 상상하는 데 꽤 유용한 힌트가 될 것이다.

#미래형_조직은_이렇게_일한다

"너무 가깝게 일하고 싶지도 않고, 혼자 외롭게 일하고 싶지도 않은 거예요."

경제 교육 협동조합이라고 소개해주셨는데, 정확히 어떤 회사인가요?

경제 상담이나 강의 같은 교육 서비스를 판매하는 회사예요. 일반 회사와 다른 점이라면, 일반 회사는 회사의 주인이 따로 있고 그 아래 노동자가 있잖아요. 근데 협동조합은 일하시는 모든 노동자가 출자금을 낸 회사의 주인이라는 점이 달라요.

일하는 사람들이 회사의 주인이라고 했는데, 그러면 월급은 따로 없는 건가요?

네. 정해진 월급은 따로 없고 개개인이 강의나 상담을 통해서 벌어들인 돈의 몇 퍼센트를 조합에 납부하는 거예요. 그렇게 사람들이 낸 돈을 모아서 조합을 운영하는 거죠. 일반 회사가 직원을 먹여 살린다면, 우리는 우리가 회사를 먹여 살리는 구조로 운영이 된다고 볼 수 있어요.

일반 회사에서는 내가 이번 달은 일을 조금 했든 많이 했든 똑같이 월급을 받잖아요. 근데 페니 님 같은 경우에는 내가 일을 조금 하면 조금 벌게 되고, 많이 하면 많이 벌게 되는 구조라서 더욱 돈이 소중하게 느껴질 것 같은데, 거기서 또 일부를 회사에 납부해야 된다는 게 좀 아깝다는 생각은 안 드나요? 보통 회사원들은 그런 생각 하거든요. '회사가 나한테 해준 것도 없는데…' 같은.(웃음)

내 월급 소중하죠.(웃음) 근데 일단 제가 상담을 하거나 강연을 할 때 회사의 도움을 받는 부분이 분명히 있기 때문에 그것에 대한 비용을 낸다고 생각하고요. 또 적게 버는 사람은 적게 내고 많이 버는 사람들은 많이, 정해진 비율로 내기 때문에 실제로 대표님이 제일 많은 돈을 내고 있어요. 그래서 이런 것들에 대해서 부당하다는 생각을 한 적은 없는 것 같아요. 그리고 월에 한 번씩 회사에 돈이 어떻게 들어왔고, 또 어디로 쓰이는지 같은 것들을 전 조합원이 공유를 해요. 그때 다 확인하기 때문에 납득할 수가 있어요. '아, 내가 낸 돈이 이렇게 쓰이는 구나.' 이렇게.

소속은 있지만 고정된 수입이 있는 게 아닌데, 불안정한 느낌이 들진 않나요?

완전 많이 들죠, 불안정하죠.(웃음) 저도 이게 굉장히 불안정한 선택이라고 생각해요.

그런 형태로 일을 하겠다고 했을 때 주변의 가족이나 친구들의 반응이 어땠는지 궁금해요.

부모님은 당연히 안 좋아하셨고요. '그런 걸로 먹고살 수 있어?' 이런 느낌이었죠. 사실 부모님 입장에서는, 신입으로 들어갈 수 있는 나이가 한정되어 있으니까 그 시기를 놓치기 전에 일반 회사에 들어갔으면 하는 마음이 크셨던 것 같아요. 사실 맞는 말이잖아요. 그걸 틀렸다고 생각하지는 않았기 때문에 이 결정을 내리면서도 굉장한 두려움이 있었어요. 물론 부모님이 반대를 하셨다고 해서 제 결정을 접은 것은 아니었지만 그런 대화를 나누고 나서 저는 되게 힘들었어요. 왜냐면 '이제부터 진짜 내 선택에 대해 내가 책임진다' 하는 느낌이 있었거든요. 보통 많은 사람들이 가는 길을 선택했을 때는 그래야 하는 이유 같은 것들이 잘 마련돼 있는데, 이건 아무도 찬성하지 않고 나만 찬성하는 길인 거잖아요.(웃음) 지금까지 안전하고 평범한 길만 선택해왔는데 처음으로 나만 동의하는 그런 결정을 내린다는 게 되게 두렵고 힘든 부분이긴 했어요.

그럼에도 불구하고 스스로 선택한 길을 가게 됐죠. 선택한 이유가 있었을 거예요. 이런 형태로 일을 하는 게 어떤 점이 좋았는지 궁금해요.

우선 정해진 출퇴근이 없고요. 본인이 상담이나 교육이 있을 때 정해진 곳으로 가면 되고요. 격주에 한 번씩 회의가 있어서 그때만 조합원들이 모여서 회의를 해요. 소속이 있는 프리랜서라고 보면 될 것 같아요.

굉장히 자유로운 것 같지만, 그런 부분에서 오히려 그게 나한테 맞느냐 안 맞느냐가 중요할 것 같아요.

저한테는 맞는 거 같아요. 불안정한 부분이 분명히 있고 저도 그걸 안 느끼는 게 아니거든요. 불안함을 느끼면서 이 길을 가는 거예요. 근데 그건 내 선택에 대한 비용이라는 생각이 들어요. 모든 게 완벽한 선택은 없잖아요. 직장 생활을 하시는 분들도 다 거기에 장단점이 있듯이. 그리고 일반적인 직장 생활을 한다고 해서 불안하지 않은 건 아니라고 생각하거든요. 이런 생각을 하게 된 게, 제가 대학에 입학했을 때 아버지가 은퇴를 빨리

하셨어요. 그래서 그다음 직업을 찾는 데 많은 시간과 에너지를 들이시는 걸 봤는데, 그걸 보면서 '회사를 다닌다고 해서 다 해결되는 건 아니다' 하는 생각이 저한테 강하게 들었던 거 같아요. 근데 지금 하는 일 같은 경우에는 초기에는 남들보다 불안할 순 있지만 내 것이 쌓이는 일이라고 생각을 했고, 그래서 더 오래 할 수 있겠다는 마음이 들어요.

페니 님이 느끼기에 이런 형태의 조직에서 일한다는 게, 일반 회사 생활과 비교했을 때 가장 큰 차이는 뭐라고 생각하나요?

그러니까 일반 회사에서는 사실 '까라면 까'잖아요. 내가 하고 싶든 하기 싫든 주어진 업무가 있으면 해내야만 하는 거니까. 굉장히 힘들지만 또 빠르게 성장할 수 있다는 장단점이 있는데, 저희 회사 같은 경우에는 회사가 저한테 그런 것들을 강요하지 않으니까 제 능력이 허락하는 선에서 조금씩 제가 할 수 있는 범위를 넓히면서 자라올 수 있었던 것 같아요. 그래서 제가 너무 소진되지 않는 선에서 일을 해나갈 수 있었고, 내가 감당할 수 있는 속도로 성장할 수 있다는 게 차이점인 것 같아요. 그러다 보니까 단점은 조금 느리다는 거? 보통의 회사에서는 힘들어도 극복해나가면서 일을 하는데, 저 같은 경우에는 힘들면 쉬면서 하니까 남들만큼 빠르게 성장하지는 못하는 거 같아요. 근데 빠르다고 해서 무조건 좋은 건 또 아니니까, 자기가 원하는 속도가 있을 거고, 그 속도에 맞게 일하는 게 행복한 길이 아닐까 생각해요.

이런 형태가 국내에는 아직 많지 않지만 제가 볼 때는 굉장히 미래적인 형태인 것 같거든요. 지금 우리 세대가 평생직장 개념보다는 조금 더 자유롭게 일하는 사람들이 많이 늘어나고 있으니까, 그런 시대에 좀 더 맞는 형태가 되지 않을까 싶어요. 개인적이면서도 또 어떤 안전망은 되어주는.

그런 면에서 또 중요한 게, 어쩌면 조직과 나의 거리감인 것 같아요. 그러니까 이 회사도 저한테 바라는 게 크게 없고 저도 회사한테 바라는 게 크게 없어요. 근데 그게 저는 괜찮거든요. 너무 가깝게 일하고 싶지도 않고, 그렇다고 혼자 외롭게 일하고 싶지도 않은 거예요. 예를 들면 제가 똑같은 일을 똑같은 사람들과 하는데, 지금과는 달리 맨날 출퇴근을 하고 하루 여덟 시간씩 그분들의 얼굴을 보면서 일하는 조직이었다고 한다면? 과연 똑같이 이 일을 좋아할 수 있을까? 저는 아니라고 생각하거든요. 그래서 저는 어떤 일을 하는가만큼, 어떤 거리감을 갖고 일하는가도 개인의 행복감에 굉장히 큰 영향을 주는 것 같아요. 지금 속해 있는 회사는 제가 원하는 딱 그만큼의 거리감 정도를 요구하기 때문에 지속할 수 있는 것 같고요.

#90년대생_경제_상담가

"우리 세대에게 재테크 교육이 필요한 이유는 심리적 박탈감이 큰 세대이기 때문이에요."

경제 상담하는 일을 한다고 했잖아요. 구체적으로 어떤 내용들을 상담하는 건가요?

보통 우리가 마음이 힘들 때 심리 상담을 받잖아요. 그런 것처럼 돈에 대한 고민이나 걱정 같은 게 있을 때 경제 상담을 받는다고 보면 돼요. 미래가 불안하다거나, 매달 돈이 부족하다거나 하는 문제들이 있을 때 사실 어디서부터 어떻게 해결해야 될지 잘 모르잖아요. 그럴 때 상담을 신청하면 지금 자신의 현재 경제 상황이 어떤지 정리해드리고, 그걸 바탕으로 앞으로 어떻게 하면 좋을지를 함께 협의해가면서 개선하는 거예요.

저처럼 '돈알못'인 사람한테는 생소하고 어려운 일처럼 느껴지는데, 페니

님은 어떻게 그 일을 하게 되셨는지 궁금해요.

저도 원래 이쪽으로 일할 계획이나 생각이 전혀 없었어요. 학교 다니면서 적당히 취업 준비하는 평범한 학생이었어요. 그러다 재학 중에 일반 회사 인턴을 하게 됐는데, 제가 관심을 갖고 있던 회사였거든요. 회사 문화라든가 직무에도 관심이 있었고, 실제로 거기서 일하는 동안 사람들도 잘 해줬어요. 근데 회사를 다니는 동안 행복하지가 않더라고요. 원인이 뭘까 생각해봤어요. '일도 괜찮고 조건이 완벽한데, 나는 왜 이렇게 행복하지 않지?' 결론은 '아, 문제가 회사가 아니라 나한테 있다'였어요. 사실 일이라는 게 다른 사람들이 하기 힘들어하는 부분을 대신 해주는 측면이 있잖아요. 그렇기 때문에 내가 하기 싫은 일도 할 수 있어야 되는데, 저는 그러기가 너무 싫은 거죠. 그런 걸 잘 참을 수 있는 사람은 아니라는 생각이 들었어요. 그때 깨달았죠. '내가 돈을 많이 벌 수 있는 사람은 아니겠구나.' 그래서 앞으로 어떤 일을 해야 할지는 모르겠지만, 일단은 적은 돈으로 잘 사는 법부터 알아야겠다는 생각이 들어서 관련된 교육 기관을 찾다가 지금 이곳을 알게 됐고요. 거기서 교육을 받다 보니까 흥미가 생겨서 그 이후로 이 일을 하게 됐죠.

원래부터 돈에 대한 개념이 남다르셨던 걸까요?

대학생 때 보통 '앞으로 어떤 일을 하면서 먹고살까'를 많이 고민하잖아요. 저도 그랬는데, 사실 아무리 생각해봐도 가고 싶은 회사가 분명하게 떠오르지가 않았어요. 왜냐면 보통 회사는 물건이나 서비스를 판매하는 곳이니까 '더 사라', '돈을 써라', '소비를 해라' 같은 것들을 말하는 역할을 할 수밖에 없는데, 저는 우리가 이렇게 점점 더 많이 생산하고 쓰는 것만이 좋은 것인가에 대한 의구심 같은 게 있었거든요. 사실 아까 말했던 인턴을 했던 회사도 그나마 HR 부서여서 사람을 관리하는 일은 내가 보람을 느낄 수 있지 않을까 해서 찾아간 거였지, 근본적인 부분까지 동의가 된 건 아니었던 것 같아요. 근데 지금 일하는 곳에서는 소비를 권장하지 않으면서도 내가 먹고살 수 있는 곳이니까, 제 가치관이랑 부합한다고 생각했어요.

이런 형태로 일한 지는 얼마나 된 거예요? 이것도 경력이 쌓이면서 더 좋아지는 부분들이 있나요?

이제 이 일을 한 지 4년 차예요. 초기에는 사람들이 저를 믿고 일을 맡겨주지 않잖아요. 근데 경력이 쌓이면서 내 콘텐츠도 쌓이고 인지도도 생기기 때문에 더 많은 곳에서 나를 불러주고, 같은 시간을 일해도 더 높게 페이를 받을 수 있죠. 앞으로 점점 더 좋아질 거라고 생각해요.

그럼 페니 님의 주요 타깃층은 저희 세대인 건가요?

네, 저랑 비슷한 20~30대를 대상으로 교육이나 상담을 진행하고 있어요.

얼마 전에 〈나의 첫 번째 머니 다이어리〉라는 책도 쓰셨잖아요. 뒤표지에 '90년대생에게 딱 맞는 청춘의 재테크를 알려줄게'라고 되어 있어서 굉장히 관심이 갔어요. 90년대생을 포함한 밀레니얼 세대에게 사실 재테크가 그렇게 가까운 단어는 아니거든요. 왜 그렇다고 생각하세요?

아마 환경이 달라서 그렇다고 생각을 하는데, 예전에 경제 성장기에 일을 하시던 분들 같은 경우에는 '오늘 참고 희생을 하면 내일은 더 밝은 미래가 펼쳐질 거야' 하는 기대가 있었잖아요. 근데 저희는 애초에 그런 기대가 없는 세대이기 때문에, 오늘을 참고 희생해야 되는 재테크에 대해서는 좀 흥미를 잃어버린 게 아닌가 싶어요.

페니 님은 그 사람들을 대상으로 돈 관리법을 이야기하고 있는 건데, 밀레니얼 세대에게 돈 관리가 왜 필요할까요? 애초에 돈이 별로 없잖아

요.(웃음)

그럼에도 불구하고 우리 세대에게 재테크 교육과 상담이 필요한 이유는, 우리가 굉장히 심리적 박탈감과 결핍이 큰 세대이기 때문이에요. 우리는 지금 먹을 게 없어서 굶어 죽는 그런 세대는 아니잖아요. 그보다는 주위에 너무 화려한 것들이 많고, 계속 '너는 아직 부족하다', '너는 충분하지 않다' 같은 메시지를 주는 환경에서 살고 있기 때문에, 이런 세상에서 온전한 정신과 만족감을 갖고 살아간다는 게 쉽지 않은 거 같아요. 이런 상황에서 필요한 재테크는 1억, 10억을 모으자고 목표를 찍고 막 달려가는 게 아니라, 지금 내 경제 상황은 어떤지, 내 돈은 어떻고 나는 어떤지를 살펴보는 재테크이기 때문에 기준을 외부에 두지 말고 나한테 돌아와서 한번 살펴보자는 얘기를 해요. '남들이 이거 필요하다는데, 너 정말 이거 필요해?', '남들은 미래에 이거 이루어야 된다는데, 네가 정말 이걸 이뤄야 해?' 이런 것들을 점검해보고 내 입장에서 내가 기준을 세우고 내게 필요한 목표들을 이루어나가자는 거죠. 그러면 불필요한 것들을 좀 정리할 수 있고, 내 우선순위에 따라서 살 수 있기 때문에 꼭 오늘이 엄청 힘들지 않아도 생활의 만족도를 올리면서 재테크를 할 수 있다고 생각해요.

보통 재테크 하면 종잣돈 얘기를 하잖아요. 근데 일단은 우리 세대 중에 부모님이 주시지 않는 이상 종잣돈 가진 사람이 없죠. 돈이 없는 사람이 돈 관리를 하려고 할 때 가장 먼저 뭘 하면 좋을까요?

저는 제일 먼저 '쓰는 돈'부터 관리하자고 얘기를 하는데요. 아무리 돈을 적게 벌어도, 아니면 심지어 돈을 벌고 있지 않은 백수나 학생도 쓰는 돈은 있잖아요. 근데 많은 분들이 쓰는 돈을 관리한다는 개념 자체를 싫어하시는 것 같아요.(웃음) 쓰는 돈을 관리한다고 생각하면 뭔가 절약하고, 아껴 써야 될 것 같고, 힘들 것 같으니까 아예 시작도 하기 싫은 거죠. 근데 쓰는 돈을 관리하자는 게 꼭 그렇게 궁핍하게 허리띠 졸라매고 살아야 된다는 게 아니라, 일단 내가 쓰는 돈부터 어떻게 쓰고 있는지 살펴보자는 거예요, 가벼운 마음으로. 그렇게 관찰하다 보면 '아, 이런 데는 내가 돈 쓰면서도 참 만족감이 있구나' 싶은 부분이 있고, '이런 건 좋을 것 같아서 썼는데 생각보다 별로네' 하는 부분들도 분명히 있을 거예요. 그 별로인 부분부터 정리해나가면 힘겹게 억지로 참지 않으면서도, 내 재무 상황을 조금 더 원하는 방향으로 개선할 수 있죠.

허리띠 졸라맨다는 얘기를 했는데, 사실 대부분의 재테크 콘텐츠가 종잣돈이 없다면 그걸 만들기 위해서 일단은 줄여야 된다, 안 쓰고 안 먹고 모아야 된다고 말을 하잖아요. 그것에 대해서는 어떻게 생각하세요?

무조건 안 쓰고 안 먹으면 당연히 돈이 모이죠. 근데 문제는 '그렇게 살고 싶은가'인 것 같아요. 저는 그렇게 살고 싶지는 않거든요. 그러면 그렇게 살고 싶지 않은 사람은 아예 돈 관리는 포기해야 될까? 그건 또 아니라고 생

각해요. 저는 무조건 참는 방식이 효과적인 방식인가에 대해서 좀 의구심이 있는데요. 그렇게 참으면 저는 두 가지 중 하나가 된다고 생각하거든요. 첫 번째는, 터져요. 참다 보면 어느 순간 터지게 되어 있기 때문에, 아무리 지출을 줄였다고 하더라도 어느 순간 또 주체하지 못하고 쓰게 되죠. 만약 참는데 안 터졌다, 그러면 한이 돼요.(웃음) 특정 부분에 대해서 굉장히 예민해지거나, 좀 마음이 아파진다거나 하는 일들이 있기 때문에 참는 건 그다지 효과적인 방법이 아니라고 생각해요.

그런 말들이 있잖아요. '소확행'이나 'YOLO', '오늘만 산다' 같은. 이게 방금 말한 것처럼, '그럼 참지 말고 오늘 그냥 쓰자!' 하는 개념으로 좀 바뀌어가면서 생긴 말들인 것 같거든요. 'YOLO'로 살고 싶고 '소확행'을 하고 싶은 사람들한테는 어떤 처방이 필요할까요?

저는 YOLO족으로 살거나, 소확행으로 사는 게 문제는 아니라고 생각해요. 그냥 그 사람의 선택일 뿐이잖아요. 근데 얘기하고 싶은 부분이 있다면, '참는 게 있고, YOLO가 있고' 이렇게 두 가지 길만 있는 게 아니잖아요. 그건 이분법적인 사고인 것 같고요. YOLO로 살고, 소확행 하면서 살아도 되는데, 그것만 해보신 분들이라면 다양하게 돈을 쓰는 경험도 해보라고 말씀을 드리고 싶어요. 어차피 저축을 한다는 게 꼭 돈을 안 쓰고 못 쓰는 것만 의미하는 게 아니거든요. 지금 쓰느냐, 모아서 나중에 쓰느냐예요. 지금 쓰는 것에만 익숙한 분들이라면, 모아서 쓰면 어떤 느낌인지 한번 시도해보라는 거죠. 모아서 썼을 때만 얻을 수 있는 장점이 있기 때문에. 이렇게도 한번 써보고 저렇게도 한번 써보면서, '이건 이런 점이 좋네?' 할 수도 있고, 별로 안 맞는 것 같으면 다시 오늘만 살면 되는 거잖아요.(웃음) 너무 무겁게 생각하지 않았으면 좋겠어요.

#내_나이에는_얼마_모아야_돼요

"평균의 이미지만 보고 모든 게 갖춰진 삶을 꿈꾸는 거죠."

실례되는 질문일 수 있지만, 페니 님의 수입이 어느 정도인지 알려주실 수 있나요?

직장 다니는 친구들의 절반 정도 버는 것 같아요. 처음 일을 시작했을 때는 거의 0원이었고, 시간이 흐르면서 조금씩 오르고 있어요.

그 금액이 생활하는 데 충분하다고 느끼진 않았을 것 같아요. 어땠나요?

물론 충분하지 않았죠. 그래서 아르바이트를 병행하기도 했어요. 그래도 이 일을 시작하는 시점에 제 돈 관리도 함께 하면서 작은 돈이지만 그 안에서도 제 생활을 충분히 꾸릴 수 있는 방법들을 찾았고요. 또 저의 수입도 계속 성장할 거라는 확신이 있었기 때문에 괜찮았어요.

'적은 돈으로 잘 사는 방법'을 모색했다고 했는데, 페니 님의 일상 지출은 어떻게 구성되어 있는지 궁금해요.

저는 수입에 변동성이 크기 때문에 고정비를 줄이는 걸 최우선으로 고려해요. 그래서 지출의 15%가 고정지출, 65%가 변동지출로 나가고 있고 나머지 20%가 예상치 못했던 예비비로 나가고 있어요. 특히 저는 변동지출 중에서 무언가를 배우는 데 쓰는 비용을 아끼지 않는 편이에요. 그림 수업, 명상 수업, 영상 편집 수업도 듣고요. 배우고 싶은 건 거의 다 배워요.

삶의 질을 높여주거나 앞으로 나의 발전에 도움이 될 만한 것들에 투자를 하는 건가요?

맞아요. 각자 자신의 우선순위에 따라서 돈을 배분하는 게 좋은 돈 관리

일 텐데 저 같은 경우에는 배우고 싶은 욕구가 좀 큰 편이기도 하고 그렇게 배운 것들이 바로바로 일에 적용되는 경우가 많거든요. 그래서 그런 부분에 투자를 많이 하는 거 같아요.

가르치는 선생님도 내 아이는 가르치기 힘들다고 하잖아요. 돈 관리법을 알려주는 사람으로서 내 경제생활을 객관적으로 평가한다면 어떤 것 같아요?

수입 면에서 본다면 저는 '끈질긴 거북이' 같다는 생각이 들어요.(웃음) 제가 하고 싶어 하는 일 하나를 붙잡고 천천히 키워가고 있는 모습이 기특해요. 지출에 관해서는 '팔자가 좋다'고 말할 수 있을 정도로 은근히 제가 하고 싶은 것들은 다 하고, 사고 싶은 것도 다 사면서 생활을 했더라고요. 내 욕구들을 잘 챙겨왔다는 생각이 들어요. 사실 수입이 크지 않을 때 내가 하고 싶은 일에 돈을 쓰는 게 쉽지만은 않은 결정이거든요. 그럼에도 불구하고 이런 상황에서도 망하지 않는 선에서 내 욕구들을 계속 존중하면서 살아온 것 같아서, 잘하고 있다고 말해주고 싶고요. 제가 이렇게 넉넉하지 않은 상황에서도 잘 버틸 수 있었던 중요한 이유는, 무엇보다 나를 너무 희생시키지 않았기 때문이라고 생각해요.

페니 님은 '제 나이에 얼마 모아야 돼요?' 같은 말에 대해서 어떻게 생각하세요? 20대에는 결혼 자금을 모아놔야 한다거나, 30대 되면 집을 사거나 결혼해서 아이가 생길 거라는 가정하에 그런 비용을 모아야 한다거나. 그렇게 돈도 생애 주기에 따라 사회에서 정해놓은 정답지 같은 게 있는 것 같거든요.

그런 말에 대해서 저도 많이 생각하게 돼요. 왜냐면 많은 분들이 실제로 그렇게 물어보시거든요. 저는 그 말이 사람들한테 상처를 준다는 게 느껴져요. 많은 분들이 거기에 상처를 받으면서도 그런 것들을 많이 찾게 되

고 원하는 이유가, 그게 한 줄로 딱 들어오는 간편한 조언이기 때문이에요. 근데 저는 그게 사실 맥락이 없는 조언이라고 생각해요. 이 사람이 어떤 삶을 원하는지, 나는 어떤 삶을 원하는지가 서로 공유되지 않은 상황에서 '20대면 얼마', '30대면 얼마' 하는 식으로 주고받는 게 크게 의미가 없는 조언 같아요.

사실 그런 걸 궁금해하는 심리는 '내가 지금 잘 살고 있나' 하는 마음인 것 같아요. 내가 많이 뒤처지지는 않았는지 알고 싶은데, 다른 기준이 없으니까.

그렇죠. 근데 그걸 안다고 해서 달라지는 부분이 있을까 싶긴 해요. 그 평균을 알면 내가 맞출 수 있는가의 문제도 있고.(웃음) 실제 제가 그 통계를 찾아서 책에 넣었는데, 굉장히 높은 금액이더라고요. 그래서 그걸 보고 충격을 받았다는 말도 많이 들었어요. 사실 저는 상담을 하면서 개개인의 경제 상황을 굉장히 구체적으로 알게 되잖아요. 그러면서 그런 정형화된 평균이라는 게 굉장히 의미 없다는 걸 많이 느꼈어요. 같은 20대, 30대라 하더라도 다 너무나 다른 거예요. 그걸 개별적으로 다 들여다볼 수 있으면 우리가 좀 안심할 수도 있을 텐데, 우리는 결국 모아서 만들어진 이미지만 보니까 모든 게 갖춰진 삶을 사는 사람이 있을 것 같고, 거기에 맞춰야 될 것 같은 느낌이 드는 거죠. 물론 거기에 맞추고 싶은 게 무슨 마음인지는 알지만, 그다지 큰 의미는 없는 것 같아요.

#오늘_나답게_사는_돈_관리법

"미래를 위한 재테크 말고 오늘부터 행복한 재테크가 필요해요."

고정적이지 않거나 많지 않은 수입을 가진 밀레니얼 세대가 나답게 잘 먹고살기 위해서 이제부터 돈 관리를 해보고 싶다면 뭐부터 하면 좋을까요? 딱 세 가지 정도만 얘기해줄 수 있어요?

첫째는 '내가 쓰는 돈 관찰하기'. 나라는 사람은 돈을 어떻게 쓰고 있는지, 통제하려고 하지 말고 살펴본다는 마음으로 관찰해보는 것부터 시작하면 좋아요.

어떤 식으로 관찰하면 되나요?

가계부 쓰기를 하셔야 되는데….(웃음) 제가 좀 효과적인 방법을 말씀드리자면, 보통 가계부는 날짜별로 '오늘 커피 얼마' 이렇게 쭉 나열하잖아요. 근데 이걸 좀 그룹별로 묶으면 좋아요. 고정비, 생활비, 활동비, 꾸밈비 식으로 그룹을 나눈 다음, 오늘 하루 발생한 지출들을 일렬로 나열하는 게 아니라, 그 자리에 적어주는 거예요. 예를 들어, 옷을 산 것은 '꾸밈비' 자리에 적어주고, 뭐 사 먹은 건 '생활비' 자리에 적어주고. 이렇게 애초부터 분류를 해서 적어주면 나중에 따로 다시 정리할 필요가 없기 때문에 한 번에 지금 자기 상황이 어떤지 알 수가 있어요. 이런 방식으로 가계부를 한번 써보시기를 권하고 싶어요.

자기만의 데이터를 만드는 게 필요하다는 거죠? 굳이 거기서부터 줄이려는 시도는 안 해도 되는 거죠?

그렇죠. 나를 아는 것부터 하는 거죠. 사실 가계부를 안 쓰던 사람이 쓰기만 해도 엄청난 발전인 거예요. 근데 우리는 가계부도 쓰면서 그 결과도 내가 원하는 모습이 바로 나오기를 바라잖아요.

사실 예전에 저도 한번 써보려고 했던 거 같은데, 가계부를 거짓말로 쓰게 되는 거예요.(웃음) '이건 썼다고 볼 수 없지, 누구 사줬으니까' 하는 식으로 자꾸 합리화를 하더라고요.

사실 가계부는 쓰는 게 힘든 게 아니라, 보는 게 힘든 거예요. 왜 보는 게 힘드냐면, 내가 돈 쓰는 걸 허락하지 않기 때문이에요. 사실 사람이 사는 데는 돈이 들거든요. 내가 쓰는 돈은 허락을 해줘야 가계부에 쓴 돈도 마음 편하게 볼 수가 있는 거죠. 근데 애초에 '나는 돈 쓰면 안 돼, 돈 아껴야 돼'라고 마음을 먹고 가계부를 쓰면 거기에 쓰는 모든 내역들이 내 실패를 보여주는 거잖아요. 그러니까 기분이 좋을 수가 없는 거죠.

'먹으면 살쪄'라는 단순한 사실 때문에, 평생 다이어트 하는 사람처럼 괜히 먹는 모든 순간에 죄책감을 느끼잖아요.(웃음) 사실 그게 실제로 나에게 얼마나 영향을 미치는지 구체적인 데이터는 없는데. 그런 거랑 좀 비슷한 거 같아요.

요즘에 저는 제가 스마트폰을 너무 많이 쓰는 거 같더라고요. 그래서 이걸 관찰하기 시작했어요. 내가 하루에 스마트폰을 얼마나 쓰는지 요즘 어플로 다 나오잖아요. 보니까 하루 종일 이것만 하나 싶을 정도로 실제로 많이 쓰더라고요.(웃음) 처음에는 충격적인데, 그걸 일단 허락해주는 거죠. '이렇게 써도 돼'라고 하면서 보면, 궁금해지기 시작해요. '이날은 스마트폰에 11시간을 썼구나. 이 11시간을 도대체 어디에 쓴 걸까?' 관찰하다

보면 '내가 스마트폰이 엄청 재밌어서 하는 게 아니라, 그냥 할 게 없어서 하는 거구나' 같은 걸 발견할 때도 있고, '나한테는 여가 시간에 할 수 있는 적절한 뭔가가 필요한 거구나' 같은 생각을 해볼 수도 있는 거죠. 그게 무조건 '너 스마트폰 왜 이렇게 많이 써? 쓰면 안 돼' 이렇게 하는 것보다 훨씬 나에게 친절한 방법인 거죠. 실제로 무조건 쓰지 말자고 해도 지켜지지도 않아요. 돈 관리도 마찬가지인 거죠.

나한테 너무 혹독하게 하기보다는, 친절한 방법으로도 충분히 가능하다는 거네요.

그럼요. 그 당시에 나는 돈을 쓴 이유가 있었을 거 아니에요. 그걸 보고 그때의 나를 이해하는 거죠. 물론 해보니까 별로였을 순 있지만 그때의 나에겐 이유가 있었으니까, 그 돈을 쓴 나를 비난하지 말고 '이거는 해보니까 별로였어' 하고 다음에는 안 하면 되는 거잖아요. 좀 친절한 마음으로 써보면 좋겠어요.

나답게 잘 먹고살기 위한 돈 관리법, 두 번째는 뭔가요?

두 번째는 3개월 치 비상 자금 마련하기예요. 여러 가지 재무 목표들이 있겠지만 비상 자금 3개월 치라는 게 처음 시작하시는 분들에게는 안전망이 되어줄 수 있는 돈이니까 첫 번째로 비상 자금을 마련하라고 말씀드려요.

3개월 치라는 게 어떤 기준에서 나온 거예요?

노동을 할 수 없는 상황이 됐을 때 적어도 3개월 치는 있어야 내가 다시 다른 일을 구할 수 있으니까 그걸 기준으로 잡고 3개월로 낸 건데, 자기 성향에 따라서 불안감이 높은 타입이라면 1년 치를 하셔도 되고, 그렇게까지는 필요 없다면 1개월 치로 하셔도 되고, 자기가 맞게 설정을 하면 되는 거예요.

예를 들어 주거 비용을 모아야 된다거나, 학비일 수도 있고, 사업 자금이 필요해서 돈을 모을 수도 있을 텐데 그것보다도 일단은 먼저 비상 자금을 모아놔야 한다는 말인 거죠?

그렇죠. 비상 자금은 내가 소득을 벌어들일 수 없는 상황에서 혹은 돈이 당장 급한 상황에서 쓸 수 있는 돈인 거예요. 그게 없을 때 신용카드를 쓰게 되는 거잖아요. 그러니까 그런 걸 막기 위해서 비상 자금을 마련하는 거고, 그 이후에 어떤 목표를 갖고 돈을 모아야 될지에 대해서는 개인마다 따로 재무 목표를 설정할 필요가 있죠.

세 번째는 뭔가요?

세 번째가 신용카드 없애기.

그건 너무 큰 일 아닌가요? 신용카드 없으면 지금 살 수가 없는데.(웃음)

그러니까 두 번째가 비상 자금 마련하기인 거예요. 비상 자금이 있어야 신용카드를 없앨 수 있으니까.

근데 신용카드의 장점도 있잖아요. 목돈이 들어야 하는 일이 있을 때 당장은 지금 가진 돈으로 살 수 없지만 분할해서 부담을 줄일 수 있다는 장점이 있는데, 그걸 포기할 만큼 그게 중요한 이유가 뭘까요?

사실, 신용카드가 내게 쓸 수 있게 해주는 돈이 내 돈은 아니잖아요. 근데 신용카드 한도를 마치 내 돈인 것처럼 착각을 하는 거예요. 백화점에 가서 주머니에 5만 원짜리 하나만 있으면 돈 사고를 쳐도 5만 원짜리 사고만 칠 수 있어요. 근데 신용카드가 들어 있는 지갑을 갖고 가면, 5만 원에 신용카드 한도 500만 원까지 사고를 칠 수 있는 거예요. 사실 그 500만 원이 내 돈은 아니었기 때문에 미래의 내가 책임져야 되는 거죠. 이게 어떻게 보면 회사 다니는 거랑 비슷한데, '일단 돈 받았으니까 해' 같은 거잖아요. 신용카드도 '돈 썼으니까 갚아' 하는 거고. 먼저 쓰고 갚을 때는 일단 내가 이 일이 좋은지 싫은지 따질 수가 없어요. 그냥 해야 되는 거예요. 그러니까 나한테 선택권이 없는 상황에 처해지는 거죠. 근데 돈을 모아서 쓰면, 그건 내 돈이니까 나한테 결정권이 있기 때문에 내가 선택을 할 수 있잖아요. 이미 쓴 돈을 갚을 때는 나를 몰아붙이는 상황에 놓이게 되는 경우가 많고요. 나의 행복을 위해서는 신용카드가 없는 게 더 돈 관리가 편한 것 같아요.

요즘은 일부러 자기의 발목을 잡아서 회사 그만두지 못하게 하고 계속 돈을 벌게끔 나를 내모는 방식을 선택하는 분들도 많은 것 같더라고요.

맞아요. 그래서 일부러 차 사시는 분들도 있잖아요.

회사 들어가고 3개월 지나면 바로 차를 사고, 회사 그만두지 못하게 만든다고들 하죠.

그것도 그 사람의 선택이지만, 그렇게 내가 컨트롤할 수 없는 상황에 나를 맡기는 게 아니라, 내 돈을 내 뜻에 맞게 쓸 수 있도록 환경을 구축해나가는 게 필요하다고 생각해요.

결국 내가 주도권을 갖는 경제 습관을 만들기 위한 방법들인 거네요. 그게 바로 기존의 재테크와 다르게 밀레니얼의 재테크에 필요한 가장 핵심적인 요소일 것 같아요.

기존 방식의 재테크는 미래를 위한 재테크라는 생각이 들어요. '오늘은 좀 참고 희생해도 행복한 미래를 위해 달리자' 같은 느낌이라면 저는 이제 그런 방식은 더 이상 통하지 않는다고 생각해요. 우리 세대는 '지금 참으면 내일은 괜찮아져' 같은 신화를 더 이상 믿지 않는 세대인 것 같아요. 예전 세대가 '결과만 좋으면 다 괜찮아'로 퉁칠 수 있는 그런 분위기였다면, 우리 세대는 과정도 중요한 거예요. 그렇기 때문에 오늘부터 행복해지는 재테크가 중요한 것 같고요. 오늘부터 행복해질 수 있는 재테크를 제가 많이 전파하고 싶어요.

앞으로 페니 님의 활동이 더 궁금해지네요. 밀레니얼과 돈이라는 키워드 안에서 스스로 어떻게 커리어를 쌓아나갈지도 기대돼요.

지금은 프리랜서로서의 정체성이 강하다면 앞으로 좀 더 인지도를 높여서 정규 프로그램을 만들고 싶고, 사업가적으로 변하고 싶은 마음이 있어요. 그리고 개인적으로는 지금처럼 나를 너무 희생하지 않는 선택들을 하면서 살고 싶어요. 다행히 지금까지는 그럴 수 있었던 것 같은데, 그게 꼭 내가 잘해서가 아니라 어떤 상황적인 운도 있었다고 생각하거든요. 그래서 앞으로도 그럴 수 있었으면 좋겠네요.

*이 인터뷰는 2019년 12월에 진행되었습니다.

interviewee

드로우앤드류

31세

#부동산_투자_말고_온라인_건물주
#터닝포인트는_소셜미디어
#밀레니얼이_가장_잘하는_것
#좋아하는_일을_지속하려면

episode 10

좋아하는 일로 먹고살기 좋은 시대

과거에 '일'이라는 단어에는 '노동'과 '돈'과 '꿈'이 있었다. 일정 시간 혹은 일정 분량의 일을 하고 그에 대한 정당한 대가를 받는 것만이 건강한 밥벌이로 여겨졌다. 그렇게 열심히 일하면 꿈을 이룰 가능성도, 내 집 마련의 기회도 엿볼 수 있었으니까. 그러나 지금은 사정이 좀 달라졌다. 평생 노동할 수 있는 기회는 계속 줄어들고 있고, 기회를 잡는다고 해도 그것만으로 충분한 밥벌이를 기대하기는 힘들다. 내 집은커녕 높아진 월세를 감당하기도 벅차니, 그 안에서 좋아하는 일을 찾거나 꿈을 실현하는 건 언감생심이다.

열심히 일해도 내일이 더 나아지리라는 기대가 없어진 밀레니얼 세대의 관심이 노동과 저축에서 벗어나는 건 어쩌면 당연하다. 일이라는 단어 안에서 '노동'을 줄이거나 대체할 방법을 찾는 것이다. 과거에는 노동하지 않고 얻은 소득을 '불로소득'이라며 부정적인 이미지로 바라봤지만, 우리 또래는 노동하지 않는 시간에도 수익을 만들 수 있는 '패시브 인컴(passive income)'이야말로 꿈에 더 빠르게 닿을 수 있는 방법이라고 받아들이고 있다. '영끌' 해서 부동산에 투자하거나, 주식에 관심을 갖는 것도 그런 이유에서일 것이다.

이런 흐름 속에서 요즘 시대에 밀레니얼이 잘할 수 있는 방법은 따로 있다고 말하는 또래를 만났다. 드로우앤드류(이하 '앤드류')는 SNS 마케팅과 퍼스널 브랜딩에 대한 콘텐츠를 유튜브와 인스타그램을 통해 발행하는 크리에이터다. 그는 자신의 채널을 통해 얻어지는 광고 수익뿐만 아니라, 자신이 가진 지식을 온라인 플랫폼에 판매하는 것으로 수익을 창출한다. 이렇게 만든 수익 파이프라인만 10개가 넘는다. 건물주가 월세를 받듯, 매달 온라인 플랫폼에서 정산금을 받는 것이다. 그는 이것을 '온라인 건물'이라고 표현한다.

사실 그는 불과 1년 반 전까지만 해도 안정적으로 월급을 받는 직장인이었다. 그런 그가 월급을 포기하고 이런 방식을 선택하게 된 건 '노동'이 아닌 '좋아하는 일'을 하고 싶었기 때문이다. 물론 처음부터 이런 수익 구조를 만들 수 있을 거라는 확신은 없었다. 그저 노동으로 벌 수 있는 돈은 한정적이며, 그 노동이 좋아하는 일이 될 가능성은 더 낮다고 판단했기 때문이다. 작은 회사의 인턴 디자이너로 일하던 그는 우연히 SNS를 관리하는 일을 맡게 되었고, 그걸 통해 직원 3명인 회사가 직원 10명인 회사로 성장하는 과정을 경험했다. 거기서 좋아하는 일로 먹고살 수 있는 방법에 대한 실마리를 찾았다. 그때부터 회사가 아닌 자신을 알리는 퍼스널 브랜딩에 투자하기 시작했고, 그 도구로서 SNS와 유튜브를 활용했다.

그는 이것이야말로 요즘 시대에, 요즘 것들이 가장 잘할 수 있는 방식이라고 말한다. 인터넷과 스마트폰이 발달했고, 전통 미디어보다 소셜미디어에 자본이 더 투자되는 지금 같은 시대야말로 우리 세대에게 기회가 될 수 있다는 것이다. 밀레니얼 세대는 경제적인 면에서 기성세대보다 부족한 세대다. '부모보다 가난한 세대'라는 타이틀까지 붙었다. 우리는 정말 이런 타이틀을 깰 수 있을까? 은퇴해서 웃는 사람이 아니라 지금 웃는 사람이 되는 것이 꿈이라는 앤드류. 그와 함께 노동은 줄이고 좋아하는 일을 늘려 행복하게 먹고사는 방법에 대해 이야기했다.

#부동산_투자_말고_온라인_건물주

"요즘 시대에, 밀레니얼 세대가 가장 잘할 수 있는 방법인 거죠."

'드로우앤드류'라는 이름으로 유튜브, 인스타그램, 블로그까지 다양한 SNS를 운영하고 있죠. 그것들이 지금 앤드류 님의 일이자 생계 수단이잖아요. 구체적으로 어떤 식으로 먹고사는지 궁금해요.

되게 많은데, 우선 기본적으로 유튜브를 하게 되면 유튜브 조회수에 따라서 돈을 받는 구글 애드센스 수익이 있고요. 지금 유튜브 채널 구독자가 8만 5천 명 정도 되는데 기업에서 의뢰가 들어오면 브랜디드 콘텐츠를 만들어줘서 돈을 벌기도 하고, 인스타그램 팔로워가 5만 명 정도 되어서 거기서도 광고를 해주고 돈을 받기도 해요. 이 세 가지가 보통 요즘 크리에이터, 인플루언서라고 하는 사람들이 돈 버는 방식이죠. 근데 저는 그걸로는 너무 적어요. 만약에 제가 회사를 다니고 있고 이것들이 부업이라면 되게 짭짤한 부업이긴 할 텐데, 그걸로 생계를 유지하기에는 부족한 면이 컸거든요. 그래서 크몽이라든지 클래스101 같은 온라인 플랫폼을 사용해서 온라인 클래스, 전자책, 혹은 컨설팅 서비스 같은 유료 콘텐츠들을 만들어서 판매하는 걸로 돈을 벌고 있어요. 이런 것들을 할 때 제가 중요하게 생각한 것은 '나를 어떤 사람으로 포지셔닝 하느냐'예요. 사람들이 저를 기억하는 핵심적인 키워드들이 있거든요. 지금은 '드로우앤드류' 하면 '인스타그램 알려주는 사람'이라서, 제가 판매하는 콘텐츠도 '인스타그램 퍼스널 브랜딩 클래스' 같은 내용으로 제작을 하고 있고요. 이런 것들로 저만의 브랜드를 구축하다 보니까 강연이라든지 책 출판 같은 여러 가지 기회들이 오고 있죠. 대충 그런 것들로 먹고살고 있습니다.

그럼 다른 직업이 있는 게 아니라, 정말 온전히 온라인 플랫폼을 통해서 먹고사는 플랫폼 노동자인 거네요?

그렇죠. 이렇게 구축한 수익 파이프라인이 한 10가지 정도 되는 것 같아요. 내년이 되면 또 다른 것들도 생길 것 같고요.

이걸 여쭤봐도 되는지 모르겠는데, 그걸로만 먹고산다고 하니까 궁금해지는데요. 그게 먹고살 정도의 금액이 되는지….

수입이 궁금하시죠? 이게 되게 말하기 어려운데…. 제가 인터뷰 할 때마다 수입이 늘어서요.(웃음) 계속 바뀌는 거예요. 그래서 평균을 한번 내봤어요. 제가 작년 11월에 한국에 들어왔는데, 올 초까지 제 수입은 아까 제가 말씀드렸던 유튜브 애드센스 수익밖에 없었고, 한 달 수입이 70~80만 원 정도밖에 안 됐어요. 본격적으로 수익을 창출하기 시작한 것은 올해 5월이에요. 5월부터 10월까지 6개월의 평균을 따져보면, 월 1,500만 원에서 2,000만 원 정도라고 보시면 돼요.

그 정도 수입을 만들기 위해 다양한 일을 하려면 정말 바쁠 것 같은데, 하루에 몇 시간 정도 일하나요?

사실은 노동 시간도 그렇게 길진 않아요. 왜냐하면 온라인 클래스도 만들어놓은 것을 판매하는 거고, 전자책도 만들어놓은 걸 판매하는 거고, 강연을 나가거나, 1:1 컨설팅을 하는 정도의 노동 시간이 있고요. 거의 제가 일하는 시간의 대부분은 콘텐츠를 만드는 데 쓰죠.

요즘 그런 걸 '패시브 인컴'이라고 하더라고요. 그러니까 내가 노동하지 않는 시간에도 수익이 만들어지는 거요. 1년도 안 되어서 그런 시스템을 구축한 건데, 어떻게 그렇게 할 수 있었는지 궁금해요.

만약 제가 어떻게 성장했는지를 모르고 보면, '와, 반년 만에 수익 파이프라인을 10개나 만들어서 얼마를 번대'라고 되게 드라마틱하게 보실 수 있는데, 사실 이렇게 될 수 있었던 건 그 기반을 다지는 시간이 있었기 때문인 것 같아요. 제가 처음부터 '나는 이렇게 이렇게 수익을 내야지' 했다기보다는 내가 나라는 사람을 세상에 알릴 수 있는 수단이 있어야 된다는 생각을 했어요. 그런 채널이 있으면 내가 혹시 퇴사를 하게 되거나 내 일을 하고 싶을 때 굉장히 좋은 도구가 되겠다 정도만 생각했고요. 그렇게 시작했던 게 인스타그램과 유튜브였어요.

우리는 지금 예전 세대와는 너무나 다른 환경에서 살고 있잖아요. 한 가지 직업, 한 가지 직장을 유지하기 어려운 시대이면서, 열심히 다닌다고 해도 월급만 받아서는 집을 살 수도 없는 세대이기도 하죠. 앤드류 님의 이런 방식이 우리 세대의 먹고사니즘에 새로운 레퍼런스가 될 수도 있을 것 같아요.

맞아요. 저도 작년까지 직장 생활을 했고 별로 계획이 없었어요. 이 월급 갖고는 도저히 답이 안 나오니까, 사실은 그냥 자포자기하는 상태로 살았죠. 서른 살이 될 때까지 제 통장에 500만 원이 모인 적이 없었거든요. YOLO족이라고 볼 수도 있을 것 같은데, 더 정확히는 어차피 많이 벌어야 월 200~300만 원이잖아요. 물론 200~300만 원도 어떻게 잘 불려나가는 분도 있겠지만 저는 미국에서 생활했기 때문에 그게 너무 어려웠어요. 그래서 스트레스 받을 바에는 그냥 20대에는 정말 내 경험에 투자하자는 생각을 해서 다양한 경험을 하는 데 썼죠. 물론 제가 미국에서 돈을 엄청 많이 벌지도 못했고, 그나마 마지막 1년 다녔던 회사에서 좋은 연봉을 받게 됐지만, 사실 월급이 거기에서 거기예요. 평생 집도 못 사는 건 똑같거든요. 그래서 요즘 많이들 부동산에 투자하라고 하거나, 영끌족이 나오고, 주식 투자 같은 것에 눈을 돌리고 있는데, 저는 '그건 과연 맞나?' 싶더라

고요. 어차피 그것도 그 분야에 대해서 계속 공부를 해야 되고, 부동산도 여러 군데 알아봐야 되는 거고, 주식도 뉴스 맨날 보고, 그래프 맨날 봐야 되는 건 똑같은데. '난 차라리 그 시간에 내가 좋아하는 것에 투자를 할래' 하는 마음이 컸던 것 같아요. 그래서 제가 했던 방식을 레퍼런스로 제시하자면, '온라인 건물 세우기'예요.

온라인 건물 세우기. 그 말이 너무 재밌더라고요. 실제 건물주는 못 돼도 온라인에서는 건물주가 될 수 있다는 거잖아요.

다들 건물주 부러워하잖아요. '주님이다' 막 이러면서. 따박따박 수익은 들어오는데, 일하지 않아도 되는 게 부러운 거죠. 근데 물리적인 건물은 한정적이잖아요. 내가 가질 수 없을 가능성이 더 높아요. 그리고 노동으로 벌 수 있는 돈도 굉장히 한정적이죠. 내 몸은 하나이고, 시간은 한정되어 있으니까. 여기서 어떻게 벗어날 수 있을까를 생각했던 거 같아요. 그래서 생각한 게 온라인 건물이에요. 온라인상에서는 싸울 필요가 없거든요. 무한한 것이라는 생각이 들어요. 예를 들면 온라인 클래스를 판매하는 것도 하나의 건물 같은 거죠. 집주인이 집으로 월세를 받는다면 저는 매달 온라인 플랫폼에서 정산금을 받는 거죠. 일단 쌓아놓으면 그냥 둬도 정산이 되는 것들을 만드는 게 중요한 것 같아요.

요즘 사람들이 가장 관심 가지는 분야이기도 하잖아요. 아까 말한 주식 투자, 부동산 투자에 몰리는 것도 결국 그런 이유 때문이겠죠.

저도 투자 자체는 필요하다고 생각하거든요. 근데 결국에 투자라는 것도 종잣돈이나 현금 흐름이 있어야 할 수 있는 거거든요. 근데 그런 것도 없이 영혼까지 끌어모아 대출해서 투자한다는 게 말이 안 되는 거예요. 제가 투자 전문가분들과 사석에서 만날 기회가 있어서 이런 얘기를 하면, 다 같은 얘기 하세요. "맞아, 종잣돈도 없는데 무슨 투자를 해. 너도 한 10억 모으면 그때 나한테 와. 그때 가서 얘기하자." 결국 종잣돈이 있어야 투자를 시작하는 것이지, 이 종잣돈을 그 투자로 만들려고 하는 순간 망하는 거죠. 그래서 저는 이 종잣돈을 마련할 수 있는 방법으로 제가 했던 방식을 제안하는 거예요. 이렇게 하면 조금 더 쉽지 않을까 하고.

그래서 앤드류 님은 종잣돈을 마련했나요?

제가 지금 들어오는 현금 흐름을 보니까 올해 말이 되면 1억이 모일 것 같아요. 내년 1월에 만들 영상 제목도 벌써 정했어요. '6개월 동안 1억을 모으고 깨달은 세 가지'라고.(웃음) 그래서 지금 안 쓰고 열심히 모으고 있어요. 통장 인증을 해야 되니까.(웃음) 저도 그때부터는 투자 공부를 해야겠죠, 자산가가 되려면.

와, 영상 조회수 폭발할 것 같은데요? 그래서 깨달은 게 뭔가요?

저도 작년까지 월급 받는 직장인이었잖아요. 근데 저도 모르게 이렇게 수익이 갑자기 많아지는 걸 보면서, 내 방식이 틀리지 않았다는 걸 느꼈어요. 제가 한 게 이를테면 '퀀텀 점프' 같은 거예요. 제가 투자를 반대하거나 그걸로 돈을 못 번다고 말하는 게 아니에요. 1, 2, 3단계가 있으면 그건 3단계에서 할 수 있는 거라는 거죠. 1단계는 근로 소득이고, 2단계는 시간을 태워서 일하지 않아도 들어오는 소득, 그리고 3단계가 자본금을 가지고 돈으로 돈을 만드는 거라면, 아직 1단계도 클리어를 안 했는데 3단계로 자꾸 뛰어들려는 것과 같은 거예요. 사냥터를 잘못 들어간 거죠.

계속 월급쟁이로 일해서는 3단계로 바로 점프하는 건 현실적으로 어려운데, 그걸 SNS 마케팅과 퍼스널 브랜딩으로 할 수 있다는 거죠?

맞아요. 1단계에서 바로 3단계로 가긴 어렵지만, 1단계에서 2단계로 뛰어넘는 건 할 수 있다는 거죠. 소셜미디어를 이용하고, 그걸로 퍼스널 브랜딩을 하면 여러 가지 수익 기회가 만들어지고, 그렇게 원하는 투자 종잣돈을 만들 수 있다는 거죠. 이게 요즘 시대에, 우리 밀레니얼 세대들이 가장 잘할 수 있는 방법인 것 같아요. 저성장 시대이고, 저금리 시대도 아닌 초저금리 시대죠. 2008년 금융 위기를 맞고 사회생활을 시작한 게 우리 세대잖아요. '부모보다 가난한 첫 세대'라는 타이틀이 있고요. 돈을 가장 잘 벌어야 될 시기인데 돈을 제일 못 벌고 있고 취업난에 허덕이고 있는 30대를 우리가 보내고 있잖아요. 그러니까 부동산은, 주식은 방법이 아닌 거예요, 저희 세대에게는.

이전 세대에 통하던 방식을 지금 하려고 하면 맞지 않겠죠.

저는 가끔 화가 나더라고요. 저희 윗세대가 집값을 다 올려놔서 저희는 기회가 없어졌어요. 저희 윗세대가 성장의 시대에 주식으로 다 이득을 보고 그걸 가져갔죠. 근데 이제 와서 저희한테 '부동산, 주식으로 돈 벌 수 있다'고 가르치면서 또 우리 쌈짓돈을 가져가는 느낌이 드는 거예요. 그런 거 보면서 저는 "당신의 시대엔 그게 맞았겠지. 근데 우리는 달라."라는 얘기를 하고 싶어요. 그래서 제가 제안하는 건, 저희 세대가 잘할 수 있는 걸 하자는 거죠. 저희 세대만의 장점이 있거든요. 돈은 없지만 교육 수준은 되게 높아서 똑똑하고, 어느 정도 인프라가 갖춰진 환경에서 자란 경우 경험도 많아서 다양한 이야기를 할 수 있고요. 다양성을 중요시하면서도, 자기중심적이라서 자기를 표현하는 데 능숙하기도 해요. 특히 SNS, 소셜미디어에서요. 어릴 때부터 인터넷을 하면서 자란 세대다 보니까. 우리가 잘할 수 있는 것에 조금만 집중을 하면, 그게 2단계로 점프하는 데 발판이 되어주지 않을까 하고 저는 생각하는 거죠.

#터닝포인트는_소셜미디어

"그게 다 인스타그램 하나로 시작된 거였어요."

근데 여기까지 듣다 보면, 그렇게 다양한 방식으로 수익을 만드는 건 앤드류 님의 특별한 케이스라고 생각할 수도 있을 것 같아요. '미국도 갔다 왔다고? 엄친아 아니야? 유학파인가?' 뭐 이런 식으로 오해하실 수 있을 것 같고요. 해명을 좀 해주세요.(웃음)

지금 유튜버 모임 나가는 게 있는데, 거기 있는 분들도 저한테 그러시더라고요. "앤드류의 이미지는 유학생 도련님 같다."라고.(웃음) 많이들 그렇게 보시더라고요. 사실을 말씀드리면, 저는 미국에 가고 싶었어요. 근데 미국에 갈 돈이 없으니까 찾아보다가 대학생 때 미국에 가서 인턴십을 하면서 생활할 수 있는 프로그램을 알게 돼서 처음에 가게 된 거예요.

인턴십으로 가서 그 이후에 여러 회사를 거쳤다고 들었어요. 미국에 가서 어떤 일들을 했나요?

저는 디자인을 전공했어요. 그래서 디자인 분야 인턴을 하러 간 거죠. 근데 그 인턴십이 제가 생각했던 것과 너무 다른 거예요. 월급도 한 달에 150만 원 정도로 되게 적었어요. 미국에서 그걸로 생활하기가 정말 힘들거든요. 돈을 모을 수도 없고. 버는 대로 다 쓰면서 생활하는 거죠. 그리고 첫 회사가 한국 회사였거든요. 그래서 영어를 쓸 기회도 별로 없었고, 저한테 시키는 일이 다 심부름이었지 디자인 일이 아니었던 거예요. 그래서 제가 거기에 불만을 품고 에이전시에다가 꼰지른 거죠.(웃음) '여기 회사가 저를 디자인 시켜준다고 했는데 디자인 시키지도 않고 노동 착취하고 이렇게 사용합니다.' 그랬더니 에이전시에서 '그러면 너한테 한 달의 기회를 줄게. 네가 만약 그 기간 안에 다른 미국 회사에 고용이 된다면 미국에 남을 수 있고, 한 달 안에 취직이 안 되면 한국에 돌아가야 한다. 어떻게 할래?' 그런 거죠. 그래서 저는 지금 그 회사에 남아서 나머지 시간을 허비하느니, 차라리 안 되면 한국으로 돌아가겠다는 마음을 먹고 해보겠다고 하고 구직 활동을 시작했어요. 그러니까 작은 회사에 들어갈 수밖에 없었죠. 어디라도 가야 됐으니까.

정말 상상했던 미국 생활과는 많이 달랐겠네요.

유튜브 보면 미국 회사 다니는 사람들은 구글 같은 유명 IT 기업, 실리콘밸리 다니고 막 이러는데, 저는 LA에서 동쪽으로 조금 떨어진 곳에 있는 아주 작은 회사에 다녔어요.(웃음) 그 회사가 얼마나 작았냐면, 저 포함해서 직원이 세 명이었어요. 사장님 있고, 마케터, 영업, 그리고 저. 이렇게 직원 세 명으로 시작한 작은 문구 관련 스타트업 회사였어요. 그래서 저보고 금수저냐, 유학생이냐 묻는다면 전혀 아니었죠. 인맥도 없죠, 돈도 없죠, 친구도 없죠, 가족도 없죠, 미국 학벌도 없는데. 가진 게 아무것도 없이 시작을 했어요. 그래서 제가 더 제 얘기를 하고 싶었던 것 같아요. 이게 잘난 사람만 할 수 있는 게 아니라는 걸.

SNS 마케팅이라는 것도 미국에서 고생을 하다가 깨우친 거라면서요.

맞아요. 그러니까 제가 처음 인스타그램을 하게 된 것도, 회사가 작아서 시작하게 된 것인데요. 회사에 디자이너가 저 한 명이잖아요. 그러다 보니까 제가 회사에서 필요한 모든 비주얼적인 업무를 다 감당해야 되는 거예요. 사진도 찍고, 보정도 하고, 제품 디자인도 하고, 웹 디자인도 하고. 하는 게 너무 많았는데, 심지어 "네가 사진을 찍으니까 인스타그램도 네가 관리해봐." 이렇게 돼버린 거죠. 처음엔 저도 '그거 예쁜 사진 올리면 되는 거 아니야?' 하고 쉽게 생각을 했어요. 근데 이게 별 반응이 없는 거예요. 그때부터 인스타그램이란 걸 공부하게 된 거죠. '다른 브랜드들은 어떻게 팔로워가 이렇게 많지? 어떻게 인기가 많지?' 하면서 보다가, 그걸 저희 브랜드에 접목하기 시작한 거예요. 실제로 그런 식으로 저희 회사의 인스타그램 계정이 커지기 시작했어요. 팔로워가 점점 늘어나다가, 어느 날 어떤 큰 회사에서 '너희 인스타그램 사진을 봤는데 이게 마음에 들어. 혹시 샘플 좀 보내줄 수 있어?'라고 이메일이 온 거죠. 저희 마케터가 완전 깜짝 놀라서 거기서 보고 싶다고 한 상품 말고도 다른 제품까지 이만큼 보냈어요. 그래서 결국 그 회사에서 제품들을 여러 개 샀죠. 그걸 계기로 고객도 많아지고 브랜드 인지도가 높아졌어요. 다른 바이어들도 생겨나고. 직원 세 명으로 시작했던 회사가 직원이 열 명이 넘게 될 정도로 커가는 걸 본 거죠. 그게 다 인스타그램 하나로 시작됐던 거고요.

근데 회사에도 마케터가 있었는데, 기존 마케팅과 SNS 마케팅이 무엇이 달랐길래 그런 일이 일어난 걸까요?

기존에 마케터가 하던 방식은 전통적인 마케팅이었어요. 바이어들한테 메일이나 편지 돌리고, 잡지에 광고 넣고, 비즈니스 쇼 같은 데 나가는 식이었죠. 근데 쇼에 한 번 나갈 때마다 천만 원이 넘게 들어요. 3개월에 한 번씩 쇼에 나가서 계속 천만 원씩 쓰는데도 바이어들은 저희 제품을 안 샀는데, 웬 디자이너가 인스타그램에 사진을 올렸는데 그 사진 하나를 보고 바이어가 연락을 해서 제품을 이만큼씩 사니까 회사에서도 '이게 뭐지?' 한 거죠. 그 덕분에 저희 회사도 커지고, 저도 인턴 디자이너였다가 시니어 디자이너로 급 승진을 했어요.(웃음)

흥미진진하네요. 그래서 어떻게 됐어요?

근데 직원들이 많아지니까 사내 정치가 생기더라고요. 저희 사장님이 자기 친구를 매니저로 앉혔는데, 그 매니저분이 패션 쪽에서 오신 분이었어요. 그분은 회사가 커지니까 전통 마케팅에 돈을 더 쏟아야 된다고 하고, 저는 '아니다. 온라인 마케팅에 더 쏟아야 된다. 소셜미디어 마케팅이다' 하는 식으로 의견이 갈린 거죠. 다른 직원들은 온 지 얼마 안 됐고 제가 제일 오래된 직원이잖아요. 매니저분이 저를 견제하기 시작했고 결국 하루아

침에 저는 회사 잘리게 됐어요.

말도 안 돼. 굉장히 허무하고 배신감이 들었을 것 같아요.

그러고 나서 깨달은 거죠. 그동안 회사의 브랜드 인지도를 키우기 위해서 엄청 노력을 했는데, 저라는 브랜드는 하나도 키워놓은 게 없는 거예요. 저는 그 회사 인스타그램을, '이게 내 거다, 내 새끼다' 하면서 키우고 팔로워가 만 명이 되는 걸 보면서 마치 내 것인 것처럼 뿌듯했는데, 회사에서 잘리고 나니까 아무도 모르는 거예요. '너무 허무하다, 내 것을 키워야겠다' 하는 생각이 들면서 그때부터 개인을 브랜드화하는 작업을 시작했죠. 드로우앤드류는 어떤 사람이고, 어떤 일을 하고, 나는 어떻게 그 일을 하는가를 보여주는 퍼스널 브랜딩을 한 거죠.

근데 그 후에 그 경력을 살리면 또 좋은 기회가 더 있었을 것 같거든요. 미국에서든 한국에서든 더 좋은 회사를 다닐 수도 있었을 텐데, 안정적인 선택을 하지 않고 내 콘텐츠와 브랜드를 선택한 이유가 뭔가요?

실제로 그 후에 그 경력을 인정받아서 미국에서 더 좋은 회사에 입사를 하기도 했어요. 그럴 수 있었던 게, 당시 제가 저를 브랜딩하기 시작하면서 인스타그램 팔로워 수가 많아져서 미국 브랜드에서 협찬과 광고비를 받는 인플루언서로도 활동을 하게 됐거든요. 그랬더니 회사들에서도 '이 친구는 디자이너지만 브랜딩을 잘하는 친구구나' 하고 봐주셔서 저를 마케팅팀 소속의 디자이너로 뽑아줬고, 그때 연봉이 확 늘어났어요. 물론 실리콘밸리처럼 억대 연봉은 아니고 한국의 대기업 수준으로 미국에서는 평균 정도의 연봉이었는데, 그게 저한테는 큰 목표였거든요. 미국 디자이너들이 받는 만큼 나도 받았으면 좋겠다 했는데 그걸 이룬 거죠. 그때는 저도 이대로 계속 미국 생활 잘 하면 되겠구나 했는데, 3개월이 지나니까 별로 안 행복하더라고요. 더 많은 걸 원하게 되는 거예요. 지금보다 더 많은 연봉을 원하게 되고, 집도 처음보다 많이 넓어졌는데도 더 넓은 곳을 원하게 되고. 계속 결핍을 느끼면서 이제 뭘 하면 좋을까 하다가 시작한 게 유튜브였던 거죠.

처음에는 회사 다니면서 사이드 프로젝트로 시작을 한 거네요. 근데 작년 말에 회사를 그만두고 한국으로 돌아왔어요. 뭔가 이걸로 성공할 수 있겠다는 확신이 들었던 걸까요?

제가 성공할 거라는 확신보다는, 확실히 소셜미디어라는 시장이 지금보다 계속 커질 거고, 지금 뛰어들지 않으면 분명히 후회할 거라는 확신이 있었어요. 제가 2019년 9월에 퇴사를 했는데, 사실 그때 워킹 비자가 만료될 시기가 돼서 회사에서 다 지원을 해줘서 신청을 했는데, 갑자기 비자가 거절이 된 거예요. 1차 비자 심사까지는 문제가 없었고, 1차가 되면 웬만하면 2차는 통과이기 때문에 그렇게 알고 있었는데 당시 트럼프 정권하에서 외국인 노동자들에 대한 시각이 굉장히 안 좋은 시기와 맞물려서 그랬는지 그렇게 된 거죠. 근데 저는 그게 오히려 고마웠어요. 왜냐면 그때 제 유튜브가 1년도 안 돼서 구독자가 4만 명이 됐거든요. 이걸로 뭔가 할 수 있을 것 같은 가능성이 보이기 시작하니까 제가 차라리 비자 심사 통과가 안 되길 바라고 있더라고요.(웃음) 이게 붙으면 3년을 여기에 더 묶여 있어야 하는데 그럼 너무 후회할 것 같은 거죠. 근데 다행히 떨어졌고, 회사에서는 다시 시도해보겠냐고 했는데, 저는 그만두는 걸 선택했고요. 비자가 거절되면 당장 다음 날부터 일을 하면 안 되거든요. 그래서 바로 짐 싸서 요세미티로 여행을 떠났죠. 직장 다니면서 못 해본 미국 여행을 그때 처음으로 2달 동안 했어요. 모아둔 돈을 다 쓰면서.

근데 아무리 유튜브 구독자가 4만 명이어도 수익이 연봉보다 높진 않잖아요. 다른 사람 같았으면 유튜브는 유튜브고 회사 커리어는 계속 이어

나갈 생각을 했을 것 같거든요. 믿는 구석이 있었나요?

주변에서도 미쳤다고 했죠.(웃음) '너 한국 들어오면 후회할걸? 한국 회사들 야근도 많은데 어떻게 일하려고 하냐' 같은 얘기를 많이 들었죠. 그때 솔직히 계획은 없었는데, 확실했던 건 회사에 9시부터 6시까지 붙잡혀 있는 생활이 만족스럽지 않다는 거였어요. 얽매여서 하는 생활보다는 돈을 덜 벌더라도 제가 지금 하고 싶은 것을 도전해보고 싶더라고요. 그리고 제 눈에는 유튜브에서 뭔가 보였던 것 같아요. 그렇다고 먹고살 만큼 수익이 나왔던 것도 아니었죠. 그때 제 유튜브 수익이 한 달에 70~80만 원 정도가 나왔으니까요. 근데 저는 그 정도면 부모님한테 용돈 안 받고 생활하면서 도전을 한번 해봐도 좋겠다고 생각했던 것 같아요.

#밀레니얼이_가장_잘하는_것

"소셜미디어 계정 없는 사람 없죠. 스마트폰 없는 사람 없죠. 뭐가 부족해요?"

'좋아하는 일로 먹고살 수 있을까?' 하는 게 우리 세대에게 큰 화두잖아요. 앤드류 님이 미국 생활을 그렇게 정리하고 돌아왔던 것도 결국 좋아하는 걸로 먹고살기 위해서였고요. 먼저 시도해본 사람 입장에서, 그거 누구나 할 수 있는 거라고 생각하시나요?

할 수 있다고 생각해요. 확실히 이전 세대보다는 우리한테 기회가 더 많죠. 어딜 가도 와이파이가 되고, 누구나 스마트폰 갖고 있고, 가격도 싼 시대잖아요. 그리고 소셜미디어라는게 발전되면서, 사람들이 계속 소셜미디어를 보고 있어요. 전통 미디어보다 오히려 소셜미디어가 더 많은 조회수와 많은 광고를 가져가고 여기에 돈이 더 투자되는 시대에 살고 있죠. 그렇기 때문에 저는 소셜미디어를 이용하면 좋아하는 일로 먹고살 수 있다고 생각해요.

그게 다른 세대보다 우리 세대에게 더 유리한 부분이 있다는 거죠? 예를 들면 어떤 건가요?

제가 최근에 한 배달 서비스 광고를 봤어요. 어떤 분이 하고 싶은 취미가 있는데, 그걸 하려면 돈이 드니까 배달 알바를 해서 자기가 좋아하는 일을 하라는 게 그 광고의 메시지인 거예요. 충격을 받았어요. '왜 알바까지 해가면서 좋아하는 일을 하고 있지? 좋아하는 그 일을 내 부업으로 만들면 되는데' 하는 생각이 든 거죠. 만약 그림 그리는 게 좋다면, 그림을 인스타그램에 올려서 판매할 수도 있고, 굿즈로 판매할 수도 있고, 그림 그리는 클래스를 열 수도 있잖아요. 사실 저도 미국에 있을 때 월급이 너무 적어서 생활이 힘들어지니까 부업거리를 찾게 됐는데, 그때 캘리그래피 취미가 있었어요. 원래 붓을 쓰던 사람이라서 그런지 제가 좀 빨리 배우더라고요. 실력이 어느 정도 찼을 때, 인스타그램에 캘리그래피 사진을 올리기 시작했어요. 그랬더니 같이 일하는 동료가 "내 친구가 이번에 결혼하는데 브라이덜 샤워 초대장 디자인해줄 수 있어?" 하는 거예요. 그걸 해주고 돈을 받았어요. '어? 이게 돈이 되네?' 싶은 거죠. 인스타그램에 올렸을 뿐인데 내가 이걸 하는 사람으로 사람들에게 인식이 돼서 주변에서 그런 기회를 주는구나. 또 한 친구는 "내가 아는 캔들 회사가 있는데 커버에 캘리그래피 디자인을 넣고 싶어 하길래, 네가 잘하는 거 같아서 추천해줬다. 한번 연락해봐라." 하는 거예요. 거기서 또 캘리그래피를 해주고 부수입이 생긴 거예요. '어? 이게 돈이 되네?'(웃음) 그때 제 팔로워가 천 명도 안 됐을 때였는데도요. 이번에는 내가 이걸 가르쳐봐야겠다 싶었어요. 그건 계속 수익을 낼 수 있잖아요. 그때부터 교재 같은 걸 만들어서 페이스북 커뮤니티에도 올리고, LA 한인분들이 쓸 만한 해시태그를 찾아서 좋아요 누르고 댓글 달고. 그래서 정말 과외를 하게 됐어요. 한 명씩 소소하게 시작한 건데, 보통 한 명이 안 오거든요. 어색하니까 친구 한 명, 두 명 데리고 오는 거죠. 제가 그때 1인당 1시간에 70달러를 받았어요. 한국 돈으로 한 8만 원 정도 되는 돈이니까, 세 명 모이면 벌써 얼마예요. 저는 그때부터 인스타그램을 그런 식으로 이용했던 거죠.

팔로워가 많지 않아도 가능하다는 거네요?

사람들은 '인스타그램으로 돈을 벌려면 앤드류처럼 팔로워가 몇만 명이 되어야 해, 나는 못 할 거야' 하는 생각을 갖고 안 해요. 근데 사실 돈 벌 수 있는 수단은 되게 다양하거든요. 팔로워가 없어도 부업으로 먼저 시작해볼 수 있고, 그게 점차 내 주업이 될 수도 있는 거니까요.

특히나 우리 세대는 어릴 때부터 SNS를 접해온 세대니까 더 빠르게 할 수 있고, 더 유리하다는 얘기네요?

그렇죠. 소셜미디어 계정 없는 사람 없죠. 스마트폰 없는 사람 없죠. 와이파이 다 있죠. 뭐가 부족해? 하면서 뼈를 때리죠.(웃음)

'근데 그것도 그런 재능이 있어야 되는 거 아닌가? 나는 평범한 사람이고, 그런 캘리그래피 잘하고 있는 사람도 이미 많은데'라고 생각하는 분도 있을 것 같아요.

기본적으로 '나보다 잘하는 사람이 있는데 내가 어떻게 하지?'는 생각하지 않아도 될 것 같아요. 제가 캘리그래피 할 때도 저보다 잘하는 사람 많았어요. 저는 그때 시작한 지 1년도 안 됐는데 가르치기 시작한 거니까 언제나 저보다 잘하는 사람이 이미 시장에 있어요. 그런데 저는 그렇게 생각해요. 그런 사람들은 내 경쟁자가 아니에요. 나보다 훨씬 잘하고 나보다 앞서가 있는데 어떻게 그 사람이 저의 경쟁자가 되겠어요. 그 사람은 그냥 이 시장의 파이를 키워주는 사람, 그리고 이런 시장이 있다는 걸 나에게 알려준 사람이에요. 내가 목표해야 되는 사람, 내가 따라가야 되는 사람인 거죠. 그렇게 생각하면 쉽게 접근할 수 있겠죠. 그리고 각자 사람마다 잘하는 게 다 하나씩은 있거든요. 그게 꼭 예술적인 재능이 있어야 하는 게 아니라, 단순한 것일 수도 있어요. 엑셀을 잘한다, PPT를 잘한다면 그런 걸 알려주는 사람이 될 수 있는 거고, 내가 책을 잘 읽는다, 요약을 잘한다면 그런 걸로 유튜브 영상을 만들어볼 수 있겠죠. 해볼 수 있는 건 다양한 것 같아요.

하지만 내가 좋아하는 걸 콘텐츠로 만드는 것까지는 알아도, 이걸 수입으로 연결하는 건 쉬운 일이 아니잖아요. 앤드류 님은 그걸 어떻게 그렇게 빨리 구축할 수 있었는지 궁금하더라고요.

저는 먼저 브랜딩을 하라고 이야기하죠. 수익화를 먼저 생각하고 시작하면 이상하게 돼요. 이상한 행동을 하게 되고, 자꾸 이상한 쪽으로 빠지게 되더라고요.(웃음) 저도 그랬거든요. '이걸로 돈을 벌어야지'라고 생각하기보다, 나, 내가 갖고 있는 재능, 나의 콘텐츠를 하나의 브랜드라고 생각하고 브랜드를 키우는 것에 집중하면, 그게 어느 정도 인지도가 생기고 영향력이 생겼을 때 돈 벌 수 있는 기회는 알아서 찾아와요. 제가 '나는 내년쯤에 온라인 클래스를 열고, 그다음에 전자책을 써야지'라고 계획해서 한 게 절대 아니에요. 저는 그냥 단순히 브랜딩에 집중을 했기 때문에 주변에서 추천과 연락이 오면서 자연스럽게 시작된 거죠. 지금도 계속 강연 요청이나 출판 제안, 클래스를 열자는 제안이 오거든요. 이렇게 된 이유는 제가 그 분야에서 퍼스널 브랜드가 구축되어 있기 때문이라고 생각해요. 제게 유튜브 채널이 없었으면, 인스타그램이 없었으면 그런 연락들이 안 왔을 거잖아요. 그럼 저는 그런 기회가 있는 줄도 몰랐겠죠. 내가 잘할 수 있는 것과 내 가치를 전달하는 것. 그게 제가 이야기하는 브랜딩이에요.

퍼스널 브랜딩이라는 말은 사실 예전부터 있었잖아요. 저도 대학교 때도 들었던 얘기 같고요. 근데 시대가 바뀌었고, 앤드류 님이 얘기하는 브랜딩은 그것과 좀 다를 것 같아요. '담백한 브랜딩'이라는 이름도 지으셨더라고요. 거기에 뭔가 힌트가 있을 것도 같은데요.

예전에는 퍼스널 브랜딩을 PR이랑 좀 헷갈려하는 게 있었어요. 기자를 고용해서 나에 대해 좋은 이야기를 써주는 기사를 쓰게 한다든지, 보도자료를 뿌린다든지 하는 게 PR이잖아요. PR, 셀프 프로모션을 퍼스널 브랜딩이라고 생각하는 게 있었죠. 물론 그 시대에는 미디어만 장악하면 됐으니까 그게 가능했겠죠. 돈 주고 기사를 뿌려도 사람들이 '아 그렇구나~' 했으니까 있어 보이는 게 브랜딩이라고 생각했던 거죠. 그게 그때의 퍼스널 브랜딩이었다면, 제가 생각하는 브랜딩은 솔직하게 다가가는 거예요. 다 빼고 담백하게, 스스로 잘났다고 얘기하는 게 아니라 행동으로 보여주는 거죠. 내가 왜 이 말을 할 자격이 있는지를. 내가 '나 전문가야'라고 말하는 게 아니라 남들이 나를 전문가라고 불러주게 만드는 행동을 하는 게 제가 얘기하는 담백한 브랜딩이에요. 저는 사실 제 스스로 전문가라고 얘기해본 적이 한 번도 없어요. 그런데도 강연을 가거나 이런 자리에 초청받을 때, '퍼스널 브랜딩 전문가'라고 꼭 불러주시더라고요. 사실 경력으로만 따지면 저는 오히려 디자인이 공부한 기간까지 10년이 넘는데 디자인 전문가라는 소리는 한 번도 못 들어봤거든요.(웃음) 근데 고작 시작한 지 1년 밖에 안 되는 퍼스널 브랜딩에 대해서 저를 전문가라고 불러주시는 거예요. 결국 그게 진짜 우리가 해야 되는 브랜딩이 아닐까 해요. 지금은 있어 보이는 척을 하면 다 티가 나잖아요. 부자인 척하다가 걸리고, 전문가인 척하다가 걸리고, 광고 아닌 척하다가 걸리잖아요. 우리 모두에게 발언권이 생겼거든요. 소셜미디어라는 게 생기면서, 몇백만 팔로워가 있는 인플루언서들도 일반인의 게시글 하나로 나락으로 떨어지는 시대에 살고 있어요. 지금 시대에 거짓말을 하거나 흐름에 역행하는 이야기를 하면 그렇게 되거든요. 그럴수록 브랜딩을 하고 싶다면 담백하게 해야 되는 거죠. 내가 할 수 있는 것에 집중하고 내가 할 수 있는 만큼만 진짜 나를 보여주는 것. 그게 요즘 시대 브랜딩에 필요한 자세이지 않을까 생각해요.

그러면 담백한 퍼스널 브랜딩, 어디서부터 어떻게 해야 되는지 살짝만 알려주실 수 있을까요?

아, 제가 안 그래도 이번에 책을 쓰면서 브랜딩의 구조에 대해서 생각해봤거든요. 결국에는 이게 하나의 메시지로부터 시작하는 거예요. 내가 세상에 전해야 되는 메시지는 뭔지 생각해보는 거죠. 모두가 그런 메시지가 하나씩은 있을 거예요. 혜민 님이 전하고 싶은 메시지는 뭐죠?

'세상이 말하는 정답이 아닌 다양한 삶의 선택지들이 있다'는 게 저희 채널의 메시지예요.

그래서 그것과 관련된 콘텐츠를 만들고 계시잖아요. 저는 '좋아하는 일로 행복하게 일할 수 있다', 그리고 '그걸 위해서는 소셜미디어 퍼스널 브랜딩을 해야 한다' 이게 제 메시지이거든요. 그러면 그 메시지를 전달할 자격이 있는 페르소나가 필요해요. 예를 들면 혜민 님은 지금 말할 자격이 있는 이유가 이 주제에 대해서 계속 사람들과 만나고 연구하면서 이런 콘텐츠를 만들고 있기도 하고, 다른 부부와는 다른 결혼식도 하셨잖아요. 이런 것들이 그 메시지를 전할 자격을 주는 거죠. 그게 페르소나예요. 저도 인스타그램을 통해서 퍼스널 브랜딩을 해서 좋은 결과를 만들어내는 드로우앤드류라는 페르소나가 있고요.

오 그렇군요? 이런 건 적어야지….

제가 퍼스널 브랜딩의 공식처럼 이야기하는 게 세 가지예요. 저기 초록색 포스터에 적힌 거 보이세요? 'Who I am'이 페르소나라면, 'What I do'

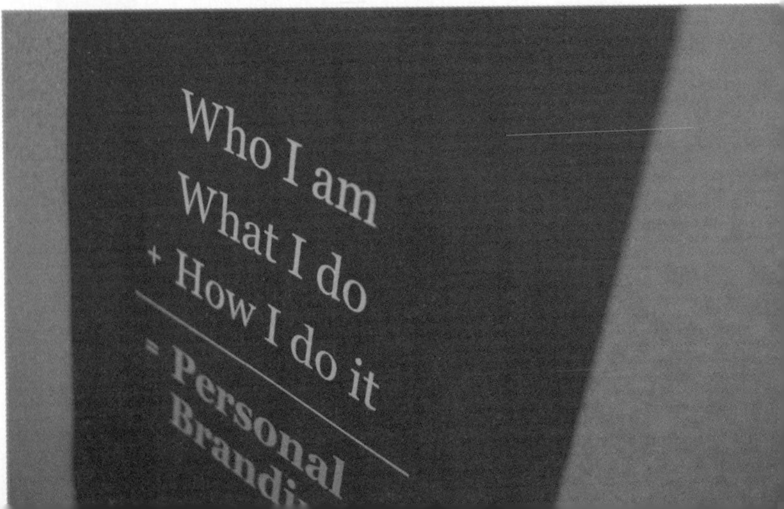

가 목적이고, 'How I do it'이 콘텐츠인 거죠. 페르소나가 하는 이야기가 목적이라면, 콘텐츠는 그걸 어떻게 하는가예요. 이 세 개가 모이면 퍼스널 브랜딩이 되는 거죠. 근데 콘텐츠를 만들면 다 되는게 아니라, 콘텐츠 안에 사람들이 가져가고 싶은 가치가 담겨 있어야 돼요. '나는 가치를 넣었으니까 너희들이 알아서 봐'가 아니라 스토리텔링을 할 줄 알아야 하죠. 내 이야기를 사람들이 끝까지 들어야 되니까요. 스토리텔링을 통해서 가치를 전달하는 게 콘텐츠인 거예요. 그렇게 하다 보면 오디언스(청중)가 생겨요. 팔로워가 늘어난다거나, 구독자가 생긴다거나. 그게 영향력이 생긴다는 거거든요. 내가 말하고 있는 메시지에 영향력이 생기고, 그 분야에서 퍼스널 브랜드로 자리를 잡게 되면 자연스럽게 클라이언트가 오게 되어 있어요. '광고 좀 해주세요'라든지, '우리랑 이런 콘텐츠 같이 만들어봐요'라든지. 그렇게 클라이언트가 오면 수익 창출이 되는 거죠. 그러니까 메시지부터 페르소나, 목적, 콘텐츠, 오디언스, 클라이언트까지의 단계를 모두 거치면 좋아하는 일로 행복하게 돈을 벌게 되는 거죠.

이게 그냥 이론이 아니라 같은 또래인 앤드류 님이 스스로 경험한 것들을 녹여서 정리한 거라서 더 와닿는 것 같아요.

사실 이런 이야기가 저희 세대와 저희 다음 세대에게 필요한 메시지이기도 하지만, 저희 윗세대에게 하는 이야기이기도 해요. 요즘 밀레니얼이 어떻다고 정의하는 책들이 많잖아요. 기성세대가 '너희는 부모보다 가난한 세대고, 너희는 절대 집 살 수 없는 세대야' 이렇게 정의를 한다면, 밀레니얼 후배의 입장에서 저는 '그 집 필요 없어. 나는 좋아하는 일로 행복하게 돈 벌어서, 젊을 때부터 행복하게 살다 죽을 거야. 노후를 위해 젊었을 때 고생하다 은퇴해서 즐기는 거 말고, 마지막에 웃는 사람이 아니라 평소에 자주 웃는 사람이 될 거야' 이렇게 말하고 싶은 거죠.

#좋아하는_일을_지속하려면

"내가 부러운 사람이 누군지 찾아보세요. 내가 뭘 원하는지 이해하게 될 거예요."

지금까지 우리가 나를 브랜드화해서 먹고사는 희망적인 얘기를 했는데, 사실 힘든 부분도 많을 거예요. 그것에 대해서 얘기를 해보려고 해요. 만약 앤드류 님이 말하는 대로 했는데도 반응이 별로 없다면 어떻게 해야 할까요? 앤드류 님에게도 그런 시기가 있었나요?

그럼요, 있었죠. 저도 처음에 유튜브 영상 다섯 개를 올리고 반응이 없어서 유튜브를 한 달 쉬었어요. 그 시간 동안 사실 논 건 아니었고, 영어권을 타깃으로 하는 유튜브도 해보고 싶어서 한동안 영어 채널에 집중을 했던 거예요. 그런데 어느 날 보니까 첫 채널의 구독자가 100명이 된 거예요. 사실 100명도 안 되는 채널은 구독 잘 안 하잖아요. 그래서 저는 그 첫 구독자 100명한테 너무 감사하더라고요. 그래서 감사 영상을 올렸어요. '100명이 됐는데, 제가 그동안 영상을 못 올려서 죄송하다. 다시 한번 시작해보겠다'라고 핸드폰으로 어설프게 찍은 영상이 있어요. 화질도 안 좋고 편집도 어색하고 말도 잘 못해서 지금은 창피해서 비공개로 돌렸지만, 슬럼프가 온다거나 힘든 점이 있을 때 그 영상을 봐요. 그렇게 100명한테 감사해서 그들을 만족시키려다 보면 천 명이 보게 되고, 천 명을 만족시키려고 하면, 만 명이 만족하게 되거든요. 근데 사람들은 기본적으로 시작할 때부터 한 만 명 정도 있어서 내가 뭔가 딱 올렸을 때 반응이 오길 원해요. 그래서 콘텐츠에 집중을 안 해요. 각 잡고 사진을 올리는 것도 창피해해요. '저 아직 이거밖에 안 되는데, 제가 뭘 그렇게 열심히 해요. 현타 와요. 자괴감 들어요.' 하는데, 100명을 실제로 여기다 데려다 놔봐요. 적은 수가 아니죠. 그러니까 처음에 기대감을 낮추고 시작하는 게 중요한 것 같아요.

본인만의 콘텐츠를 만들어라, 이런 얘기를 했잖아요. 근데 하다 보면 내가 원래 하려고 했던 얘기는 따로 있긴 한데 다른 거 하나 올려봤더니 반응이 너무 좋은 거예요. 그럼 어떡해요?

맞아요. 그게 문제가 되는 거예요. 왜냐하면 나는 좋아하는 일을 하려고 이걸 한 거잖아요. 그러니까 빨리 돌아와야죠, 더 늦기 전에. 내가 좋아하고 내가 즐기면서 할 수 있는 것에 집중을 하는 게 좋거든요. 근데 사실 그 문제는 정답을 말하기가 어려운 거 같아요. 만약에 조회수가 잘 나오는 거면 그건 세상에 필요하다는 거거든요. 그럼 그걸 어떻게 내가 좋아하는 방식으로 만들 수 있을까를 고민해보고, 밸런스를 잘 잡아야죠.

'내 자신'이 나의 브랜드이자 생계 수단이 되었을 때 페르소나와 나 자신 간의 괴리감이 생길 수도 있고, 반대로 사생활이 분리되지 않아서 괴로운 경험을 하게 될 수도 있을 것 같아요. 앤드류 님도 그런 느낌을 느낄 때가 있으신가요?

만약 4, 5년 차 유튜버라면 그런 경험을 했을 것 같은데, 저는 아직까지 그 시기가 오진 않았어요. 근데 기존에 오래 활동해오고 있는 분들 보면 그걸 겪고 있는 분들이 많더라고요. 어떤 분들은 아예 자신과 페르소나를 분리한다는 분도 있고, 어떤 분은 그렇게 했더니 그 괴리가 너무 심해서 정신적으로 괴로워하는 경우도 있고, 너무 자기를 공개한 나머지 사생활이 없어진 분도 있더라고요. 이런 걸 보면서 제가 느낀 건, 적당히 유명하고 많이 버는 게 제일 좋다는 거예요.(웃음) 저는 꼭 구독자가 100만 명까지 안 돼도 될 것 같아요. 그렇게 되면 저에게 주어지는 도덕적 잣대도 높아질 거고 제가 만드는 콘텐츠도 필터링 될 것 같거든요. 저는 제 메시지를 응원해주고 저와 같이 커가는 사람들과 같이 가고 싶지, 거대한 대중을 상대하고 싶지는 않아요. 사실 저는 지금 8만 명도 과하다고 생각하고, 늘 2만 정도라고 생각하고 하는 것 같아요. 그때가 제일 설레고 재미있었거든요. 내가 어떤 콘텐츠 만들 때 설렐까, 어떤 걸 하면 더 재밌게 만들 수 있을까를 항상 생각해요. 그래야 보는 사람도 즐거우니까요. 그래서 결론은 유명해지는 건 좋은 게 아닌 것 같아요. 유튜버가 되지 말고, 유튜브를 마케팅 도구 정도로 생각하고 활용하면 좋을 것 같아요. 나의 가치를 전달하는 도구. 그러면 오히려 적은 숫자로 훨씬 빨리 수익화를 할 가능성이 높아져요. 인스타그램도 마찬가지고.

앤드류 님은 자신이 잘할 수 있는 방법을 찾아서 참 똑똑하게 잘 성장한 것 같아요. 잘될 거라는 보장이 없었을 때에도 그때마다 방법을 찾아서 계속 나아갈 수 있었던 원동력은 무엇이라고 생각하세요?

제가 좋아하는 명언 중에 'Fake it until you make it'이라는 문장이 있거든요. 'Fake it, 속여라, until you make it, 네가 그걸 이룰 때까지'라는 뜻이에요. 사람들이 많이 알고 있는 명언인데, 의외로 이걸 잘못 해석해서 '구라를 쳐라', '있어 보이는 척을 해라'처럼 받아들이시는 분들이 있더라고요. 사실 그 말의 뜻은 자기를 속이라는 거거든요. 내가 이미 성공한 사람이라고 생각을 하고 그에 맞게 행동을 하면 성공할 수 있다는 거죠. 제가 지금 대단하고 잘난 사람은 아니지만 여기까지 어떻게 왔나 돌아보니까, 정말 스테이지마다 롤 모델이 있었더라고요. 저는 그 롤 모델을 따라 했던 거죠.

앤드류 님의 롤 모델은 누구였나요?

제가 미국에 갔던 이유가 그때 제 롤 모델이 저희 사촌 누나였거든요. 제가 대학생 때 누나가 미국 패션 회사에서 일을 하는 걸 보고 너무 멋있고 부러워서 저도 그걸 어떻게 흉내라도 내보고 싶더라고요. 그러니까 미국 회사의 정식 디자이너는 아니더라도 인턴으로라도 미국에 갔던 거고, 그렇게 흉내를 내다 보니까 어느새 미국의 일반적인 디자이너만큼 연봉을 받는 디자이너가 돼 있었고요. 회사 다니면서 인스타그램 마케팅을 하다 보니까, 인플루언서들이 너무 부러운 거예요. 협찬도 받고, 좋아하는 일로 돈도 벌고. 그래서 그때부터는 인플루언서들을 롤 모델로 삼았어요. 인스타그램에서 그 인플루언서들이 하는 행동을 그대로 했어요. 협찬은 아니지만 협찬받은 것처럼 사람들에게 뭔가 추천해주고, 사진 예쁘게 찍어서 올려보고. 그런 식으로 인플루언서들이 하는 행동을 따라 하다 보니까 어느새 진짜 인플루언서가 돼서 브랜드들에서 협찬받고 광고비도 받게 됐죠. 그다음에 '나는 또 그럼 누가 부러울까?' 하고 찾아봤는데, 미국의 기업가이자 저자인 게리비(GaryVee)라는 사람을 보게 됐어요. 그리고 한국에서는 '세바시'에 나오는 사람들이 부럽더라고요. 결국 둘 다 사람들에게 영감을 주는 사람들이었고, 나도 그 사람들처럼 되고 싶다는 생각이 든 거예요. '아, 이제 내 롤 모델은 사람들에게 영감을 주는 사람이야. 그렇게 되려면 어떻게 해야 되지?' 하면서 찾아보니까 그 사람들 모두 유튜브를 하더라고요. 그때부터는 나도 유튜브를 해서 세바시에 나갈 수 있는 사람이 되겠다는 게 제 목표였어요. 그 사람들이 하는 것처럼 유튜브에서 사람들에게 메시지를 전하고, 영감을 주고, 도움이 되는 영상들을 만들었죠. 그러고 나니까 실제로 그런 댓글이 달리더라고요. '앤드류 님은 언젠간 한국의 게리비 같은 사람이 될 거 같다'고. 제가 게리비가 강연을 하는 모습이나 인터뷰하는 모습에 반했던 건데 이제는 진짜 제가 인터뷰도 하고, 강연도 하고, 그 사람처럼 책도 쓰는 사람이 돼 있더라고요.

선망하는 사람을 닮아간다는 건 참 멋진 것 같아요. 롤 모델이라는 게 결국 삶을 대하는 태도를 닮고 싶다는 뜻일 테니까요.

그러니까 저는 이 얘기를 해주고 싶어요. 내가 지금 가장 부러운 사람이 누구인지를 생각해보고, 그 사람은 지금 뭘 하고 있는지 보고 그걸 따라 하세요. 마치 내가 그 사람인 양. 내가 부러운 사람이 누군지 찾다 보면 내가 뭘 원하는지, 내가 뭘 할 때 행복한지, 내 자신을 이해하게 되거든요. 누구는 강연을 하는 게 안 멋있어 보이는 사람도 있어요. '강연하는 게 뭐가 좋아?'라고 할 수 있는데 저는 그렇거든요. 그 겉모습을 따라 하는 게 아니라, 그 사람이 하는 행동을 내가 할 수 있는 선 안에서 내 방식대로 해보는 것. 그게 저의 비법이라면 비법이었던 거 같아요.

요즘 또 새로운 롤 모델이 생겼나요?

저도 이제 다음은 뭘까 생각해봤는데, 요즘 되게 재밌게 보는 콘텐츠가 단순히 앉아서 말하는 것보다 브이로그처럼 스토리텔링이 있는 콘텐츠예요. 그런 걸 만드는 사람이 부럽더라고요. 그래서 그런 사람들처럼 해봐야겠다 해서 요즘 브이로그 시리즈를 올려보고 있어요. 반응은 다른 영상들보다 좋지는 않지만 언젠간 잘될 수도 있지 않을까 하면서. 근데 저… 지금까지 제가 유튜버가 아니라고 생각했거든요. 아까 말한 것처럼 유튜브나 인스타그램은 저에게 브랜딩 수단이라고 생각했는데, 지금 말하면서 생각해보니까 이제는 저도 진짜 유튜버가 돼보고 싶나 봐요.(웃음)

갑자기 자아를 발견했네요.(웃음) 앞으로의 계획은 뭐예요? 어떻게 일하고 먹고사는 사람이 되고 싶어요?

제가 얼마 전에 〈트라이브즈〉라는 책을 읽었는데 재밌는 내용이 하나 나오더라고요. 이 책을 쓴 사람이 미국에서 '마케팅 구루'로 불리는 '세스 고딘'이라는 분인데, 그분이 호텔에서 잠이 안 와서 로비에서 이메일을 확인하고 있었대요. 근데 휴가차 온 커플이 지나가면서 "저 사람 너무 불쌍하지 않아? 휴가까지 와서 일하다니."라고 하더래요. 그걸 듣고 그분이 피식 웃으면서 속으로 생각했대요. '저 사람들은 지금 저 2주의 휴가를 즐기기 위해서 나머지 시간을 그렇게 불태워서 일하는 거 아니야? 나는 평소에 이런 데 와서 잠깐씩 일할 뿐인데'라고. 실제로 그분은 베스트셀러가 열여덟 권이거든요.(웃음) 그걸 보고 너무 재밌더라고요. 그래서 '나도 저렇게 휴가를 위해, 노후를 위해 사는 삶이 아니라, 내 나이 때에 맞는 삶을 즐기면서 행복하게 사는 사람이 되어야겠다'고 생각하게 됐어요. 그래서 제 목표는 무조건 그거예요. 자주 웃는 사람이 되는 거. 마지막에 웃으려고 하지 말고. 서른한 살의 앤드류는 지금밖에 없잖아요. 지금의 체력으로 지금 하고 싶은 걸 지금 못 하면 나중엔 재미가 없을 수도 있으니까. 사회가 짜놓은 각본대로 내 집 마련을 목표로 한다거나, 노후에 여유롭게 사는 걸 목표로 살아가는 거 말고, 지금 여유롭게 살고 지금 당장 하고 싶은 걸 하는 것. 이게 제 계획이에요.

*이 인터뷰는 2020년 10월에 진행되었습니다.

BIYN

성이름, 이여경, 이승주

만약 우리에게 기본소득이 생긴다면

지금까지 각자 자신만의 방식으로 일하고 먹고사는 10명의 요즘것들과 이야기를 나눴다. 하지만 개인의 성공과 성취가 이야기의 끝은 아니라고 생각한다. 저마다의 꿈을 실현할 수 있는 사회가 될 수 있도록 고민하는 것도 우리 각자의 이야기가 이어질 수 있는 방법이라고 믿는다. 그래서 함께 상상해보고 싶다. 변화하는 세상에서 나다운 일을 찾고 삶의 주도권을 찾아나가려 할 때, 사회적인 자원과 인식의 변화가 동반된다면 그 선택지는 얼마나 더 풍성해지고 넓어질 수 있을까?

퇴사하고 1년간 직업 실험을 했던 김가현은 인생에 한 번쯤은 딴생각을 품어볼 수 있는 기회가 필요하다고 했고, '기본소득'이 그런 기회를 만들어줄 것 같다고 이야기했다. 십분의일을 만든 이현우는 돈에 구애받지 않고 하고 싶은 것들을 시도하기 위해 자신들만의 경제 공동체 안에서 스스로 기본소득과 유사한 시스템을 만들었다. N잡 실험을 했던 홍진아는 일과 일을 넘어가는 공백을 실업급여의 범위를 넘어 사회에서 메꿔

주었으면 좋겠다고 이야기했다.

이런 이야기를 들으며 우리 세대가 새로운 먹고사니즘 생태계를 만들어갈 때 개인의 의지나 노력, 상상력도 중요하지만, 더 큰 맥락에서 변화가 필요하다는 생각이 들었다. 앞으로 우리가 선택할 일의 형태와 개념은 점점 더 다양해지고 복잡해질 텐데, 어떤 사회적 안전망이 있다면 그 변화의 틈을 메꿔줄 수 있을까? 그중 하나의 대안으로 '기본소득'에 대해 더 알고 싶었다.

BIYN(기본소득청'소'년네트워크)은 10대에서 30대의 청(소)년들이 주체가 되어 기본소득이 실현된 사회를 만들기 위해 모인 네트워크다. BIYN의 운영진 성이름(30세), 이여경(29세), 이승주(39세)를 만나 밀레니얼의 관점에서 기본소득이 왜 필요하며, 어느 정도 실현 가능한 이야기일지, 그리고 그게 가능해진 사회에서 우리는 어떤 삶을 꿈꿀 수 있을지 이야기했다.

* 기본소득: 국가나 정치 공동체가 개인에게 어떤 심사를 거치거나 노동 의무를 요구하지 않고 무조건적이고 정기적으로 일정하게 지급하는 소득을 이야기한다.

우리가 모인 이유

BIYN을 통해서 어떤 활동들을 하고 있는지 궁금해요.

이름 BIYN은 10대부터 30대까지의 청소년과 청년이 주체가 돼서 기본소득을 이야기하는 개인들의 네트워크예요. 저희는 기본소득이란 게 단순히 정책의 개념이 아니라, 우리가 생활하는 감각과 연결되어 있다는 생각을 하고 있어요. 그것과 연결된 주제들을 탐구하는 활동을 많이 해요. 청년들이 삶의 다음 단계로 나아가려는 길목에서 돈 때문에 현실적으로 제약을 받는 부분이 있는데, 거기서 해방감을 줄 수 있는 상상력이 기본소득에서 나올 수 있다고 봤거든요. 예를 들어 결혼이라거나, 교육이나 주거 문제 등과 관련해서 기본소득이라는 주제와 연결되는 지점을 찾는 활동을 많이 하고 있어요. 저희도 초창기에는 거창하게 10대 정책 제안 같은 걸 발표하기도 하고, 제도 도입을 위한 직접적인 활동을 하기도 했는데, 그런 역할도 분명 필요하지만 저희가 잘할 수 있는 일은 따로 있다는 생각을 했고, 지금과 같은 맥락을 갖고 활동하고 있어요.

국내에도 기본소득 관련한 단체들이 많이 있잖아요. BIYN의 방향성은 무엇이 어떻게 다른가요?

이름 기본소득을 대하는 태도가 다른 것 같아요. '모든 사람들한테 돈을 줘. 그러면 취업률이 해결될 거야'라고 하기보다는 기본소득이라는 게 왜 중요하고, 어떤 식으로 가치 있는 주제인지 말하는 거죠. 저는 기본소득이 실현되지 않은 상태의 아이디어만으로도 한 사람이 자기 삶에 대해 스스로 숙고하고 결정하는 데 기여하는 도구가 될 수 있다고 생각하거든요. 말하자면 사회를 바라보는 그런 식의 관점이나 태도를 만들기 위한 활동을 하고 있어요. 이런 방식이 사실 굉장히 실속 없어 보이기도 하지만, 동시에 커다란 야심을 품고 있는 이야기이기도 하거든요. 당장 어떤 성취나 제도적인 변화를 만들지 못할 수도 있지만, 저는 그것보다는 더 큰 부분에 관심이 있어요.

여경 기본소득 관련해서 주로 학술적, 정책적 분석이나 논의를 하는 단체들이 많은 것 같아요. BIYN은 그런 연구에서는 조금 비켜나 있는 것 같고, 기본소득 자체보다는 기본소득이 실현된다고 했을 때 그 토양은 어때야 하는지를 얘기하고 있어요. 그러니까 다른 단체들이 기본소득을 데려오는 동안, 우리는 기본소득을 잘 받아들일 사회로 다듬는 거죠. 가령 기본소득을 당장 내년부터 받을 수 있다고 했을 때, 우리가 지금보다 나은 삶을 갑자기 꾸릴 수 있을까? 그냥 좀 더 좋은 집에 가서 똑같이 월세 엄청 내면서 살 수도 있는 거잖아요. 그냥 소비 규모가 조금 늘어나는 정도가 아니라, 나도 몰랐지만 내가 원했던 선택지를 미리 꺼내보는 거죠. 삶의 불안정이 지금보다 좀 덜해졌을 때 각자가 어떤 선택을 할지, 나는 어떤 삶을 원하고 어떤 것을 좋아하는지 등을 구체적으로 상상해보는 게 필요하잖아요.

그 활동이 벌써 7년이 됐잖아요. 각자의 먹고사는 일도 쉽지 않은데, 이 커뮤니티를 이렇게 오래 지속할 수 있는 비결이 궁금해요.

이름 주요 활동 인원이 보통 대여섯 명 정도 있었는데, 사실 처음 시작할 때는 대학생들인 경우가 많았기 때문에 에너지를 투입하면서 계속해서 할 수 있었어요. 근데 한 5~6년이 넘어가니까 저희 멤버들도 대부분 삶의 다음 단계로 넘어가야 되는 시기가 된 거죠. 이 활동으로 돈을 벌거나 할 수 있는 게 아니었기 때문에 여기에만 전념하기는 어려웠고, 또 각자에게 다른 관심사들도 있었으니까요. 그렇다고 이 활동을 접기에는 저희가 쌓아온 경험과 관계들이 아쉽고, 우리가 살아가는 데 꼭 필요한 일이긴 하다는 생각이 들어서 '체질 개선'을 하기로 했어요.

여경 지치지 않고 지속해서 활동을 할 수 있는 방법을 고민하다가 2018년에 리론칭을 하면서 운영 방식을 팀제로 바꾸게 됐어요. 관심 있는 주제나 프로젝트가 있으면 회원들이 자발적으로 제안하고, 3인 이상이 모이면 팀을 꾸릴 수 있어요. 그렇게 각각 유닛처럼 활동하다가 팀끼리 협업을 하기도 하고요. 지금 저희가 정회원과 후원회원까지 100명 정도의 회원이 있는데, 그중에 10%인 열 명 정도가 이렇게 팀 활동을 하고 있어요. 또 ON/OFF 제도라고 해서 각자 여력에 따라 활동을 했다가 쉬었다가를 자유롭게 조정할 수 있게 해두었어요. ON/OFF 여부는 월 단위로 체크하고 있고요. 이런 식으로 한 사람에게 의무가 과중해지지 않도록, 한 사람의 에너지가 너무 고갈될 때까지 활동하지 않도록 장치를 마련해서 활동의 지속성을 확보하려는 노력을 하고 있습니다.

이를테면 어떤 팀들이 운영되고 있나요?

여경 예를 들면 운영지원팀, 도서팀, 보스턴피플팀 등이 있어요. 제가 활동하고 있는 보스턴피플팀은 생활동반자법과 기본소득을 연결 지어 활동하는 팀이에요. 팀 이름은 '보스턴 결혼'에서 따온 것인데요, 19세기 후반 미국에서 주로 경제적으로 자립이 가능했던 중산층 여성들 사이에 이루어진 동거 관계를 지칭하는 말이랍니다. BIYN 내에 결혼이나 혈연관계가 아닌 형태로 친구와 동거하는 사람들이 있거든요. 저도 그중 한 사람이었고, 저 말고도 두 가구가 더 있고요. 얘기를 나누다 보니 이런 공동생활에 대해서도 사회적으로 권리를 보장받고 싶다는 욕망이 있는 걸 확인하게 됐고 생활동반자법을 주제로 활동하는 팀을 만들게 되었죠.

요즘 시대에 기본소득을 말하는 이유

사실 기본소득이라는 개념이 굉장히 오래전부터 이야기되어 온 것이지만, 지금 이 시대에 다시 떠오르고 있잖아요. 밀레니얼 세대에게 기본소득이 필요한 이유는 뭐라고 생각하세요?

이름 우리는 지금 극단적인 노동 생태계 안에 있는 것 같아요. 일을 너무 많이 해야 해서 힘든 사람과, 일이 너무 없어서 힘든 사람. 그 중간을 선택하기가 어려운 상황이죠. 이런 상황에서 기본소득 이야기가 나오는 맥락이 다 달라요. 미국에서는 기술이 발달해서 일할 기회가 없어지기 때문에 기본소득으로 구매력을 보장해야 한다는 얘기가 나오는 거고, 한국에서는 청년 실업 문제의 해결책으로 얘기가 되고 있고요. 어떤 나라에서는 가난을 벗어나게 하는 데 기존처럼 심사를 통한 지원이나 실물 지원보다는 현금을 주는 게 더 효과적이라는 생각에 기반해서 제도를 시행하기도 하고요. 근데 결론적으로 지금까지 사람들이 먹고사는 문제를 전통적인 의미의 '일'로만 해결했다면, 지금은 그것이 잘 작동하지 않는 사회가 되었기 때문에 다른 대안의 하나로 기본소득이 논의되고 있는 것이라고 생각해요.

승주 최근 몇 년 사이, 아주 빠른 속도로 일상에 구체적인 문제를 일으킬 만큼 미세먼지나 자연재해 등의 문제가 일어나고 있잖아요. 지금처럼 바쁘게 일하면서 매일 인터넷에서 겹겹이 포장된 물건을 배달받고, 포장 음식을 먹고 하면서 환경에 해가 되는 방식으로 살고 일한다면 다가올 기후 위기 문제를 피할 수 없을 거예요. 지금과 같은 삶의 방식을 멈추거나 변화를 일으켜야 하는데, 노동하지 않고 받는 소득이 있다면, 기존 노동 시간을 다른 여러 활동으로 대체하게 될 거예요. 이 시간이 생겨야 친환경적인 삶의 모습도 가꾸고, 나를 돌보기도 하면서 여러 활동을 시도할 것이고, 그 활동이 일의 형태가 될 수도 있겠죠.

아까 생활동반자법을 주제로 하는 팀 활동도 한다고 했는데, 밀레니얼 세대의 생애 주기와 가족 구성 방식이 달라지고 있는 것과 기본소득은 어떻게 연결될까요?

여경 전통적 생애 주기에 따르지 않는 사람이 많아지고 있지만 여러 사회보장 제도나 지원은 여전히 전통적 생애 주기, 정상 가족을 전제로 기획되는 것 같아요. 그런데 다른 복지 제도와 구별되는 기본소득의 중요한 특징 중 하나가 가구 단위가 아닌 개개인에게 지급한다는 거예요. 가구가 아닌 개인을 사회의 기본 단위로 본다는 거죠. 그러면 그 개인이 어떻게 살고 싶은가, 누구와 같이 살 것인가를 결정할 때 가족, 성 역할 같은 것들로부터 다소 자유로운 상태에서 자신이 원하는 것을 선택할 수 있을 거예요. 이런 식으로 기본소득이 있는 사회에서는 개인의 자립이나 다양한 관계를 더 안전하게 만드는 일이 가능해지지 않을까 하는 거죠.

일각에서는, 무상으로 조건 없이 소득이 생기면, 일을 아무도 안 하게 되

는 거 아니냐는 말을 하잖아요. 한창 일할 나이에 기본소득이 왜 필요하냐면서요. 저는 이게 일을 바라보는 관점과도 관련이 있을 것 같거든요.

승주 만약 기본소득이 생겨서 안 하게 되는 일이라면, 애초에 그 일은 건강하지 못한 일이었을 거라고 생각해요. 지금 우리 또래들이 일자리를 자꾸 바꾸고, '퇴사'라는 말이 유행처럼 쏟아지는 이유가 뭐겠어요. 많은 일자리가 건강하지 못해서이고, 그런 종류의 일이야말로 기본소득이 생긴다면 덜 할 수 있게 되는 거죠. 그러면서 일의 개념을 계속 확장하고, 발명해나갈 수도 있을 거예요. 덕질을 해서 콘텐츠를 만든다든가, 텃밭을 가꿔서 요리를 한다든가. 일의 개념이 훨씬 더 넓어지고 건강한 일이 그 자리를 채우면, 과연 사람들이 일을 안 하려고 할까요?

여경 일단 여기 있는 사람들만 봐도 돈을 충분히 주지 않는데도 하고 싶은 걸 하려는 사람들이잖아요.(웃음) 돈이 생긴다고 그 일을 안 하진 않을 거란 말이죠. 그리고 지금은 사회에서 정의하는 '임금을 받을 만한 일'이라는 게 너무 협소하다는 생각이 들어요. 오랫동안 성장 위주의 경제를 주장해왔고 그 아래에서는 가치 있는 일이란 오직 GDP 올리는 일자리 정도인 거잖아요. 그런 일들만 임금을 받을 만한 일이라는 인식에서 벗어난다면 많은 것이 변하지 않을까 싶어요.

지금까지는 일이라는 게 돈을 많이 벌어서 생계를 유지하는 것에만 방점이 찍혀 있고 그 기준으로 가치를 부여해왔는데, 기본소득이라는 개념이 생기면 조금 다른 기준으로 일을 바라볼 수 있게 될 것 같아요. 그러면 그 기본소득, 얼마면 충분할까요?

이름 그것도 의견이 분분하긴 한데, 보통 나오는 이야기가 최저생계비의 80% 정도를 말하더라고요. 1인 가구 기준 최저생계비가 100만 원이라고 했을 때 80%면 80만 원이죠. 80만 원에 대해 장난하는 거냐는 반응도 있고, 30만 원 정도만 받아도 충분하다는 사람도 있죠. 돈에 대한 감각은 다양한 것 같아요.

여경 매월 80만 원이 생긴다고 하면 물론 힘이 되겠죠. 근데 제 입장에선 충분한 액수는 아닌 것 같아요. 지역마다 다르겠지만 서울의 경우는 주거비로 절반은 넘게 쓸 것 같거든요.

승주 그 돈을 발판 삼아서 다른 경제 활동을 할 수 있게 약간의 심적 여유를 주는 정도의 수준일 것 같아요. 사는 데 충분한 돈이 얼마인지는 제각각 다르겠지만, 살기 위한 에너지를 내고 삶의 의욕을 놓지 않게 하는 데 도움을 줄 정도의 돈은 되지 않나 싶어요.

한편으로는 '나는 이만큼 노력해서 이만큼의 성취를 얻었는데 왜 너는 노력도 안 하고 가져가려 하냐'는 말이 나오기도 하잖아요.

여경 누군가가 뭔가를 획득했을 때 그걸 보고 내 것을 빼앗겼다고 생각하는 경우가 많잖아요. 외국인 노동자나 난민 이슈를 볼 때도 그렇고, 내가 이렇게 힘드니 다 같이 같은 방향으로 끌어내리려는 꼴인 것 같아서 안타까워요. 그런 생각의 방향을 전환할 수만 있다면 기본소득에 더 많이 동의할 수 있지 않을까 생각해요.

승주 예전에 기본소득 총서를 가지고 하는 책 읽기 모임에 참여했었는데 그때 다양한 직군의 참여자들이 있었어요. 대부분 우리가 흔히 예측할 수 있는, 노동을 하고도 적당한 보상이 돌아오지 않는 그런 직종에 종사하는 분들이었고, 그중 한 분이 전문직에 종사하는 비교적 고소득자인 분이었어요. 이야기가 오고 가면서 방금 얘기했던 것처럼 우리가 인간답게 살기 위해서 얼마큼의 돈이 필요할까를 말하다가, 평균값을 냈더니 300만 원이 나왔어요. 그런데 그 고소득을 받으시는 분이, 나는 이만큼의 시간을 투여해서 노동하고 받는 그 돈을, 왜 노동하지 않고 받으려고 하냐고,

이해가 잘 안 간다는 말씀을 하시더라고요. 근데 그 의견에 대해서 "만약 지금의 노동 시간을 줄일 수 있다면요? 혹은 지금 세금을 많이 내고 계실 텐데, 기본소득으로 그 세금을 내면 어때요?"라고 했더니 조금씩 분위기가 바뀌면서 다른 아이디어들이 활발히 나왔거든요. 저는 이런 식의 작은 인식 변화가 정말 필요한 것 같아요. 한국과 같은 경쟁 사회에서는 그런 인식 변화가 쉽지 않은데, 이런 자리가 계속 마련된다면 인식이야 아주 천천히라도 변할 수 있지 않을까 해요.

우리에게 기본소득이 가능하다면

기본소득 얘기를 하면 '취지는 좋은데 좀 비현실적인 거 아니냐'라거나 '그 재원을 어떻게 마련을 하겠냐'는 얘기가 나오잖아요. 어떻게 생각하세요?

이름 최근 어떤 연구 발표* 에서는 새로운 재원을 만들지 않고 월 30만 원 정도의 기본소득 모델이 가능하다는 게 수학적인 계산을 통해서 도출되기도 했어요. 한국의 세금을 바탕으로 운영 가능한 기본소득 모델에 대한 연구도 전문가들에 의해서 꾸준히 발표되고 있고요.

승주 저도 재원이 없어서 기본소득을 못 할 거라고는 생각하지 않아요. 제가 기본소득에 대해서 정말 몰랐을 때는 저도 처음에 당연히 이런 질문

*출처: LAB2050 보고서〈국민기본소득제: 2021년부터 재정적으로 실현 가능한 모델 제안〉

을 했었어요. 근데 최근에 나오는 한두 권의 책만 읽어봐도 탄소세라거나, 석유 같은 공통의 자원을 모두에게 분배하는 방식을 연상하기 어렵지 않거든요. 실제로 알래스카가 그렇게 하고 있고요.

최근에는 이런 얘기도 있더라고요. 페이스북이나 구글 같은 IT 기업에서 개인의 정보들을 수집해서 자신들의 상품을 개발하고 디자인하는 데 이용하잖아요. 그 정보에 대한 비용을 부담하게 해서 다시 개인들에게 기본소득으로 돌려줘야 한다는 주장도 있더라고요.

승주 비슷한 이야기인데, 올해 나온 책 중에 〈걷기만 해도 돼〉라는 책이 있는데, 그 책에서는 '그린 기본소득'이란 개념을 이야기하더라고요. 간단히 얘기해보자면, 걷거나 대중교통을 이용했을 때 그것을 현금화해서 국가적 차원에서 관리하면서 국민에게 돌려준다는 거였어요. 이런 식으로 의지만 있다면 어떻게든 연상해볼 수 있는 아이디어는 있지 않을까요? 그래서 사실 저는 이게 재원 문제가 아니라, 우리가 정말 조건 없이 인간을 인간답게 살게 하자는 그 호혜적인 마음의 버튼을 누르느냐 아니냐의 문제가 아닐까 하는 생각이 들더라고요.

근데 그게 우리나라에서 정말 실행이 가능할까요?

이름 인도 같은 나라는 기본소득 실험을 할 때 결혼한 여성이 계좌를 갖고 있지 않거나 전산에 등록되지 않은 인구가 많아서 지급이 어려운 상황이라고 하더라고요. 그것에 비하면 한국은 사회 구성원으로 등록되는 절차도 굉장히 잘 전산화되어 있는 나라이기 때문에 뭔가를 주기로 결정만 한다면 지급하는 부분에 대해서는 실행 면에서 굉장히 빠를 수도 있다고 생각해요. 게다가 지금 논의되고 있는 속도가 서구에서 먼저 시행해본 제도들을 도입하는 방식이 아니라, 서구권과 거의 동시에 논의되고 있거든요. 기본소득이라는 것이 사회의 위기에 대한 반응으로 그 필요성이 이야기되는 거라고 할 때, 한국은 대단히 심각한 위기에 있기 때문에 그런 논의가 빠르게 퍼질 수도 있다고 생각해요.

만약 다음 달부터 매달 기본소득이 지급된다면, 세 분의 일상은 어떻게 바뀔까요?

여경 일단 저는 지금 다니는 회사를 잠시 그만두고 글쓰기 작업에 한동안 집중해보고 싶고, 그 뒤에 다시 노동 시간이 조금 더 짧은 일을 하면서 저녁을 정성스럽게 차려 먹고 싶어요. 지금은 퇴근하고 와서 대충 배고픔을 달래는 수준의 식사를 하고 있는데, 그게 몇 달 쌓이니까 정말 불행한 느낌이 들고 몸도 망가지더라고요. 그런 패턴을 좀 바꿀 수 있지 않을까요?

승주 저도 당장 물질적인 것보다는 심리적인 상태가 크게 달라질 것 같아요. 지금 하는 고민이나 생활이 크게 달라지지는 않을 것 같지만, 대신 기본소득이 어떤 틈을 벌려주어서 심리적으로 조급하지 않게 되는 게 어쩌면 가장 큰 변화이지 않을까 싶어요.

이름 저는 요즘 서울에서 벗어나서 살고 싶다는 생각을 하거든요. 서울이 아닌 도시에서 원격 근무를 하는 환경을 만들고 싶은데, 경력이 더 많이 쌓여야 그런 삶으로 옮겨 갈 수 있겠더라고요. 그런데 만약 기본소득이 있다면 그 시기가 앞당겨지거나 바로 시도할 수도 있지 않을까 하는 생각이 들었어요. 작은 도시에 살면서 지금보다 작은 규모의 생활 비용을 기본소득으로 부담할 수 있다면, 당장 일이 많지 않더라도 일단 시작해볼 수 있는 거죠.

일을 계속하는데도 삶이 나아지지 않는 상황에 놓인 경우를 '워킹 푸어'라고 하잖아요. 그런 문제들을 해소하는 데 기본소득이 어느 정도 역할

을 할 수 있을 거란 생각도 드네요. 기본소득이 생기고 난 이후, 내 일상을 넘어서 사회적으로는 어떤 변화가 생길 수 있을까요?

여경 우리가 뭔가 새로운 시도를 하고자 할 때, 그 시도를 하는 동안 쓸 돈을 지금 바짝 모으기 위해서 엄청 일하다가 병이 나는 경우를 주변에서 많이 봐요. 지금은 거의 'all or nothing'이란 말처럼 일이라는 컨베이어벨트에서 내려오면 아무것도 없는 사회잖아요. 그게 주는 두려움이 크고, 많은 것을 가로막고 있죠. 그럴 때 만약 기본소득이 있다면 돈을 직접 벌 때와 같은 소득이 있진 않더라도, 적어도 바닥을 치지는 않을 거잖아요. 그리고 경제력을 갖지 못한 청소년, 청년들에게도 큰 도움이 될 것 같아요. 가정으로부터 독립하고 싶을 때 독립 자금이 되어줄 수도 있고요. 평생 지급되는 기본소득을 어떻게 운용할 것인가를 결정하면서, 각자가 내 삶을 기획할 수 있다는 감각을 키울 수도 있지 않을까 싶어요.

승주 저는 가끔 상상해보는 장면들이 있는데, 기본소득이 도입되면 오히려 우리 윗세대 여성들이 그동안 경제력을 이유로 하지 못했던 활동들을 하면서 새로운 삶을 찾아갈 수 있을 거란 생각이 들어요. 우리 세대만 해도 사실 여러 가지 방법을 스스로 모색해볼 만한 여지가 조금이라도 있지만, 그런 상상조차 할 수 없던 연령대의 여성들도 있거든요. 그들에게 기본소득이 다른 상상을 해볼 수 있는 여지가 되어주지 않을까 생각해요.

이름 저는 가족에 대한 생각을 하게 되는데요. 가족이라는 게 경제 공동체이기도 하잖아요. 그래서 경제적인 문제로 싸우거나 멀어지기도 하죠. 이를테면 부모님을 부양해야 하기 때문에 뭘 포기해야 한다거나, 사랑하기 때문에 희생한다거나. 근데 기본소득이 있다면 그런 그늘이 좀 걷히지 않을까 싶어요. 이런 맥락은 일에 대해서도 마찬가지인데, '일은 어쩔 수 없이 참고 하는 것', '돈 버는 건 원래 치사하고 더러운 것', '먹고살기 위해선 어쩔 수 없다' 같은 말들을 많이 하잖아요. 그런 것들도 기본소득이 있다면 좀 달라질 거라 생각해요. 일을 온전히 정말 일로서 대할 수 있게 되는 거죠. 돈 때문에 억지로 한다는 감정에서 벗어나는 것만으로도 아마 큰 변화가 있을 것 같아요.

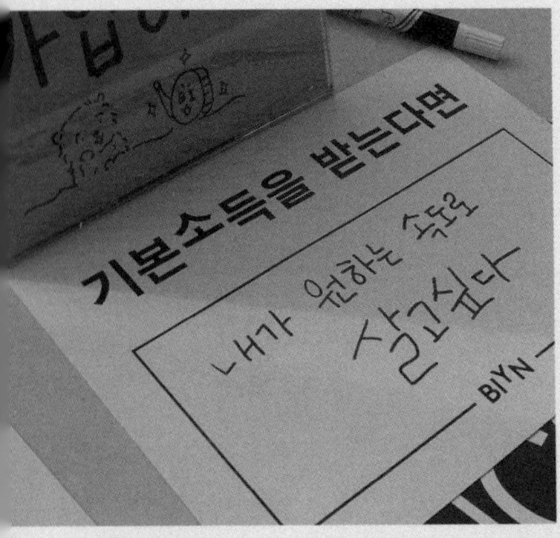

삶을 나락으로 떨어뜨리지 않는 어떤 매트리스 같은 역할을 기본소득이 할 수도 있지 않을까 하는 생각이 드네요. 노동환경의 변화라든가 우리 일상의 변화 앞에서 BIYN의 이름으로 어떤 활동들을 이어나가고 싶으신가요?

이름 기본소득이라는 개념이 사실 그렇게 어렵지 않거든요. 참고 자료를 조금만 읽어도 금방 이해할 수 있는 수준의 내용이에요. 그렇기 때문에 저는 이 이야기들을 더 어렵게 하는 게 아니라, 더 쉽게 만드는 역할을 BIYN이 했으면 좋겠어요. 내 이야기를 대입하고, 내 주변에도 쉽게 연결해볼 수 있도록 하는 거죠. 각자의 인생을 살면 그 안에서 상상할 수 있는 건 되게 적잖아요. 근데 기본소득은 어떻게 보면 모든 사회 구성원이 당사자인 거니까, 나랑 다른 삶을 사는 사람들은 어떻게 살고 있고, 어떻게 느끼는지 상상력을 넓혀보는 데 역할을 할 수 있지 않을까 싶어요.

여경 BIYN의 목소리가 필요한 이유가 뭐냐고 했을 때, 결국은 한 개인이 자기의 삶을 온전하게 기획하고 운영해나가는 감각을 어떻게 깨울 것인가, 그리고 어떻게 더 상상해보도록 할 것인가인 것 같거든요. 제가 BIYN

에서 활동하는 이유 중 하나가, 저와 닮은 욕망을 가진 사람들이 모여 있다는 거였어요. 더 안전한 사회에서 살고 싶다, 개개인의 자율성이 충분히 확보된 사회에서 살고 싶다는 욕망을 공유하면서, 그 유대감 속에서 각자의 삶을 좀 더 나은 방향으로 끌고 나갈 수 있다면 좋을 것 같아요.

승주 저는 원래 단체 활동을 좋아하거나 익숙한 사람이 아닌데요. BIYN에서 활동할 수 있었던 이유는 BIYN이 말하는 기본소득은 한 개인이 자기답게 살 수 있는 삶을 상상하게 하고, 그러려면 사회가 어떤 모습이어야 하는지 질문하게 만든다는 것 때문이었어요. 아주 다양한 삶의 형태가 있을 텐데, 각자가 처한 경제적 여건 속에서 자기 삶에 기본소득을 연동시켜 보면서 사람들이 다양한 상상을 해볼 수 있도록 여지를 주는 활동을 이어갔으면 좋겠어요.

*이 인터뷰는 2019년 11월에 진행되었습니다.

epilogue 01

먹고사니즘 근황 토크

프로젝트가 진행된 1년 5개월의 시간 동안 요즘 것들의 먹고사니즘은 계속 이어졌다. 그리고 그 사이 '코로나19 팬데믹'이 일어났다. 우리는 인터뷰이들을 다시 만나 그 시간 동안 달라지거나 유지되고 있는 밥벌이의 근황과 새로 시도하고 있는 것들, 변화한 생각들에 대해 물었다.

interviewee
김가현

last interview: 1yr 5m ago

생각보다 시간이 엄청 빨리 갔네요. 그때 우리가 얘기했던 게 가현 님의 당시 퇴사 스토리와 그 후 1년간 했던 직업 실험 이야기였는데, 그 영상 2개가 오늘 찾아보니 조회수 5만 회가 넘었더라고요.

효자 콘텐츠가 되었나요?(웃음) 중간에 갑자기 조회수가 확 올라가서 약간 무서웠어요. 그래서 제가 연락도 드렸었잖아요.

맞아요. 인터뷰할 때만 해도 저희 채널에 구독자도 얼마 없었고 조회수가 적었는데, 콘텐츠가 쌓이다 보니 어느 순간부터 많은 분들에게 노출이 된 것 같아요. 그때 가현 님의 이야기를 공개된 자리에서 처음 했던 걸로 아는데, 그날의 인터뷰가 어떤 의미로 남았을지 궁금해요.

다시 보니까 제가 너무 잘난 척을 많이 했구나 싶어서 부끄럽더라고요.(웃음) 근데 그게 2019년이라는 시점의 나의 생각이잖아요. 일을 하면 쌓이는 포트폴리오처럼, 그 당시 저의 생각을 잘 기록해둘 수 있어서 좋았어요.

당시에 저도 가현 님과의 인터뷰가 인상적으로 남아 있는 게, 이렇게 인터뷰 준비를 열심히 해주신 분은 처음이었거든요. 역시 뭐든 열심히 똑 부러지게 하는 게 거기서도 티가 나더라고요.

그만큼 제 생각을 잘 정리해서 기록에 남기고 싶다는 욕심이 있었던 것 같아요.

영상으로 먼저 인터뷰가 나가니까 사람들의 반응도 바로 볼 수 있었잖아요. 댓글도 많이 달렸는데, 혹시 보셨나요?

거의 다 본 것 같아요.(웃음) 어떤 분들은 제가 퇴사를 되게 조장하는 것처럼, 퇴사에 대한 찬양처럼 들으신 것 같아서 좀 아쉽더라고요. 근데 또 다른 분들은 저희가 하고 싶었던 이야기의 핵심을 잘 파악해주셔서 댓글로 대신 싸워주는 느낌도 있고, 그 안에서 공론이 생기는 게 신기하고 재밌었어요.

그게 이 시대 SNS의 장점이자 단점이 아닐까 싶어요.(웃음) 그사이 시간이 꽤 흘렀는데, 가현 님의 먹고사는 상황도 많이 바뀌었나요?

가장 큰 변화라면 취업이겠죠. 다시 회사에 들어가서 일을 시작했으니까요.

그것 때문에 사람들이 실망하면 어쩌냐고 걱정했었잖아요. 근데 저는 그 전에 했던 첫 취업과 지금의 취업이 완전히 다른 성격으로 보였거든요.

맞아요. 저로서는 스스로 납득할 수 있는 선택이었어요. 그때가 1년 동안 계획했던 직업 실험을 끝내고 다음 스텝을 고민하고 있을 때였는데, 뭔가 큰일을 하고 싶다고 했었잖아요. 근데 바로 창업으로 넘어가기에는 제가 아직 그럴 만한 단계에 이르지 못했다는 생각이 들더라고요. 회사에서 일감을 받아서 하는 프리랜서로는 일을 해봤는데, 창업은 회사의 시스템을 만드는 거잖아요. 그래서 창업하기 전에, 창업가의 곁에서 일을 더 해보고 싶다는 생각을 해서 작은 스타트업 위주로 알아보기 시작했고, 같이 회사의 앞날을 고민해보면서 일을 할 수 있는 그런 포지션을 찾게 됐죠.

그렇게 찾은 일이 어떤 건가요?

제가 그때 강원도 다니면서 거기서 창업한 친구들을 많이 만났잖아요. 그 친구들이 정말 존경스럽고 도와주고 싶은데, 제가 할 수 있는 건 단골이 돼서 그 친구들이 만든 제품이나 서비스를 소비하는 방법밖에 없더라고요. 그렇게 작은 스케일 말고 그쪽으로 큰돈이 흐를 수 있게 만들어주는 역할을 내가 할 수 있다면 그게 그 친구들에게 도움이 될 것 같았어요. 그래서 창업가를 도와주는 임팩트 투자라는 개념을 찾아냈고, 액셀러레이팅과 투자 관련 일을 하고 있어요.

지금 일하고 있는 곳은 어떤 곳인가요?

제가 지금 일하고 있는 곳은 개인 투자자의 소액 자금을 모아서 창업가들에게 투자하는 회사예요. 거기서 저는 창업가의 스토리를 텍스트로 작업해서 개별 펀딩 프로젝트에 소개하는 역할을 하고 있어요.

첫 직장에서 하던 포지션과는 전혀 다른 일이고, 오히려 퇴사 후 직업 실험을 하며 스스로 만들었던 경험들과 맥락이 연결되는군요.

실제로 대표님이 저를 뽑으실 때, 제가 브런치에 썼던 직업 실험기를 보셨다고 하더라고요. 그게 저의 포트폴리오가 된 거죠. 이렇게 취업해보고 나니까, 앞으로는 뭔가 자격증을 따서 어떤 포지션에 들어가서 일을 하는 것보다는, 자기 스스로 경력을 만들어서 업으로 전환하는 경우가 많아질 것 같다는 생각이 들더라고요.

얼마 전에 '문토'의 이미리 대표의 인터뷰를 봤는데 '자격증의 시대는 끝나고 경험의 시대가 됐다'라고 표현하기도 하더라고요.

물론 아직 자격증이 필요한 분야도 있겠지만, 점점 그 비중이 줄어들 것 같아요.

예전 회사 생활과 지금의 회사 생활이 어떻게 다르게 느껴지는지도 궁금해요.

그때는 시스템 속의 한 부분에 있었던 것 같고, 지금은 시스템을 만들어가는 입장에 있는 것 같아요. 계속 새로운 아이디어를 제시해야 하고, 한 번도 안 해본 일의 책임자가 돼서 일의 방법을 스스로 고민해서 해답을 내놓아야 하고. 그런 게 큰 차이점인 것 같아요.

가현 님은 스스로 야심가라고 했잖아요. 회사에서 단순히 일하고 월급 받는 것 이상으로, 내가 얻을 수 있는 게

뭔지 잘 파악해서 얻어가고 싶다고 했었는데, 이번 회사에서는 어떤 걸 얻을 수 있을 거라고 생각하고 있나요?

일단 이 회사가 돈을 다루는 금융 회사이다 보니까 '돈'이라는 키워드를 나의 경력에 가져오고 싶다는 생각을 했어요. 이 세상을 이해하는 여러 가지 키워드가 있지만, 가장 중요한 키워드가 돈이기도 하잖아요. 근데 지금껏 그것에 대한 관심을 미루면서 살았던 것 같아요. 돈 얘기를 하는 건 속물적으로 보이기도 하고 조심스럽잖아요. 근데 이번 기회에 돈이라는 걸 가지고 이 세상이 어떻게 돌아가고 있고, 어떤 사람들이 돈을 만지고, 돈을 갖고 있는 사람은 무슨 생각을 하는지 알고 싶고요. 그걸 내 무기로 가져오고 싶다는 생각을 하고 있어요.

역시 야심가. 돈 정말 중요하죠. 나중에 가현 님이 또 다른 선택을 할 때, 이를테면 창업을 하거나 어떤 조직을 직접 꾸리고자 할 때 굉장한 무기가 될 것 같아요.

결국 창업을 하려면 돈을 끌어와야 하는데, 곁에서 보니까 그게 굉장히 복잡한 일이더라고요. 투자를 어떻게 받고, 세무 회계는 어떻게 처리하는지만 알아도 많은 것이 해결될 것 같아요.

예전 회사와 지금 회사는 규모나 조직 형태 면에서도 다르잖아요. 거기서 오는 차이점에는 어떤 게 있나요?

일당백이라고 하죠.(웃음) 한 사람이 한 프로젝트의 주인이 돼서 끌고 가지 않으면 안 돼요. 스타트업은 백업해줄 수 있는 인원이 많지 않다 보니, 어떨 때는 그냥 프리랜서들끼리 만나서 일하는 조직처럼 느껴지기도 해요. 사수, 부사수 같은 개념도 없고, 그래서 동료의 프로젝트에 대해 피드백을 줄 때도 '네가 끌고 가는 프로젝트에 약간의 아이디어를 보완해준다'는 식으로 각자의 의견이 존중되는 느낌이에요. 한 사람 한 사람의 개성도 인정받는 것 같고.

얼마 전 주거 독립을 한다고 했는데, 서울이 아니라 강원도에 집을 구한다고 해서 놀랐어요. 그건 또 어떻게 된 건가요?

맞아요. 나의 자금은 한정되어 있는데, 굳이 서울의 작은 원룸을 구하기 보다는 강원도나 경기도 외곽까지 넘어가면 훨씬 쾌적한 집에서 살 수 있겠더라고요.

회사는 서울에 있잖아요.

다행히 회사에 일주일에 두세 번만 출근해도 괜찮은 문화가 있었거든요. 그래서 대표님한테 미팅 있을 때만 회사에 나와도 괜찮으면 강원도로 집을 보려고 한다고 말씀드렸죠. 대표님이 '그게 가능하면 나도 가고 싶다. 네가 먼저 한번 해보고 알려달라'고 하시더라고요.(웃음) 그래서 일단 강원도 춘천에 2주 정도 에어비앤비를 잡아서 출퇴근 실험을 해봤죠. 다닐 만한지 보면서 동네 매물을 보러 다니기도 했어요. 그러다가 코로나가 터진 거예요. 그래도 일주일에 두세 번은 사무실을 가야 하는데, 기차를 타고 왔다 갔다 하는 게 조심스러워지더라고요. 지금은 좀 시기상조인 것 같다는 생각이 들어서, 일단은 서울에 원룸을 구해서 독립하게 됐어요.

만약 코로나가 아니었다면 성공했을까요?

사실 반반이에요. 춘천에 살아보니까 정말 차가 없으면 이동이 거의 불가능하겠더라고요. 그래서 돌아오자마자 운전면허부터 땄죠.(웃음)

정말 실행력이 어마어마해요. 코로나 이야기가 나와서 말인데, 2020년은 정말 다른 해와 달랐잖아요. 코로나 때문에 일하는 방식이나 먹고사는 부분에서 영향을 받은 게 있었나요?

일단 일하는 방식이 달라졌죠. 비대면으로 많은 업무를 소화하게 되다 보니까 동료와 동고동락하는 분위기가 많이 사라졌고요. 원래 출퇴근을 자유롭게 하는 회사이긴 했지만, 내가 자유롭게 왔다 갔다 할 수 있는 것과 강제적으로 모두 온라인으로 해야 하는 것에는 큰 차이가 있더라고요. 이게 장기화되면서 몇 달씩 동료를 만날 수가 없으니 답답함도 생기고요.

그 안에서 가현 님이 개인적으로 느낀 순기능도 혹시 있을까요?

한편으로는 자유롭게 원하는 장소에서 일을 할 수 있게 된 건 장점인 것 같아요. 사이드 프로젝트로 독립 매거진도 한 권 만들었는데, 혼자 있는 시간이 많아지고 시간을 조금 더 자유롭게 쓸 수 있게 되면서 가능했던 것 같아요.

이런 시스템이 이제 기본이 될 거라는 말도 있잖아요. 그렇다면 앞으로 어떤 태도로 일하고 살아가면 좋을까요?

이번에 '투병'을 주제로 한 독립 매거진을 만들게 됐어요. 그러면서 든 생각인데요. 지금 코로나 시기가 어떻게 보면 모든 사회가 투병을 하는 기간이라는 생각이 들었어요. 정상적이던 것들이 다 비정상이 되는 그런 이상한 시간이었잖아요. 그러다 보니 오히려 일이나 퇴사 같은 키워드는 삶과 죽음이라는 키워드 앞에서 굉장히 사소한 문제가 아니었을까 싶더라고요. 어떤 일을 어떻게 하는가도 중요하지만, 내가 어떻게 살고 싶고 어떤 사람이 되고 싶은지가 먼저이고, 그것에 대한 답 위에 회사나 일 같은 걸 놓아야 하지 않나 싶어요.

지난 인터뷰를 다시 돌아보면서, 그때 했던 말 중에 바꾸고 싶다거나 덧붙이고 싶은 말이 생겼을까요?

바꾸고 싶은 말은 없고요. 덧붙이고 싶은 말은, 다시 회사에 입사하고 나서 든 생각인데, 이제 회사 일이든 딴짓이든 그 경계가 무의미해질 수 있겠다는 거예요. 제가 본업과 딴짓을 계속 병행해보니까, 그 경계가 의미 없는 순간이 오더라고요. 회사 일도 내 것처럼 하면 내가 일의 주인이 되는 거고, 딴짓도 기계적으로 쳐내면 회사 일보다 못한 일이 되기도 하고. 그러니까 태도나 마인드가 중요한 것이지, 회사 일이냐 딴짓이냐는 어쩌면 중요하지 않을 수 있다는 생각이 들어요.

중요한 포인트네요. 무조건 회사가 지겹다고 해서 딴짓으로 그게 해결되는 문제가 아니고, 결국 나의 마인드

에 달려 있다는 거죠. 앞으로의 계획은 뭔가요?

올해도 새로운 실험을 하게 될 것 같아요. 아까 말했던 돈과 숫자 공부를 할 것 같고요. 독립출판을 같이 했던 멤버와 함께 계속 제 작업물도 생산해보고 싶어요. '큐레이터'와 '크리에이터'를 합쳐서 '큐리에이터'라는 저만의 직함도 만들었어요. 그 이름으로 앞으로 재밌는 프로젝트들을 하게 될 것 같아요. 아, 지역에 대한 관심도 놓지 않으려고요. 삼도사촌(3일은 도시에서, 4일은 지역에서)의 삶으로도 한 걸음 더 가보고 싶습니다.

interviewee

김예지

last interview: 1yr 5m ago

작업실에 초대해줘서 고마워요. 근데 작업실을 옮긴 이유가 있어요?

일단 계약이 끝났고요. 연장하지 않은 건 거기가 좀 열악해서였어요. 건물이지만 밖에서 생활하는 느낌이랄까? 마침 주인분이 본인이 쓰시겠다고 해서 새로 구하게 됐죠. 근데 이게 약간 저의 큰 그림이었어요.(웃음) 짐도 많고 하니까 이 핑계로 독립할 수 있겠다 싶더라고요. 근데 원래 갖고 있던 보증금으로는 집 구하기가 너무 힘들더라고요. 제가 원래부터 엄마랑 청소 일 하면서 돈을 모아두고 있었잖아요. 엄마한테 얘기했더니 그럼 그걸로 집을 얻어서 작업실 겸 지내라고 해줘서 이 공간을 얻게 됐죠.

맞다, 그때 독립할 때나 목돈 들어갈 때를 대비해서 같이 청소 일 한 걸 따로 어머님이 관리하면서 모아주고 계신다고 했죠. 그럼 이 집을 산 거예요?

네, 맞아요. 대출 끼고.(웃음)

와, 집 있는 여자 멋있다. 내 힘으로 모은 돈으로 이렇게 집까지! 독립된 공간에서 혼자 지내보니 어때요?

너무 행복해요. 혼자 산 지 벌써 1년이 넘었는데, 나는 완벽히 개인 생활을 해야 하는 사람이라는 걸 느끼고 있어요. 또 고양이 콩이와도 같이 살게 돼서 너무 좋죠.

예지 님과 했던 지난 인터뷰 영상이 지금 저희 채널에서 조회수가 부동의 1위예요.

네, 알아요! 뿌듯하네요. 축하드리고.(웃음) 안 그래도 주변에서 그 영상으로 알아보시는 분들이 있더라고요. 아는 분이 양양에 펍을 오픈해서 놀러 간 적이 있는데, 거기서 어떤 분과 대화하다가 제가 하는 일을 소개했더니 "어?" 그러시더라고요. 그 영상을 보셨다더라고요.

그런 일이 있었군요. 그때의 인터뷰가 예지 님한테 어떤 의미로 남았을지 궁금했어요.

그때가 〈저 청소일 하는데요?〉 책이 나오고 한 5개월쯤 됐을 때였어요. 그때는 제가 정리도 안 돼 있었고 두서도 좀 없었어요. 근데 그때 혜민 님이 굉장히 정리를 잘해서 말씀해주신 게 기억에 남았어요. 그리고 그때 제가 누군가의 작업실을 방문해본 게 처음이었거든요. 저한테는 재밌는 경험이었죠. 혜민 님 책도 받아서 읽어보고 하면서 다양한 삶에 대해서 많이 알아가기 시작했던 때인 것 같아요. 그래서 저한테는 제 이야기를 했던 인터뷰이기도 하지만, 이렇게 사는 삶도 있다는 걸 알아가는 기회이기도 했던 것 같아요. 제 포문을 열어준 그런 느낌이었죠.

우리 다 서로에게 영감을 받는 동년배고, 동료니까요. 뭐라도 도움이 됐다니 다행이에요. 그 인터뷰 이후에 먹고사는 부분에서는 어떤 게 달라졌어요?

수입의 비중이 달라졌어요. 일단 청소일의 비중이 그때보다 훨씬 많이 줄었고, 그림 외주 일이랑 강연, 수업 같은 게 많아졌어요. 제가 그때 청소 일을 언제까지 할 거냐는 질문에, 다른 것들로 생계를 유지할 수 있게 되면 청소를 줄여나가겠다고 했잖아요. 지금 딱 그런 상태가 된 거 같아요. 여전히 청소 일을 하고는 있지만요.

그때 일주일에 세 번 한다고 했는데, 횟수도 줄었나요?

지금도 세 번은 나가는데 시간이 줄어들었죠.

그때 불안증에 대한 이야기를 하면서 그 이야기를 쓰고 있다고 했었는데, 〈다행히도 죽지 않았습니다〉라는 제목으로 책이 나왔잖아요. 잘되고 있나요?

다행히도 잘되고 있어요. 사실 첫 번째 책이 가장 반응이 뜨거웠던 건 사실이지만, 두 번째 책도 저처럼 그런 정보가 필요하신 분들 많아서인지 피드백이 많이 왔어요. 그리고… 중국과 일본에 진출하게 됐습니다!

와, 정말요? 글로벌 진출까지! 어쨌든 그게 세계적으로 공감이 되는 이야기라는 거잖아요.

저도 그게 되게 신기했어요. 아시아권이라서 더 공감이 된 것일 수도 있을 것 같고요. 처음에 두 번째 책의 중국 판권이 팔렸다고 연락이 와서 엄청 기뻐했는데, 조금 있다가 일본 판권도 팔렸다고 하더라고요. 근데 일본은 한 출판사가 한 작가가 쓴 책의 판권을 같이 묶어서 사는 일이 많대요. 그래서 첫 번째 책 판권까지 팔린 거예요.

우와 정말 대단해요. 우리 지금 이래도 되는 거예요? 축하 파티라도 해야 하는 거 아닌지. 진짜 멋있어요. 그때는 그림으로 먹고사는 비중이 작았지만 언젠가 그림으로도 이만큼 나를 먹여 살릴 수 있게 되면 좋겠다고 했었는데, 이렇게 성장하다니.

맞아요. 그때는 거의 없다시피 했는데.(웃음)

그만큼 열심히 했다는 말이겠죠. 그리고 예지 님이 자신의 이야기를 꺼낼 수 있게 되면서 그게 엄청난 자산이 된 것 같아요.

내 이야기를 꺼내는 게 예전에는 되게 무서운 일이었거든요. 근데 둘 다 제 개인적인 이야기인 거잖아요. 내 이야기를 꺼내는 일의 매력이 되게 크구나 하는 걸 최근에 와서 많이 느끼는 것 같아요. 혜민 님도 자신의 이야기를 쓰셨잖아요. 그 결혼행진 책 너무 재밌게 잘 읽었거든요. 같이 행진하는 기분이고.

하하 감사합니다. 오늘 되게 훈훈하네요.(웃음) 근데 진짜 너무 좋은 소식이 있어서 기쁘고 내가 괜히 뿌듯하고 자랑스러워요.

고맙습니다.(웃음)

우리가 또 인터뷰 이후 공통으로 겪은 게 코로나잖아요. 덕분에 새로운 걸 많이 경험하고 있는데, 예지 님은 어떤 걸 경험하고 있나요?

코로나 이후로 줌(ZOOM)의 시대가 열렸잖아요. 줌 만든 분이 거의 뭐 세계 재벌이 될 수준이지 싶은데. 아무튼 저도 줌으로 강연을 많이 했어요. 연령대가 높으신 분들과 한 적이 있는데, 거의 제 부모님뻘 되시는 분들이었거든요? 근데 굉장히 툴을 잘 다루시더라고요. 그리고 그분들이 이런 얘길 하시더라고요. 오프라인으로 만나는 것도 좋지만, 온라인은 혼자 저를 바라보면서 들으니까 1:1로 강연하는 것 같아서 더 가깝게 느껴졌다고. 온라인 강연에 대한 막연한 걱정이 있었는데, 그런 얘길 듣고 이렇게 느낄 수도 있겠다 싶었어요. 그리고 멀리 사는 친구들은 이런 수업을 듣고 싶어도 못 오잖아요. 근데 이제 더 다양한 지역에 있는 분들까지 경험할 수 있게 돼서 '이거 되게 괜찮다' 하는 생각을 했지요.

오히려 이것 덕분에 지역 간의 불평등이 해소되는 부분이 있다고 하더라고요.

그리고 예전에는 미팅이란 건 무조건 만나야 하는 거였다면, 이제는 불필요한 만남이 많이 줄어든 것 같아요. 시공간을 꼭 같이하지 않아도 각자의 집에서 편하게 소통할 수 있다는 게 좋죠. 연말에는 친구들과 크리스마스 파티도 줌으로 했거든요. 되게 미래와 가까워진 기분이더라고요.(웃음)

반면에 오프라인 행사가 없어졌잖아요. 예지 님은 북페어에 항상 참여하는 걸로

알고 있는데 못 해서 아쉬웠겠어요.

너무 아쉬웠죠. 저는 제가 나가서 책을 파는 것도 좋고, 다른 분들이 하는 작업 보는 것도 좋고 사실 북페어가 저한테는 영감의 장소이기도 하거든요. 그걸 못 하니까 아쉽죠. 빨리 좋아져야 할 텐데.

그때 우리가 인터뷰했던 내용 중에 조금 고치고 싶은 내용이라든지, 아니면 추가로 보태고 싶은 이야기가 혹시 있을까요?

오늘 만나기로 해서 어젯밤에 그 영상을 다시 봤거든요. 신기한 건 저의 기본 틀은 하나도 변하지 않았더라고요. 근데 제가 그 얘길 하더라고요. "청소 일은 스트레스를 안 받아요."라고. 보자마자 '뭐라고? 나 자신 뭐라고?' 이랬어요.(웃음)

근데 거기엔 사실 전제가 있긴 했잖아요. 모든 스트레스가 아니라 관계에 대한 스트레스가 없다고.

맞아요. 근데 어제 유독 춥고 눈도 많이 와서 굉장히 힘든 하루였거든요. 엄마랑 둘이 '정말 돈 벌어 먹고살기 힘들다' 이런 얘길 했던 터라, '과거의 김예지 아직 덜 당했구나' 싶더라고요.(웃음)

근데 그게 시간이 지나면 익숙해질 줄 알았는데, 여전히 힘들군요.

물론 반복 행동이기 때문에 익숙해지긴 하는데, 그 힘듦은 익숙해지지 않는 것 같아요. 더러운 걸 보면 여전히 더럽고요. 여전히 계단 오르는 게 숨이 차요. 진짜 어떻게 이럴 수 있는지, 나이는 먹는데.

나이를 먹어서 그런 거 아닐까요? 나이와 경험치가 같이 올라가고 있어서.(웃음)

앗. 하루하루 늙고 있다는 사실을 까먹었네요. 제가 그래서 숨이 그렇게….(웃음)

그때 제가 꿈이 뭔지 물어봤을 때 '당당하고 밝은 사람이 되는 게 꿈'이라고 했는데, 그것도 여전히 유효한가요?

여전히 유효하고, 한 가지 추가됐어요. 멋진 어른이 되는 거.

멋진 어른의 정의가 뭐예요?

정의라고 하긴 좀 그렇고, 유튜브 '밀라논나' 할머니 있잖아요. 너무 멋있어요. 항상 가지런하고 겸손하고 또 부지런하시잖아요. 그 세 가지가 되게 보기 좋더라고요. 그분은 어떻게 보면 굉장히 대단한 삶을 사신 분인데, '나는 이런 사람이야' 같은 게 없잖아요. 그걸 보면서 늙는다는 것에 대해 다시 생각해 봤어요. 사실 늙는다는 게 무섭고 피하고 싶은 일이었는데, 그분을 보면서 처음으로 '이렇게 늙는 것도 나쁘지 않겠다'는 생각이 들더라고요.

지금도 충분히 멋있어요.

감사합니다. 아, 부끄러워.(웃음)

왜 그렇게 부끄러워하는 거예요?(웃음) 올해는 어떤 걸 하고 싶어요?

올해는 좋은 습관을 들이는 한 해가 되면 좋겠어요. 제가 좀 스트레스에 취약한 사람이거든요. 스트레스 받으면 먹는 걸로 풀고 그래요. 운동도 안 해버리고 '오늘 망했어' 이러는데, 올해는 제가 좀 더 스트레스를 잘 다루고 건강한 습관이 잘 자리잡힌 사람이 되는 게 가장 큰 목표예요.

일 관련해서는 새롭게 계획된 게 있을까요?

지금 고양이 관련된 만화책을 쓰고 있어요. 이게 이야기가 좀 긴데, 제가 청소 일 하는 사무실이 있는데, 거기에 작은 방이 하나 있거든요? 원래 사장님이 살면서 키우던 고양이가 있었는데 한두 마리씩 늘어나면서 그 좁은 방에 고양이들이 드글드글해진 거예요. 그걸 발견하고 사장님한테 엄청 뭐라고 하고, 그 때부터 제가 임보도 하고 입양도 보내고 중성화도 시키고 제가 데려다 키우고 했던 엄청 큰 서사가 있어요.

와, 대서사다. 그중 한 마리가 콩이인 거죠?

맞아요. 그 서사 속에서 제가 그 전에는 몰랐던 고양이에 대해서 많이 알게 됐거든요. 단순히 귀여운 동물이 아니라, 어떤 환경에서 살아야 하는지부터 사람들이 동물을 대할 때 얼마나 무지한가에 대해서도 느꼈어요. 내가 겪은 일이지만 또 요즘 워낙 반려동물을 많이 키우니까 그분들에게도 참고가 되지 않을까 해서 책으로 내려고 준비 중이에요. 아무튼 작년에 제가 만난 고양이들은 거기에 다 나올 거예요.

너무 기대되네요. 책이 엄청 귀여울 것 같아요. 우리들의 먹고사니즘을 주제로 한 이 책은 어떤 분들에게 어떻게 읽히면 좋을까요?

저는 저희 또래 분들에게도 좋지만, 청소년들이 많이 읽으면 좋을 것 같아요. '제3의 어른'이라는 말을 쓰더라고요. 청소년들은 어른이 아니기 때문에 보고 만나는 어른이 굉장히 한성적이잖아요. 부모님 아니면 선생님 이렇게 딱 정해진 경우가 많은데, 그 아이들에게 이렇게 다양한 삶을 살고 있는 어른들의 모습을 보여주면, '지금까지 보던 어른들은 이런 사람들이었는데, 되게 다른 삶도 있구나' 하면서 마음이 좀 유해질 것 같아요. 빡빡하잖아요, 우리나라가. 뭔가 길도 하나로 정해놓고, 공부 아니면 죽을 것처럼. 근데 사실 살아보니까 수능이 인생에 그렇게 대단히 중요한 것도 아니잖아요. 이 책이 그걸 좀 알게 해주는 콘텐츠로 쓰이면 좋을 것 같아요.

좋은 아이디어네요. 우리 세대에서 선택지가 조금이라도 넓어져야 다음 세대의 선택지는 더 넓어질 수 있으니까요.

그렇죠. 우리는 밀레니얼 세대지만 또 다른 세대가 나타날 텐데, 그들에게 아주 좋은 선례가 될 수 있을 것 같아요. 그래서 저는 이 책이 꼭 전국 학교 도서관에 들어갔으면 좋겠어요.(웃음)

전국 학교 도서관이라… 노력해볼게요!(웃음)

interviewee
고성배

last interview: 1yr 4m ago

요즘 어떻게 지내셨어요?

저는 뭐 원래도 집에만 있었지만, 코로나 이후에는 반 강제적으로 집에서만 생활하고 있죠. 약간 좀 기분이 이상해요. 지금 이 분위기도 이상하고.

그니까요. 예전엔 나만 집에 있었는데 이젠 모두가 집에 있죠.

그러다 보니 작업에 좀 더 집중하게 된 것 같긴 해요. 아이템 계속 찾게 되고.

건강은 어때요? 상황이 상황인지라 요즘 건강에 대해서 묻게 되더라고요.

맞아요. 운동도 힘들다 보니 더 건강하지 않을 수 있어서 건강 검진 꼭 받으라고 말하고 싶어요. 저도 얼마 전에 건강 검진 받고 뜨끔하는 것들이 있었거든요. 이럴 때일수록 건강을 챙겨야 할 것 같아요.

저희가 예전에 했던 인터뷰 기억나세요? 그 영상이 지금 저희 채널에서 2만 회가 넘게 재생됐더라고요.

약간 놀랐어요. 반응이 별로 없을 거라고 생각했는데 주변에 봤다는 사람들이 많아졌어요. 어느 책방 사장님께서는 술을 먹고 있었는데 TV에 제가 나온다는 거예요. 알고 봤더니 술집 TV에서 유튜브를 알고리즘대로 무한 재생을 하고 있었는데 제 영상이 나오더란 거죠.(웃음) 뉴질랜드 사는 후배가 어떤 알고리즘 때문인지는 몰라도 유튜브를 보다가 저를 봤다고 얘기하기도 했고. 생각보다 많이 봐주셨구나 생각이 들었어요.

댓글도 보셨어요?

네, 다 보죠. 최근까지도 보고 있어요.(웃음) 생각보다 저와 같은 생각을 하시는 분도 많고 이런 이야기에 관심 있어 하는구나 싶고, 응원해주시는 분들도 많구나 싶었죠. 재밌더라고요.

인터뷰 이후 어떻게 사셨는지 궁금해요. 먹고사는 게 좀 바뀌었나요?

크게 바뀐 부분은 없고 책을 계속 만들고 있죠. 3개월에 한 번씩은 내려고 하고 있으니까요.

그 이후에 어떤 책들이 또 나왔어요?

〈잃어버린 조선의 부적들〉이랑, 1902년도 파리의 복식을 담은 〈La mode〉라는 책이 나왔고요. 전통 판타지를 주제로 보드판과 게임 시트가 들어 있는 게임북 〈괴궁〉을 냈고, 공포 영화의 장치들을 모은 〈기믹스〉 레드 버전을 만들었고요. 이번에 펀딩 중인 책은 조선 시대의 천문도를 담은 〈조선 천문도감〉이에요.

늘 펀딩 중이시군요.(웃음) 지금 들어가서 보니까 이것도 달성액이 장난 아닌데요?

네, 달성은 많이 됐는데 제작비가 너무 많이 들어요. 욕심을 좀 많이 내다 보니까.

그렇군요. 그러면 먹고사는 상황에 대해서는 바뀐 게 별로 없는 거네요?

그렇죠. 저는 기본적으로 크라우드 펀딩을 메인 수익처로 해서 작업을 하기 때문에 그 부분에 있어서 변화는 없어요. 다만 아쉬운 것들은 있죠. 서점에서의 판매가 예전만큼 안 되는 것과, 북페어에서 사람들을 만나지 못한다는 게 좀 아쉬워요.

아, 코로나 이후에요. 북페어에서 부적도 써주시고 재밌는 이벤트들을 많이 기획했었잖아요.

맞아요. 사실 약간 창피해도 그런 것에서 희열을 느끼거든요. 사람들과 마주치고 얘기도 하고, 제 책 보면서 비웃어주시는 거 보는 게 재밌었는데.(웃음) 근데 그걸 못 하니까 내 책을 보는 사람들이 어떤 감정을 가질까, 어떤 표정으로 내 책을 볼까를 상상하기가 어려워졌어요. 또 하나는 강의나 북토크가 줄었다는 거. 그런 자리가 좋았던 건, 제가 책을 만들면서 말하지 못했던 비하인드 스토리라든가, 꼭 전해주고 싶은 메시지를 말할 수 있다는 거였는데 어디 가서 할 수가 없어요. 구구절절 인스타에 쓸 순 없잖아요. 멋이 없으니까.(웃음) 그런 게 아쉽죠.

코로나가 언젠가 종식되더라도, 이후의 생태계는 많이 바뀌어 있을 거란 얘길 하더라고요. 그걸 대비해서 작업 방식을 바꿔봐야겠다고 생각한 적이 있나요?

작년에는 언택트 이야기가 많이 나오다 보니 그런 쪽으로 준비를 해야 하나 생각이 들긴 하더라고요. 제 콘텐츠도 디지털화할 수 있는 게 뭐가 있을까 하다가, 이를테면 유튜브를 해본다든지 인스타 라이브를 해본다든지, 이북을 만들어볼까 하는 생각들을 했었죠. 그래서 유튜브 '더쿠박스'라는 걸 시작해 해서 제가 가지고 있는 이상한 물건들을 소개한다거나, 온라인 사인회를 해봤었죠. 근데 너무 극소수의 사람만 보더라고요. 소수 중의 소수인데, 잘못 들어온 사람도 있는 것 같고.(웃음) 그래도 매력적이라고 느낀 부분은 책으로 이야기할 수 없는 부분을 영상을 통해서 이야기할 수 있다는 점? 그래서 틈이 되면 각 잡고 제대로 해보고 싶은 마음은 있는데, 아직까지는 책과 병행하기엔 품이 굉장히 많이 드는 작업 같아요. 올렸는데 반응이 없으면 '내가 이걸 왜 하고 있지?' 싶은 게 크더라고요. 그래서 지금 약간 존경스럽습니다. 유튜브 하시는 분들이요.

그게 책과는 또 다르긴 하더라고요. 책은 내놓고 나서 어디선가 읽고 있겠지 하고 생각할 수 있고, 즉각적인 피드백을 받을 일이 그렇게 많지 않은데, 이건 올리자마자 바로 5분 안에 느껴지죠.

저랑 안 맞는 것 같아요. 저는 상상을 하는 게 좋을 것 같아요. 많이 읽고 있겠지, 그렇게 생각하려고요.

올해는 어떤 것들을 할 계획이세요?

올해는 새로운 콘텐츠보다는 과거의 것들을 복각하는 책을 더 만들려고 해요. 그러느라 자료들 사는 데 돈을 좀 많이 쓰고 있어요. 얼마 전에 50만 원짜리 책을 샀거든요.

대체 어떤 책이길래 50만 원이나.

고서들이죠. 옥션이나 경매 사이트 돌아다니면서 아이템화할 수 있겠다 싶은 게 있으면 관련된 것들을 쭉 모으는 거죠. 어떤 책은 한 권에 100만 원짜리도 있고요. 사면서도 제가 이 정도의 금액을 투자할 만한 가치가 있나 싶을 때도 있는데, 어쨌든 이게 모이면 결국 콘텐츠가 될 수 있을 거라고 생각하는 거죠. 그리고 매거진 〈The Kooh〉의 마지막 10호를 올해 내려고요.

올해요? 그럼 폐간이잖아요.

근데 또 번복하는 거죠.(웃음) 사실 번복하는것도 일종의 퍼포먼스거든요. '폐간됐습니다' 하고 시즌 2가 나온다든가. 아니면 10.1호가 나온다든가. 어떻게든 이어갈 방법이 있겠죠. 이런 게 제 나름대로의 방식인 거 같아요. 번복을 싫어하는 분들도 있겠지만, 뭐 어쩌겠습니까. 제가 하고 싶은데.

저도 그게 더 재밌을 것 같아요.

그리고 또 준비하고 있는 게, 말하기 민망하지만 제가 대학 입학을….

네? 진짜요? 갑자기 어떤 게 공부하고 싶어진 거예요?

사이버대학 탐정학과가 있어요.

에? 그것도 일종의 퍼포먼스인가요?

이게 뭐 내가 탐정이 되든 콘텐츠가 나오든 뭐라도 되지 않겠나 하는 마음으로 입학 준비 중이에요.

입학이 언제예요?

똑같이 3월에 하죠. 수강 신청도 똑같이 하고, 사이버 동문회 같은 것도 있고, 교수님도 영상으로 이야기하고 그렇더라고요. 도서관도 사이버 도서관이 있고. 우리가 생각하는 일반적인 대학교의 모습이 사이버 공간에 다 있는 거예요.

신기하다. 되게 전통적인 언택트네요.

그래서 저는 이제 기존의 학사 외에 또 다른 학사 취득을 할 거예요. 탐정 전공 1회로.

정말 너무 덕후스러운 근황이네요.

근데 이게 미래의 유망 직업 중 하나로 꼽혔어요.

탐정이요? 탐정이라는 직업이 실제로 있어요?

작년에 정식 허가가 났어요. 다니면 뭐라도 도움이 되지 않을까 해요. 저는 일단 해보고 싶은 건 해봐야 직성이 풀리더라고요. 근데 좀 걱정되는 건 제가 4년 동안 중간고사, 기말고사를 잘 보면서 대학에 다닐 수 있을까 하는 거예요. 어쨌든 관심 있으신 분들은 내년에 제 후배로 들어오시면 제가 선배로서 알려드리겠습니다.

지난번 인터뷰 때 성배 님이 이런 얘기를 했죠. '남들이 원하는 걸 하는 것보다, 내가 원하는 걸 만들어서 보고 싶은 사람들만 챙기면 그게 더 가능성이 있다.' 이 생각에는 변함이 없으신가요?

그렇죠. 특히 지금 같은 시기에는 더

그런 것 같아요. 뭔가를 따라가기보다는 그렇게 하는 게 더 먹힌다고 생각해요. 세상에 나와 비슷한 취향을 가진 사람 300명은 있거든요. 그 300명을 필두로 해서 판매를 해보는 거죠. 그러다 보면 점점 그 취향을 갖는 사람들이 늘어나게 되고, 그게 확 드러나는 타이밍이라는 게 한번 오면 그때부터 내 콘텐츠가 많은 사람들에게 읽힐 수 있다고 생각해요. 갑자기 너무 잘나가는 것 같은 사람들이 있잖아요. 인스타 보다 보면 '이분 갑자기 왜 이렇게 잘나가지?' 싶은 분들. 사실은 갑자기 잘나가는 게 아니라 그분은 꾸준히 자기가 하고 싶은 이야기를 한 것뿐인데, 시기가 잘 맞은 거죠. 그렇게 콘텐츠가 시기와 딱 맞아떨어지는 때가 있다고 생각해요.

성배 님은 한 번 만났었잖아요. 또 올까요?

저는 늘 열심히 하면 또 올 것 같아요. 그때가 끝이라고 생각하면 좀 아쉽잖아요. 제2의 전성기, 제3의 전성기라는 말을 많이 하잖아요. '쇼미더머니' 같은 것도 보면 시즌 2, 3 때는 예선전에서 떨어지고 반응이 없던 참가자가 갑자기 어느 순간 우승 후보가 되어 있기도 하고. 그런 걸 보면서 역시 내가 하고 싶은 걸 다른 사람 따라가지 않고 내 스타일대로 꾸준히 해나가는 게 중요한 것 같다는 생각을 해요.

그러다 보면 언젠가는 때를 만난다?

그럼요, 지금 보세요. 이 채널도 얼마나 잘되고 있습니까.

아직 더 만나야 해요 저희는.

더 만나게 된다 이거죠. 지금은 2만 명 구독자가 있지만, 이걸 필두로 해서.

이건 거의 뭐 자기 암시 같은 느낌인데요.

근데 이게 사실 힘들잖아요. 내가 꾸준히 한다고 해서 언제 빛을 볼지도 모르고. 반응이 없고 사람이 봐주지 않는다면 내가 하는 일에 대한 회의감이 들기 마련이죠. 그렇기 때문에 더더욱 내가 좋아하는 걸 해야 그 어려움을 좀 회피할 수가 있어요. '어차피 내가 좋아서 하는 거니까 너네들이 보든 말든 신경 안 써'라는 마인드로 힘을 덜 들이고 하는 거죠. 그래야 지치지 않는 것 같아요. 대신 이제 딱 타이밍이 왔다면 그때는 좀 피치를 올려야죠. 그 전까지는 기본적으로 가볍게 하는 게 좋다고 생각해요. '난 내가 하고 싶은 거 하니까 보고 싶으면 봐. 싫음 말아' 이런 마음으로.

그거 정신 승리 아닌가요?(웃음)

정신 승리인데, 정신 승리 좀 필요해요. 너무 사람들의 피드백, 시선, 조회수 이런 거 생각하면서 일희일비하면 힘들어요.

근데 너무 하게 돼요.(웃음) 혹시 지난번 인터뷰 때 했던 말 중에 좀 고쳐 말하고 싶다거나 덧붙이고 싶은 말 있을까요?

제가 항상 '일단 시작하세요'라는 말을 되게 많이 하거든요. 근데 요즘 들어 드는 생각은 시작하는 것도 생각만큼 쉽진 않다는 거예요. 그 시도가 생각만큼 자신의 마음에 들지 않을 때, 그리고 그걸 다른 사람들이 어떻게 볼까 하는 생각이 들 때 시도는 쉽지 않은 것 같아요.

어떤 것 때문에 그런 생각을 하게 됐어요?

제가 유튜브를 하면서 깨달았어요.(웃음) 사실 유튜브를 하려는 마음이 몇 년 전부터 있었거든요. 결국 이제서야 시작을 했지만, 생각보다 그 시작이 쉽지 않았어요. 그래서 제가 강연 같은 데 가서 '책 내는 거 생각보다 쉽습니다. 지금 시작하세요'라고 얘기했는데, 듣는 사람 입장에선 그렇지 않을 수 있겠단 생각이 들더라고요. 0에서 시작하는 분들은 '일단 시작'이라는 자체가 어려울 수 있죠. 그래서 요즘은 '일단 해보세요'란 말을 좀 아끼고 있어요. 대신에 '가볍게 생각해보세요'란 말을 많이 해요. 시작을 한다는 것 자체가 노력인 것 같거든요.

'시작이 반이다'라는 말이 있잖아요. 그만큼 시작을 하는 것 자체가 중요하다는….

아니죠. 시작은 시작이죠.(웃음) 시작하면 그때부터 진짜 더 힘들잖아요. 책도 처음 기획 회의 할 때는 재밌지만 열 페이지, 스무 페이지 디자인 들어가면 그때부터는 반복 작업으로 지치게 되죠. 그렇기 때문에 시작은 시작이지 그게 반이 되진 않고요. 실제로 거기까진 해봐야 반 정도 한 게 되는 거죠. 허황된 얘기는 하고 싶지 않아요.

시작도 어렵지만, 그만큼 한번 시작했다면 끝내는 것도 중요하다는 말이죠?(웃음) 끝날 때까지 어떻게든 마무리해보는 것이 필요하긴 해요.

네, 특히 첫 프로젝트는 그렇게 해봐야 다음에 어떤 고난이 와도 조금 더 잘 이겨낼 수 있지 않을까 생각해요.

앞으로 새로운 계획 있어요?

요즘은 레이블을 차리고 싶다고 생각하고 있어요. 같이 일하는 사람도 생기고 프로젝트도 하고, 회식도 하고, 엠티도 가고. 지금은 맨날 혼자만의 대화를 하잖아요. "괜찮은 것 같아?" "응, 괜찮은 것 같아!" 이러면서.(웃음) 조금 객관적인 시각을 물어볼 수 있는 사람이 함께 있으면 좋겠다는 생각을 하고 있어요.

더쿠들의 레이블이라. 궁금해지네요. 그러면 마지막으로, 이 인터뷰집을 읽고 사람들이 어떤 걸 느끼면 좋겠어요?

제가 정말 싫어하는 말 중 하나가 '넌 정말 하고 싶은 거 하면서 산다'는 말이에요. 이 책을 읽으면서도 마찬가지겠죠. '저 사람은 하고 싶은 거 하면서 사네?'라는 생각보다는 '나도 하고 싶은 거 하면서 살래'라고 생각하면 좋겠어요. 그렇게 하고 싶은 거 하면서도 잘 살 수 있구나. 나도 내가 하고 싶은 걸 한번 해봐도 나쁘지 않겠다. 이런 생각이 들었으면 좋겠어요.

interviewee

이예지

last interview: 1yr 5m ago

요즘 어떻게 지내고 계세요?

그때 인터뷰하고 나서 2개월 후에 합정으로 이사를 오게 됐고, 짧은 기간에 사무실 이사를 또 한 번 했어요. 그리고 하던 일들 중에 획기획의 외주 대행 일들이 되게 커지게 돼서 지금 직원이 10명 생겼어요.

와, 10명이나요? 그때 하고 싶은 건 많은데 시간이 없다는 게 고민이었잖아요. 그렇게 방법을 찾았군요.

네, 맞아요. 그 사이에 많은 일이 있었는데, 어쨌든 그중 한 분야가 좀 잘돼서 그걸로 먹고사는 중이에요.

그래도 아직 잼있는인생 사업은 진행하고 계시는 거죠?

그럼요. 그때 잼뿐만 아니라 여러 프로젝트도 하고, 브랜드도 되게 많고 그랬잖아요. 새로 하고 싶다고 한 것도 있었고. 그것들을 어떻게 하면 연결해서 하나의 세계관으로 만들 수 있을까 고민을 했어요. 그래서 지금 제가 화면 공유로 뭘 좀 보여드리고 싶은데 괜찮을까요?

네, 그럼요.(웃음)

보이시나요? 저희가 이렇게 잼있는인생 세계관을 지도처럼 그려보는 중이에요. 잼있는인생이 2평짜리 제조장에서 만들어졌잖아요. 그걸 모티프로 삼아서 '제조도'라는 이름의 섬을 만들었어요. 이 섬 안에는 '잼있는인생'도 있고, '내즙마련'도 있고, 감농장에서는 감을 키우고, 말농장에서는 좋은 말이 무엇인가 연구도 하고….

와, 그때 말했던 게 여기 다 있네요?

네 맞아요. 그걸 이렇게 홈페이지로 구현을 하는 중이에요. 예를 들어 잼있는인생의 경우에는 잼도 판매를 하지만, 노잼유형검사를 프로그램화해서 이 안에서 카드를 선택하면 내가 어떤 노잼 유형인지 알 수 있는 그런 것도 구상 중이에요.

그때 '내즙마련', '공인즙개사' 이런 얘기하시더니 그것도 그대로 구현이 됐네요?

네. 정말 부동산처럼 만들어서, 이렇게 누르면 즙도 구매할 수 있고요. 근데 이게 실제로 실행하려고 알아보니까 즙 한 종 만드는 게 너무 비싼 거예요. 한 2천만 원 정도 들어요. 그래서 이걸 어떻게 할 수 있을까 고민하다가 '즙택청약'이라고 자체 크라우드 펀딩 시스템을 만들어서 금액이 달성되면 출시가 되는 형식으로 준비하고 있어요. 그리고 여기 TV 버튼을 누르면 우리가 왜 내 집 마련을 하지 못하는가에 대한 뉴스레터와 웹툰이 나오고요. 이런 식으로 세계관을 만드는 콘텐츠들을 준비 중이에요.

진짜 엄청 디테일하네요. 빠져들고 있어요.

제조도 세계관 가이드북도 만들어서, 이것들이 어떻게 탄생했는지부터 각 브랜드 소개와 에피소드들을 글로 기록해두려고 해요.

보여주셔서 감사해요. 잼있는인생의 역사가 다 들어 있네요. 진짜 섬 하나 짓는 수준인데요? 역시나 너무 예지님스러운 기획인 것 같아요. 그때 고민했던 것들을 이런 식으로 풀고 계셨구나.

네, 그렇습니다.(웃음)

제가 인터뷰 후에 궁금했던 게 한 번에 다 풀렸네요.(웃음) 그때는 우리가 보문동 카페에서 만났었는데, 지금은 이렇게 화면 미팅으로 만나고 있네요. 근데 어쩌다 이렇게 규모가 커진 거예요?

그 이후에 함께 일하던 일러스트레이터 친구가 사무실 한편을 내주어서 합정동 사무실에서 함께 했었는데, 큰 프로젝트가 하나 들어와서 저희 쪽 팀원이 늘어났고, 그 일러스트레이터 친구도 팀원이 늘어나게 된 거예요. 그래서 같은 건물로 이사를 왔어요. 그 친구가 지하부터 1층과 2층을 쓰고, 저희가 3층을 쓰고 있어요.

그때 여러 가지 일 중에 하나만 선택하고 싶지 않다고 했었잖아요. 하나를 선택하는 게 아니라 이제 보니 하나로 통합해버리신 것 같네요.

산발적으로 하고 있던 것들의 맥락을 모으고 세계관을 만드는 것으로 방향을 찾은 거죠. 이렇게 만들고 나니까, 성과들이 가시적으로 보이면서 더 명확해지는 느낌이에요. 심플하고 단순하게 표현해주길 바라는 세상에서, 이렇게 여러 가지를 한데 모았을 때 소통이 될까 싶었는데, 이번에도 그냥 제 방식대로 풀어봤거든요. 근데 요즘 또 '멀티 페르소나'처럼 여러 가지 정체성을 가진 사람들이 늘어나는데 그 속에서 어떤 맥락을 찾을 것인지에 대한 고민이 분명히 생길 거라고 생각하거든요. 그런 의미에서 제가 먼저 시도해본 거죠. 아직 완성은 아니지만.

당시에 외주도 적성이 맞고, 잘하면 이걸 사업으로 확장시킬 순 있을 것 같지만 또 내 일은 하고 싶어서 고민이라고 하면서, 하나에 올인 하는 것 말고 우리만의 방법을 찾을 거라고 했는데. 그걸 이런 식으로 풀 줄은 몰랐어요.

맞아요. 그 말을 해놓고 저도 1년 반 동안 계속 그것에 대해서 고민했던 것 같아요. 여전히 외주에 8, 제 것 하는 데 2 정도의 시간을 쓰지만요. 결국은 외주가 돈을 벌게 해주기도 해서 좋은 사람들을 채용하게 됐는데, 사람들과 함께 하다 보니까 시너지가 많이 나면서 여기까지 구현할 수 있게 된 거죠. 그 밸런스를 맞추는 것에 힘을 쏟았던 것 같아요.

그러면 그때보다 매출이 훨씬 많이 늘었겠네요.

2019년 당시에 2억 좀 안 되게 매출을 내고 있었던 걸로 기억하는데, 지금은 3억 후반대로 매출이 커졌어요. 그만큼 인원도 많아졌기 때문에 저 개인에게 돌아오는 게 크게 다르지는 않아요.

그래도 대단해요. 2020년에 코로나 이슈도 있었는데, 큰 타격은 없었나 봐요.

아이러니하게도, 저는 오히려 그 이후 일이 더 많이 들어왔던 것 같아요. 사실 그때 제가 계속 카페를 하거나 잼 사업에만 집중하고 있었다면 직격타를 맞았을 것 같은데, 온라인 광고 쪽에 집중하게 되면서 성장을 많이 하게 된 것 같아요. 갑자기 시대가 바뀌면서 클라이언트들도 처음 해봐야 하는 일들이 많았잖아요. 한 사례로 아모레퍼시픽이 오프라인 영업 활동이 어려워지면서 온라인 영업 시스템을 고민하던 시점이었는데, 저희랑 함께 맨땅에서부터 새롭게 고민을 해서 온택트 셀러라는 온라인 방판 시스템을 기획하게 됐거든요. 저희한테는 그렇게 새롭게 시도하는 일들이 적성에 잘 맞았던 것 같아요.

코로나 시대에 새로운 대처 방식을 잘 찾아낸 것 같네요. 이제 이 시기가 지나고 포스트 코로나 시대에는 또 어떤 태도로 일하면 좋을지 모두가 고민 중이잖아요. 예지 님은 어떻게 생각해요?

저는 이게 자연의 복수라고 생각하고 있어요. 그동안 우리가 편리하게 살려고 했던 모든 행동의 대가이고, 그게 이제부터 오는 거라고 생각하거든요. 그래서 어떤 일을 하고 어떤 사업을 할 것인지 말하는 건 약간 오만인 것 같아요. 확실한 건 거의 아이폰이 세상에 나왔던 때만큼 세상이 파격적으로 변화할 것 같은데, 그럴수록 흔들리지 않는 자아와 삶에 대한 정비가 필요한 것 같아요.

그때 쉴 때 뭐 하는지 물어봤을 때 '일, 운동, 아이콘'을 얘기했었는데, 요즘도 아이콘 덕질 하시나요?

좋아하긴 하는데 요즘은 아이콘 대신 저희 직원들을 덕질하고 있어요. 직원들이 좋아할지는 모르겠지만.(웃음)

올해 계획은 뭐예요?

올해 가장 크게 생각하는 건 아까 보여드린 브랜드 세계관을 잘 정리해서 홈페이지 론칭하는 것이고요. 그리고 지금 식구들이 많아졌잖아요. 이 친구들과 잘 먹고 잘 살고 싶어서 올해 매출은 한 10억 정도 하고 싶다는 정도? 그래서 지금보다 좀 더 넓고 좋은 사무실로 이사 가고 싶어요.

와, 포부 한번 멋지네요. 근데 또 해내실 것 같아요. 우리가 나눈 이 인터뷰, 사람들에게 어떻게 읽히면 좋을까요?

'진짜 너처럼 살면 부러진다' 이런 얘기 하잖아요? '모난 돌이 정 맞는다' 이런 얘기도 하고. 그런 말을 듣던 대표적인 사람이 저거든요. 사실 사회에 얌전하게 순응하는 방법도 분명 있었을 텐데, 그러지 않고 내가 살 수 있는 생태계가 없으면 만들자는 생각으로 이렇게 살고 있거든요. 그러니까 어떻게 보면 사회에서 지탄을 받을 만큼 제멋대로였던 친구도 이렇게 자기 삶을 자기가 만들어서 살고 있구나 하는 걸 봐줬으면 좋겠어요. 이게 제가 이 인터뷰에 참여하면서 하고 싶은 말이었던 것 같아요.

interviewee
애나

last interview: 1yr 4m ago

오랜만에 반가워요 애나 님. 지금 어디 계세요?

광주에 있어요. 부모님 집과 동생 집을 정처 없이 왔다 갔다 하며 지내고 있어요.

아, 그때 애나 님의 추억의 물건들이 널브러져 있다던 그 공간이군요.

네, 최근에는 좀 정리를 했어요.(웃음)

그때도 우리가 광주에서 만났었죠. 애나 님이 디지털 노마드로 살아가는 이야길 나눴었었는데, 그날의 인터뷰가 애나 님한테 어떻게 남았을지 궁금해요.

내가 과거에 했던 이야기가 결국 나한테 도움이 되는 것 같아요. 가끔 그 영상을 다시 재생해보거든요. 1년 전의 내 생각이 좀 생소하게 느껴지기도 하고, 내가 이런 얘기를 했구나 하면서 내가 생각한 바대로 계속 가고 있구나 싶어서 되레 위로를 받기도 했어요.

도움이 되었다니 다행이에요. 찾아보니까 저희가 인터뷰를 2019년 9월에 했더라고요. 해가 바뀌면서 코로나가 터지기 전까지는 아마도 해외 생활을 계속하셨을 것 같은데, 그때 마지막 위치가 어디였어요?

마지막이 하노이였어요. 하노이 찍고 1월 14일에 들어왔는데, 1월 20일쯤 국내에서 코로나 관련 뉴스가 터지기 시작했던 걸로 기억해요.

아, 코로나 때문에 들어온 건 아니었군요?

네, 당시엔 그렇게 심각하지 않아서 사람들이 마스크도 안 쓰고 다니던 때였어요. 근데 중국발이라고 하니까 신경 쓰여서 저 혼자 자가격리를 하고 있었죠. 그러다 2~3월부터 좀 심각해지기 시작하더라고요.

그러면 그때는 다음 여정을 계획하고 있었겠네요?

그렇죠. 그때는 금방 잠잠해질 거라고 생각했기 때문에 다음 행선지로는 유럽에 가려고 준비하고 있었어요. 포르투 갔다가 트빌리시를 들렀다 오려고 계획을 세워뒀는데 상황이 심각해져서 포기하게 됐죠.

그랬군요. 그동안 먹고살기는 좀 어땠나요? 새롭게 만든 서비스도 있을까요? 그때 새로 론칭 준비 중이라는 게 있었던 것 같은데.

제가 최근에 글을 하나 정리하면서 느꼈는데, 2020년도가 아무것도 도전하지 않은 해더라고요. 사실 뭔가를 많이 하긴 했는데 빛을 보기도 전에 포기한 것이 많았어요. 그게 크게 심란한 건 아니고, 잘 안됐구나 정도로 마무리를 했던 것 같아요.

원래 애나 님이 해외를 왔다 갔다 하면서 에너지를 받는 사람이었는데, 그게 어쩔 수 없이 중단됐잖아요. 그런 것도 혹시 영향이 있었던 걸까요?

영향이 아예 없을 순 없을 것 같아요. 내가 스스로 집에 있는 거랑 강제적으로 집에 있는 게 심리적으로 많이 다르잖아요.

그러면 지금은 메인 서비스를 운영 보수하는 작업들을 하고 계시는 건가요?

네, 맞아요. 계속 운영 보수를 했죠. 2019년과 다른 점이라면 그 전에는 팀 내에서 규칙은 없어도 공동의 일정은 픽스해서 서로 좀 압박을 받으면서 일을 했었는데, 2020년에는 그런 게 아예 없어졌어요. 루시가 다시 회사에 들어갔고 회사 일이 바빠지면서 노마드씨 일은 그냥 각자 하면 하는 거고, 안 하면 안 하는 식으로 진행됐죠. 이런 방식이 사업적으로 좋은 실행은 아니잖아요. 타이밍이 굉장히 중요한데 그걸 다 놓치면서 일을 하고 있었던 거니까요. 근데 작년은 정말 어쩔 수 없었던 것 같아요.

2020년은 다들 약간 웅크리고 있던 시기가 아니었나 싶어요. '이게 뭐지?' 하는 느낌으로 계속 흘러가다가 '뭐야, 아직도? 언제까지?' 이러다가 갑자기 연말이 되고 해가 넘어가버렸어요.

그러니까요. 이렇게 1년이 이어질 줄 아무도 예상 못 했겠죠. 그래서 2020년은 각자의 실행 방식을 그냥 받아들이는 한 해였던 것 같아요. 근데 그 시간을 잘 견디고 나니까 그게 좋은 계기가 되어서 2021년에 새로운 실행안이 나오게 된 것 같아요.

지금 새로운 걸 계획 중이시군요?

네, 루시 회사에도 최근 들어 변화가 좀 있더라고요. 리모트 워크를 더 적극적으로 하게 되면서 개인이 사이드 프로젝트를 할 시간이 좀 더 생겼고요. 끄적글적이 계속 조금씩 성장하면서 올해 상반기에는 조금 더 시장을 넓히는 실행을 하게 될 것 같아요. 그리고 또 두 개 정도 다른 서비스를 준비 중이고요. 이번에는 저도 새롭게 도전하는 분야라서 어떻게 될지 궁금하고 기대돼요.

뭔지 지금 물어볼 순 없겠지만 너무 궁금하네요. 끄적글적이 꾸준히 성과를 내고 있다니 그것도 다행이고요. 좀 아이러니한 일이지만, 그게 사람들이 집에 있는 시간이 늘어나면서 수요가 좀 늘지 않았을까 싶기도 한데 어떤가요?

그것도 맞는 말일 것 같아요. 이게 결국 글쓰기 앱이다 보니까 사람들이 집에 있으면서 책도 많이 읽게 되고 기록도 많이 하고 싶어 하면서 좀 더 찾게 되지 않았나 싶어요.

우리가 만났을 때만 해도 사실 디지털 노마드라는 개념이 국내에서는 아직 생소했었잖아요. 그래서 우리가 인터뷰를 한 거였고요. 그런데 갑자기 1년 만에 디지털 노마드들이 쓰던 툴을 모두가 자유자재로 쓰게 된 분위기가 됐잖아요. 그런 것에 대해서 어떻게 생각하세요?

다들 저보다 더 잘 쓰는 것 같아요. 사실 저는 이런 화상 툴은 잘 안 쓰거든요.(웃음) 줌 모임도 엄청 많이들 하더라고요. 진짜 신기해요. 아무튼 그 과정을 계속 호기심 있게 보긴 했어요. 왜냐하면 이런 시대가 굉장히 먼 미래일 거라고 생각했는데, 갑자기 미래 시대가 현실로 확 온 듯한 느낌이랄까요? 당시만 해도 원격 근무, 재택근무하는 사람들이 언젠가는 더 많아질 것이고 이런 쪽 산업이 훨씬 성장할 거라고 생각은 했지만 이렇게 급격히 바뀔 줄은 몰랐으니까요. 소수의 이야기였는데 결국에는 이걸 계기로 대중화가 돼버린 거잖아요.

갑자기 너무 빠르게 바뀌었죠.

그러니까요. 거의 주식 떡상하듯이 갑자기 변화했는데, 이런 게 오히려 저 같은 사람들한테는 기회겠죠. 이걸 계기로 IT 분야도 정말 많이 확장됐을 거예요. 그리고 아마 코로나가 끝난 이후에도 IT 관련 분야 사람들에게는 훨씬 다양한 선택지가 생길 것 같아요. 이게 끝나고 나서도 리모트 워크를 계속 시행하겠다고 하는 기업들이 많이 생겼거든요. 전에는 내가 이런 삶을 살고 싶은데 어디로 가야 할지 모르겠다고 하는 질문들이 많았다면, 그때보다는 선택지가 훨씬 많아지지 않았을까 싶어요.

맞아요. 심지어 IT 회사가 아니라 리모트 워크를 전혀 생각지도 않았던 회사들도 이번에 어쩔 수 없이 시도를 해봤잖아요. 그렇게 쌓인 경험들이 앞으로 선택할 수 있는 하나의 옵션으로 자리잡게 되면 좋을 것 같아요.

그런 옵션으로 이런 상황이 혹시 또 온다고 해도 대비할 수 있겠죠. 서양권에서는 이미 그렇게 하고 있어요. 중요한 건, 그런 기업들을 보면 재택근무가 가능한데도 사무실을 열어놓는 경우가 많다는 거죠. 일과 삶이 잘 분리되지 않거나 집중하고 싶을 때 사무실에 출근할 수 있도록 하는 거죠. 이것의 포인트는, 내 상황에 맞게 이걸 선택할 수 있느냐 없느냐, 기업이 이걸 제공하느냐 안 하느냐인 것 같아요.

그렇게 되면 내가 회사에서 일할 수도 있고, 원한다면 밖에서도 일할 수도 있는 선택지를 더 많은 사람들이 갖게 된다는 거겠죠?

이런 댓글을 보기도 했어요. '이런 건 저런 분야에서 일하는 사람들이나 할 수 있는 거지'라는. 그런 분들에게 해주고 싶은 말은, 그게 지금은 비록 일부의 이야기일지라도, 그 선택권이 열려 있는 것과 닫혀 있는 건 굉장히 다르다는 거예요. 선택권이 없으면 아예 시도조차 못 하지만, 선택권이 있다면 다양한 기회가 생기는 거잖아요. 그렇게 열고 생각해주면 좋을 것 같아요.

지난번 대화에서도 디지털 노마드를 선택한 이유는 결국 내가 내 삶을 주체적으로 선택할 수 있느냐, 없느냐인 것 같다고 얘기했었죠. 그것과 같은 맥락일 것 같아요.

그때는 아마 제가 그런 말을 해도 사람들이 느끼기에 굉장히 소수의 이야기 같고 체감되지 않았을 것 같아요. 근데 지금은 사람들이 다 겪었어요. 디지털 노마드라는 용어를 몰라도, 내가 내 시간을 어떻게 자유롭게 쓰면서 내가 좋아하는 일을 할 수 있을까 하는 포인트를 이제는 이해하게 되지 않았을까 싶어요. 향후에는 지금 하는 이야기들이 더 체감되고 그걸 내 선택지로 만들 수 있는 기회들이 생기게 될 거예요.

'우리는 디지털 노마드다'라는 커뮤니티를 운영하고 있었잖아요. 거기 분위기는 어때요?

신기한 게, 딱히 뭔가 새로운 콘텐츠를 제가 올리고 있진 않은데도 거기 있는 분들끼리 굉장히 디테일한 질문들을 주고받더라고요. 그 커뮤니티가 생겼을 당시에는 좀 포괄적인 질문들이 많았거든요. "디지털 노마드가 되려면 어떻게 해야 하나요?"라거나 "재택근무 할 때 뭐가 필요한가요?" 같은. 지금은 "세금 처리를 어떻게 해야 하나요?" 같은 현실적인 질문들이 왔다 갔다 하고 있어요.

그때 우리가 디지털 노마드는 자기 관리가 중요하다는 얘기를 했었는데, 아까 2020년은 아무것도 도전하지 않은 해였다고 했잖아요. 어떻게 극복하고 있는지 궁금하네요.

제가 작년 6, 7월까지는 좀 기분이 왔다 갔다 했어요. 아무데도 가지 않으니까 그냥 계속 그 자리에 있는 기분이 들고 그게 자꾸 사람을 갉아먹더라고요. 그러다가, 좀 좋아졌던 시기가 시골에서 일주일 살기를 하고 와서부터예요. 해외에서 한 달 살기는 해봤어도 국내에서 그런 시도는 처음이었거든요. 근데 뜻밖에도 거기가 인터넷이 안 되는 거예요. 그게 처음에는 짜증이 났어요. 협업해서 일을 해야 하는데 미치겠더라고요. 괜히 여기로 왔나 싶고. 근데 둘째 날부터는 그냥 협업이 필요 없는 일을 여기서 해야겠다고 결정을 했어요. 그랬더니 좀 평화가 찾아오더라고요.

디지털 노마드가 디지털 디톡스를 했네요.(웃음)

정말 맞아요. 거기는 마스크 벗고 다녀도 될 정도로 진짜 사람이 하나도 없고 조용해서 좋더라고요. 사실 인터넷을 내가 스스로 끌 수도 있지만 솔직히 잘 안 되잖아요. 반나절도 못 버티고 다시 켜고 그랬었는데, 그런 상황이 되니까 저절로 디톡스가 되면서 일 말고 개인적인 생각을 할 수 있게 됐고요. 그동안 미뤄뒀던 선택과 결정들을 그때 많이 하게 됐던 것 같아요. 결국 나한테 필요했던 건 온전히 나 혼자 있을 수 있는 상황이었구나 싶더라고요. 그때부터는 캠핑을 다니게 됐어요.

인스타그램에서 캠핑 다니는 거 봤거든요. 그게 그렇게 시작된 거였군요.

캠핑을 하면 뭘 할 수 있는 시간이 하나도 없어요. 텐트 치고 뭐 하고, 계속 노동이에요. 거기 가서는 휴대폰을 거의 안 하게 돼요. 그렇게 나만의 공간을 만들었던 게 도움이 좀 됐고요. 또 모닝 챌린지를 하면서 방황의 끝판을 냈어요.

모닝 챌린지라는 게 정확히 어떤 거예요?

그냥 같이 할 사람 모집해서 아침에 온라인으로 모이는 거예요. 저희는 아침 아홉 시에 모여요. 그렇게 켜놓고 1시간 정도 각자 자기 할 일을 하는 거예요. 가끔 잡담도 나누긴 하는데, 이것도 좋은 게 혼자 일을 하는 사람들에게는 아침에 입을 좀 푸는 게 되게 활력을 주더라고요. 그리고 모닝 챌린지를 하면서 오전 8시에는 꼭 일어나게 되니까 아침 시간이 너무 많아진 거예요. 그때 잡일을 후다닥 해버리고 나니까 하루가 쾌적한 거죠. 그걸 반복적으로 해보니까 산출물도 잘 나오고 프로젝트들도 훨씬 잘되더라고요. 이런 루틴을 만들면서 안 되던 일들이 진행되고 앞으로의 방향성이 보이기 시작했던 것 같아요.

진짜 공간을 이동하는 것만이 아니라 일상에 어떤 요소를 심어놓는 것만으로도 효과가 있군요.

패턴을 바꾼 게 도움이 되는 것 같아요. 예전에는 그렇게 바꾸려 해도 안 바뀌더니. 그리고 이 시기를 지나면서 제가 2020년 키워드로 뽑은 게 '불안정'이에요. 사람들은 선택할 수밖에 없잖아요. 안정적인 삶에 안주하고 살면서 불만을 가지고 살 것인가, 아니면 불안정하지만 변화하는 삶을 꾀할 것인가. 그랬을 때 저는 삶을 계속 변화시키기로 했기 때문에 계속 불안정한 거구나 하는 걸 인정하게 됐어요. 그냥 내가 선택한 건 불안정한 삶이고, 계속 그래야 하는 거구나 하고 받아들이니까 오히려 마음은 안정이 되더라고요.

내가 선택한 것이기 때문에 그걸 벗어나려고 애쓰지 않아도 된다는 걸 깨달았군요. 잘하셨네요. 박수 쳐드릴게요.

하하, 박수도 받고. 근데 박수 받을 일이었어요.

그때 인터뷰 때 했던 얘기 말고 더 추가하고 싶은 얘기 혹시 있을까요?

그때 제가 디지털 노마드가 되고 싶은데 뭐부터 해야 할지 모르겠다면 바로 전환하기보다는 사이드 프로젝트로 해보라고 했었잖아요. 근데 지금 이 시기가 그걸 더 적극적으로 권할 수 있는 때인 것 같아요. 지금 다들 비슷한 것을 느끼고 있을 거예요. 본업이 불안정해지면서 내가 하고 있는 일과, 앞으로 뭘로 먹고살지에 대한 생각들을 하고 있을 거란 말이죠. 그런 생각이 드는 이 시점이 뭔가를 시도해보기 좋은 때인 것 같아요. 결국 나중에 다시 상황이 안정적으로 돌아오면, 지금 품었던 의지는 사라지기 마련이거든요. 만약 사이드 프로젝트라고 해서 뭔가 IT 전문 직종만 할 수 있는 느낌이 든다면, 그냥 '온라인 부업' 정도로 생각해봐도 좋을 것 같아요. 돈이 되든 안 되든 새로운 걸 해보는 게 될 수도 있고, 단돈 10만 원이라도 부수입을 올리는 일이 될 수도 있고. 자기가 원하는 방향을 선택해서 경험해보면, 나중에 또 다른 걸 시도해볼 때 도움이 될 거예요.

근데 이렇게 줌으로 얘기하는 것도 재밌네요. 그 모닝 챌린지는 또 언제 열어요? 저도 같이 하고 싶어요.

좋죠. 연락 주세요. 같이 해요.

interviewee

이현우

last interview: 1yr 3m ago

어떻게 지내셨어요?

어떤 의미에선 잘 지내기도 하고, 못 지내기도 했기 때문에 딱 부러지게 이야기할 순 없네요. 그래도 당시에는 제가 책을 쓰고 있었잖아요. 마감을 맞춰야 한다는 압박이 있어서 신체적으로나 정신적으로 좀 피폐한 상태였어요. 근데 지금은 책이 출간되고 1년이 좀 안 되었는데, 그때의 초조했던 마음은 없어지고 그래도 여유가 살짝 생긴 것 같아요.

여전히 낮에는 회사원, 저녁에는 사장님으로 활동하고 계시는 건가요?

네, 요즘도 그때처럼 직장 생활 하면서 저녁에 가끔씩 들러서 가게를 보는 이중 생활을 하고 있어요.

인터뷰 이후에 먹고사는 부분에 있어서 좀 달라진 부분이 있을까요? 새로운 수익이 생겼다거나 비중이 달라졌다거나.

여러 가지가 있는데, 그 사이에 화장품 사업에 관심이 생겨서 스터디를 좀 해봤는데 사업화까지는 안 됐고요. 조금 전에 말씀드렸던 책을 출간했는데 그게 가장 큰 변화였죠. 〈십분의 일을 냅니다〉라는 제목의 책인데, 저희가 인터뷰했던 내용들도 들어가 있고, 여러 에피소드를 정리한 건데요. 그때 너무 바빠서 바에서 여유롭게 글 쓰는 꿈을 못 이뤘다고 했는데, 이번에 책 작업을 하면서 거의 절반은 가게에서 쓴 것 같아요.

꿈을 이뤘네요? 책 제목에도 중의적인 의미가 있잖아요.

맞아요. 저희가 각자 월급의 10%를 매월 내고 있기 때문에 그런 의미도 있고요. 또 뭐였더라….

가게 '십분의일'을 냈다는 의미도 있는 거죠?

그렇죠. 잘 아시네요.(웃음) 아무튼 책을 내고 나니까 책 보고 불러주시는 자리가 많이 생겼어요. 인터뷰나 강연, 북토크 같은 걸 지난 1년 동안 재밌게 했죠.

책에 대해서 아로파 멤버들 반응은 어땠나요?

저희가 사실 서로 위로나 격려를 하는 따뜻한 그룹은 아니거든요. 그런데 어느 날 술자리에서 그런 걸 제일 안 하는 악마 같은 멤버가 저한테 자기가 올해 읽은 책 중에 제일 재밌었다고 하더라고요. 당연하겠죠. 자기 얘기가 나오니까요.(웃음) 사실 저희가 돈이 묶여 있는 사이다 보니 서로 까다롭게 구는 편인데, 이 책에 대해서는 '이런 거 왜 했냐'라거나 '이런 게 아쉽다' 같은 말 없이 그냥 잘했다고, 재밌다고 해주니까 그게 다른 사람들한테 들었던 말들보다 뿌듯하고 기분이 좋더라고요.

그러면 이제 어쨌든 책과 관련된 새

로운 수익이 조금이라도 생겼겠네요?

그렇죠. 굉장히 작고 귀여운 금액이긴 하지만요. 10% 인세가 나오고 있고, 아무래도 그런 경험에 대한 이야기를 할 수 있는 기회들이 많아졌죠. 한번은 지역에서 마을 커뮤니티를 만드는 프로젝트에 멘토 역할을 하는 일도 했고요.

경제 공동체와 창업이라는 키워드 쪽으로 전문성이 쌓이고 있는 거군요?

물론 그런 분야의 쟁쟁한 분들에 비해서 저는 막내뻘이긴 하지만, 새롭게 연결되는 일들이 많이 생겼어요.

그 경제 공동체의 우수 사례가 바로 청년아로파잖아요. 첫 시도가 '십분의일'이었고, 그 이후에도 프로젝트들이 계속 이어지고 있는 거죠? 제주도 게스트하우스 차린 것까지 들었었는데, 그 이후에 더 추가된 게 있나요?

그 이후에, 작년 초였죠, 회사 다니던 멤버 세 명이 퇴사 얘기를 슬슬 꺼내더니 유튜브를 하겠다더라고요. 근데 유튜브를 그냥 하는 게 아니라 가게를 만드는 과정을 유튜브로 찍겠다는 거죠. 그리고 거기에 좀 더 추가해서 아바타 경영이라는 걸 하겠다더라고요. 아바타 경영이 뭐냐면 구독자분들이 가게를 만드는 과정에 참여하는 거예요. 메뉴 이름이라든가 레시피 같은 것을 투표해주시면 그걸 반영해서 운영해가는 거죠. 프로젝트명이 '백수의 왕 퇴사자'예요. 그래서 지금 연남동에 가게를 만들어서 하고 있긴 한데, 유튜브도 가게 운영도 쉽지 않은 상황이에요.

그거 봤어요! 우연히 알고리즘으로 떠서 재밌게 봤는데, 알고 보니 아로파에서 하는 거여서 '역시 그랬군' 했었죠.

신기하네요. 유튜브가 어렵더라고요. 이게 구독자 1천 명이 넘어야 커뮤니티 탭이 열려서 구독자분들과 활발한 소통이 되는데, 저희가 시작한 지 3~4개월 정도 됐는데 아직도 천 명을 못 찍었어요. 오픈채팅방에서 소통 중입니다.

그때 현우 님이 가게 차리고 있으면 멤버들이 다 퇴사해서 옆에 있을 줄 알았는데 아무도 안 했다고, 언젠가 다들 좀 퇴사해서 시내 한복판에 십분의일을 능가하는 가게를 해봤으면 좋겠다는 바람을 비쳤었잖아요. 바람대로 엄청 떠들썩하게 퇴사들을 하셨네요. 심지어 백수의 왕이 된 멤버들을 보니 어때요?

그냥… 혼자 하는 게 나았을 것 같아요.(웃음) 그리고 퇴사 얘기는 이제 제가 못 꺼내요. 저는 재취업을 해서 이중생활 중인데, 그사이에 굉장히 많은 사람들이 퇴사를 했고, 멤버 중 거의 절반이 사업장 대표 일을 하고 있는 상황이거든요.

그럼 지금 총 몇 개의 사업장이 있는 거예요?

저희가 이제 조직이 두 개가 생겼는데요. 시즌 1에서 하는 사업장 4개랑, 시즌 2에서 하는 사업장 2개까지 아로파 이름으로 운영되는 사업장이 총 여섯 개가 됐죠. 너무 많아요.

와 많다. 바람이 완전 이루어졌네요. 평등한 공동체 안에서 각자 꿈꾸던 것을 해보자던 그 바람이….

사실 평등한 공동체를 이루려면 적정한 수입과 지속적인 이익이 있어야 되는데, 하필 같은 시기에 너무 많이 생겼고, 코로나와 맞물리면서 어려움을 겪게 돼가지고….

그럼 아직까지 십분의일이 아로파의 캐시카우인가요?

그렇죠. 원래는 십분의일이 어느 정도 안정적인 수익이 나오다 보니 그걸 믿고 있었던 건데, 아시다시피 이제 어떤 곳도 안정적으로 수익을 낼 수 없게 됐잖아요. 저희도 마찬가지여서 카우가 사라졌어요. 소가 쓰러졌어.(웃음) 그래서 사실 지금 고민이 많아요.

어찌 보면 아로파는 계획한 대로 잘 운영을 한 건데, 생각지도 못한 코로나가 터지면서 특히 자영업 하시는 분들이 가장 힘든 상황이 됐더라고요. 힘든 시간을 보냈겠네요.

음… 사실 뭐부터 먼저 말씀드려야 할지 모를 정도로 어려움이 많아요. 저희 사업 대부분이 오프라인 사업장을 운영하다 보니 총체적으로 어렵죠. 그때 저희가 배당도 하고 그런다고 여유 있는 모습을 보여드렸었는데, 전혀 여유가 없어졌어요. 당분간은 배당을 할 수 없는 상태가 됐고요.

어떻게 견뎌내고 있을지….

이게 뭔가를 탓하기도 어려운 상황이라 어떤 뾰족한 수가 있진 않은 것 같아요. 그래도 뭐라도 해야겠다 해서, 십분의일 같은 경우는 치즈 패키지를 기프트 박스로 만들어서 쿠팡이츠 같은 곳에서 배달하는 것도 해보고 있고요.

손님이 얼마나 많이 줄었어요?

저희는 그래도 이 동네에서 꽤 오래된 가게여서 주말에는 자리가 없기도 하고 줄 서는 날도 있고 했잖아요. 지금은 거의 뭐 대관을 한 느낌이랄까, 개인 작업실로 쓸 수 있을 정도로 굉장히 넓고 편안하게 계실 수 있게 됐어요.

아… 실제로 대관 사업을 해보는 건 어떤가요?

예전에는 공연 대관 같은 것도 하긴 했는데, 글쎄 지금 시기에 누가 오실지. 그래도 일단 생각이 있으시다면 누구든 연락은 받겠습니다.(웃음)

참, 뭐라고 말씀을 드려야 할지. 지금까지 다른 분들의 근황 토크가 희망편이었다면 오늘 좀 절망편 느낌인데. 근데 또 지금 우리가 굴곡 위에 있는 거니까, 코로나가 많이 잦아들고 정리가 되면 다시 올라갈 시기가 오지 않을까요?

네 맞아요. 지금은 전 인류가 굴곡 위에 있는 것 같고, 저희도 다시 올라갈 날이 있을 거라고 생각하고 있어요.

이런 상황에서 드리기 민망한 질문이긴 한데, 그때 십분의일이 안됐어도 이 멤버들과 뭐라도 했을 거라고 했었는데, 지금도 변함없나요?

그땐 아마 제가 책을 쓰고 있어서 긍정적인 기운이 강했었나 봐요. 농담이고요.(웃음) 지금은 너무 오래돼서 맨날 집에 있는 가족처럼 당연한 존재가 되어버리다 보니까 좀 그렇긴 한데, 사실 이 조합이 정말 좋다고 생각하긴 해요. 돈에 대해서 관심 있는 사람 몇 명, 이상적인 것에 관심 있는 사람 몇 명, 이렇게 잘 합쳐진 것 같거든요. 이게 계산해서 섭외한 게 아니라 우연히 만들어졌기 때문에 이렇게 모으라고 해도 쉽지 않잖아요. 운이 좋았죠. 그래서 다른 프로젝트를 하더라도 이 멤버들이랑 하면 좋을 것 같아요.

사회적 거리두기 때문에 개인적인 생활에서는 달라진 부분이 있을까요?

다른 분들처럼 재택근무와 출퇴근을 섞어서 하고 있고, 줌 모임이나 회의 같은 게 많아진 건 똑같을 것 같고요. 저 같은 경우는 낮에 근무하는 곳이 원래는 벤처 창업 관련된 행사도 많고 네트워킹도 활발하고 그런 곳인데, 그런 행사를 할 수 없으니까 발길이 끊기고 굉장히 썰렁해졌죠. 지금은 다 온라인으로 진행하고 있어요.

그런 열기를 느끼지 못해서 아쉬운 부분이 있죠. 코로나가 끝나고 그런 비대면 경제가 계속 이어질 거란 얘기가 있는데 어떻게 생각하세요?

요즘은 온라인으로 하는 게 생각보다 잘 되어 있잖아요. 저도 해보니까 편하긴 하더라고요. 근데 저는 개인적으로 직접 만나는 걸 좋아하는 편이라서 그런지, 어떤 부분에서는 잃는 게 더 많은 것 같아요. 사람을 직접 만났을 때 좀 어색할 수 있고 여러 가지 더 챙겨야 하는 부분이 확실히 있죠. 근데 저는 그 불편함을 감수하면서 얻을 수 있는 게 더 많다고 생각하거든요. 그 현장에서 예상치 못한 재밌는 일이 펼쳐질 수도 있고요. 근데 이제는 그냥 '행사 치렀다, 끝' 이런 느낌이랄까요? 이런 걸 과연 코로나 이후에도 사람들이 원할까? 저는 아닐 것 같거든요. 작년 중순쯤이었나. 약간 잦아든 적이 있었잖아요. 그때 서울을 빠져나가지 못할 정도로 사람들이 나왔더라고요. 그걸 보면서, 저는 오히려 이런 걸 겪으면서 답답했던 분들이 폭발적으로 몰려나올 거라고 기대하고 있어요. 물론 확답은 못 하겠지만요.

오히려 이럴 때일수록 오프라인의 중요성을 이야기하는 분들도 많더라고요.

〈리스토어〉라는 책에서는 다들 온라인을 이야기하는 세상이지만 결국 사람들은 다시 오프라인 스토어로 모이고, 공간이 미디어로서 기능을 할 것이라고 하더라고요. 저도 공감이 많이 됐어요.

다시 오프라인 스토어에서 만날 날을 믿고 기다려봅시다. 그럼 혹시 그때 인터뷰했던 것 중에 고치고 싶은 거 있을까요?

사실 워낙 하고 싶은 말을 원 없이 할 수 있게 질문들을 자세하게 준비해주셔서 딱히 아쉬운 건 없고요. 바꾸고 싶은 게 있다면, 제가 그때 그런 인터뷰 같은 것에 능숙하지 않고 마음에 여유가 없었는지 너무 급하게 이야기한 것 같아서, 좀 여유가 있었으면 어땠을까 싶더라고요.

현우 님을 포함해서 조금 다른 관점으로 일하고 자기만의 직업을 만들어간 사람들의 이야기를 담은 이 인터뷰를 사람들이 어떻게 읽어주면 좋겠어요?

제가 만약 독자라면 다양한 사례들을 만나보는 것 자체가 재밌을 것 같아요. 일부러 찾아다닐 수 없는 다른 유형들을 볼 수 있으니까. 그러니까 무조건 사이드 잡을 한다거나 N잡을 해야 된다기보다는, 다양한 유형이 있고 할 수 있는 방법들이 다양하니까 그중에 각자한테 맞는 유형을 찾아보면 좋을 것 같아요. 사실 저 같은 경우 작년 한 해 동안 의도치 않게 N잡러로 살았거든요. 이미 회사 다니면서 십분의일을 운영하고 있지만, 책을 쓰면서 강연도 다니고, 에어비앤비를 운영하기도 하고. 저는 계획해서 한 게 아니라 하다 보니까 하게 된 생계형 N잡이었는데, 해봤더니 좀 산만해지고 힘들더라고요. 제가 살할 수 있는 것들과 좋아하는 것들로 줄여나가고 합치는 게 필요하겠더라고요. 그런 부분들도 고려해서 나에게 맞는 방식을 고민해보는 기회가 되면 좋을 것 같아요.

interviewee

홍진아

last interview: 1yr 3m ago

진아 님 잘 지내셨어요? 지금은 어디에서 지내고 있어요?

저는 지금 군산 부모님 댁에서 지내고 있어요. 1월은 좀 조용하게 쉬려고요. 서울에 있을 때는 이런 화상 미팅이 일상적인 스케줄 중 하나였는데, 이곳에서는 이런 만남이 좀 특별한 이벤트네요.

우리가 인터뷰한 게 벌써 1년이 넘었어요. 그때 나눴던 인터뷰 영상이 저희 채널에서 꽤 재생이 많이 됐더라고요. 그때만 해도 저희 채널이 3천 명 정도 되는 작은 채널이었는데 몇 달 후부터 사람들이 이 시리즈를 많이 보기 시작하면서 댓글도 달리고요. 진아 님에게는 그때의 인터뷰가 어떻게 남았을지도 궁금했어요.

저는 900KM가 요즘 것들의 사생활을 꾸준히 계속 해나가는 걸 봐온 입장에서 결국 꾸준히 하면 뭔가 흐름을 만들어낼 수 있다는 걸 확인할 수 있었고, 그게 저한테도 응원이 되고 용기가 되는 것 같아요. 특히 요즘은 우리가 맞다고 생각했던 것들이 완전히 무너졌잖아요. 예전처럼 하나의 답, 하나의 길 같은 건 이제 없다는 것을 전 세계가 인정하게 된 것 같은데, 그런 상황에서 '그럼 다른 길은 뭐고 다른 방식은 뭐지?'

를 상상해볼 수 있어야 하잖아요. 그런 흐름에 맞춰서 사람들이 이런 것들을 찾아보기 시작하고, 그게 영향을 미친 게 아닌가 하는 생각도 들더라고요. 개인적으로는, '내가 지금 상황의 나한테 보여주려고 이때 인터뷰를 했구나' 하는 생각이 들기도 했어요. 사실 오늘 인터뷰를 하려고 그때 영상을 오랜만에 봤는데, 그냥 추측으로 되게 부끄럽지 않을까 했거든요. 근데 그렇지 않더라고요 . '아, 내가 그때 저렇게 이야기하고 생각했기 때문에 저 때보다 일 년을 더 할 수 있었구나' 하는 생각을 하게 돼서 좋았어요.

이런 피드백을 주실 줄 몰랐는데, 지금 좀 울컥하네요. 앞으로의 세상에 필요한 선택지 중 하나의 사례로 진아 님의 이야기도 잘 기록할 수 있어서 좋고요.

이게 1년이란 시간이 흐른 이야기이긴 하지만, 철 지난 이야기가 아니고 그때는 그랬지만 지금은 얼마만큼 변화했는지 확인할 수 있는 척도가 된다고 생각하거든요. '우리가 그때보다 이만큼 나아갔구나,' '이런 새로운 관점도 생겼구나' 하는 걸 확인하려면 그 시대를 반영해서 살아간 사람들의 이야기가 잘 기록되어야 하는데, 그런 의미에서 이 시대의 밀레니얼들이 어떤 생각을 가지고 살았는지를 남겨놓는 이 작업이 굉장히 의미 있는 일이라는 생각이 들어요.

지금 말씀하신 것처럼 당시 우리가 인터뷰한 이후 많은 변화가 있었잖아요. 그때가 2019년 10월이었고 빌라선샤인이 시즌 2를 하고 있던 때였을 거예요. 그 이후 시즌 3, 4 계속 이어가던 중에 갑자기 코로나가 터지면서 많은 혼란과 변화가 있었던 걸로 알고 있거든요. 그때 이야기를 좀 해주세요.

맞아요, 그때 두 번의 시즌을 하고 나서 2020년 1월에 시즌 3을 시작으로 3개월씩 총 4번의 시즌을 더 진행했었죠. 2020년 초에 시작할 때만 해도 '올해 엄청 큰 유일무이한 여성들의 오프라인 커뮤니티를 만들어보겠어!'라는 생각을 가졌었고, 처음엔 그게 가능해 보이기도 했어요. 왜냐면 당시 멤버가 시즌 2때 150명이었는데 시즌 3때 210명이 좀 넘었거든요. 이 멤버들과 함께 이전에 없던 서비스들을 통해서 여성들이 더 잘 연결될 수 있도록 하고, 오프라인에서 서로의 얼굴을 확인할 수 있는 서비스를 만들어서 계속 운영을 하면 그럴 수 있을 거라고 생각했죠.

근데 2020년 2월에 코로나가 시작되면서 갑자기 오프라인에서 모일 수 없게 된 거예요. 오프라인이 가지고 있는 에너지를 가지고 서비스를 만들어가던 입장에서는 굉장히 위기의 상황이 된 거죠. 그런데도 커뮤니티를 계속 운영하기 위해서는 온라인으로 빠르게 전환을 해야 했어요. 다행인 것은 저희 멤버들의 97% 정도가 밀레니얼 여성이면서 변화하는 도구나 환경에 빠르게 적응하고자 하는 분들이었고, 덕분에 빠르게 전환이 가능했어요. 물론 저희 팀도 엄청 공부를 했죠. 신문 기사도 찾아보고 외국 저널도 찾아보고, 다른 교육 현장에서는 어떻게 하는지 등을 서로 공유하고 스터디하면서 온라인 서비스를 구축했고요. 시즌 4부터 6까지는 온라인으로만 진행하게 된 거죠.

저도 뉴먼(빌라선샤인의 멤버)으로서 그 상황을 다 함께 겪고 지켜봤는데요. 혼란도 있었지만, 갈수록 온라인으로도 잘 정착이 되었다고 느끼면서 꽤 만족스럽게 커뮤니티를 이용했거든요. 그런데 아쉽게도 2020년 말 시즌 6을 끝으로 서비스가 종료되었잖아요. 그런 결정을 한 배경이 있을까요?

사실 네 번째 시즌을 할 때까지만 해도 코로나가 좀 나아지면 오프라인으로 다시 만날 수 있을 거라고 생각했어요. 하지만 이런 상황이 지금까지 계속될 줄은 아무도 예측하지 못했죠. 결국 온라인으로만 서비스하는 커뮤니티로 방향을 바꾼 건데, 그 과정이 쉽지 않았는데도 불구하고 온라인에서 이렇게 느슨하지만 서로가 서로를 성장시키는 방식의 연결이 가능하다는 걸 우리끼리는 느끼고 있었죠.

하지만 이게 외부로 더 많이 알려지거나 더 많은 사람들이 경험할 수 있는 토대가 마련되지 못했던 것 같아요. 그래서 경영하는 데 어려움이 있었죠. 사실 온라인으로 전환하면서 저희가 하는 일들은 오히려 훨씬 많아졌는데, 온라인이라는 이유로 필요한 자원을 확보할 수 있는 기회는 점점 없어졌어요. 멤버십이 더 이상 늘지 않는 부분도 있었는데, 이것도 사실 코로나로 인해 없어지거나 무기한 휴업에 들어가는 회사들이 생기면서 타깃층인 밀레니얼들이 경제적인 어려움을 많이 겪게 되니까 저희도 타격을 같이 받았다고 생각해요. 연결되고 싶은 마음은 있지만 경제적으로 여유가 없다 보니 멤버십 가입을 미루게 되는 식의 상황이 만들어지는 바람에 하반기 때 운영에 어려움이 많았고요. 그래서 시즌 6을 마지막으로 커뮤니티 서비스를 종료하게 되었죠.

빌라선샤인 서비스를 종료할 때 정말 많은 분들이 아쉬워했어요. 저도 멤버로서 그 현장에 있었지만, 줌으로 했던 마지막 행사가 거의 눈물바다였잖아요. 그만큼 분명 많은 사람들에게 남긴 것이 많았다는 생각이 들더라고요. 자원이나 경영적인 부분에서는 부족한 부분이 있었을지언정, 빌라선샤인을 운영했던 그 2년의 시간이 남긴 성과는 분명 있었다고 생각해요.

일단은 정말 다양한 분야에서 일하는 여성들이 모여 있고, 그 모임이 서로를 성장시킨다는 목표를 가지고 있으면 그게 제대로 굴러간다는 것, 여성들이 서로가 서로를 성장시키는 존재로 함께 일할 수 있다는 것을 증명한 것 같다는 생각이 들어요. 시즌을 거듭하면서, 각자가 일하면서 느낀 희로애락과 어려운 부분, 도움 받고 싶은 부분들을 솔직하게 공유하는 분위기가 되었고, 서로 자연스럽게 도움을 주고받는 일들이 많아지는 것을 봤죠. 실제로 이 안에서 했던 대화를 바탕으로 자신의 일터에 적용해서 좋은 성과가 있었다는 피드백도 들었고요. 지난번 인터뷰 때도 얘기했지만, 처음 시작할 때는 여자들끼리 모인 커뮤니티에 여자들이 올 것 같냐는 질문을 받기도 하고, 서로 싸우면 어떻게 하냐는 얘기도 있었거든요. 그때는 '그렇지 않다'라고 얘기하면서도 실제로 경험해본 것이 아니어서 반박하기 어려웠는데, 이걸 운영해보고 나서는 그렇지 않다는 걸 더 명확하게 말할 수 있게 됐다는 게 성과인 것 같아요. 물론 이 자체만으로 수익을 내는 회사로서 운영이 가능하다는 얘기를 할 수는 없겠지만, 인간은 서로 연결되길 원하고, 서로가 서로에게 도움이 될 수 있는 존재라는 전제를 갖고 연결된다면, 그 자체만으로 뭔가 만들어질 수 있다는 걸 확인한 거죠. 결국 그런 판을 만드는 것이 중요하다는 걸 빌라선샤인이 보여줄 수 있었던 것 같아요.

코로나 시대에도 빌라선샤인이 했던 시도들이 굉장히 좋은 사례가 된 것 같거든요. 그때 빌라선샤인에서 큰 콘퍼런스를 웨비나로 진행했는데 그게 아마 업계에서 거의 처음이지 않았나 싶어요. 외부에서도 관심을 많이 갖고 보고, 이후에 기관, 단체들에서 참고를 많이 한 것으로 알거든요. 그것처럼 온라인이 메인이 된 시대가 힘들기도 했지만 새롭게 발견하게 된 부분도 있었을 것 같아요.

이전보다 장소의 제약이 없어진 거죠. 빌라선샤인도 온라인으로 전환하고 나서 지방이나 해외에 계신 분들이 멤버십으로 등록을 하셨고요. 특히 해외에 파견으로 일을 나가 계신 분은 시차를 계산해서 되게 활발하게 활동을 하셨어요. 그만큼 활짝 열린 부분이 있다고 생각하는데, 반면에 그만큼 좋은 콘텐츠에 대한 기준도 높아졌다는 생각이 들어요. 제가 되게 인상적으로 들었던 얘기가 뭐냐면, 옛날에는 북토크나 강연 같은 것에 참석했을 때 그게 준비가 잘 안 됐거나 예전에 들었던 걸 반복하는구나 하는 걸 느껴도, 내가 시간을 들여서 거기까지 갔고 중간에 일어나면 예의에 어긋나거나 시선이 쏠릴 거라는 생각 때문에 2시간이면 2시간을 줄곧 앉아 있어야 했던 거예요.

근데 지금은 온라인으로 접속해서 딱 10분만 들어봐도 이게 준비가 잘된 콘텐츠인지 아닌지 판가름이 나고, 관객들은 이제 주도권을 갖고 바로 로그아웃을 할 수 있게 됐다는 거죠. 이게 좀 무서운 이야기이긴 한데, 결국 이전에는 유명한 사람이 자기가 가진 하나의 레퍼토리를 발전 없이 계속 반복해도 거기에 계속 권위가 주어지던 세상이었다면, 이제는 다른 세상이 펼쳐졌다는 생각이 들더라고요. 예전에는 그 권력의 무게가 엄청났다면, 지금은 조금 분산되고 조금 더 민주적이 된 거죠. 콘텐츠를 만드는 사람과 그것에 참여하는 사람의 관여도, 위계 같은 것들이 가지는 양상이 달라지고 있고, 그래서 더 냉정하게 평가받고, 또 좋은 콘텐츠는 그 자체로 알아봐주는 사람들이 생기는 기회를 얻게 되지 않을까 하는 생각이 들어요.

그럼 혹시 지난 인터뷰 때 했던 말 중에 고쳐 말하고 싶거나 덧붙이고 싶은 얘기가 있을까요?

제가 그런 말을 했더라고요. 나중에 제가 어떤 변화를 맞이할지, 무엇을 하고 있을지 모르지만 내 커리어의 키는 내가 잡을 수 있다고. 그리고 나는 언제나 나를 위해 좋은 선택을 하는 사람이니까 나를 믿고 하고 싶은 것을 선택하자는 이야기를 스스로 했더라고요. 지금 이렇게 애정을 쏟던 서비스를 종료하고, 이 이후에 뭘 할지, 정말 하고 싶은 게 뭔지 생각하고 있는 상황에서 그 말이 저한테 되게 위로가 됐어요.

과거의 내가 미래의 나에게 보내는 편지죠.(웃음)

From 진아 to 진아.(웃음) 그리고 제가 했던 말이 거짓이 아니고 진짜 그렇다고 믿었고 진심으로 그렇게 생각했었다고 얘기할 수 있으려면 제가 앞으로 또 그렇게 살아내야 하는 거잖아요. 지금 제가 앞으로 오는 우연들을 나만이 만들 수 있는 내 일의 맥락으로 만들어갈 때, 내가 내 선택을 믿고 자신감을 갖고 살아나가는 게 지금 저한테 필요한 일이라는 생각이 들어서 뭉클하기도 하고 감사하다는 생각을 했어요. 좋은 기회에 내가 지금을 위해서 그때 뭔가를 남겨놨구나 하는 생각이 들어서요.

앞으로는 어떤 일 이야기를 만들어가고 싶어요?

아직은 잘 모르겠어요. 근데 분명한 건 제가 어떤 사람이 가진 자원을 잘 알아보고 서로를 연결해주고 뭔가 도모할 수 있게 흐름을 만드는 것을 재미있어하고 설렘을 느낀다는 거예요. 그래서 계속 판을 만드는 사람이 되고 싶은데, 그러면 앞으로 내가 만들고 싶은 판은 뭘까 고민하는 중이에요. 지난 2년간 어떤 방식으로 하나의 실험을 했고, 그 경험을 통해서 어떤 건 되고 어떤 건 안 되는지를 배웠잖아요. 특히 이런 판을 만들 때 저의 이런 성향과 재능만 필요한 게 아니라, 다양한 요소들이 많이 필요하고 그걸 잘 준비하는 것도 중요하다는 걸 깨닫기도 했고요. 그것들을 잊지 않고 앞으로 어떤 곳에서 어떤 방식으로 내가 하고 싶은 일들을 해나갈지 조금 더 긴 시간을 들여서 잘 고민해보고 싶어요.

오늘의 이 대화까지 읽은 사람들에게 해주고 싶은 이야기가 혹시 남아 있나요?

제가 예전에는 어떤 말을 할 때 너무 확신에 차서 이야기를 하면 이게 훗날 나의 발목을 잡지 않을까 하는 생각을 많이 했었어요. '빌라선샤인 멤버가 1만 명이 될 것이고, 우리는 밀레니얼 여성 500만 중 1%인 5만 명을 만날 것이다' 같은 이야기도 했었는데, 그때 그 얘기를 하면서도 혹시 이게 안 되면 훗날 어떤 눈초리를 받지 않을까 걱정을 하기도 했죠. 그런데 지금 마무리를 하고 생각해보니, 그런 확신을 가지지 않고서는 여기까지 올 수 없었겠다는 생각이 들더라고요. 그 정도, 혹은 그것보다 더 큰 꿈과 목표를 갖고 왔었기 때문에 2년여의 실험을 할 수 있었고, 천 명 정도가 되는 뉴먼들을 만날 수 있었고, 저희가 만든 무대에 여성들이 서고 자신의 전문성을 드러내는 활동들이 진행될 수 있었다는 생각이 들어요. 그게 확신했던 대로 될지 안 될지는 나의 의지도 물론 있겠지만, 굉장히 많은 변수들에 의해 결정되는 것 같고요.

그렇기 때문에 뭔가에 대해 확신하고 그걸 내 꿈으로 가지고 가는 것에 대해서 그게 달성되느냐 안 되느냐와는 별개로 주저함이 없어야 되겠다는 생각을 역으로 하게 됐어요. 지금 이걸 보시는 분들도, '나는 그것까진 못 할 것 같은데. 거기까지는 달성할 수 없는 부분인데 이걸 말하면 나중에 부끄러워지지 않을까?' 같은 생각 하지 마시고 내가 지금 생각하는 목표에 더 집중하면서, 그게 나를 어디까지 데려갈까, 설사 거기까지는 못 갈 수도 있고 혹은 다른 길이 나올 수도 있을 테지만, 오히려 그런 걸 상상하고 기대하면서 지금 오늘의 나한테 확신을 가지면 좋지 않을까 생각해봅니다.

이 말들이 결국 또 진아 님 스스로에게 해주는 이야기 같다는 생각이 들면서, 지금 저에게 해주는 이야기로 들리기도 해요. 누군가에겐 허황된 목표처럼 보일 수 있고, 스스로도 '안 되면 어떡하지? 실패하면 어떡하지?' 하는 생각을 많이 하는데, 그 목표를 내가 할 수 있다고 믿고 어딘가에 이야기하고 다니는 것도 필요한 것 같아요. 그걸 원동력 삼아 가는 거죠.

그게 데려다주는 곳이 분명 있어요. 그래서 앞으로 그게 뭐가 될지 모르지만 더 많이 확신하고 더 많이 나를 위한 좋은 목표들을 잡아봐야겠다고 생각하고 있고요. 근데 저, 이 생각을 하게 된 게 이 인터뷰를 준비하면서예요. 지금의 생각을 어딘가에 이야기해두는 게 그만큼 중요한 것 같아요. 고마워요!

interviewee
이승희
last interview: 6m ago

잘 지내셨어요? 얼굴이 엄청 좋아졌어요.

오늘 오랜만에 사회적 거리두기 단계가 풀려서 헬스장을 열었더라고요. 그래서 피티도 받고 아침에 달리기도 하고요. 제가 그때 인터뷰하고 나서 16kg을 뺐어요.

와, 정말요? 신체적으로 가장 많은 변화가 있는 인터뷰이는 아마도 승희 님인 것 같아요.

하하. 그때 우리가 만난 게 여름이었으니까 꽤 오래됐죠. 아니 근데, 그럼 이제 이 먹고사니즘 시리즈는 끝나는 거예요?

일단 책으로 한 단락 짓고 가는 거죠. 근데 또 할 수도 있어요, 다른 시즌으로요.

진짜 좋을 것 같아요. 시안 보니까 책 표지도 너무 예쁘고, 인터뷰집을 제가 워낙 좋아해서 더 기대돼요.

요즘은 어떤 것들을 하며 지내고 있어요? 그 이후에도 두낫띵클럽과 콜라보 제안 같은 것 많이 들어왔죠?

네이버 숍터뷰라는 걸 하게 됐어요. 소상공인을 인터뷰하는 프로젝트인데, 사장님들 인터뷰하는 게 너무 좋아요.

그때 우리 만났을 때, 인터뷰 끝나고 승희 님도 인터뷰 콘텐츠 같은 것 해보고 싶다고 했었잖아요. 근데 딱 기회가 왔네요?

기회가 왔을 때 처음엔 두려웠어요. 그래도 하고 싶은 영역이었으니까 그냥 해봐야겠다고 마음먹고 하게 됐죠.

보니까 엄청 열심히 공부하시더라고요. 〈인터뷰 특강〉 책도 읽으시고. 저도 좋아하는 책이거든요. 도움이 좀 되던가요?

네, 저도 그 책을 추천받아서 인터뷰에 대해서 엄청 공부를 했죠. 근데 함께 하는 친구들이 없었으면 못 했을 것 같아요. 처음이니까 잘 몰랐는데, 지방 가는 일도 많고 준비할 것도 많고 글도 써야 하고. 그래도 셋이니까 나눠서 할 수 있어서 좋아요. 각 회차별로 한 명이 메인으로 맡아서 진행하되, 같이 녹취를 하고 원고는 서로 크로스 체크 하는 식으로 하고 있거든요.

팀으로 하면 그런 부분이 좋겠네요. 저도 숍터뷰 글 읽어봤는데, 매번 감동의 물결이 느껴지더라고요.(웃음) 하면서 뭐가 그렇게 감동이었어요?

사장님들이 이런 인터뷰가 처음이라고 하시면서, 저희가 미리 보내드린 인터뷰지에 답변을 엄청 열심히 써 오시는데, 그게 기분이 묘하더라고요. 태어나서 처음 해보는 거라 떨린다면서 이야기하시는데, 그 진정성 있는 이야기들을 우리가 진짜 잘 정리해서 사람들에게 전해야겠다 싶었어요.

그거 말고도 새로 하는 일들이 많잖아요.

유튜브를 시작했어요. 사실 유튜브는 예전부터 영감노트 계정과 연결 지어서 제가 보고 영감 받은 영상들을 재생목록으로 공유하는 형태로 운영을 하고 있었거든요, 큐레이션 하듯이. 올해부터는 직접 영상을 찍어서 올리고 있어요.

모든 플랫폼에 숭이 있는데, 유튜브까지 본격적으로 하게 된 이유가 있어요?

사실 제가 유튜브를 하고 싶다고 생각한 배경의 80%에는 배민 장인성 상무님 부부의 압박이 있었어요.(웃음) 유튜브 하면 도움이 될 거라고 꼭 해보라고 하시더라고요. 그래서 저도 이왕 할 거 마케터로서 영상 기획하는 연습을 해봐야겠다는 마음을 굳이 넣어서 시작을 하게 됐죠.(웃음) 그리고 유튜브와 별개로 올해 책도 쓰려고 준비하고 있어요.

오, 그건 어떤 내용이에요?

아직 정해진 건 하나도 없어요. 사람들이 많이 물어보더라고요. 제가 영감노트 계정에 영감 받은 것들을 기록하는 건 알겠는데, 이걸 어떻게 마케팅에 활용하고 아웃풋을 내냐는 거죠. 사실은 제가 하는 모든 활동이 그 아웃풋이긴 하지만, 그 과정을 많이 궁금해하는구나 싶어서 그걸 제가 책을 쓰는 과정으로 보여주려고 해요. 유튜브로는 그 과정을 영상으로 올려보려고 하고요.

어떤 책이 나올지 기대되네요. 우리 지난번 인터뷰 때 어떤 이야기 나눴는지 기억하세요? 그 인터뷰가 승희 님에게 어떻게 남았는지 궁금해요.

그때 제가 '요즘 것들의 사생활'이라는 채널이 좋아서 먼저 연락드린 거였잖아요. 제가 먼저 나가고 싶다고 연락한 채널이 유일했는데, 그 이유가 있었죠. 왜, 이슬아 작가님이 이제 자기는 누구에게나 마이크가 가는 사람들 말고, 내가 마이크를 쥐여주고 싶은 사람들을 인터뷰하고 싶다고 하면서 할머니를 인터뷰했다고 하더라고요. 제가 네이버 숍터뷰를 하게 된 것도 비슷한 맥락인데, 잘 알려져 있지 않은 완도의 전복 사장님 이야기나, 대구의 롱보드를 만드는 사장님의 이야기와 같이 진짜 찐인데 잘 알려져 있지 않은 이야기를 알리는 것에서 행복을 느끼거든요.

제가 그런 생각을 갖고 있다 보니 '요즘 것들의 사생활'이 저에겐 그런 채널로 보였어요. 남들이 살라고 하는 대로 살지 않고 잠깐 멈춰 서서 기준을 잡고 갈 수 있는 채널이요. 그래서 오히려 저는 저한테 연락이 안 올 수도 있겠다고 생각했어요. 저는 마케팅 하는 평범한 회사원 중 하나였으니까요. 저는 제가 내 방식대로 살아가는 모습을 보여주고 있지 않다고 생각했었거든요. 그래서 제가 먼저 나가고 싶다고 욕망을 내비친 거죠. 그 인터뷰를 기점으로 제가 조금 더 내 방식대로 살아봐야겠다고 다짐하게 된 것 같아요. 이 사회에서 남들이 살라는 대로 살지 않고 내 방식대로 사는 사람들 틈에 끼어서 발언권을 스스로 가져보려고 했던 노력이 저한테 그때의 인터뷰이지 않았을까 싶어요.

그런 생각을 하고 계셨군요. 그때도 비슷한 이야기를 하셨죠. '내가 여기 껴도 돼요?'라고. 저는 승희 님이 퇴사를 해서가 아니라, 어딘가에 속해 있으면서도 그 안에서 자기만의 것을 잘 찾아나갔던 사람으로 보였고, 그래서 만나고 싶다고 연락을 했던 거였어요.

저는 이 라인업에 들어갈 수 있어서 영광이었죠.

그 맥락에서 그때 이야기했던 게, 승희 님이 그 전까지 워낙 '회사인간'이었어서 지금 그걸 벗어나는 과정에 있고, 그런 소속 말고 그냥 이승희가 하는 일이 궁금해질 수 있게 단단해지고 싶다고 했었어요. 그래서 그 이후에 어떤 것들로 자기를 단단하게 했는지 궁금하더라고요.

제가 지금 질문을 받으면서 놀란 게, 제가 그 사이에 정말 많이 바뀌었구나 싶어요. 그땐 제가 몸도 안 좋았다고 했잖아요. 책 홍보한다고 엄청 힘들 때기도 했고. 그래서 딱 홍보가 끝나고 건강검진을 받았거든요. 근데 당뇨 위험이 나온 거예요. 이 나이에 유전도 없는데. 그때 제가 술도 많이 먹고 야식도 엄청 먹어서 콜레스테롤 수치도 높았고요. 그래서 그 후 6개월 동안 그걸 다 끊고, 운동을 진짜 열심히 했어요. 그리고 루틴을 만들었어요. 그랬더니 이제는 아침 7시에 눈이 저절로 떠져요, 알람 안 듣고. 그리고 책을 30분 읽고, 이불을 개고, 식물에 물을 주고, 운동을 하고 돌아와서 쉬는 거죠. 일 있으면 나가고 없으면 집에 있는 생활을 6개월을 했어요. 친구들이 은퇴한 회장님 삶 같다고 하더라고요.(웃음) 그렇게 제 일상을 가꾸면서 나에게 집중을 하니까, 이제 정말 스스로 단단해진 느낌이 들어요.

우리가 만났을 때도 이미 코로나 시국이었지만, 그 이후에 나아질 줄 알았는데 지금까지 계속되고 있잖아요. 그게 먹고사는 일에 영향을 끼친 부분이 있을까요?

제가 사업을 하거나 회사를 다니고 있지 않다 보니까 저에게 직접적인 영향을 끼친 부분은 없었지만, 제 주변 사람들이 영향을 받는 모습이 저한테 크게 다가왔던 것 같아요. 친한 사장님들이 가게 문을 닫고 힘들어하거나, 친구들이 재택근무를 하면서 어려워하는 모습을 보면서 많은 생각을 하게 됐죠.

앞으로 이 상황이 나아지더라도, 일하는 환경에 있어서 비대면이 일부 유지될 거라는 얘기가 있죠. 이런 상황에서 어떻게 일하고 먹고살면 좋을지 생각해본 적 있어요?

저는 원래 온라인 기반에서 일을 했었고, SNS 같은 온라인 활동을 워낙 즐겨하던 사람이었잖아요. 그래서 저는 이런 상황이 오히려 스트레스로 다가오더라고요. 원래도 온라인 정보를 평균보다 많이 봤는데, 기존보다 더 많은 정보가 쏟아지는 거죠. 물론 그래서 좋은 콘텐츠나 영감을 주는 것들을 더 많이 발견하게 되기도 하지만, 그만큼 너무 많은 에너지를 쏟게 되더라고요. 거기서 중심을 잡고 가야겠다는 생각을 많이 하게 됐어요. 요즘 것들의 사생활 채널에서도 이 주제로 '뉴 노멀' 시리즈 영상을 만드셨잖아요. 그 세 편의 인터뷰를 인상 깊게 봤거든요. 거기서 말하는 것처럼 이제 정말 당연한 건 없고 규칙이 없다는 걸 보여준 게 이번 팬데믹이라는 생각이 들고, 그렇다면 여기서 내가 다음을 준비하는 게 의미가 있을까 싶더라고요. 어차피 계획대로 되지 않을 텐데 내가 지금 하고 싶은 걸 해야겠다고 마인드를 바꾸게 되었어요. 제가 원래 남의 말을 잘 안 듣는데, 남의 말을 더 안 들을 수 있는 계기가 됐죠.(웃음)

그때 그 시리즈를 승희 님이 '영감노트' 계정에 엄청 많이 공유해주셔서 깜짝 놀라고 고마웠어요.(웃음) 근데 지금 퇴사한 지 꽤 오래됐잖아요. 그때 퇴직금으로 먹고살고 있다고 했었는데, 지금은 어떻게 됐나요? 먹고살 만해졌나요?

다행히도 칼럼 연재 기고를 간간이 하면서 받는 돈도 있고, 아까 말한 숍터뷰 프로젝트가 들어와서 다시 하반기를 버틸 수가 있었죠.(웃음)

올해 하고 싶은 건 뭐예요?

작년을 쭉 정리해보니까, 제가 추진력 있게 일을 하는 사람이긴 하지만 첫 시작을 만드는 사람은 아니더라고요. 그래서 제가 이 인터뷰를 참여하고 싶다고 먼저 말을 했던 게 진짜 큰 용기였다는 걸 새삼 느꼈어요. 저는 지금껏 누가 뭔가 하자고 했을 때 그게 재밌을 것 같으면 적극적으로 해왔어요. 근데 정작 제가 먼저 첫 시작을 만들어낸 경우는 많지 않더라고요. 나는 왜 이렇게 변화할 만한 시도를 하지 않았을까, 생각보다 수동적인 사람인 것 같다고 친구한테 이야기했더니, 친구가 '숭은 변화보다 변주를 잘 하는 사람이잖아'라고 이야기하더라고요. 그 말을 듣고 '아, 나는 어쩌면 변주를 잘하는 사람일 수도 있겠다' 싶어서 위안이 되더라고요. 그래도 올해는 조금이라도 변화를 만들어내는 첫 시작점이 되고 싶다는 계획을 세웠어요. 이제는 제가 먼저 기획을 해서, 제가 먼저 해보고 싶다고 말하는 사람이 되고 싶어요.

마지막 질문이에요. 저희가 그때 했던 인터뷰와 오늘의 대화, 그리고 다른 열 분의 이야기를 읽어준 사람들에게 해주고 싶은 말이 있을까요?

저는 이게 하나로 엮이더라도 결국 한 명 한 명의 모두 다른 이야기들이라고 생각하거든요. 그러니까 이걸 보고 '저렇게 살아야 되겠다', '이렇게 살아야겠다'라는 표면적인 주제로 읽기보다는, '다 다른 이야기를 하네? 그럼 나는 뭘 할 수 있을까?'라고 생각해보면 좋을 것 같아요. 제 인터뷰를 보시고 제가 회사인간이 되고 싶지 않다고 했다고 '그래 나도 회사인간이 되면 안 되는구나'라고 생각하기보다는, '아, 저 사람은 저렇게 이야기했구나, 그럼 나는 어떤 이야기를 할 수 있을까? 내가 진짜 다음 인터뷰이가 된다면?' 하고 상상해보는 거죠. 만약 다음 장에 본인의 이야기가 채워진다면 말이에요. 심지어 열려 있잖아요. 먹고사니즘 다음 시즌이 나올 수도 있는 거니까. 그리고 저는 요즘 것들의 사생활에서 던지는 질문이 좋았거든요. '저런 질문으로 저렇게 대화를 이끌어내는구나'를 많이 배웠어요. 그래서 인터뷰이의 대답 말고 인터뷰어가 던지는 질문들도 잘 들여다봤으면 좋겠어요. 그 질문을 자기한테 대입해보는 것도 추천드립니다.

interviewee
미스페니

last interview: 1yr ago

요즘 어떻게 지내고 계신가요?

얼마 전 일 년 동안 준비하던 원고를 드디어 탈고했어요. 저의 두 번째 책인데요. 첫 번째 책이 돈 관리를 처음 시작하는 밀레니얼을 위한 가계부 입문서였거든요. 나답게 살고 싶은데 그걸 가장 방해하는 게 돈이라고 생각했기 때문이죠. 근데 시간이 지날수록 나다운 삶을 살기 위해 필요한 게 돈뿐만은 아니라는 생각이 들었고, 그래서 이번에는 좀 더 포괄적인 개념에서 독립에 대한 에세이를 썼어요. 핵심은 독립이라는 게 어디에도 의지하지 않고 혼자 살아가는 게 아니라, 원하는 대상과 원하는 방법으로 '잘 의존하는 것'이라는 거예요. 지금은 출판사에 원고를 넘기고 숨을 돌리는 중이에요.

오, 두 번째 책도 기대가 되네요. 지난 인터뷰 이후에 먹고사는 상황이 달라졌다거나 새롭게 시도하고 있는 일이 혹시 있을까요?

인스타그램을 본격적으로 시작했어요. 사실 저는 그 전까지 SNS에 관심도 없고 자신도 없어서 브런치 외에는 SNS 계정을 운영하지 않았거든요. 돈이라는 추상적인 주제를 이미지 중심인 인스타그램에서 어떻게 풀어가야 할지도 몰랐고요. 그러다 찾은 방법이 그림

일기예요. 돈에 대한 이야기를 그림으로 풀어내보고 있어요. 새롭게 시도해보는 일이라 신기하고 재밌어요. 같은 메시지도 글로 전달할 때와 느낌이 달라질 수 있다는 것도 알게 되었고요. 한편으로, 과거에는 내가 편한 것과 내게 익숙한 것에 초점을 맞춰 일을 했다면, 요즘에는 내가 전달하고자 하는 것을 어떻게 효과적으로 전달할 것인지에 관심이 가요. 그동안 제가 너무 '독고다이'로 일해왔다는 생각이 들었거든요. '이게 중요한 거니까 난 이것만 이야기할 거야' 하는 식이었는데, 이제는 내 일을 외부의 시선으로 바라보는 연습을 하고 있어요. 타인의 관심사에도 귀를 기울여야 나와 타인을 연결 지을 수 있을 테니까요. 물론 여전히 어려운 일이에요.

우리가 인터뷰했던 시기보다 요즘 부쩍 밀레니얼 세대의 주식 열풍, 부동산 열풍이 날이 갈수록 심해지고 있어요. 나다운 재테크를 이야기하는 경제 상담가로서 이런 상황을 지켜보면서 어떤 생각이 들었을지 궁금해요. 실제로 이런 내용으로 상담을 해온 경우도 있었나요?

자산 가치의 변화가 심해지면서 일어나는 자연스러운 현상이라고 생각해요. 내가 갖고 있는 현금, 주식, 부동산의 가치가 가만히 있어도 급등하거나 급락하고 있으니 이 흐름 속에서 잘 살아남아야 한다는 본능이 빚어낸 일인 거죠. '벼락거지'란 말이 나오는 것만 봐도 지금 사람들의 심리가 어떤지 알 수 있죠. 상담 중에도 '지금 적금하면 바보라던데, 나도 주식을 시작해야 하나 고민된다'는 질문을 많이 받았고요. 이것에 대한 저의 대답은 주식이 옳고 그른가가 아니라, 그걸 할 만한 여력이 나에게 있는가를 보라는 거예요. 작년 한 해 동안 주식으로 돈을 번 분들이 많죠. 그런 사람들을 보면 부러운 게 당연해요. 하지만 그렇다고 나도 그렇게 할 수 있는 '시간적, 경제적' 여력이 있는가? 내가 지금 어떤 투자를 하는지도 모르는 채 시장에 들어가면 작은 변동에도 마음이 요동칠 거예요. 가격이 오르면 좋지만 떨어지면 금세 자신이 없어지면서 손절을 해야 할지, 장기 투자로 버텨야 할지 하루에도 수십 번 마음이 바뀔 거고요. 그러니까 적어도 내가 뭘 하고 있는지 알고 투자하기 위해서 공부할 시간과 에너지, 그리고 투자를 유지할 수 있는 경제적 자원이 나에게 있어야 해요. 또 그렇게 비용을 들여 투자한 만큼 나에게 돌아올 수익이 의미 있는 수준인가도 고민해보아야 하고요. 그것들을 모두 고려했을 때도 이게 맞다고 생각이 된다면, 해야죠. 다만, 주식 투자를 결심하면서 경제 공부를 하시는 분들이 늘어나고 있는 건 반가운 소식인 것 같아요. 어쨌든 우리는 나를 둘러싼 환경의 영향을 받기 마련이고, 그걸 알아야 외부의 소리에 좌지우지되지 않고 투자에 대한 결정도 본인이 판단할 수 있다고 생각해요.

2020년은 지금까지와는 확연히 다른 1년이었던 것 같아요. 코로나19 팬데믹 상황이 페니 님의 먹고살기에 영향

을 준 부분이 혹시 있었나요?

일하는 방식이 많이 달라졌어요. 코로나19가 터지고 나서 오프라인 강의가 취소되거나 상담이 중단되는 일이 생기기 시작하더라고요. 강의나 상담을 온라인으로 진행할 수 있냐는 요청도 많이 받으면서 원하든 원치 않든 새롭게 일하는 방식을 익혀야 했어요. 사실 저는 온라인으로 일하는 방식을 예전부터 해보고 싶다고 생각했었는데, 이번 상황을 계기로 실행하게 된 거죠. 물론 실습 위주의 강의를 온라인으로 해도 괜찮을까 걱정을 했었는데, 충분히 가능하더라고요. 한번은 줌으로 강의를 하는데 참여자분들끼리 채팅으로 관련 주제에 대한 고민을 실시간으로 주고받더라고요. 인터넷 방송을 하는 것 같아서 재밌었어요. 물론 긍정적인 부분만 있는 건 아니에요. 온라인 상담은 아무래도 깊이 있는 이야기를 나누기에는 아쉬운 점이 분명 있어요. 오프라인으로 상담을 할 때도 계속 마스크를 쓰고 진행하니 서로의 표정 같은 비언어적 표현을 주고받기도 어렵고요. 하지만 시대의 흐름이 달라지고 있으니 좀 어렵더라도 적응해볼 방법을 찾으려고 해요.

말씀하신 것처럼 시대의 흐름이 바뀌면서 우리가 상식이라고 여기던 것들이 무너지고 새로운 것이 상식이 되는 시대가 되고 있어요. 소속이 있는 프리랜서 형태로 일을 하고 있는 입장에서, 일하는 방식이나 형태, 또는 일이라는 것의 개념에 있어서는 어떤 변화가 일어날 거라고 보시나요?

미래에는 일이라는 개념이 개인의 삶에 있어 차지하는 부분이 축소되면서도 동시에 확장되리라 생각해요. 꼭 팬데믹이라는 위기 상황이 아니더라도 우리 사회의 경제적 격차는 점점 더 벌어지고 있어요. 이런 상황에서 자본주의를 지속 가능하게 만들려면 기본소득 제도가 불가피하다고 생각해요. 한번 재난기본소득을 경험한 시민들은 이제는 기본소득이 아예 불가능한 이야기는 아니라는 걸 느끼실 거예요. 이렇게 기초적인 생계에 대한 지원이 늘어나면 '돈벌이를 위한 일'은 점점 줄어들지 않을까요? 여기서 일의 개념이 일차적으로 축소되는 거죠. 하지만 돈벌이를 하지 않아도 우리에게는 무언가를 변화시키고 생산해내려는 욕망이 있어요. 그러니 본인의 내재적 가치를 느끼는 일에 참여하려는 사람들이 많아질 것이고, 그런 의미에서 일의 의미가 확장될 거라고 생각해요.

올해는 어떤 것들을 하며 보낼 생각인가요?

올해는 유튜브 영상도 만들고 싶고, 아이패드로 쓸 수 있는 머니 다이어리도 제작하고 싶고요. 경제 도서를 읽는 스터디 모임도 꾸려보고 싶네요. 일단은 준비하고 있는 책이 잘 다듬어져서 나왔으면 좋겠고요.

페니 님과 나눈 이야기를 포함해 다양한 관점과 형태로 일하는 우리 또래의 이 이야기들이 독자들에게 어떻게 전달되길 바라시나요?

어떤 일을 하느냐, 또는 어떻게 일하

는가는 고정되어 있지 않고 다양하게 실험해볼 수 있는 거라는 것을 생각해볼 수 있으면 좋겠어요. 사실 일은 먹고살기와 연관된 문제이니 절대 가볍거나 만만한 게 아니죠. 다양한 일을 다양한 방식으로 시도한다는 것도 여력이 있을 때나 가능한 배부른 소리 같아 보일 수도 있고요. 하지만 그런 어려움에도 불구하고 일에 대한 자신의 개인적인 욕망들을 포기하지 말고 시도해보셨으면 좋겠어요. 어쨌거나 일은 우리가 깨어 있는 시간 중 가장 많은 시간을 할애하는 거잖아요. 그러니 충분히 애쓰고 도전해볼 만한 가치가 있어요.

interviewee

드로우
앤드류

last interview: 3m ago

요즘 엄청 바빴다고 들었어요. 무슨 일을 하면서 보내셨나요?

요즘 가장 바빴던 건 사무실을 옮기느라….

그때 이사 갈 거라고 얘기했었죠.

맞아요. 그때부터 알아보고 있었거든요. 알아보는 과정도 최근에 영상으로 만들었는데, 사실 영상에 못 담은 이야기가 많아요. 영상에 나온 것보다 더 많은 곳을 찾아다녔거든요. 가계약금 냈다가 취소한 곳도 있고요. 스트레스를 많이 받았는데, 마지막으로 본 곳이 딱 마음에 들어서 하게 됐죠.

저도 그 영상 봤는데, 새 사무실이 너무 좋더라고요. 어떻게 그곳으로 결정을 하게 된 거예요?

사실 전부터 보던 곳인데 너무 비싸 보여서 차마 못 하고 있다가, 다른 곳이 계속 안 되니까 마지막으로 한번 가보자 해서 문을 딱 열었는데, '와 여기다!' 한 거죠.

그럴 것 같아요. 한강이 쫙 펼쳐지더라고요. 한강 뷰라니, 부의 상징 아니에요?(웃음)

하하, 사실 저는 혼자 일을 하니까 경비 지출할 부분이 없어요. 직원을 쓰는 것도 아니고, 지식 콘텐츠를 파는 거니까요. 그래서 이 정도 여유 있게 넓은 공간을 쓸 수도 있겠다는 생각을 해서 저한테 투자를 좀 했죠. 근데 가끔 택배 기사분들이 배달 와서 문을 열고 "여기 뭐예요?"라고 하시곤 해요. 혼자서 이 넓은 데서 뭘 하냐는 거죠.(웃음)

인터뷰 이후에 가장 달라진 것을 물어보려고 했는데, 아마 지금 얘기한 사무실도 크게 달라진 부분인 것 같고요. 사실 다른 인터뷰이분들에 비해 가장 짧은 텀으로 만난 건데도, 가장 많이 변화한 것 같아요.

제가 볼 때도 그래요.(웃음) 바뀐 것 중에 또 하나가, 그때 제 유튜브가 하향기였거든요. 콘텐츠 소재의 한계성을 느끼면서 변화를 시도하려고 준비하던 시기였을 거예요. 근데 그때 구독자가 8만 명 정도였는데, 지금 12만 명이 됐거든요. 최근 영상 하나가 터지면서… 그게 그때 인터뷰하면서 올해 1월 되면 만들겠다고 했던 영상이에요.

아! 그때 수익 이야기를 하면서 '6개월 만에 1억을 모으고 깨달은 것'이라는 제목까지 얘기를 했었는데 정말 그대로 만들어 올렸더라고요.

맞아요! 그 영상을 기준으로 제 채널이 예전에는 주로 인스타그램 마케팅이나 브랜딩에 한정된 콘텐츠를 제공했다면, 이제는 조금 더 카테고리를 넓힐 수 있겠다는 생각이 들었어요. 저는 계속 그런 한계 속에 갇혀 있었던 것 같아요. '사람들이 나한테는 이런 것만 기대하는구나'라고 생각하고 있었는데, 그거 말고도 이제 다른 콘텐츠도 만들 수 있겠다는 생각이 들면서 그 한계가 깨지는 계기가 된 거예요. 그 뒤로 사무실도 이사하게 됐고, 그것과 맞물려 콘텐츠도 잘되니까 제 길이 넓어진 느낌이 들어요.

다른 채널도 개설한다는 얘기를 들었어요.

네, 사람들이 저한테 그런 걸 되게 많이 물어보더라고요. '옆에 저거 뭐예요?', '어디서 사요?', '노트북 거치대 뭐 써요?' 이런 거요.(웃음) 그래서 '안되겠다. 이것과 관련된 걸 하나 더 만들어야겠다' 하는 생각이 들어서 만들었어요. 제가 지금 하는 채널이 저의 성장기를 담은 내용이었다면, 새 채널은 그런 부분의 궁금증을 덜어드리는 공간으로 운영하려고 해요. 이것과 관련해서 하나 새로 시도해보고 있는데 '쿠팡 파트너스'라는 걸 이틀 전에 시작했어요.

아, 영상 아래 물건 구매 링크가 있던데 그거 말하는 거죠?

네, 그게 제휴 마케팅이에요. 쿠팡 파트너스에 신청을 하면 거기에서 저한테 아이디를 줘서 링크를 생성할 수가 있고요. 그 링크를 통해서 구매가 이루어지게 되면 저한테 몇 퍼센트 수수료가 나오는 거예요. 지금 이틀 만에 클릭률이 꽤 나오더라고요. 19만 원 정도 매출이 나와서 저한테 7천 원인가 떨어져요.(웃음) 그래도 이게 꽤 쏠쏠한 거예요. 이제 막 시작해서 영상 4개에만 올려놨는데 이 정도면, 영상들이 쌓이고 앞으로 계속하면 더 많아지겠다 싶어요.

또 새로운 수익 파이프라인이 생겼네요. 근데 그 물건들이 다 쿠팡이었어요? 미국에서 사 왔을 것 같은 이미지였는데.(웃음)

저는 다 쿠팡에서 사거든요. 쿠팡 마니아예요. 가성비 좋은데 제 감성에 맞는 것들, 사진발 잘 받겠다 싶은 것들을 10만 원 이하로 잘 찾아요. 저는 이게 별거 아니라고 생각했는데, 이것도 내가 가진 스킬이구나 하는 생각이 들더라고요. 그래서 새 채널에는 이런 이야기가 담길 거예요. 1인 가구들이 많아졌잖아요. 내 집이 아니라서 돈을 너무 많이 쓰긴 그렇고, 인테리어 하고 싶은데 못질 하나도 되게 겁먹고 해야 되잖아요. 그런 거 없이 내 집을 나한테 맞게 꾸미는 것에 대한 이야기예요. 사실 식물, 액자 이런 것만 살짝 바뀌어도 분위기가 달라지거든요. 그런 것과 제가 일하는 방식을 보여주는 인테리어 라이프스타일 브이로그죠. 채널 이름이 MY SAFE SPACE예요. 줄어서 마세슾. 결국 사람마다 각자 자기만의 안전한 공간이 필요하다, 뭐 이런 콘셉트이고 지극히 개인적인 삶을 기록할 거예요.

그때 브이로그 하고 싶다고 했었는데, 그게 그렇게 실현됐군요.

결국 이것도 궁극적인 목적은 제 브랜드를 만드는 거예요, 더 명확하게. 지난 인터뷰 때 제가 그랬잖아요. 저는 부러운 사람들을 롤 모델로 세우고 쫓아간다고. 제가 지금 시점에서 부러운 사람을 생각해봤더니, 그 사람들의 공통점은 결국 자기 브랜드를 갖고 있는 사람이더라고요. 저는 사업을 시작할 때 '내가 이걸 팔 거야' 하고 정하지 않고, 내가 가진 가치 중에서 사람들이 어떤 면에 관심을 갖는지 보고, 그 시장에서 사람들에게 필요한 게 뭔지 찾아서 그걸 제품화하는 게 무자본으로 사업을 키우는 방법이라고 생각하거든요. 마세슾이 이제 그걸 테스트해보는 또 하나의 채널이 되는 거죠.

역시 그냥 하지 않았어. 기대되네요. 그리고 궁금한 게, 그때 인터뷰할 때마다 수익이 늘어난다고 했었는데 혹시 지금은 수익이 어떻게 됐나요?

그때 늘어난 만큼 유지되고 있어요. 수익 비율이 좀 달라진 건 제가 작년에는 강연을 많이 해서 강연 비율이 높고 유튜브 수익은 적었거든요. 최근에는 유튜브 수익이 비율이라고 말할 정도로 좀 높아지고 있어요. 그리고 올해 제가 바라보는 건 출판이 있어요.

아, 그때 책 쓰고 있었는데 언제 나오나요?

좀 늦어졌어요. 원래 3월 출간 예정이었는데 6월쯤 나오게 될 것 같아요. 초고는 다 썼는데, 최근 하고 싶은 이야기가 더 많아져서 추가하고 있어요. 그리고 또 2차 온라인 클래스 콘텐츠도 생각하고 있고요.

아 다른 주제로요? 어떤 내용이에요?

제가 사람들한테 필요한 게 뭘까 하다가 한 세 개 정도 생각을 해봤거든요. 첫 번째가 'SNS로 코칭 비즈니스 창업하기' 왜냐면 이번 달 매출 중 가장 큰

게 코칭 비즈니스거든요. 크몽에서 이번 달만 거의 천만 원 가까이 매출이 나왔어요. 이게 1:1 코칭인데, 해보니 괜찮은 거예요. 이를테면 헬스 코치가 될 수 있고, 디자인 코치가 될 수도 있고, 라이프 스타일 코치가 될 수도 있어요. 그래서 제가 코칭 비즈니스를 어떻게 운영하는지 알려드리는 클래스를 만들어볼까 해요. 콘텐츠를 만들어서 내 고객을 확보하고, 그 후에 관리하는 과정을 담는 거죠.

저 들어야겠어요. 요즘 그런 기술을 판매하는 것에 관심이 생겼거든요.

혜민 님은 당연히 할 수 있죠. 디자인이나 출판 쪽 코칭이 될 수도 있고, 미디어 콘텐츠 창업 관련해서 할 수도 있고요.

오, 참고할게요.(웃음) 그리고 또 어떤 아이템을 구상했어요?

두 번째는 '디자인 마케팅 혼자서 다 하는 1인 기업가 되기', 세 번째는 '팔리는 콘텐츠를 만드는 스토리텔링 기술'.

세 번째 좋은데요? 왜냐면 제가 앤드류 님 콘텐츠 볼 때마다 정보성 콘텐츠인데 스토리텔링이 참 좋다는 생각을 많이 했거든요.

저도 그 이야기를 다른 분들한테 똑같이 들었는데, 이건 어디서 영감을 받아서 하는 거냐고, 누구 거 보고 베끼는 거냐고 물어보더라고요.(웃음) 그래서 '아, 이런 것도 사람들이 기술이라고 생각하는구나' 하는 생각이 들었죠. 어쨌든 결론은 이 세 가지를 다 접목해서 만들어보려고요. 스토리텔링을 통해서 디자인, 마케팅 해서 코칭 비즈니스로 연결하는 방법을 알려주는. 결국 제가 어떻게 일하는지 다 알려주는 거죠.

그것도 잘될 것 같아요! 다음에 궁금한 부분이, 코로나 이후 이야기인데요. 사실 앤드류 님과는 비교적 최근에 만난 편이라 코로나 상황일 때 만났지만, 지금쯤이면 나아질 줄 알았는데 여전하잖아요. 이렇게 계속 갈 거라는 얘기도 나오고. 이런 상황 속에서 우리는 앞으로 어떤 마인드로 일하고 먹고살아야 할까요?

사람들이 제 채널에 오셔서 댓글로 이런 이야기 많이 해주세요. 나는 이런 길만 보고 살아왔는데, 이런 길도 있다는 걸 알게 됐다는 얘기요. 본인이 회사에서 잘리거나, 자기가 몸담은 직업군이 어려워져서 다른 방향을 찾다 보니 오게 된 거죠. 이런 분들이 공통적으로 하는 얘기가 '내가 진짜 이 일을 좋아서 한 건가? 돈 때문에 한 건가?' 하는 생각을 하게 된대요. 사람들이 결국 '내가 왜 이 일을 해야 하는가'를 생각해보게 되는 시기가 된 것 같아요. 코로나로 인해서.

진짜 세계적으로 처음 겪는 공통의 경험이죠. 예전에는 퇴사를 했거나 나의 어떤 상황에 변화가 있을 때만 이런 전환점을 맞이하면서 '어? 다른 길도 있네?' 하는 걸 생각했다면, 지금은 모두가 공통적으로 그런 생각을 하게 된 시기인 것 같아요.

네, 맞아요. 어쨌든 본업이 위태해진 분들이 다른 쪽에서 돈벌이 수단을 찾다 보니 현혹되는 게 굉장히 많을 거예요. 그래서 주식으로 몰리기도 하고, 부업 쪽으로 몰리기도 하는 것 같은데, 현혹되지 않고 자기가 진짜 하고 싶은 게 뭔지를 생각해보면 좋겠어요. 장기적으로 봤을 때 결국 성공이라는 건 운적인 부분이 강한 건데, 운을 가장 쉽게 끌어당기는 방법은 많이 베팅을 하는 거잖아요. 많이 던져볼수록 걸릴 확률이 높으니까요. 그리고 그걸 많이 할 수 있는 방법이 뭐냐면, 재밌게 하는 거예요. 이 일을 즐기지 못하면 많이 못 하거든요.

예를 들어 유튜브도 하나의 좋은 수단일 텐데, 이것도 할 수 있는 방향성이 많잖아요. 주제도 여러 가지가 있고요. 뭘 해야 할지 모르겠다면 저는 그 기준을 이렇게 정해보라고 해요. 내가 그 주제로 영상 150개를 만들 수 있나 없나. 유튜브 채널의 평균을 내보면, 채널이 만 명을 넘기는 순간이 영상을 152개 정도 만들었을 때라고 하더라고요. 그래도 만 명이라는 숫자가 이 채널을 내가 하고 있구나 하는 걸 실감할 수 있는 시점이잖아요. 그러니까 이 주제를 정말 즐기면서 150개 정도를 묵묵히 만들어낼 수 있느냐 없느냐가 중요한 기준이 될 수 있을 것 같아요.

그때 인터뷰에서 했던 말 중에 좀 고쳐 말하고 싶다거나 추가로 덧붙이고 싶은 부분이 생겼을까요?

제가 그 인터뷰 때는 아니지만 평소에 많이 얘기했던 것 중 하나가 콘텐츠를 상품처럼 생각하라는 거였어요. 작품을 만들려고 하지 말고 상품을 만들라고. 근데 어떤 구독자분의 블로그 글을 하나 읽게 된 거예요. 저를 좋아해주시는 분이고, 굉장히 좋게 써주셨는데 제 영상이 점점 지루해져서 안 보게 된다고 하시더라고요. 계속 똑같이 앉아서 이야기하다 보니 꼭 줌 미팅에 들어가 있는 느낌이 들어서 피로도가 높아진다고요.

그러다가 세스 고딘의 책을 읽으면서 생각이 바뀌었는데, 이렇게 얘기하더라고요. '예술은 선물 같은 거다. 예술은 뭔가를 바라기보다 사람들에게 기쁨을 줄 수 있는 그런 선물이 되어야 하고, 모두가 예술가가 되어야 한다'라고. 그 얘기를 보고 나도 콘텐츠 만드는 걸 예술처럼 해봐야겠다고 생각했어요. 상품 가치가 있는 콘텐츠라고 하더라도, 그걸 표현할 때는 한계를 두지 말아야겠다고 생각한 거죠. 요즘 제가 좋아하는 유튜버들의 영상을 패러디해서 만들어본 것도 그 연장선 위에 있는데, 해보니까 재밌더라고요. 반응도 좋고. 그래서 덧붙인다면, 표현하는 것에 있어서는 한계를 두지 말고 예술가가 되자고 얘기하고 싶어요.

마지막 질문이에요. 앤드류 님 이야기까지 이 책에 담을 수 있어서 감사해요. 이 이야기들이 사람들에게 어떻게 전달되면 좋을까요?

한 가지 걱정되는 건, 사람들이 제가 하는 이런 활동들에 대해 '이 사람 이렇게 돈 벌었대, 이렇게 쉽게 돈 벌었대'라고 생각을 하시는 거예요. 저는 쉽게 돈을 벌지 않았거든요. 예전에 회사를 다닐 때보다 효율적으로 돈을 벌기는 해도, 쉽게 번다고는 생각 안 해요. 저는 정말 열심히 일하거든요.

그렇죠. 효율적인 것과 쉬운 건 다른 거고 그 효율적인 구조를 만들기 위해 노력한 거니까요.

요즘 보면 '쉽게 돈 버는 방법' 같은 게 굉장히 인기 콘텐츠로 소비되는 게 좀 안타까워요. 그런 것만 쫓아가다 보면 내가 그 일을 즐기나? 좋아하나? 같은 부분은 놓치고 갈 수가 있거든요. 근데 저는 이 부분이 가장 중요하다고 생각해서, '앤드류가 이만큼 번대' 같은 것보다는, '앤드류가 자기가 좋아하는 일로 되게 즐기면서 재밌게 일한대'가 먼저고, '돈도 잘 벌고'가 뒤에 나오면 좋을 것 같아요.(웃음) 그 부분을 놓치지 않고 살았으면 좋겠어요.

interviewee

BIYN 이여경, 성이름, 이승주

last interview: 1yr 2m ago

인터뷰 이후에 BIYN의 활동에도 변화가 있었을까요?

여경 활동 방향에 있어서는 큰 변화는 없었지만, 사회적 거리두기로 인해 오프라인에서 모이는 것이 불가능해지면서 활동 양상이 달라지긴 했어요. 코로나 유행 초반에는 오랫동안 기획해온 프로젝트가 무산되기도 하고 많이 위축된 게 사실이에요. 여름까지는 활동의 불씨 같은 게 거의 꺼지다시피 했고요. 지금도 이전에 비하면 외부로 보이는 활동은 없지만, 온라인 기반의 활동을 위해서 여러 장치를 마련하면서 조금씩 활력을 되찾아가는 중이에요. 오히려 온라인으로 모든 행사를 진행하면서 수도권 외 지역이나 해외에 있는 분들과도 연결될 기회가 생겼고요. 서울을 중심으로 활동을 지속하는 것에 대한 문제의식이 늘 있었기 때문에 이 부분은 긍정적으로 여기지기도 해요.

당시 인터뷰 때 사회의 위기 상황에서 기본소득의 필요성이 더 빠르게 논의될 것 같다고 했었지요. 실제로 코로나 팬데믹이라는 위기 상황이 왔고, 기본소득 이야기가 굉장히 많이 나온 한 해였던 것 같아요. 한 지자체에서는 '재난기본소득'이란 이름으로 지원금이 지급되기도 했고요. 이런 상황을

어떻게 지켜봤을지 궁금해요.

이름 익숙하지 않은 위기가 사회의 안전에 대한 감각을 새롭게 일깨워준 기회가 된 것 같아요. 하지만 만약 기본소득이 이미 있는 사회였다면 어땠을까 아쉽기도 했죠. 물론 재난기본소득 논의가 기본소득이라는 단어를 익숙하게 하는 효과는 있었지만, 제가 느끼기에 진짜 기본소득에 대한 이야기는 아직 이야기되지 않은 것 같아요.

여경 일단 기본소득이 '허황된 아이디어'라는 인식이 조금은 달라지는 계기가 되지 않았나 싶어요. 전 국민을 대상으로 현금 지급이 가능하고, 그것을 사회 구성원들이 경험했다는 그 사실만으로 논의가 다음 스텝으로 나아가는 데 도움이 되었으리라 생각해요. 하지만 재난지원금이 일회성으로 지급되었다는 점에서 이걸 기본소득으로 불러도 되는가에 대한 문제 제기가 있었어요. 기본소득에서 중요한 지점 중 하나가 일정 금액을 일정한 주기로 지속적으로 지급한다는 것이잖아요. 그걸 토대로 개인이 안정성을 갖고 장기적 관점에서 자원을 운용할 수 있는 가능성이 열리는 것이기 때문에, 그 정도 효과가 발휘될 수 있어야 기본소득으로서 의의가 있지 않나 싶어요. 비슷한 맥락에서 기본소득이 '경기 회복'의 관점에서만 논의되는 게 아쉬웠어요. 지금 상황에서는 경제 활성화에 초점이 맞춰지는 게 어쩔 수 없는 일이라고 생각하지만, 기본소득이 불러올 변화는 단순한 경제적 효과보다 클 것 같거든요.

한편으로 생활동반자법과 관련한 맥락에서, 재난지원금이 가구 단위로 지급되었던 것에 대한 한계점도 짚고 싶어요. 이미 지적이 많이 된 부분이지만, 가구 단위로 지급되면서 지원금을 받지 못한 개인들이 많았다고 해요. 특히 가정폭력으로 집을 나온 피해자, 탈가정 청소년 등은 서류상으로는 여전히 독립이 안 된 상태여서, 지원금이 절실한 상황임에도 받지 못했죠. 기본소득이 '개인'에게 지급되는 것이 중요한 것도 이런 지점 때문이거든요. 특히나 '가족' 안에서 늘 수동적·의존적 위치에 있던 여성, 미성년자, 노인, 장애인 등에게 어떤 '자리', '권리'를 보장한다는 것이 갖는 특별한 효과가 있을 거라고 봐요.

승주 제가 상상한 기본소득은 일종의 '덤' 같은 거였어요. 소득 활동을 약간 축소하거나 유지한 채로 얻을 수 있는 경제적 덤이 매달 쌓이면, 경제생활을 넘어서 삶의 변화를 가져올 거라는 폭넓은 상상을 할 수 있었거든요. 근데 작년에 지원금을 받으면서 이게 삶의 덤이라는 느낌을 받을 수는 없었어요. 인공호흡에 가까운 자금이었으니까요.

코로나가 종식되더라도 우리가 살아갈 세상은 완전히 달라질 거라는 얘기가 있죠. 일하는 방식이나 형태에 있어서 어떤 변화가 생겨나고, 이에 대해 어떤 새로운 관점과 태도가 필요하다고 생각하시나요?

여경 이번 기회로 노동, 생산성에 대한 관점도 전환할 수 있으면 좋겠어요. 코로나로 인해 그간 비가시화되었던 돌봄 노동, 재생산 노동이 재조명되었잖아요. 그런 소위 '비생산적' 노동이 갖는 사회적 가치도 다시 따져봐야 하는 것 같아요. '무엇이 돈을 받을 만한 노동인가' 하는 지점요. 더불어서 요즘 자주 하는 생각은 주 5일 8시간(혹은 그 이상) 일할 수 있는 몸이라는 게 얼마나 환상인가 하는 거예요. 사회가 요구하는 생산성에 맞지 않는 몸, (일시적이건 장기적이건) 노동 불가능한 몸, 아픈 몸이 있을 수 있고, 사실 누구나 언제든 그런 상태가 될 수 있잖아요. 그런 몸을 '무능', '불능'의 존재가 아니라 여전히 이 사회의 구성원으로서 역할하고 있다는 시선으로 바라볼 수 있다면 좋겠고, 그렇게 각자도생이 아닌 다른 전략을 만들어갈 수 있길 바라요.

BIYN의 기본소득 이야기가 10명의 개인들의 다양한 일 이야기와 함께 소개되었어요. 이것이 독자들에게 어떻게, 어떤 의미로 전달됐으면 하시나요?

여경 저희가 지금까지 기본소득의 가능성에 대한 이야기를 많이 했는데요. 기본소득이 실현된다고 해서 이 모든 게 저절로 달성될 거라고 생각하지 않아요. 다른 복지 제도와 긴밀히 상호 보완되어야 할 것이고, 무엇보다 사회 구성원들의 일과 소득에 대한 인식, 가치 체계가 달라져야겠죠. 이 이야기가 그러한 인식을 점검해보는 계기가 됐으면 해요. '소득 여부'나 '노동 가능 여부'로 다른 사람, 혹은 스스로의 가치를 판단하지 않았는지를요. 그렇게 쓸모의 조건을 바꾸고, 각 개인의 자유를 확장하는 데 우리의 상상력을 활용한다면 좋겠습니다. '기본소득이 있다면 나는 어떤 선택을 할 것인가?' 하는 질문을 한번 던져보는 것으로도 충분할 것 같고요.

epilogue 02

너와 나의 먹고사니즘

우리만의 답을 찾기 위해 시작했던 '먹고사니즘' 프로젝트. 요즘 것들이 나누어준 저마다의 먹고사니즘 이야기는 우리에게 유의미한 힌트가 되었고, 먹고살기에 대한 생각을 조금 더 확장시켜 주었다. 프로젝트를 진행하며 오가는 차 안에서, 집에서, 재택근무를 하다 잠시 나간 산책길에서 나눈 대화의 일부다.

좋아하는 일로 먹고살 수 있을까?

현우 (마지막 인터뷰를 끝내고 돌아오는 차 안에서) 우리가 이 차를 2만 km 넘게 탔더라고.

혜민 정말? 이 차도 우리한테 의미 있는 차인데. 우리가 같이 외주 프로젝트 해서 번 돈 모아서 처음 취득한 자산이잖아. 이 차로 취재도 많이 다녔으니 잘 썼네.

현우 집도 없는 우리한테 유일한 자산이지. 비록 경차이지만.(웃음)

혜민 근데 오늘 마지막 인터뷰를 마치고 나니까 생각이 많아졌어. 부정적인 게 아니라 실낱같은 희망이 생겼달까? 사실 요즘 좀 지쳐 있었거든.

현우 같은 지점에서 고민해본 경험이 있는 또래의 이야기니까 도움이 되지.

혜민 맞아, 먹고사니즘 프로젝트를 하면서 나눴던 이야기들이 전부 다른 주제와 분야에 대한 이야기였는데도 내 상황에 다 대입이 되는 거야. 실질적으로 도움이 되는 이야기들이었어. '그렇게도 할 수 있구나' 하는 생각도 들고. 어쨌든 우리가 가려는 방향이 완전히 틀린 건 아니라는 확인을 한 것 같아. 근데 이걸 지속할 수 있는 시스템은 아직 만들지 못한 것 같다는 생각이 들더라고. 우리가 너무 콘텐츠 하나하나에 힘을 주다 보니 이미 많이 지쳐버린 느낌인 거지. 하고 싶은 이야기는 아직 많은데 이걸 생산해낼 여력이 없는 느낌이랄까. 그래서 좀 힘을 빼고 계속할 수 있는 방법을 찾아야 할 것 같아. 완벽주의적인 성향을 좀 버리고 싶은데 그게 잘 안 돼.

현우 이 프로젝트를 시작할 때 가장 풀고 싶은 숙제가 '좋아하는 일로 먹고살 수 있을까'였잖아. 어떻게 하면 정말 하고 싶은 일만으로 먹고살 수 있을지 그 답을 찾고 싶었는데, 아직도 어려운 질문 같아. 특히 나는 그 좋아하는 일이라는 게 과연 어느 범위까지인지가 애매하더라고. 좋아한다고 생각하는 콘텐츠 만들 때도 사실 처음 기획할 때나 재미있지, 그 다음부터는 엄청 힘들잖아.

혜민 맞아.(웃음) 인터뷰 준비하는 것도 힘들고, 촬영도 힘들고, 편집하는 것도 힘든데 과연 이게 진짜 내가 좋아하는 거 맞나 싶을 때가 있어. 근데 내가 내린 결론은, 일단 모든 일의 과정은 힘들다는 거야. 결국 내가 하고 싶은 일은 내가 전하고 싶은 메시지를 콘텐츠라는 그릇에 잘 담아서 사람들에게 정확하고 울림 있게 전달하는 일인데, 그걸 얼추 해냈을 때 느껴지는 성취감과 기쁨이 내 자존감을 지켜주거든. 그게 바로 좋아하는 일이 아니면 뭐겠어?

현우 그게 네가 생각하는 좋아하는 일의 기준이야? 자존감?

혜민 이게 아무래도 '좋아한다'라는 단어가 좀 모호해서 오해가 있을 수 있는데, 차라리 '나다운 일'이라고 표현하면 더 명확해질 것 같아. 내가 이걸 할 때 정말 살아 있음을 느끼고 내 정체성이 뚜렷해지는 느낌이 드는 일이 바로 나다운 일인 거지. 근데 분명히 그걸 만들어가는 과정은 녹록지 않아. 이게 나는 육아랑 비슷하다는 생각이 들어. 우리가 예전에 다른 주제로 만들었던 영상에서 패널 한 분이 이런 얘길 했단 말이야. 부모가 아이를 사랑하는 거지, 육아를 사랑하는 건 아니라고. 그거랑 비슷한 감정인 것 같아. 그러니까 콘텐츠 만드는 것 자체를 되게 좋아하고 그걸 만드는 사람이 되고 싶은 건 맞지만, 그 안에 있는 자잘한 과정들, 지지고 볶고 어르고 달래고 밥을 먹이고 옷을 입히는 전쟁 같은 과정들은 당연히 힘들 수밖에 없지. 그걸 건너뛰고 내가 원하는 걸 얻을 수는 없다고 생각해.

내가 좋아하는 일을 이루기 위해서는 견뎌야 하는 괴로움도 있다는 걸 인정하기로 했어.

현우 그 과정까지 사랑하겠다?

혜민 말했잖아. 아이를 사랑하는 거지, 육아를 사랑할 순 없다고.(웃음) 그걸 견디기로 했다고 해서 힘듦이 사라지진 않아. 그러면 그 힘듦을 어떻게 극복해서 나가떨어지지 않고 계속 해나갈 수 있을까 하는 문제가 남지. 계속 이렇게 내 몸을 갈아 넣어가면서는 지속할 수가 없는데. 시간도, 체력도 한정적이니까.

현우 시간, 체력뿐이겠어? 자본도 없지.(웃음)

혜민 결국 두 가지 옵션이 있을 거야. 플랜 A는, 하고 싶은 것의 규모나 범위를 지금 내가 가진 체력과 시간과 돈으로 할 수 있는 정도로 축소한다. 플랜 B는, 하고 싶은 일을 더 크게 키우고 같이 할 사람을 모은다. 사실 지금까지 플랜 A를 선택해 온 건데, 이 방법의 맹점은 '좋아하는 일을 한다'까지만 갈 수 있다는 거야. '그것으로 먹고산다'가 되기가 어려워. 그래서 결국 플랜 B를 클리어해야만 해. 그러니까 하고 싶은 일은 명확한데 그게 왜 힘든지 생각해보면, 그 지난한 과정들을 혼자서 다 해결하고 있기 때문인데, 이걸로 먹고살 수 있게 되잖아? 즉, 돈이 생기잖아? 그러면 그 돈으로 이 짐을 나눠 질 수 있게 된다는 말이지. 예를 들어 일을 쪼개서 누군가에게 의뢰를 한다든지. 그러면 그것만큼 체력을 비축해서 좀 더 오래 버티고 멀리 갈 수도 있겠지. 나의 체력으로는 10까지밖에 갈 수가 없는데, 돈이라는 걸로 부스트를 하면 20까지 갈 수 있고. 그게 결국 먹고사는 거 아니야?

현우 결국엔 좋아하는 일로 먹고살려면 돈이 필요한데, 그 돈을 어떻

게 만들 거야? 좋아하는 일로 그 돈을 만들 수 있어? 또다시 도돌이표네.(웃음)

혜민 결국 그게 핵심이지. 당장 콘텐츠를 만들어서 돈을 벌 수 없는데 어떻게 할 것인가. 유튜브 영상을 며칠을 밤새워서 만들어도 그 자체로 들어오는 수익은 얼마 안 되잖아. 오히려 들어가는 게 훨씬 많지. 그러니까 지금 우리는 밥벌이를 따로 할 수밖에 없는 거고.

현우 그래도 우리가 만든 콘텐츠들을 보고 외주 의뢰가 들어오니까 그것도 넓은 의미로 좋아하는 일로 먹고살고 있는 거 아닐까?

혜민 근데 난 거기에 대해서도 복잡한 마음이야. 내가 그런 클라이언트 잡을 하는 에이전시에서 일을 할 때, 열심히 고생해서 뭔가 만들었는데 결국 어떤 기업의 홍보물로만 남는 것 같아서 굉장히 소진된다는 느낌을 많이 받았거든. 회사 그만두면서 '나는 이제 이런 일 안 하고 내 거 할 거야' 그랬는데, 결국 돈은 외주 일로 벌 수밖에 없더라고. 근데 외주 일을 하다 보면 내 콘텐츠가 뒷전이 될 수밖에 없고. 그건 마감이 있는데 내 건 마감을 내가 정하는 거니까 자꾸 뒤로 밀리게 되잖아. 거기서 오는 스트레스가 크더라고.

현우 그래서 내가 그럼 둘 중에 하나만 선택해서 하면 어떠냐고 했던 거잖아. 우리 것만 하든지 아니면 외주만 하든지. 둘 다 잘해내려고 하면 너무 힘드니까.

혜민 맞아. 그래서 고민 끝에 작년에는 외주 의뢰를 거의 다 정중히 거절했었잖아. 그걸 할 시간에 얘를 좀 제대로 키워보고 싶어서. 그러면서도 사실 불안하긴 했어. 수입적인 부분보다도, 이러다가 진짜 고립되는 거 아닐까 하고. 다행이 운 좋게도 유튜브 크리에이터 지원 사업에 선정이 돼서 여러 가지 시도를 해볼 수 있었지. 어쨌든 한 방향으로 쌓아가다 보면 뭐라도 되겠지 하는 마음으로. 작년 하반기는 거의 공장처럼 밥 먹고 영상만 만든 것 같아. 근데 그렇게 노동 비율이 확 늘어난 것치고 채널 쪽이 생각한 것만큼 엄청 성장하지는 못했잖아.(웃음) 그러니까 약간 번아웃이 올 것 같더라고. 내 선택이 잘못된 거였나 싶기도 하고.

현우 그때 막 편집하다가 힘들다고 울기도 하고 그랬지.(웃음)

혜민 그러다 거의 지쳐갈 무렵에 광고가 하나 들어왔잖아.

현우 맞아, 거의 연말이 가까워올 때 브랜드 콜라보 의뢰가 왔지.

혜민 그때 의뢰가 오고 되게… 오히려 그쪽에서 까탈스럽다고 느끼지 않았을까 싶을 정도로 냉철하게 커뮤니케이션 했거든. 너무 을이 되고 싶지 않은 마음에. 근데 속으로는 되게 기뻤단 말이야.(웃음)

현우 외주 일을 안 하고 싶어 했는데 그 일은 왜 그렇게 하고 싶었어?

혜민 이게 그 전까지 들어오던 일과는 좀 다른 성격의 일이었잖아. 그 전까지는 대부분 우리 브랜드와 직접적으로 관련이 없는 용역 계약이었어. 클라이언트의 책이나 영상을 대신 만들어주는 그런 식이었는데, 이번에 하게 된 건 우리가 만들어 놓은 '요즘 것들의 사생활' 이라는 채널에서 던지고 있는 메시지에 공감해서 같이 하자는 콜라보 제안이 들어온 거니까. 완전히 질적으로 다른 일인 거지. 그래서 기뻤던 것 같아. 그 전에도 물론 비슷한 콜라보 프로젝트를 하긴 했었지만 본격적이라고 보긴 어려웠던 것 같은데, 이번 일로 뭔가 살짝 증명된 느낌이랄까? 내가 그리던 그림이 아예 틀린 방향으로 가진 않았구나 싶고.

현우 그래, 그 프로젝트는 나도 더 재밌게 했던 것 같아. 거의 뭐 영혼을

200% 갈아 넣었지.(웃음)

혜민 그만큼 그 시리즈가 좋은 피드백을 정말 많이 받았어. 광고주도 좋아해줬고. 궁극적으로는 일의 성격이 달라서 더 그랬던 것 같아. 이게 또 그냥 외주 용역 일이었다면 더 많은 돈을 줬다고 해도 이렇게 신나서 하진 못했을 거야. 누군가 우리더러 편집 회사를 차리면 잘될 것 같다고 했는데 썩 내키지 않았었거든. 그 이유가 그때 좀 더 확실해진 것 같아. 나는 이걸 외주 편집 회사 같은 걸로 키우고 싶은 게 아니라 우리가 가진 메시지를 잘 전달하는 영향력 있는 미디어로 키우고 싶은 거더라고.

현우 앞으로 이런 일이 많이 들어오면 좋겠다. 근데 그러려면 채널이 더 성장해야 할 것 같아. 결국 브랜드가 힘이 생겨야 하는 거지. 근데 그건 당장 해결될 문제가 아니고 시간이 더 필요하잖아.

혜민 맞아. 결국 큰 그림으로는 맞는 방향이라는 생각은 드는데, 브랜드 자체로 수익 구조를 가지려면 시간이 더 걸릴 것 같거든. 당장 먹고사는 문제를 이걸로 해결했다고 볼 순 없는 거지.

현우 그러면 또다시 처음 질문으로 돌아가는 거네. 돌림노래야?(웃음)

혜민 결국 아까 얘기했던 플랜 B가 필요한 거야. 일의 버짓을 키우는 거. 다음 스텝으로 갈 타이밍이 이제 우리에게도 온 것 같다는 느낌이 들어. 앞으로 큰일 해서 돈 많이 벌 거야. 그 돈으로 좋아하는 일을 계속할 수 있는 구조를 만들어야지.

현우 그래, 이제 돈을 좀 벌자. 벌 때도 됐어.

경제적 자유가 필요한 이유

혜민 근데 맨날 내가 하고 싶은 것만 이야기하는 것 같아. 너는 어떤지가 궁금해. 넌 항상 내가 가는 방향대로 같이 가고 싶다고 말하잖아. 네가 진짜 좋아하는 일은 뭐야?

현우 나도 디자인하고 뭔가 만드는 작업을 좋아하지. 그런 일들이 내 적성에 맞으니까 선택했고, 그걸로 회사에서 월급도 받고 너랑 일도 하면서 먹고살고 있으니 꽤 쓸 만한 기술인 것 같고. 근데 또 그런 생각이 들더라. 좋아하는 일로 먹고살게 된다고 해서 과연 행복할 것인가? 저번에 말했던 것처럼 그 과정은 계속 힘들 텐데. 특히 이런 콘텐츠 쪽 일은 되게 노동 집약적이잖아. 너 지금 이 책 쓴다고 괴로워하고 있는 거 봐봐.(웃음)

혜민 이게 지금 우리가 구조를 만들어가는 과정이니까 그렇지, 브랜드가 더 커지고 함께 할 수 있는 팀원도 생기고 자본도 생기면 그 굴레에서 빠져나올 수 있는 여유도 생기겠지. 괴로움 없는 행복이 어디 있겠어.

현우 '아침에 일어나 하고 싶은 일을 할 수 있는 사람이야말로 성공한 사람이다'라고 밥 딜런이 말했어.(웃음)

혜민 '행복이란 종착지에 있는 것이 아니다. 과정 속에 있는 작은 기쁨들을 모아서 행복이라고 부르는 것이다'라고 내가 말했다.(웃음)

현우 그것도 물론 행복이지.(웃음) 근데 나한텐 사실 일 자체가 행복이 되진 않는 것 같아. 일은 그냥 일이야. 내 목표는 직무적인 성공보다 궁극적으로 자유롭게 사는 거야. 그걸 이루기 위해서 지금 이 일들을 하고 있는 거고.

혜민 여행 다니면서 사는 거? 그 얘기는 예전부터 했었지만, 디지털 노마드도 한량은 아니잖아. 여행 가서도 결국 먹고살려면 하기 싫은 일도 해야하는 건 똑같을 거야.

현우 그러니까 내가 주체적으로 뭔가를 선택할 수 있었으면 한다는 거야. 내가 하고 싶은 일을, 내가 하고 싶을 때, 내가 하고 싶은 장소에서.

혜민 경제적 자유! 파이어족!

현우 뭐 말하자면 그렇겠지. 그러니까 최종적으로 내가 원하는 모습으로 살려면 돈이 많긴 해야 할 것 같아.(웃음)

혜민 그 경제적 자유를 어디서 어떻게 얻을 건데? 주식?

현우 그래서 내가 항상 얘기하잖아. 지금 너한테 투자를 하는 거라고. 주식에 투자를 하듯이 가능성이 보이는 사람한테 투자를 하는 거지. 그게 성공하면 나에게도 지분이 좀 생기는 거니까.

혜민 미안, 위험한 선택이었어.(웃음)

현우 하이 리스크, 하이 리턴이지.(웃음) 아무튼 그래서 지금 하는 이 여러 가지 활동들이 결국 나한테는 투자인 거야. 최종적인 삶을 위한 투자. 그래서 어느 정도 돈의 압박을 안 받을 수 있는 구조가 마련되면, 여행을 다니고 싶어. 여행 다니면서 콘텐츠를 만드는 것도 난 좋을 것 같아. 나는 사는 동안 최대한 많은 것을 보고 많은 곳에 가고 경험해보고 싶거든.

혜민 너의 버킷리스트는 나도 알지. 그중에서 나랑 하나 이뤘고.

현우 까미노? 그거 말고도 지금 99개 있어.(웃음)

혜민 그러니까 너는 일 자체가 좋고 싫다기보다는 크게 봤을 때 원하는 삶이 이루어지면 된다는 거지? 그럼 디자이너로서 커리어를 쌓아가거나 자아실현을 하는 것에는 관심이 없는 거야?

현우 아예 없지 않지. 디자이너로서 인정받고 싶은 마음도 물론 있어. 그 욕망이 회사에서 10 정도라면, 지금 이런 개인 프로젝트에서 40 정도 차지해. 나머지는 미정.

혜민 나머지 50은 어디 갔어.

현우 나머지는 내가 또 뭘 하고 싶은지 찾는 데 쓰고 싶어. 나를 그냥 디자이너로만 규정하고 싶지는 않아. 다양한 걸 경험해보고 싶은데, 그걸 하기에 가장 쉬운 방법이 여행인 거고. 때로는 다른 회사나, 다른 직업을 통해서 경험해볼 수도 있겠지.

혜민 이게 나는 '일'의 정의와도 관련이 있다고 생각하는데, 그러니까 일이란 게 단순히 돈벌이 수단이 아니라 자아실현의 도구이기도 하잖아. 그러니까 우리가 돈도 안 되는 일을 가지고 몇 날 며칠을 머리 싸매고 있는 것이기도 하고. 만약 내가 작가가 되고 싶다면, 머리를 싸매고 글을 써야지. 이건 돈을 주고 살 수 없는 거잖아. 부자도 결국 자기가 책상 앞에 앉아서 한 문장이라도 써야 자기 글을 가질 수 있는 거고. 어떤 것으로 자아실현을 하고 싶다면 자기 것으로 만드는 시간은 분명 필요하고, 그게 굉장히 효율이 낮은 일로 보인다고 할지라도 의미가 있다고 생각해. 결국 경제적 자유로도 모든 걸 가질 순 없다는 말이야. 까미노를 걸을 때, 동키 서비스를 이용해서 짐을 덜어낼 순 있어도 그 길을 걸어야 하는 건 나잖아. 결국 내 발로 걸어야만 앞으로 나아갈 수 있는 거지. 존엄한 인간으로 궁극적인 자아실현을 하려면 경제적 자유가 생기더라도 일은 해야 한다고 생각해.

현우 나도 일을 아예 안 하겠단 건 아니야. 다만 지금보다는 덜 압박받고 하고 싶은 부분만 할 수 있는 선택권이 생기겠지.

혜민 나는 돈이 많아지면 오히려 선택지가 많아지니까 막 엉뚱한 길로

갈 수도 있을 것 같아. 그러니까 자기가 진짜 하고 싶은 게 뭔지 잘 알아야 한다고 생각해. 로또 당첨되면 다 해결될 것 같고 이제 행복한 일만 있을 것 같지만, 오히려 불행해진 사람이 더 많다잖아. 나는 그 이유가 자기가 정말 좋아하는 게 뭔지 몰랐기 때문이라고 생각하거든. 많은 돈을 바라고, 그거면 인생의 모든 문제들이 한 방에 해결될 것 같지만 정작 이 돈을 내 인생의 어느 부분에 어떻게 쓸 것인지 구체적인 계획이 없는 상태에서 갑자기 돈이 생기니까 그냥 남들이 부러워하고 좋다는 거 하다가 망하는 거 아닐까? 물론 그렇게 큰돈이 생기면 누구나 흔들릴 것 같지만.

현우 근데 그거 왜 갑자기 고민하고 있어? 로또 샀어?

혜민 아니.(웃음) 아무튼 내 말은 우리가 뭐 막 갑자기 억만장자가 될 것도 아니고, 차근차근 단계별로 모아갈 거니까 돈 때문에 인생이 확 달라질 일은 그닥 없을 것 같지만, 네가 말하는 경제적 자유를 얻게 되더라도 너의 자아실현을 해줄 좋아하는 일이 무엇인지는 알 필요가 있다는 말이야.

현우 나는 그걸 여행을 하면서 찾을 수 있을 것 같아.(웃음)

혜민 기-승-전-여행이군.

'워라밸'이 아닌 '워라블'이 필요해

현우 우리가 지금 2-track 구조로 일하고 있잖아. 너는 우리가 하고자 하는 일을 키우는 데 집중하고, 나는 회사를 다니면서 일정한 수입을 만들기로 했고. 이 구조 언제까지 유지할 수 있을까? 이대로 계속 가도 괜찮은 걸까?

혜민 요즘 퇴사 욕구가 스멀스멀 올라오는 거지?

현우 그건 언제나 그랬어.(웃음) 퇴사 욕구 없는 직장인이 어디 있나? 근데 지금 내가 900KM 일에 절반도 안 되는 에너지밖에 쓸 수가 없으니까 아쉽기도 하더라고.

혜민 맞아, 나도 사실 요즘 그런 고민이 있었어. 일이 들어와도 일단 지금 구조에서 할 수 있는 규모의 일만 받을 수가 있으니까. 확실히 완전체로 일할 수 있다면 더 큰 일을 할 수도 있을 것 같은데….

현우 근데 막상 그만뒀는데, 일이 그만큼 안 들어오면 어떻게 하지? 코로나 때문에 기관이나 기업에서 들어오던 일도 많이 줄었잖아. 그게 좀 고민이야.

혜민 그러니까 나도 그걸 장담할 수가 없네. 게다가 지금 네 연봉과 900KM로 버는 수익을 합친 것보다 더 많이 벌 수 있을지 확실하지도 않고. 그러니까 '회사 그만둬! 내가 책임질게!'라고 자신 있게 말할 수 없어서 답답해. 근데 뭐 상황이 그렇게 되면 어떻게든 만들어내지 않을까?

현우 오 그래? 그럼 내 연봉 맞춰줄 수 있어? 그럼 바로 900KM로 이직한다.

혜민 못 맞춰줘.(웃음) 사업 시작하면 몇 년간 운영진은 월급 없이 가는 거 몰라? 월급쟁이 마인드는 버려줘.

현우 농담이야. 그래도 단 얼마라도 내 몫으로 줘야지.

혜민 벌써부터 자기 몫부터 챙기려고 하다니. 정말 그렇게 되면 우리 가계 구조가 아예 바뀌게 될 거야. 지금은 각자 버는 돈은 각자가 관리하고 생활비만 모아서 썼잖아. 근데 수입이 하나가 되면 같이 관리해야 하겠지. 그러니까 내가 네 월급을 주고 그런 개념이 아니라, 같이 자금 흐름을 보고 공동으로 생활비도 책정하고, 각자 용돈도 책정하고 해야 한다는 거지.

현우 그렇겠네. 내가 너무 월급쟁이 마인드로 생각했다. 그래도 좀 자유롭게 일할 수 있으면 삶의 질은 올라갈 것 같은데, 어떻게 좀 만들어봐.

혜민 근데 운영자가 되면 워라밸 그런 거 없는 거 알지? 일도 휴식도 스스로 정할 수 있지만, 그만큼 일과 생활의 경계를 무 자르듯 나눌 수 없을 거야. 지금은 내가 대부분 처리하고 필요한 부분만 너에게 맡기는 식으로 일을 하고 있으니까 맺고 끊는 게 있었겠지만, 온전히 운영자로서 일을 같이 하게 되면 좀 달라질 거라는 얘기야.

현우 음… 그건 그렇겠지.

혜민 자기 일을 한다는 게 자유도 있지만 그만큼 책임도 온전히 스스로 져야 한다는 거니까. 우리가 인터뷰했던 사람들도 그랬고, 자기 일을 만들어서 하는 사람들일수록 워라밸이 아니라 워라블(Work-Life Blending)이 필요하다고 하더라고. 9 to 6로 일할 때 일과 생활을 분리해서 그 밸런스를 잡았다면, N잡처럼 다른 형태로 일하고 먹고살 때는 일과 생활을 잘 통합하고 섞는 것이 중요하다는 거지. 일이 삶을 도와주고, 삶이 일을 도와줄 수 있도록 시너지를 내면서 가는 게 필요할 것 같아.

현우 결국 물리적 시간이 아니라 방향성이 더 중요하다는 거겠지. 나도 그걸 아예 생각하지 않은 건 아니야. 절반 정도는 이미 경험하고 있기도 하고. 그래도 그게 워커홀릭이 되라는 소린 아니라고 생각해. 근데 넌 지금 일을 너무 많이 하는 것 같거든. 조금 줄일 필요가 있어.

혜민 그건 그래. 나도 내 일하는 패턴을 바꾸고 싶어. 눈뜨자마자 책상에 앉고, 한번 몰입하면 물도 잘 안 마시고 너무 몰아치니까 몸이 점점 망가지는 느낌이라서 밸런스를 좀 잡고 싶어. 작년에도 건강한 루틴을 만들고 싶다고 챌린저스에서 '물 마시기' 챌린지에 도전도 했었는데, 벌금 엄청 냈잖아. 역시 의지를 돈으로 살 수는 없는 거였어.(웃음) 아무튼 나도 일과 삶이 합쳐질수록 나를 돌보는 시간을 확보하는 게 더 중요한 것 같다는 생각을 요즘 들어 많이 하고 있어. 그게 이제는 거의 생존의 문제로 느껴지기도 하고.

현우 잘 알고 있네. 그럼 앞으로 같이 일하게 되면 내 루틴을 따라오는 건 어때? 난 그런 거 잘하잖아. 혼자 잘 쉬고, 잘 회복하는 편이고.

혜민 혼자 어떻게 그렇게 쉬는 타이밍을 잘 만드는지 정말 신기하다니까. 근데 너랑 나랑 일하는 스타일이 너무 달라서 괜찮을지 모르겠네. 실제로 같이 일하면서 엄청 많이 싸우잖아. 그런데도 정말 풀타임으로 같이 일하는 거 괜찮을까?

현우 그러니까 일할 때는 사적인 관계를 배제하고 더욱 객관적인 태도로 임해야지. 워라블이라고 너무 서로의 영역까지 침범하면 안 된다고.

혜민 그래, 알았어. 알았으니까 퇴사는 할 거야, 말 거야?

현우 큰일을 따 오면 생각해볼게.

재택근무 해보니 어때?

혜민 지금 재택근무한 지 얼마나 됐지?

현우 오래됐지. 처음 시작한 게 코로나 터지고 작년 3~ 4월쯤이었으니까. 중간에 사회적 거리두기가 내려가서 다시 출근하다가, 교차 근무도 하다가. 지금은 또다시 전면 재택근무 중이고. 처음 시작할 때는 2주 재택근무 후에 상황을 본다고 했었는데, 그게 계속 2주씩, 2주씩 늘어나더니 지금까지 하고 있을 줄이야.

혜민 근데 너 원래 코로나 이전에도 재택근무 하는 회사에 가고 싶다고 했었잖아. 오히려 좋은 기회였던 거 아니야?

현우 어쩌다 보니 거의 1년 동안 재택근무를 해보긴 했는데, 이게 제대로 재택근무라는 방식을 제도화한 게 아니라, 내일 당장 어떻게 될지 모르는 상황에서 임시방편으로 했던 거라 뭔가 안정적으로 실험해보는 느낌은 아니었어.

혜민 그래도 해보니 좋았던 건 뭐야?

현우 뭐 확실히 출퇴근 압박이 덜하다는 거지. 일단 출퇴근 과정 자체가 없어지니까 스트레스를 덜 받잖아. 원래는 출퇴근 길도 막히고, 거기다 주차난이 심각해서 회사랑 멀리 떨어진 곳에 주차를 하니까 한참 걸어야 되고, 번거로운 게 한두 가지가 아니잖아.

혜민 아, 맞다. 주차 월결제는 취소한 거야?

현우 언제 다시 출근할지 몰라서 취소 못 했지. 이게 3개월씩 주차 계약을 하는데, 내가 중간에 취소를 해버리면 갑자기 다시 출근하라고 했을 때 자리가 없단 말이야. 그러니까 애매해서 취소 못 했어.

혜민 뭐야, 돈 아까워. 그건 장점이 아니네.

현우 그리고 불필요한 커뮤니케이션이나 분위기 파악 같은 걸 안 해도 되는 것도 장점. 내가 회사에서 팀 바뀌고 나서 약간 '아싸'잖아.(웃음) 그래서 좀 뻘쭘한 상황들이 있는데 그런 거 신경 안 써도 되니까. 근데 일에 있어서는 커뮤니케이션이 원활하지 않으니까 답답하긴 해. 평소 같았으면 내가 가서 가볍게 얘기하면 상대방도 금방 의도를 파악하고 해결될 일을, 지금은 하나씩 메일이나 채팅으로 커뮤니케이션을 해야 하니까 어떤 톤으로, 어떻게 전달을 해야 할지 고민이 되더라고. 너무 정중하게 하기에는 그럴 만한 건이 아닌 것 같고, 또 너무 가볍게 말을 하기에는 예의에 어긋나는 것 같고. 그래서 이야기할 타이밍을 놓칠 때가 많아.

혜민 재택근무가 되면서 오히려 커뮤니케이션 능력이 더 중요해졌다는 얘기가 있더라. 그 전에는 불필요하다고 느꼈던 디테일한 부분까지 오히려 챙겨야 한다는 거지.

현우 그걸 쓰는 과정도 사실 다 리소스고 업무 시간을 잡아먹는 거잖아. 내가 직접 가서 전달했으면 훨씬 빠르게 끝날 업무인데.

혜민 근데 그건 사람마다 좀 다른 것 같아. 나는 회사 다닐 때 바로 옆에 있는 동료한테도 업무 얘기는 메일로 했거든. 그게 오해가 없고 더 정확하게 전달할 수 있어서 좋더라고. 만약 그게 상사라면 더 그렇고. 분위기상 약간 주눅이 들어서 말이 잘 안 나올 수 있는데, 메일로 쓰면 할 말을 다 할 수가 있으니까.

현우 그게 상황에 따라 정말 다른 게, 메일로 너무 포멀하게 보내면 분위기상 그게 마치 공식화되어버리는 느낌인 거야. 아직 이야기가 다 끝나지 않은 상황에서 잠깐 체크만 하려는 건데 오해가 생길 수 있으니까 조심스럽더라고.

혜민 화상 미팅도 있잖아. 화상으론 표정이나 톤을 전달할 수 있으니 보완이 좀 되지 않을까?

현우 생각보다 화상 미팅 활용도가 높지 않은 것 같아. 큰 회의가 있을 때 주로 활용하는데, 1:1이나 소그룹으로는 화상 미팅을 잘 안 하는 분위기야. 그걸 꺼리는 사람도 많고. 그리고 그게 오프라인 만남을 대체하긴 좀 어려운 것 같아. 복잡한 알고리즘이나 디자인을 설명해야 하는데, 만약 상대방이 이해를 잘 못했을 때 예를 들어 옆에 있는 펜이랑 종이로 바로 그려서 설명을 해줄 수 있는데, 즉석에서 할 수 있는 커뮤니케이션 방법이 통하지 않으니까 답답하다는 거지.

혜민 그거 화면 공유 되잖아. 아이패드로 그려서 보여줘.

현우 그거랑 느낌이 다르다고.(웃음) 확실히 즉흥성이 떨어지는 건 맞아.

혜민 IT 회사라서 그런 툴을 적극적으로 활용할 줄 알았는데, 그것도 아니네. 너네가 큰 조직이라 그런 걸까? 오히려 작은 조직들이 그런 부분에서는 더 빠르게 수용하는 것 같거든. 아직 과도기인 것 같기도 하고.

현우 IT 회사라고 해서 다 리모트 워크 툴과 친한 것도 아니야. 다양한 직군이 모여 있으니까.

혜민 하긴, 디지털 노마드 애나 님도 줌 미팅 거의 안 해봤다고 하더라. 근데 앞으로는 재택근무가 자주 옵션으로 등장할 거고, 온라인으로 커뮤니케이션 할 일이 훨씬 많아질 텐데 그럴 때 디테일한 부분까지 오해 없이 전달하는 커뮤니케이션 능력도 필요한 스킬 중 하나가 될 것 같아.

현우 어쨌든 상황이 바뀌었으니까 회사 차원에서 관련 교육이라도 해야 되는 거 아닐까 싶더라. 너는 어땠어? 원래도 재택근무였는데, 다들 재택근무하는 상황이 되니까?

혜민 나의 입장에서 얘기하면 딱히 변화가 크진 않았어. 근데 외부 상황이 바뀌니까 쓸데없는 미팅을 안 해도 돼서 좋더라. 정확한 아젠다도 없이 무턱대고 만나자는 경우도 있거든. 나는 경기도에 있는데 굳이 서울까지

가야 하고. 지하철 타고 한 번 왔다 갔다 하면 진이 다 빠지거든. 그런 데 에너지를 쓰지 않아도 되니까 좋았지.(웃음)

현우 안 좋은 점은 없어?

혜민 안 좋은 점은, 아무리 집순이라도 강제로 갇힌 느낌은 답답할 수밖에 없지. 사람들을 만날 일이 안 그래도 별로 없었는데 더 없어지니까 정신적으로 자극되는 것도 줄어들고 계속 그 자리에 머물러 있는 느낌이랄까? 어떤 날은 하루 종일 말을 한마디도 안 할 때도 있으니까 사람이 좀 피폐해지긴 하더라.

현우 피폐해졌다고? 온라인 모임 신나게 잘만 하던데?(웃음)

혜민 아, 그랬지.(웃음) 주식 모임, 차 명상 모임, 식물 모임도 하고. 그런 답답함을 온라인으로 해소한 거지. 평소에는 시간도 없고 이동 거리가 부담스러워서 못 가던 강연 같은 것도 온라인으로 바로 접속해서 참여하다가 끝나면 다시 하던 일로 쉽게 돌아올 수 있으니까 좋았던 것 같아. 그리고 난 네가 집에 계속 있으니까 좋더라.(웃음) 항상 혼자 밥 먹고 혼자 일했는데 식사나 티타임도 같이할 수 있고.

현우 나도 원래는 퇴근하고 오면 너무 피곤한 상태라 우리 프로젝트까지 할 여력이 안 돼서 속도가 안 났었는데, 출퇴근 두 시간이 빠지니까 약간 여유가 생겼달까? 더 여유 있게 개인 작업을 할 수 있는 거지.

혜민 근데 솔직히 조금 귀찮을 때도 있더라. 집에 PC가 한 대라 나도 써야 되는데 너도 써야 된다고 하고. (회사 노트북 놔두고 왜 자꾸 편집용 컴퓨터를 쓰는 건데?) 그리고 지금은 그나마 이사를 와서 사정이 좀 나아졌지만, 작년 초까지만 해도 원룸에서 둘이 재택근무 할 때 정말 피곤했었잖아. 모든 게 뒤엉켜 있는 느낌이랄까? 재택근무가 일상화되면서 주거 환경에 관심이 높아졌다는 게 완전 공감이 가.

현우 그런 의미에서 TV를 안방에 놓은 건 신의 한 수 같아. 거실과 작은 방을 작업실처럼 쓰고 일하다가, 퇴근하면 안방에 들어가서 쉬는 느낌이니까. 근데 맨날 뭐 먹을지 고민해야 되는 게 좀 귀찮아. 회사에서는 그냥 정해진 시간에 구내식당 가서 정해진 거 먹으면 되니까 고민할 게 없었는데. 게다가 네가 채식을 하니까 나까지 비건이 되어가고 있잖아.

혜민 좋은 거지. 건강에도 좋고, 환경에 뭐라도 도움 되는 일을 하는 거라고 생각해.(웃음) 그리고 나는 원래 혼자 일할 때 항상 밥을 좀 늦게 먹거나 거르기도 했었는데, 너의 배꼽시계 덕분에 칼같이 점심을 챙겨 먹을 수 있어서 더 건강해진 것 같아.

현우 나도 정신 건강은 더 좋아진 느낌이야. 일하다가 집중력이 떨어져서 좀 쉬고 싶어도 회사에 있을 때는 약간 눈치 보이고 그랬는데, 지금은 내가 시간을 좀 자유롭게 쓸 수 있잖아. 맡은 업무만 제대로 처리하면 꼭 그 자리에 계속 앉아 있을 필요가 없으니까.

혜민 아무튼, 이렇게 1년 해보니까 어때? 이런 문화가 앞으로 어떤 식으로든 정착이 될까?

현우 정착이 될지는 모르겠지만, 해보니까 나는 일주일에 두 번 정도 출근하는 게 적당한 것 같아. 그동안 일주일에 5일을 어떻게 출근한 건지. 너무 빡빡한 삶이었다는 생각이 들더라고.(웃음) 그렇다고 아예 안 가는 건 서로 업무 상황 파악도 안 되고 좀 그러니까, 일주일에 두 번 정도 가서 회의나 업무 공유를 하는 식으로 운영되면 좋을 것 같아.

혜민 나도 만약에 팀을 꾸리게 된다면, 기본은 리모트 워크로 하고 일주일에 한두 번 출근하는 식으로 운영하고 싶어. 불필요하게 계속 얼굴 보고 일할 필요도 없지만, 그래도 공동의 목표를 가지고 일하는데 너무 얼굴을 안 보는 것도 약간 유대감을 쌓기 어려운 것 같아서. 요즘은 학교에 등교를 안 하고 처음부터 화상으로만 수업을 하니까, 선생님 얼굴을 모르는 학생들도 있대. 선생님도 학생 얼굴을 잘 모르고. 점점 서로가 서로에게 사이버 인간이 되어가는 거지. 그런 부분에 있어서 너무 연결이 끊어지지 않게 최소한의 장치는 필요하지 않을까 싶어.

뉴 노멀 시대, 이제 우리 어떻게 먹고살지?

혜민 우리가 '뉴 노멀(new normal)'*을 주제로 콘텐츠도 만들었지만, 정작 우린 이 뉴 노멀 시대에 어떻게 살아야 할지 생각해보지 않았더라고. 지난번에 너는 디지털 노마드로 살고 싶다고 했잖아. 근데 앞으로 코로나가 수습이 된다고 해도 이전처럼 여행을 다니긴 힘들 거라는 예측도 있더라고. 이제 정말 경제적 자유를 이루더라도 여행하면서 사는 꿈을 실현하기 힘들 수도 있다는 거지.

현우 디지털 노마드의 본질은 결국 고정된 형태로 출퇴근하지 않고 자유롭게 일한다는 거잖아. 그러면 꼭 외국에 나가서 하는 방식이 아니라 그냥 리모트 워크 하는 것도 디지털 노마드라고 할 수 있고, 지금 우리는 이미 디지털 노마드가 돼버린 것일 수도 있어. 디지털 노마드의 정의도 다시 내려야 할지도 모르지.

혜민 그렇지. 이제 정말 기존의 상식을 기준으로 이야기하는 건 의미가 없을 수도 있어. 비즈니스 시장이나 일하는 방식도 되게 빠르게 바뀌는 걸

*뉴 노멀: 시대 변화에 따라 새롭게 부상하는 표준.

느끼면서 앞으로 우리는 어떤 방향으로 가야 되나 고민이 되더라.

현우 난 지금 우리가 하고 있는 방향으로 계속하면 될 거 같아.

혜민 사실 코로나19가 우리한테 크게 타격을 준 건 없긴 하지. 크게 벌인 일이 없었으니까.(웃음) 근데 작년에 책을 냈을 때 좀 느꼈어. 확실히 오프라인에서 행사를 할 수 없고 사람들이 오프라인 서점에 못 가니까 홍보 루트가 제한적이긴 하더라고. 또 책이 나오면 서점 MD 미팅을 해야 하거든. 그런데 그것마저 비대면으로 바뀌니까 모든 커뮤니케이션 과정을 문서로밖에 주고받을 수 없는 거야. 그게 오히려 이런 작은 소상공인한테는 불리한 것 같아. 이미 큰 출판사들은 인프라와 신뢰가 쌓여 있고 돈으로도 커버할 수 있는 게 많잖아. 근데 나는 MD 선생님들한테 얼굴 한 번이라도 비치고 직접 설명하면서 인상에 남기는 게 중요한 부분이었는데, 그런 걸 할 기회조차 없어졌다는 생각이 들더라고.

현우 그게 약간 출판 시장이 아직까지 전통적인 영업 프로세스를 가지고 있어서 더 그런 것 같아. 책 소개가 유명 일간지나 방송에 실려야만 서점들에서도 '주목할 만한 신간' 코너에 올려주는 것도 그렇고.

혜민 맞아. 그런 프로세스 안에서는 이미 이 시장을 장악하고 있는 자가 무조건 이기게 되어 있지. 그래서 요즘은 좀 다른 판을 짜보아야겠다는 생각을 해. 출판과 영상을 하고 있지만, 더 자잘한 주변부의 것들을 많이 만들어봐야겠다 싶어. 그러니까 더 에너지를 분산하는 거지. 그래서 상황이 바뀌어도 타격을 덜 받을 수 있는 상태로 만들고 싶어.

현우 예를 들면 어떤 걸로?

혜민 그래서 생각하고 있는 게, 내가 가진 기술을 파는 거야. 사실 나는 얼마 전까지만 해도 그런 것에 꽤 부정적이었잖아. 세상에는 나보다 훨씬 잘하는 전문가들이 많은데 내가 감히 누군가를 가르친다는 게 굉장히 부끄러운 일로 느껴졌거든. 그래서 북토크를 할 때도 내가 앞에서 뭔가를 이야기한다는 게 부담스러워서, 강연 형식보다는 같이 대화하는 형식을 더 선호했던 거고. 그런데 내가 홍진아 님이 운영했던 빌라선샤인 커뮤니티에서 '경험 공유회'라는 걸 경험하면서 가르치는 게 아닌 '공유한다'는 개념에 대해 생각하게 됐고, 두 번째로 드로우앤드류 님을 인터뷰하면서 내가 가진 기술 중에 사람들이 돈을 지불할 수 있을 만한 기술은 무엇이 있는지 생각해보게 됐어. 예전 시대에는 권위를 가진 사람 한 명이 강단에 서고 다수가 그 사람의 가르침을 받아 적었다면, 이제는 누구나 동등한 입장에서 자기가 가진 것을 공유할 수 있는 시대가 된 것 같아. 그리고 그걸 공유하는 방식도 예전처럼 완성도 높은 한 권의 책보다는, 조금 더 가볍고 빠르게 습득할 수 있는 형태를 선호하는 사람들이 늘어난 것 같고. 그게 물론 장단점이 있겠지만, 그 흐름대로 또 얻을 수 있는 게 있다고 생각하기 때문에 나도 조금 가볍게 내가 가진 기술들을 정리해볼 생각이야.

현우 자기가 가진 기술을 정리할 줄 아는 것도 어떻게 보면 기술이지. 몸에 체화되고 머릿속에 쌓여 있는 것들을 잘 가시화해서 정리해놓는 게 스스로한테도 필요한 과정일 것 같아. 예전에는 직접 만나서 관계를 쌓을 기회도 많았고 거기서 연결되는 일들도 많았는데, 이제는 그런 게 점점 줄어들잖아. 그럴수록 우리가 어떤 일을 하는 사람인지, 어떤 걸 할 줄 아는 사람인지를 잘 정리해서 보여줄 수 있어야 한다고 생각해.

혜민 그게 포트폴리오를 잘 정리해서 일을 따 오는 것이 될 수도 있지만, 일을 수동적으로 기다리는 게 아니라, 작은 수입이라도 꾸준히 들어올 수 있는 씨앗으로 뿌려놔야 한다는 생각도 해. 이게 결국 '패시브 인컴'의 형태와 비슷한데, 패시브는 원래 수동적이라는 뜻의 단어지만 난 이게 오히려 적극적인 활동일 수도 있겠다는 생각이 들더라고. 결국 누군가 나를 불러주길 기다리는 게 아니라, 내가 스스로 내 기술을 시장에 나가서 파는 것이니까. 규모가 작을수록 그런 적극성이 더 필요한 것 같고. 애나 님이 1 억짜리 앱은 못 만들어도 100만 원 짜리 앱 100개를 만들 수는 있다고 했잖아. 그런 작은 기회들을 여러 개, 자주 만드는 게 필요할 것 같아. 그리고 타이밍도 중요하다는 생각을 해. 내 속도대로 하는 것도 중요하지만, 하나를 너무 완벽하게 해서 내놓아야 한다는 강박 때문에 타이밍을 놓치고 있다는 생각도 들더라고. 그러니까 결론은, 지금 해야 할 이야기를 타이밍을 놓치지 않고 하는 것도 중요하다는 거야. 완벽하지 않더라도. 물론 내가 하려던 이야기가 뭐였는지, 그 중심을 놓치지 않는 것도 필요하겠지. 결국 그게 빠르게 변화하는 시대에 적응하는 방법일 것 같아.

AZDEN

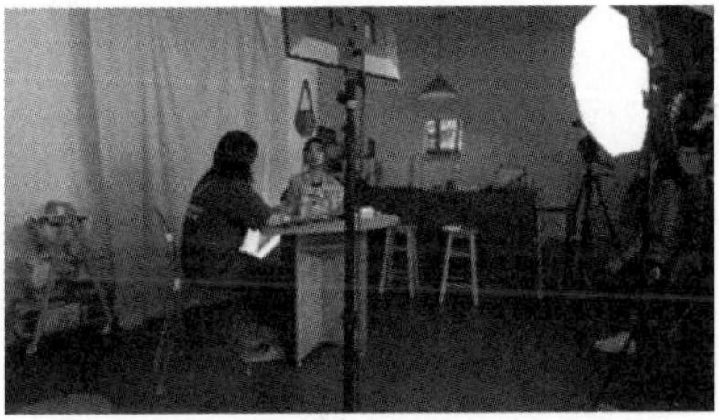

세상이 말하는 정답이 아닌
나만의 답을 찾는 요즘 것들의 이야기,

유튜브 채널 요즘 것들의 사생활에서
더 많은 이야기를 영상으로 만나보세요.

youtube.com/c/yozmsa
instagram.com/yozmsa
facebook.com/yozmsa

PUBLICATION INDUSTRY PROMOTION AGENCY OF KOREA

2021
세종도서
교양부문

한국출판문화산업진흥원

요즘 것들의 사생활 | 먹고사니즘

초판 1쇄 펴낸 날 2021년 3월 30일
4쇄 펴낸 날 2022년 09월 21일

인터뷰·글 이혜민
사진·디자인 정현우
편집 이혜민
교정교열 다미안, 권진아

펴낸곳 900KM(구백킬로미터)
출판등록 2016년 10월 31일 2016-000019호
이메일 900kmbooks@gmail.com
페이스북 facebook.com/900km
인스타그램 @900km_official
홈페이지 900km.net

© 2021, 이혜민

이 책은 저작권법에 따라 보호받는 저작물이므로 저자 및 출판사의 허락 없이 이 책의 일부 또는 전부를 무단 복제, 전재, 발췌할 수 없습니다. 이 책의 전부 또는 일부를 이용하려면 반드시 저작권자와 출판사의 서면 동의를 받아야 합니다. 파본이나 잘못된 책은 구입하신 곳에서 교환해드립니다.

ISBN 979-11-959388-7-2 03320
값 15,000원